本书为国家社科基金重点项目"中国共产党认识和对待传统文化的历程与经验研究"成果

赓续文脉

中国共产党与中华传统文化

杨凤城
吴起民
付吉佐
李春峰

著

中共党史出版社

图书在版编目（CIP）数据

赓续文脉：中国共产党与中华传统文化 / 杨凤城等

著 . -- 北京：中共党史出版社，2025.5（2025.11 重印）

ISBN 978-7-5098-6565-1

Ⅰ . ①赓… Ⅱ . ①杨… Ⅲ . ①中国共产党—中华文化
—文化事业—建设—研究 Ⅳ . ① G122

中国国家版本馆 CIP 数据核字（2024）第 103870 号

书　　名：**赓续文脉——中国共产党与中华传统文化**

作　　者：杨凤城　吴起民　付吉佐　李春峰

出版发行：中共党史出版社

责任编辑：王鸽子

责任校对：申宁

责任印制：段文超

社　　址：北京市海淀区芙蓉里南街 6 号院 1 号楼　邮编：100080

网　　址：www.dscbs.com

经　　销：新华书店

印　　刷：北京汇林印务有限公司

开　　本：710mm×1000mm　1/16

字　　数：418 千字

印　　张：32.25

版　　次：2025 年 5 月第 1 版

印　　次：2025 年 11 月第 2 次印刷

书　　号：ISBN 978-7-5098-6565-1

定　　价：78.00 元

此书如有印装质量问题，请联系中共党史出版社读者服务部 电话：010-83072535

目录

导　论

认识和对待传统文化是贯穿中国现代化历程的基本命题之一，同样也是中国共产党的文化理论与实践所要解决的持续性问题。在中共党史视域下，认识和对待传统文化所涉及的内容十分广泛，甚至散碎；但从整体维度而言，主要包含三个层面。其一，运用马克思主义分析中国传统文化，特别是唯物史观与中国文化的性质、历史阶段与未来前途的言说；其二，在民族性与时代性之间寻求中国的现代主体性内涵，融汇本土的民族文化要素与外来的工业文化要素，塑造中国文化的现代样态；其三，在革命建设改革历程中，落实对待传统文化"取其精华，弃其糟粕""古为今用"方针的实践过程，尤其是在社会动员、治党治国治军、内政外交等方面的历史借鉴与资源汲取实践。

一、马克思主义中国化视域下的既有研究

就学界已有研究而言，马克思主义与中国传统文化的关系，或者马克思主义中国化与传统文化的关系，是受关注最早，也是研究最先展开的。梁启超早在二十世纪二十年代初就撰文指出，四十几年间中国思想界发生剧变，"马克思差不多要和孔子争席"。这一方面反映了马克思主义在当时中国的迅速传播和为中国先进分子所接受的情况，另一方面则把马克思主义学说与中国传统文化对立起来。当年国民党也极力否认马克思主义适用于中国，认为"中国共产党之主义

为马克思主义之抄袭，而非基于本国之需要，故不适合国情"①；马克思主义故意夸大五四以来之"反固有哲学"之运动，对我民族精神加以普遍之破坏②，等等。这些观点在国民党败逃台湾后成为台湾史学界的主流认知。如台湾学者吴安家1983年出版的《中国共产党史学新探》一书认为，"自从1949年以来，中国共产党对中国传统文化始终甚为敌视。因为中国共产党所信奉的马列主义，系道道地地的舶来品，与中国传统文化是格格不入的，若欲'立'马列主义于中国，必先'破'中国传统文化。为了破除中国的传统文化，中国共产党曾反复应用'批判地继承'与'彻底决裂'的方法"③。另外，港台当代新儒家代表人物牟宗三、徐复观、张君劢、唐君毅在1958年元旦联名发表《为中国文化敬告世界人士宣言》，对马克思主义为什么传入中国、马克思主义与中国传统文化能否相容问题发表意见：一、为什么马克思主义能进入中国？他们承认是中国知识分子为解决资本主义侵略和帝国主义压迫的危机而引入中国的；但却认为这"并非由中国民族文化思想中所直接发展而出"，因此"并非真为中国人民本其客观的精神生命之要求而在正面加以接受"。二、马克思主义与传统文化能否相容？他们认为马列主义否认普遍人性，"违悖了世界一切高级文化之共同原则。尤与中国数千年之文化思想中之植根于对此心此性以建立道德的主体者相违，而想截断中国历史文化之统绪"。简言之，就是新儒家认可马克思主义之于中国反压迫的革命价值，但却认为马克思主义根本上与中国文化不合，因此"只是被中国人一时所信"，"事实上必不能长久"。④

① 中国第二历史档案馆编：《中华民国史档案资料汇编》第5辑第2编·文化（1），江苏古籍出版社1998年版，第7页。
② 中国第二历史档案馆编：《中华民国史档案资料汇编》第5辑第2编·文化（1），江苏古籍出版社1998年版，第16页。
③ 吴安家：《中国共产党史学新探》，幼狮文化事业公司1983年版，第16页。
④ 徐复观：《论文化》，九州出版社2014年版，第295、296页。

事实上，研究中国革命的西方学者倒是较早探讨了毛泽东思想与中国传统文化之间的关系。费正清的《美国与中国》（商务印书馆1971年中文版）一书就认为，中国传统文化是影响毛泽东思想形成和发展的一个重要因素。他指出，"共产党的自我批评，在某种程度上使人回想起儒家修身自省的学说"；"延安时代和以后的思想改造，曾利用过中国的传统术语，并且援引了儒家思想的理论根据"；"儒家思想对人们灌输了对父亲和皇帝效忠的思想，而现在毛泽东思想把效忠的对象转移到党和人民"，"这使马列主义看起来不十分象舶来品了"。此外，雷蒙德·怀利、斯图尔特·施拉姆以及日本一些学者也对毛泽东如何改造利用中国传统思想文化的过程进行了阐述。但总体而言，当时国内外学者的目光主要还是探讨毛泽东思想与马克思列宁主义之间的传承关系。①

中国大陆学界对中国传统文化与中国共产党的关系，主要是与毛泽东思想的关系进行探讨，基本上是在改革开放之后（改革开放前有过个别内容的关联，但较为牵强、间接且浅尝辄止，例如六十年代初）。1985年11月，胡乔木在《中国共产党历史（上卷）》送审本讨论会上发表讲话，提出三点重要意见：一是，不能把中国传统文化统统说成是封建主义的，有些文化是有阶级背景，但有些则不受或不直接受阶级利益支配；二是，要认真研究中国文化在中国革命成功中所发挥的作用；三是，要研究马克思主义与中国传统文化在哪些问题上

---

① 有学者认为，毛泽东哲学思想只有一个理论来源，即马克思列宁主义。他们认为，"毛泽东哲学思想只是对马列主义哲学的继承，而与中国传统哲学并无任何关系；认为中国古代的哲学只是清算的对象，要彻底给予批判；有的还认为如果承认毛泽东哲学思想对于中国古代哲学存在着继承关系，那就等于承认毛泽东思想里还有奴隶主阶级、封建主阶级的东西，这就玷污了无产阶级理论的纯洁性，等等"。参见田黄：《"一源说"还是"两源说"》，《毛泽东思想研究》1984年第1期。

结合、以及有何特点等问题。①

胡乔木的讲话在当时别具特殊意义。因为改革开放后，在反思"文化大革命"、反思中国近代以来为什么长期落后挨打的背景下，国内出现一种将"原罪"归因于中国传统文化的现象，认为由于中国传统文化的封建主义本质，导致了近代以来中国科技发展的落后以及"文化大革命"的爆发，并由此导引出全盘否定传统文化的虚无主义和自由化思潮。胡乔木的讲话虽然没有完全颠覆当时普遍性的对传统文化的价值判断，但其关于中国传统文化与中国革命成功、与马克思主义之间关系的阐释，无疑具有政治认识上的突破意义和学术研究的指导价值。在胡乔木倡导下，有关传统文化与中国革命成功、与马克思主义相结合的研究开始兴起。而八十年代"文化热"中有关"中西文化比较""传统文化与现代化"的讨论，也在一定意义上助推马克思主义与中国传统文化关系问题研究的展开。

1986年10月张岱年撰文指出，"指导中国社会主义文化发展的是与中国优秀传统相结合的马克思主义"②。1987年1月《理论月刊》第1期发表汤一介的《略论中国文化发展的前景》一文指出，"马克思主义要中国化，……必须注意与中国传统文化的优秀方面相结合。……应该从研究中国哲学史、思想史、文化史，揭示其发展规律，来找到如何有机结合的途径"。1987年4月《汕头大学学报（人文科学版）》第1期发表隗芾的《马克思主义在中国传播与民族文化的关系》一文，提出马克思主义必须"和中国优秀的传统文化相结合，才能得到深入的发展"的观点。

上述学者表达的观点是具有时代意义的。事实上，1943年5月26日《中共中央关于共产国际执委会主席团提议解散共产国际的决

---

① 《胡乔木传》编写组：《胡乔木谈中国共产党党史（修订本）》，人民出版社2015年，第230—231页。

② 张岱年：《文化哲学》，教育科学出版社1988年版，第86页。

定》中曾指出："中国共产党人是马克思主义列宁主义者。因为马克思列宁主义是科学，而科学是没有国界的。中国共产党人必将继续根据自己的国情，灵活地运用和发挥马克思列宁主义，以服务于我民族的抗战建国事业。中国共产党人是我们民族一切文化、思想、道德的最优秀传统的继承者，把这一切优秀传统看成和自己血肉相连的东西，而且将继续加以发扬光大。"中国共产党近年来所进行的整风运动"就是要使马克思列宁主义这一革命科学更进一步地和中国革命实践、中国历史、中国文化深相结合起来"。[1]这是党的历史上对传统文化与马克思主义"相结合"关系的第一次最直接最明确的表达，此后党的各类文献及领导人讲话都没有使用"相结合"的说法来表述马克思主义与中国传统文化的关系。严格说来，直至中共十九大之后，党的有关文献中才正式出现"马克思主义中国化的过程，就是同中华传统文化精华相融合、与中国具体实践相结合的过程"[2]的表述，而真正引起社会和学界关注还是自习近平《在庆祝中国共产党成立100周年大会上的讲话》发表后，接着是中共十九届六中全会作出《中共中央关于党的百年奋斗重大成就和历史经验的决议》，更重要的是中共二十大报告，在这些极为重要的文献中，在重申党的历史上一以贯之的马克思主义与中国实际相结合的原则的基础上，明确提出了"与中华优秀传统文化相结合"的命题，即"第二个结合"。由此可见，中国共产党自身对马克思主义与中国传统文化"相结合"问题之复杂而漫长的认识演进。此外，考虑到"文化大革命"结束后，八十年代学界最流行的观点是，传统文化对社会变革"弊多利少"、传统文化阻碍现代化，所以，在认为中国传统文化是封建性的，与西方资本

---

[1] 中共中央文献研究室、中央档案馆编：《建党以来重要文献选编（1921—1949）》第20册，中央文献出版社2011年版，第318—319页。
[2] 中共中央党史和文献研究院编：《十九大以来重要文献选编》（上），中央文献出版社2019年版，第76页。

主义文化之间尚存在时代差距，需要"重估"和"改造"①的语境下，探讨马克思主义与传统文化的结合问题既需要学识，也需要勇气。

1987年，国内第一部专门研究阐释毛泽东思想与传统文化关系的著述②——《毛泽东思想与中国文化传统》出版③。作者汪澍白在谈及写作该书背景时说，"时人研究毛泽东思想，大多只溯源马列，不详及近代中西文化论争，亦不深研中国文化传统的继承问题。……我一向认为，两者之间固有着深刻的内在联系，故不揣谫陋，为揭示此种联系，开始作一些尝试性的探索。本书题名《毛泽东思想与中国文

① 当时较普遍的提法为"改造"传统文化。如有学者提出，我们的传统文化如果不能在奔向现代化的途程中得到"合理改造"，中国现代化改革大业就会遭受损失。因此，"改造中国文化传统从而建立起与现代化事业相适应的文化意识形态，……就成为时代的课题"（参见张士楚：《近年来我国东西方文化比较研究概述》，《中国社会科学》1985年第3期）；汤一介提出，"如何改造和发展中国传统思想文化，使之适应当前现代化发展的趋势，将是我们要不断探索的新课题"（参见汤一介：《从印度佛教传入中国看两种文化的冲突和融合》，《深圳大学学报》1985年第3期）。

② 其实，"文化大革命"结束后，学界很早就关注到了传统文化对毛泽东思想的影响问题。如杨超的《毛泽东哲学思想研究》（四川人民出版社1980年版）。1981年10月，在桂林召开的全国毛泽东哲学思想讨论会上，有学者提出毛泽东哲学思想不仅来源于马克思主义哲学，而且也吸收了中国哲学史上的优秀遗产，即辩证法思想和唯物主义思想的传统（孙克信、苏厚重：《关于学习和研究毛泽东哲学思想的几个问题》，载《全国毛泽东哲学思想讨论会论文选》，广西人民出版社1982年版）。其后几年出版的研究毛泽东思想的专著，如北京大学哲学系毛泽东哲学思想教研室编的《毛泽东哲学思想概论》（北京大学出版社1982年版）、樊瑞平的《毛泽东哲学思想简论》（甘肃人民出版社1984年版）、宋一秀等编著的《毛泽东哲学思想史纲》（甘肃人民出版社1984年版）、杨瑞森等编著的《毛泽东哲学思想概论》（中国人民大学出版社1985年版）等等，也有同样的观点。但以专著形式专门讨论传统文化与毛泽东思想的关系并冠以书名的，汪澍白的著作是第一部。

③ 其实早在1983年时，汪澍白还与张慎恒合著《毛泽东早期哲学思想探源》一书（中国社会科学出版社、湖南人民出版社1983年版），但主要探讨冯桂芬、郑观应、康有为、梁启超、胡适、陈独秀，以及托尔斯泰、克鲁泡特金，新康德主义和新黑格尔主义，对毛泽东早期思想发展产生的影响。当然，书中也提到毛泽东早年读传统文化书籍的生活，但并未就传统文化对其思想形成的影响展开详细论述。

化传统》，即立意在此"①。汪著以专题形式探讨了"实事求是"与儒家文化传统的关系、《实践论》《矛盾论》与中国哲学传统的关系，中国传统文化对毛泽东早期历史观、美学思想、教育思想形成的作用，并特别阐发了朱熹哲学对毛泽东的影响。由此发端，毛泽东思想与中国传统文化的关系，成为学界经久不衰的研究课题。而且，这种研究方式成为学界的一种研究理路，即随着此后中国特色社会主义理论创新成果的相继提出，学界开始探讨这些理论成果所蕴含的中国传统文化因素。比如，裴传永的《邓小平理论与中国传统文化》（中共中央党校出版社 2003 年版）一书，从邓小平的思维方式、学术风格、语言风格以及邓小平民本理论、富民理论、小康理论、用人理论、法治理论、德治理论、教育理论、"一国两制"理论、和平共处理论共 12 个方面论述了中国传统文化对邓小平理论形成所发挥的重要影响或者邓小平理论中蕴含的传统文化色彩。不过，总体而言，无论就研究内容还是研究深度而论，毛泽东思想与中国传统文化的研究最先开展，成果也最丰硕。中共十八大以后特别是十九大以来，理论界和学界对于习近平新时代中国特色社会主义思想中所蕴含的优秀传统文化因素，或者说对优秀传统文化的创造性转化创新性发展的探讨日益热烈并发表了大量文章。

　　由毛泽东思想和中国特色社会主义理论体系的具体研究拓展开来，学界对传统文化与马克思主义的关系问题亦开始探究。这一探究主要是从马克思主义与中国传统文化某些思想观点的相融或相通角度来阐释，如发表比较早的隗蒂的《马克思主义在中国传播与民族文化的关系》一文指出，"马克思主义与中国以儒家为核心的传统文化思想不仅不是水火不容的，而是有相通之处的"。第一，对客观世界都采取着积极的态度，都主张"入世"，而非"出世"。第二，都重视

---

① 汪澍白：《毛泽东思想与中国文化传统》，厦门大学出版社 1987 年版，第 139 页。

现实社会问题。第三，在解决现实社会的矛盾方面，都依赖人间的实有的力量，并不借助超人间的力量，即上帝和鬼神的力量。第四，都强调群体利益，提倡利他精神。第五，都以理想世界为鼓舞力量。"这些相通之处，就是马克思主义能够吸收中国封建时代文化精萃的基础"。[1] 此后，学界对该问题的研究虽然由浅入深、由狭至广，但大体沿袭"文化相通"这个思路进行，寻找更多的"契合点""结合点"。[2] 当然，也有些文章从思维方式、民族文化心理和现当代社会历史发展角度进行更深入的解析。

在探讨过程中，也有学者提出不同意见，认为马克思主义与传统文化（主要指儒家文化或"孔子教义"）不能"相结合"。如有人认为，中国传统文化的核心——孔子所创立的儒家思想，是封建主义的

---

[1] 隗苇:《马克思主义在中国传播与民族文化的关系》《汕头大学学报（人文科学版）》1987年第1期。

[2] 如肖志在《马克思主义与中国文化的联结》(《上海大学学报（社科版）》1987年第2期) 一文指出，中国文化历来讲究"实事求是"，强调本体和伦理的实践性；同时中国文化具有追求"天人合一""大同主义"的理想主义特征。因此，实践观点和理想主义，使马克思主义与传统文化的结合具有现实的可能性。迟云飞、丁笃本在《马克思主义东传中国的文化因素》(《湖南师大社会科学学报》1989年第1期) 中论述说，资本主义文化与中国文化找不到接合点，它的个人主义、自由民主、竞争进取等观念与中国的团体主义、依附服从、均平和谐等观念大相径庭。与资本主义相比，马克思主义与中国文化的价值取向要接近一些，其中最重要的结合点就是传统中的理想主义即大同思想。因此作者得出结论说，"主要是中国传统选择了马克思主义，换言之，不仅是'只有社会主义才能救中国'，而且更重要的是'只有社会主义才能适用中国'"。周碧晴在《马克思主义与中国文化》(《南京政治学院学报》1990年第6期) 一文中认为，中国传统文化的均贫富、等贵贱的社会理想与共同富裕、消灭"三大差别"的社会主义奋斗目标；重视民心、民力的清官意识与马克思主义的群众史观；礼让互助、克己奉公的伦理观念与助人为乐、公而忘私的共产主义品德；重视群体利益，维护民族尊严的爱国精神与无产阶级的集体主义、爱国主义思想；以德为重的用人之道与把政治标准放在首位的马克思主义人才观等，都具有"相通之处"，这是把马克思主义基本原理与中国国情及文化精华相结合的有利条件。类似论述还有如蔡方鹿的《儒学与马克思主义的契合处及其在当代新文化中的位置》(《江西社会科学》1993年第1期)；丁孝智、程连升的《文化传统与历史选择——对中国选择马克思主义的文化思考》(《西北师大学报（社会科学版）》1993年第2期)；等等。

思想，是为封建统治阶级服务的，因此应该继承五四精神，继续批判它。还有人认为，儒家思想是唯心主义的，马克思主义是唯物主义的，二者是对立的、不可调和的两个体系。[①] 这种观点也得到了一些学者的赞同。[②] 另外，还有学者联系中共党史，表达了对传统文化负面影响的忧虑和警惕。如有学者指出，中国共产党在民主革命时期、社会主义建设时期发生的几次"左"倾错误都有传统文化的渊源：其一，家国一体化的宗法政治观念不但是历代封建王朝专制统治的支柱，也是党内"左"倾错误的代表者搞家长制、一言堂以及个人崇拜盛行的基础。其二，"重农抑商"是中国传统的经济思想观念，其中普遍带有一种仇视、痛恨资本和商业的心理，从而影响到党对民族资产阶级采取了"左"的错误政策。其三，以"礼"为绝对标准的价值观念经历代王朝强化，形成一个不能越过的思想框架，使人们只能按照"正统"标准去注释经典，这种封闭性的思维模式必然导致思维的

[①] 如 1990 年 3 月 13 日《文汇报》发表蔡尚思的《我爱孔子，我尤爱真理》一文指出，近来有人考证五四时期只有"打孔家店"的提法，而无"打倒孔家店"的口号，这样考证是不对的，因为当时陈独秀、吴虞、鲁迅、李大钊、胡适等人的文章"无不充满了打倒孔家店的精神"；"历史赋予五四新文化运动的启蒙责任并未彻底完成，今天我们的任务，是要继续和发扬五四新文化运动的批判精神，而不是否定它"。同年 4 月，李一氓致函同意蔡尚思的看法，认为孔子学说是"为封建统治服务"的官方哲学，"马克思主义与孔子教义，无论如何是两个对立的体系，而不是可以调和的体系（折衷主义），或者并行不悖的体系（二元论）。我们无法把马克思主义的地位轻易地让给孔子，因为我们的世界观无法接受一个唯心主义的哲学体系。可是现在我们连这个简单的藩篱都撤销了，弄得人们不大清楚如何去分辨马克思主义和儒家学说，如何去看待社会主义和封建制度"。
[②] 如司马孺在《马克思主义和孔子教义——李一氓给蔡尚思的信读后》（《真理的追求》1991 年第 3 期）一文中指出，"对于调和孔子及其学说和马克思主义哲学体系及世界观的对立，对于有意或无意地把传统文化看做是超阶级、超时代的某些观点，甚至把孔孟之道看作永恒真理的观点，却还没有引起人们足够的注意。……在思想理论战线上，我们既要反对盲目的或自觉的对西方资本主义的崇拜，也要注意防止有意或无意宣扬复古主义和国粹主义的倾向"。余仁指出，孔子是延续了长达两千年的中国封建社会的精神偶像和代表，孔子教义或"孔孟之道"作为一种完整的思想体系，是中国封建制度得以长期维系的精神支柱和纽带。马克思主义和孔孟之道分属于两个不同的思想体系。马克思主义必须从中国或外国优秀文化传统中吸取营养，"但它却不可以与孔孟之道相融合"。

求同性和内倾性，而这也成为中国共产党党内曾经思想僵化和教条主义盛行的历史文化原因。① 也有学者认为中国传统的小农意识，是党历史上屡犯"左"倾错误的一个重要根源。②

应该说，在当时思想活跃、氛围宽松的背景下，对传统文化与马克思主义能否"相结合"存在争论是正常的。但整体上看，二十世纪八十年代以来学界对传统文化认识的总体趋势是，由"否定性批判"转向"继承性批判"——"批判"的态度没有改变，但根本目的发生了转变，即越来越多的人认识到全盘否定传统文化的道路行不通，在马克思主义居于中国意识形态指导地位的前提下，只有"批判继承"传统文化，使其与马克思主义相结合，才能产生"双向效应"③，用今天的话说就是"双赢"。因此，二十世纪九十年代尤其是新世纪之后，"马克思主义与中国传统文化相结合"几乎成为社会性共识。在此期间，国内首次以"马克思主义与儒学"为主题的学术研讨会，于1995年12月由中国孔子基金会学术委员会和中共中央党校科研部联合召开，成为研究马克思主义的学者与研究儒学的学者进行对话的"一个良好的开端"④，此后众多研究成果相继面世⑤。在

---

① 戴茂林：《试论传统文化与"左"倾错误的渊源》，《福建党史月刊》1988年第5期。

② 吴亚平：《封建意识是影响"左"倾错误的一个重要根源》，《福建党史月刊》1988年第5期。

③ 张秉楠：《八十年代以来关于马克思主义与中国民族传统文化的关系的讨论》，《社会科学战线》1992年第4期。

④ 崔龙水、马振铎：《马克思主义与儒学》，当代中国出版社1996年版，第266页。

⑤ 如张腾霄、张宪中著的《马克思主义与儒学》（中国人民大学出版社2000年版）；刘向信、刘志扬、韩书堂著的《马克思主义与中国传统文化》（社会科学文献出版社2009年版）；贾陆英著的《马克思主义与儒学的融合——中华文化百年走势探析》（山西人民出版社2012年版）；金忠严著的《马克思主义与中国传统文化融合论》（河北人民出版社2012年版）；陈方刘著的《马克思主义与中国传统文化相结合研究》（上海人民出版社2014年版）；刘志扬著的《马克思主义与儒家文化——当代中国文化的传统与展望》（山东人民出版社2015年版）；董爱玲著的《儒学与马克思主义文化的会通与融合研究》（人民出版社2017年版）；等等。

此，要特别指出系统研究该问题的第一部著述 ①——张允熠的《中国文化与马克思主义》(山西教育出版社 1999 年出版，人民教育出版社 2015 年再版)，其创新或开拓之处在于：第一，认为马克思主义产生的西方文化背景中有不可忽视的中国因素。作者指出，中国哲学在 16 至 18 世纪经传教士介绍已在欧洲广泛传播并影响到莱布尼茨、康德、黑格尔等，成为西方近代哲学尤其是德国古典哲学的有机组成部分，而德国古典哲学又是马克思主义哲学的重要来源，所以中国哲学对马克思主义哲学的产生有间接的重要影响。作者这个观点，不仅与时人普遍认为的中国在"西学东渐"的文化交流中处于被动接受一方的观点不同，而且还逆向提出了中国传统文化尤其是传统哲学对欧洲近代哲学和马克思主义的形成做出过贡献。这引起了当时学界的哗然，《哲学研究》还曾辟专栏展开讨论。第二，在多数学者"孤立地在马克思主义和中国文化之间进行单纯性比较研究，或者对若干哲学范畴进行纯思辨的考量"的时候，作者把马克思主义中国化放在中西文化始于 16 世纪中叶已有四百年交流、融合的历史背景下考察，进而论证马克思主义与中国传统文化相结合是文化会通趋势的历史必然结果。第三，与一些学者择取"只言片语"来机械论证马克思主义与中国传统文化可以相结合不同，作者从文化的最深层内核——哲学角度进行研究，阐释两种文化的"同"中之"异"和"异"中之"同"。迄今为止，该书仍然是马克思主义与中国传统文化相结合研究领域具有创新性和代表性的著作。

概言之，二十世纪八十年代以来学界有关马克思主义与中国传统文化关系的研究，大体形成了以上两种研究理路：一是探讨中国传统文化对毛泽东思想及中国特色社会主义理论体系的影响；二是讨论传统文化与马克思主义相结合的内在思想基础和文化逻辑。应该说，

① 张岱年曾为该书作序说，"长期以来，国内还没有系统研究这一问题的著述"，因此张允熠的著作可以视为填补这一领域空白的首部著作。

这两种研究思路在八十年代以来"反思传统"的大潮下，为我们重新认识传统文化的价值以及推动传统文化的现代转型提供了新的思考角度。

但与此同时也不得不指出两种研究理路中存在的缺憾。首先，在思想认识层面，存在过度拔高（或贬低）传统文化价值意涵的问题。中国共产党领导人是在中国大地上诞生、成长、成熟起来的，其在领导中国革命、建设和改革过程中必然要吸收中国传统文化的相关因素或者说受到中国传统思维、习俗的影响，而所形成的思想理论也必然具有中国传统文化的某些特色。在很多时候，这实际上是作为中国人的天然和必然，换言之，只要是中国人就不可能脱离中国文化中某些基本概念、逻辑、思维方式，在某种意义上讲属于日用而不觉。这当然很重要，但是，对这种潜在的影响，不能过分放大，以至于超过了显性的结论、命题的作用，甚至在某种意义上遮掩了马克思主义之于中国革命建设改革的指导思想意义。其次，在具体论证层面，存在搜罗片言只语进行机械"嫁接"的问题。早在马克思主义与中国传统文化相结合问题讨论初期，就有学者发文指出，某些研究"完全不顾历史条件和理论背景的比较，而是任意地把儒家经典中的某些道德箴言抽取出来，再与马克思主义'原理'作静态的比附，进而认定'这是唯物的'，'那是辩证的'，'这种观点在今天还有现实意义'，'那种看法是符合改革开放要求的'。在这类戏论儒学的现代点金术中，历史的、科学的、严肃的研究往往被哗众取宠的喧嚣淹没了，'苟日新，日日新，又日新'变成一种庸俗的相对主义原则，即任何特定的历史内容都可以被诠释者轻率地掏空，并赋予与其原旨风马牛不相及的现代思想，然后断然宣布某一命题或某一体系的复兴"。[①] 至今，这种"现代发微的注经法"依然不同程度地存在于学界。

---

① 崔龙水、马振铎主编：《马克思主义与儒学》，当代中国出版社1996年版，第178页。

　　之所以存在以上问题，一个重要原因是，两种研究理路主要围绕马克思主义与中国传统文化在思想层面的对比、相互影响和融合展开，而缺乏对复杂的社会历史和生动的社会实践的分析。正如有学者所说，"历史不能仅仅以典籍文化传统来说明，未来也不能仅仅以典籍文化传统来许诺。马克思主义的中国化，重要的不在于马克思主义与中国古典本本相结合，而在于与变革现实的实践相结合"①。也就是说，中国传统文化与马克思主义的关系，更多或更重要的应该是一个实践过程，即二者间的"中介"——中国共产党在马克思主义指导下，根据不同历史时期、不同实践主题需求，动态调整认识和对待传统文化态度的过程。这就过渡到下一个研究领域，中国共产党对待传统文化的认识和实践。

二、中国共产党对待传统文化的认识与实践史研究

　　关于中国共产党在实践中如何认识和对待传统文化的研究，西方学者着手较早，如美国学者列文森在《儒教中国及其现代命运》一书中对中国共产党如何认识和对待儒学有所阐发。他认为，中国共产党在"阶级"视角下，将儒学看作只是地主阶级的传统而不是民族国家的传统，孔子只与他自己特定时代的特定阶级——周朝末期的没落阶级相联系。因此，"孔子给现代民族留下的只是他曾有过的历史作用，或者说他已不代表任何阶级：也就是说他与现在的历史活动无关"，孔子成为了一个"既不受崇拜、也不遭贬斥的民族历史人物"②，并提出了孔子儒学已进入"历史博物馆"的观点。但由于该著作成书于1965年，所以书中未涉及"文化大革命"及之后中国共产

---

① 崔龙水、马振铎主编：《马克思主义与儒学》，当代中国出版社1996年版，第180页。
② ［美］约瑟夫·列文森著，郑大华、任菁译：《儒教中国及其现代命运》，广西师范大学出版社2009年版，第320、322页。

党对孔子儒学或传统文化的态度。

中国大陆学界对该问题的研究，始于二十世纪九十年代。二十世纪八十年代以来，中国共产党纠正了"文化大革命"对传统文化的破坏，并在1992年十四大党章中明确提出"弘扬民族优秀传统文化"，在认知态度上基本定型并形成一个具有鲜明特点的阶段，由此学者开始从党史角度关注不同历史阶段下中国共产党如何认识和对待传统文化。目前查找到的最早相关文章——李贵敏、赵传海于1994年发表的《批判与继承——七十余年来中国共产党对民族传统文化的态度》[1]，就将这个历史过程划分为四个阶段：1921年至1935年是批判和否定传统的阶段；1935年至1963年是继承改造传统的阶段；1963年至1978年是反对和摧毁传统的阶段；1978年至1993年是复兴和弘扬传统的阶段。随后，这种宏观概括性的梳理研究，大都沿循阶段划分的思路，只是不同学者的阶段节点略有不同[2]。在历时性宏

---

[1] 李贵敏、赵传海：《批判与继承——七十余年来中国共产党对民族传统文化的态度》，《河南机专学报（自然科学版）》1994年第2期。

[2] 如许全兴以中国共产党处理马克思主义与传统文化的关系为线索，将这个过程划分为五个阶段：一、从十九世纪末、二十世纪初起至1919年五四运动，是以中国传统文化去认同、比附、解释马克思主义阶段；二、自1919年五四运动起至1937年抗日战争爆发，是马克思主义与中国传统文化互相冲突、互相简单否定阶段；三、从1937年抗日战争爆发时起至1957年春，是马克思主义与中国传统文化既冲突又融合阶段；四、从1957年反右斗争起至1976年"文化大革命"结束，是马克思主义与中国传统文化之间的对立再一次凸显，甚至出现全盘否定中国传统文化的阶段；五、从1976年"文化大革命"结束至1996年，是马克思主义与中国传统文化之间既对立又统一的辩证关系在更高基础上重新确立的阶段（参见许全兴：《马克思主义与中国传统文化关系之历史考察》，《马克思主义与现实》1996年第1期）。杨翰卿以"儒学"为切入点，探究了"五四"以来儒学在中国的发展历程，大体分为四个阶段：一、"五四"时期的"打孔家店"阶段，从主流上说是彻底批判和反对的态度；二、后"五四"时期的"批判继承"阶段，产生了毛泽东思想和现代新儒学；三、新中国成立以后的曲折变化和"文化大革命"的彻底决裂阶段，五六十年代对待儒学基本上有批判和继承两种倾向，"文化大革命"期间则对儒学进行了反复的政治性批判，以孔子为代表的儒学被全面否定；四、社会主义建设新时期的全方位研究多维度审视和继承创新阶段（参见崔龙水、马振铎主编：《马克思主义与儒学》，当代中国出版社1996年版，第124—132页）。

观研究中，都培炎的《"思接千载"与"与时俱进"——中共对中国传统文化认识的历史考察》（华东师范大学出版社 2007 年版），是一部质量较高的著作。该书以革命与现代化主题的嬗变为研究主线，系统梳理了 1921—2002 年的中共传统文化观的演进，将其划分为五个阶段，建构起一个以马克思主义中国化为主线、以革命与现代化为主题的叙事框架。另一本专著是李方祥的《中国共产党的传统文化观研究》（中共党史出版社 2008 年版），该书采用专题式框架，从中共的传统文化渊源、中共的指导思想创新、中共农村革命与传统文化、"批判继承""古为今用"等专题来分析中国共产党认识传统文化问题的过程与方法。进入新时代后，学者亦将十八大以来中国共产党对待传统文化的态度纳入最新阶段的研究视野，如杨凤城的《中国共产党对待传统文化的历史考察》，在前人研究基础上对以习近平同志为核心的党中央认识和对待传统文化的情况进行了探究。但不管阶段如何划分，由基本否定、到"取其精华，去其糟粕"、再到创造性转化和创新性发展的历史轨迹，是学界的基本共识。这些研究为我们从总体上认识中国共产党对待传统文化的历程以及经验总结作出了贡献。

但目前研究中也存在一些不足，主要表现在对各个阶段的研究极不平衡，即对民主革命时期的研究比较充足，而对新中国成立后特别是改革开放以来的研究较为薄弱。如对民主革命时期的研究，既有对新文化运动参与者陈独秀、李大钊等人的深入考察[1]，也有专题性的著作如黄延敏的《黄土与红旗：延安时期中国共产党与传统文化研

---

[1] 有关陈独秀的，较早的如许全兴的《陈独秀与中国传统文化》（《孔子研究》1989 年第 2 期）、宋仲福的《陈独秀全盘性反传统文化辨析》（《西北师大学报（社会科学版）》1990 年第 6 期），较近的如李先明的《新文化运动时期陈独秀"反孔非儒"的历史重探》（《复旦学报（社会科学版）》2018 年第 1 期）；等等。有关李大钊的，较早的如公丕祥的《李大钊与传统文化》（《南京师大学报（社会科学版）》1989 年第 4 期）、张同乐的《论李大钊对中国传统文化的批判与继承》（《河北师范大学（哲学社会科学版）》2000 年第 4 期），较近的如王宪明的《李大钊的"反孔"与"尊孔"》（《理论学刊》2020 年第 1 期）；等等。另外，有关"五四"与传统文化关系的研究，也会将陈独秀、李大钊作为分析对象。

究》(学习出版社 2014 年版,黄著全方位阐述了这一时期中国共产党对儒家、墨家、道家、兵家、宗教、传统文艺等的改造利用)。对新中国成立以后的研究,成果不多、着墨较少,虽然在一些问题上也有比较深入的探究,包括前述都培炎、李方祥的著作也是这样。具体到对改革开放以来问题的研究,特点是着眼于文本或领导人讲话,从宏观角度概述中国共产党对传统文化从"批判继承"到"大力弘扬"的态度转变。但对实践或微观层面的具体政策、实际行为,以及影响这些政策行为的具有象征意义的社会文化思潮,则明显关注不够。事实上,改革开放后中国共产党对待传统文化的立场和态度,深受国内外政局变动、社会文化思潮等的影响,并通过具体政策调整和政策导向下的实践体现出来。可以说,实践行动史才是更真实、更丰富的历史。有鉴于此,本课题尝试基于上述问题作出一些较有深度和意义的考察。

进一步言之,鉴于马克思主义中国化视域下传统文化与马克思主义的关系研究已经十分广泛而深入,且主要体现为理论研究范式,因此,本课题不再以此为对象,虽然也会在一定程度上涉及此问题。本课题主要以中国共产党对待传统文化的显性认识和实践为主线进行历时性考察,涵盖一百余年的时间跨度,深挖一些关键性问题,一方面努力勾画一幅完整的历史图景,另一方面在已有研究基础上有所拓展和深化,努力走深走实。

三、"中国传统文化"概念考

本课题既然以中国共产党在传统文化问题上的认识和实践为研究对象,那么,对"中国传统文化"这一关键命题进行一定程度的"概念考古"也许是必要的。

"中国传统文化"是当下中国最流行的概念之一。即使普通百姓也能对什么是"中国传统文化"说出一二来，但对其概念和内涵的认识却千差万别。不仅如此，在不同时代背景下，社会各界对传统文化价值的评判也不相同，例如，中国共产党在初期革命活动中、在新中国社会主义革命和建设时期、在二十世纪八十年代反思"文化大革命"和反封建的时代背景下，主要对传统文化持否定态度，而九十年代之后对传统文化的价值估判则倾向于肯定并日益自觉地加以弘扬。这是学界在研究"中国传统文化"时需要注意的一个问题。

需要注意的第二个问题是，虽然如今"传统文化"是一个人尽皆知的概念，但其实在二十世纪八十年代之前，"传统文化"一词却很少或几乎没有出现在人们的视野中，更没有形成一个像现在这样热烈的讨论言说氛围。我们以《人民日报》数据库为例，将1949年至1980年、1980年至1990年、1990年至2000年、2000年至2010年、2010年至2020年界定为5个时间段，看不同时期报纸的"标题"与"正文"中分别出现"传统文化"一词的频次：

时段（年）	1949—1980	1980—1990	1990—2000	2000—2010	2010—2020
标题中有"传统文化"一词的记录条数	0	24	87	114	448
正文中有"传统文化"一词的记录条数	77	554	1710	3937	9463

以上数据表明，在新中国成立后至改革开放前的30年时间内，社会各界很少关注传统文化问题，因而很少或者说几乎不使用"传统文化"这个词汇。改革开放后，"传统文化"这一用语开始渐渐为人所熟知，并随着时间的推移愈加"炙热"、关注度呈倍数增长。基于这个演变过程，以及不同阶段的巨大数字差距，我们提出三个相关疑问：一、既然"传统文化"一词在二十世纪八十年代之后才开始广泛使用，那么在此之前人们如何称呼这种文化形态？二、"中国传统文

化"概念是在什么时候和什么语境下产生的？三、为什么八十年代以来"传统文化"及其相关问题的讨论会风靡中国学界、政界和社会各阶层？要解答这些疑问，就需要对"中国传统文化"概念进行词义产生和演化的考古探究。

"中国传统文化"一词，由"中国""传统""文化"组合而成。而这三个组成词在中国近现代历史上都有各自的内涵和价值演化的历程。下面先从"中国"一词的涵义变迁谈起。

"中国"一词最早见于西周初期。在出土的西周早期青铜器"何尊"上有铭文曰："余其宅兹中国，自兹乂民。"大意为，我族居中央之国土，自此统御天下民众。这里的"中国"指地理位置上的中原洛邑地区（今河南洛阳），而后派生出政治意义上与"四夷"相对的指代诸夏的"天子之国"。同时，由"中国"的政治中心意义，还衍生出文化中心含义。如战国赵公子成为了反对赵武灵王的"胡服骑射"，从与"蛮夷"相对的"文明"角度来阐发"中国"——"中国者，盖聪明徇智之所居也，万物财用之所聚也，贤圣之所教也，仁义之所施也，诗书礼乐之所用也，异敏技能之所试也，远方之所观赴也，蛮夷之所义行也"（《史记·赵世家》）。这种文化中心观，一直沿袭至清末。1868年，晚清海关道志刚出访欧洲被外人问及"中国"的含义时答曰："中国者，非形势居处之谓也。我中国自伏羲画卦已来，尧、舜、禹、汤、文、武、周公、孔、孟所传，以至于今四千年，皆中道也。"[①] 也即是说，自有史记录以来至清朝，在时人意识里"中国"一词本身主要是一个文化概念，而且与"华夏"同义——指在礼仪教化上优于诸"夷"。直到鸦片战争后较长一段时期，国人依然保持这种认知：用"夷"这个具有浓烈文化鄙视意义的词指代西洋列国。虽然承认夷有长技，但"师夷"却是为了"制夷"。更耐人寻味的是，即

---

① 志刚:《初使泰西记》，岳麓书社1985年版，第376页。

使战场失利，"西学中源"说却在彼时大行其道①，如有人穷治经史以论证西法皆源于中土。但无论如何，"师夷"的主张毕竟打破了几千年的"夷夏大防"，承认夷国在某些方面胜于"天朝"也意味着"中国"文化中心观开始动摇。而随着几次战争的接连失败及与近代欧洲国家建立条约关系，"中国"的文化中心含义逐渐淡化，成为国体意义上与外国对等的国名称谓。②

　　由此，在内涵上偏重国别或地理方位，并与"西学"对举的词——"中学"概念出现。可以说，这是近代以来中国人第一次真正意义上对自身文化进行的概括。在此需要说明，"西学"一词在明末清初之际就已出现③，如直接以"西学"为书名的就有《西学凡》《西学治平》《民治西学》《修身西学》之类④。但"中学"一词却出现较晚，至甲午之后才正式与"西学"并提。此前很长一段时期内弥补"中学"这一概念缺位并与"西学"进行比对的是"中国文物制度""纲常名教""礼乐教化"等。如洋务时期薛福成在《筹洋刍议》中说，"今诚取西人器数之学，以卫吾尧舜禹汤文武周孔之道"。即使是被认为最早表达"中体西用"思想的冯桂芬，其实也并未使用过"中学"一词，广为人知的是《校邠庐抗议》中"以中国之伦常名教为原本，辅以诸国富强之术"的表达。而且在他们论述中，周孔纲常之道与西人技艺之术是"道器"关系，在价值上明显不能等而言之。

　　大约甲午战后，"中学"开始成为与"西学"关联的专有名词。郑观应在1894年编成的《盛世危言》中说，"中学其本也，西学其

① 李忠林：《西学中源说略论——从夷夏之防到师夷长技》，《史林》2018年第2期。
② 冯天瑜：《概念词化的知识考古：由词通道》，《社会科学战线》2019年第8期。
③ 耶稣会士到中国以学术传播为手段进行传教，中国人便开始把西方学术（主要是自然科学和技术）概称之为"西学"。
④ 参见徐宗泽：《明清间耶稣会士译著提要》，中华书局1949年版，第289—294，214—218页。转引自丁伟志：《"中体西用"论在洋务运动时期的形成与发展》，《中国社会科学》1994年第1期。

末也。主以中学，辅以西学"。1896年4月沈寿康在《万国公报》上发表《匡时策》曰："夫中西学问，本自互有得失，为华人计，宜以中学为体，西学为用。"同年8月孙家鼐在《议复开办京师大学堂折》中也有"中学为体，西学为用"的提法。[①]1898年张之洞在《劝学篇》中对"中学为体，西学为用"思想作了解释、论证。而之所以甲午战后"中学""西学"成为对举的概念名词，是因为这场被梁启超称为唤醒"吾国四千余年大梦"的战争，强烈冲击了此前对"西学"的僵化认识，国人开始抬高其地位，使之具备了邀请"中学"概念登场、对话的"资格"。但"抬高"只是一定程度上的，因为"中学"与"西学"甫一同台，就被士大夫以"体"和"用"作了功能规定，这意味着在国人意识中仍然有价值的高低、主次之别。

甲午战争，除了刺激国人从中西比较视野对自我文教体系形成了一个名曰"中学"的概念认识，而且还是现代"文化"概念在中国形成和发展的重要分水岭。虽然中国古汉语中"文化"一词很早就有[②]，但中国古代的"文明"与"文化"主要用于说明社会和族群达到的发展水平。待到甲午之后，"文化"一词才具有与现代所用相类的词性和词意。据黄兴涛考证，甲午以前是现代"文化"概念在中国的酝酿阶段，戊戌时期及稍后几年是与"文明"概念相仿或曰"文明"意义上"广义文化概念"的确立和传播阶段[③]。确如其所言，戊戌之后1899年王国维在为桑原隲藏著、樊炳清译的《东洋史要》一书写序言时论及，"抑古来西洋各国自为一历史团体，以为今日西洋之文化；我东洋诸国亦自为一历史团体，以为东方数千年来固有之

---

① 转引自张岱年、程宜山：《中国文化精神》，北京大学出版社2015年版，第247—248页。

② 如西汉刘歆在《说苑·指武》中说，"凡武之兴，为不服也，文化不改，然后加诛"。但此处的"文化"是一个行为动词，表示以"文"去"化"之的意思。

③ 黄兴涛：《晚晴民初现代"文明"和"文化"概念的形成及其历史实践》，《近代史研究》2006年第6期。

文化"①。在这里，不仅使用了现代意义上的"文化"一词，而且还以"东方固有文化"概括包含中国在内的东洋诸国历史上形成的文明成果。同年，梁启超使用了"吾国之文明""泰西文明"的表述②。而"中国文化"一词的出现则相对较晚，黄克武认为可能要在 1911 年之后才开始③。

　　总之，甲午中日战争是中国人对自我文化认知的一个重要转折点。如果说此前中国人并没有真正将"西学"视作一种可与"中学"进行平等对话的文教体系，因而仅使用"纲常名教"与之作比；那么日本学习西方取得战争胜利，则强烈刺激中国人不得不重新审视"西学"的价值地位。换言之，正是甲午战败，迫使"中学"概念登场，并形成"中学为体、西学为用"的改良方案。与此前只提倡引进船炮技艺不可同日而语的是，"中体西用""反映着向西方学习的内容的扩大和在中国实行变革的内容的深化"④，即除了为体的儒学名教，经济体制和政教法度亦可全面变革。但即便如此，"中体西用"仍招来质疑，加之清末新政废除科举、预备立宪引进制度，其实已经在事实上宣告了"中学为体"的破产。

　　而以中西文化价值比较视角来看，从"中学"概念出场，到"中学为体、西学为用"，再到中学不能为"体"、西学不仅仅为"用"，反映出一个西方文化价值提升和中国文化价值衰落的过程。但在国人意识中，价值地位提升的西方文化，并没有明显优于价值地位衰落的中国文化，二者关系更像是一条"升"线和一条"降"线在交

---

① 《王国维全集》第 14 卷，浙江教育出版社、广东教育出版社 2010 年版，第 2 页。
② 梁启超：《饮冰室合集·文集之五》，中华书局 1989 年版，第 73 页。
③ 较早的例子是 1911 年《协和报》上的一篇文章《西人崇尚中国文化之见端》，谈到德国一位学者"知中国之文化为全球冠，特于中国之诗歌深为注意"。参见黄克武：《从"文明"论述到"文化"论述——清末民初中国思想界的一个重要转折》，《南京大学学报》2017 年第 1 期。
④ 丁伟志：《"中体西用"论在洋务运动时期的形成与发展》，《中国社会科学》1994 年第 1 期。

汇点上的"持平"，如时人所用的"东方固有文化""吾国文明""中国文化"的表述，更多强调国别或地理不同，而没有如此前一般明显的价值判断。但"持平"只是暂时的，因为现实的对比在不断增加二者"对抗"的冲动。及至新文化运动，平衡关系被打破，国人对西方文化的价值评估继续提升，对中国文化价值的评估则持续下降。

1915 年新文化运动帷幕一拉开，西方文化与中国文化就又重新被作了价值评判——"新"与"旧"。汪叔潜在《青年杂志》第 1 卷第 1 期发表《新旧问题》一文说，"所谓新者无他，即外来之西洋文化也；所谓旧者无他，即中国固有之文化也"①。如果单看这个界定，实无新意，因为国人在此之前就曾以"新旧"区分西中。张之洞在《劝学篇》中曾将"西学"与"新学"、"中学"与"旧学"分别通用，并主张"旧学为体、新学为用"和"新旧兼学"。孙中山于辛亥革命胜利之初在欧洲演讲时说，"将取欧美之民主以为模范，同时仍取数千年前旧有文化而融贯之"②。显然，在张与孙的论述里中国之"旧"与西方之"新"并无特别明显的价值高低意味，仅是表达时间前后而已。而汪淑潜的不同之处在于，他所言说的"新"，指"自法兰西革命以还"的人权学说、自由学说、人类理性、宪政精神等；"反乎此者"则是中国旧文化。而且，"新旧之不能相容，更甚于水火冰炭之不能相入也"③。由此，"新"与"旧"就有了明确的价值倾向。同理，陈独秀在批判中国固有道德、伦理、艺术、宗教、文学时，冠之以"旧"，并与"德先生""赛先生"对立式并提，用意也是以"新旧"区分价值优劣。

但随后，惨烈的欧战④使国人对西方文明产生了质疑，并对

---

① 汪叔潜：《新旧问题》，《青年杂志》第 1 卷第 1 号，1915 年 9 月。
②《孙中山全集》第 1 卷，中华书局 1981 年版，第 560 页。
③ 汪叔潜：《新旧问题》，《青年杂志》第 1 卷第 1 号，1915 年 9 月。
④ 第一次世界大战爆发后，国人对这场战争的称谓各不相同，有人称之为"奥塞战争"，有人称之为"欧洲战争"（简称"欧战"）。

"新"之标准、内涵、态度也发生了变化。蒋梦麟认为，"'新'是一个态度，求丰富生活，充分愉快的知识活动的态度，不是一个方法，也不是一个目的"；"新思想不能用时代来定，也不能以西洋输入的来做标准"①。杜亚泉则明确指出"西洋之现代文明，乃不适于新时势，而将失其效用"，因此"以时代关系言之，则不能不以主张刷新中国固有文明贡献于世界者为新，而以主张革除中国固有文明同化于西洋者为旧"②。他还认为，"至今时风靡世界之社会主义"是新思想，而且人类的各种新思想，"大有辐辏而集中于社会主义之趋势"③。吴宓则反对一味趋新，他希望国人"绝去新旧之浮见，而细察个中之实情，取长去短，亲善远恶，以评判之眼光，行选择之正事，而不为一偏之盲"④。章士钊则认为，新旧之间杂糅调和，才是"社会进化至精之义"⑤。但显然，不管如何议论"新"及"新旧"关系，中国固有文化被指称为"旧文化"，却成为一个此后深入人心的概念。

欧战不仅使"新"与"旧"被重新审视，如罗志田所说，随着第一次世界大战后"西方的分裂"，"'新旧'似逐渐淡化，而'中西'的辨析又一度升温"⑥。张煊在1919年撰文指出"国故，东洋文明之代表也；欧化，西洋文明之代表也。今日东西洋之文明，当然处对等地位"⑦。1921年《新潮》发表一篇冯友兰与泰戈尔的对话文章，冯问道"东西洋文明的差异，是等级的差异？还是种类的差异？"泰答曰"是种类的差异"⑧，借文化名人之口表达了中西平等的文化观。也

① 梦麟（蒋梦麟）：《新旧与调和》，《晨报》1919年10月13、14日。
② 伧父（杜亚泉）：《新旧思想之折衷》，《东方杂志》第16卷第9号，1919年9月。
③ 伧父（杜亚泉）：《何谓新思想》，《东方杂志》第16卷第11号，1919年11月。
④ 吴宓：《论新文化运动（节录）》，《学衡》第4期，1922年4月。
⑤ 章行严（章士钊）：《新时代之青年》，《东方杂志》第16卷第11号，1919年11月。
⑥ 罗志田：《道出于二：过渡时代的新旧与中西》，《读书》2013年第6期。
⑦ 张煊：《驳〈新潮〉〈国故和科学的精神〉篇》，《国故》第3期，1919年5月。
⑧ 冯友兰：《与印度泰谷尔谈话（东西文明之比较观）》，《新潮》第3卷第1号，1921年9月。

即是说，欧战的一个直接影响是，国人在一定程度上重拾了对自身文化的信心，甚至认为中国东方文明是弥补或拯救西方文明的丹药。此间，最有代表和影响的是梁启超的相关见解。在《欧游心影录》中，他借一位美国新闻记者之口，转述了"西洋文明已经破产了"的观点，并说"许多先觉之士正想把中国、印度文明输入，图个东西调和"，因此"我们的国家，有个绝大责任横在前途。什么责任呢？是拿西洋的文明来扩充我的文明，又拿我的文明去补助西洋的文明，叫他化合起来成一种新文明"①。这一观点可以称之为"中西互补"论，但其骨子里却是"以中补西"论②。梁漱溟在 1921 年出版的《东西文化及其哲学》中则从文化发生学角度阐释了西、中、印文化的不同，即意欲"向前""持中"和"向后"，并认为"世界未来文化就是中国文化的复兴"。除此之外，还有人将中西文化分别称之为"静的文明"与"动的文明"（如杜亚泉），或者"精神文明"与"物质文明"，其用意也不外乎要表达"吾国固有之文明，正足以救西洋文明之弊，济西洋文明之穷"③的意思。

虽然梁启超、梁漱溟等人的观点在当时引起过一些讨论，但在残破的中国现实面前，这些偏"保守"的想法在多数人看来却显得有些"迂腐"或"不合时宜"。尤其是当西方的近现代观念、马克思的阶级社会演化理论等明显带有"进化"色彩的新主张被国人熟知、接受，并运用于分析中国文化问题时，二梁等人的观点便很快被淹没了。

代表近现代观并作为历史分期术语的"近代""近世"概念，在清末民初从日本传入中国，并大约于"五四"前后为中国史学界广泛

---

① 梁启超：《欧游心影录》（节录），《晨报》副刊 1920 年 3 月 6 日至 8 月 17 日。
② 罗荣渠：《现代化新论——世界与中国的现代化进程（增订版）》，商务印书馆 2004 年版，第 372 页。
③ 伧父（杜亚泉）：《静的文明与动的文明》，《东方杂志》第 13 卷第 10 号，1916 年 10 月。

接受①。新文化运动初期，陈独秀就使用了近现代观念分析中西文化。1915 年 9 月，他发表的《法兰西人与近世文明》一文说，中国文明"未能脱古代文明之窠臼"，"犹古之遗也"；而"可称曰近世文明者，乃欧罗巴人之所独有，即西洋文明也"②。常燕生也认为，"东洋文明和西洋文明之异点，实在就是古代文明和现代文明的特点"③。如果以静态时间观念来看，将中国固有文化称为"古代文化"并无不妥，但由于在时间轴线上加注了"进化"因素，"中国古代文化"就成为一个与"近现代文化"相对并代表"落后"的概念名词。正是由于突出了"时间"或"时代"意义，常燕生进一步指出，"现代西洋的文明，是世界的，不是一民族的；是进化线上必经的，不是东洋人便不适用的"，因此世界上"没有东方文明和西方文明的区别"，"只有古代文明和近世文明"之分④。由此，中西文化的地域之别被古今之异取代：西方文化是具有先进性和世界性的文化，中国文化是"进化"体系中落后于西方近现代文化的"古代文化"，这成为众多学人的共识或逐渐根深蒂固的潜意识，这也是其落后性的一面。

与运用古今观念分析文化问题相类似的，是以马克思阶级社会演化理论认识中国文化。1923 年 6 月瞿秋白在《新青年》发表《东方文化与世界革命》一文，将西方与中国划分为资本主义社会和封建主义社会。他说，"西方文化，现已经资本主义至帝国主义，而东方文化还停滞于宗法社会及封建制度之间"。中国封建文化包括三种元素：一是宗法社会之自然经济，二是封建制度之政治形式，三是殖

---

① 冯天瑜、黄长义主编：《中国文化近代转型的内因与外力》，中国社会科学出版社 2017 年版，第 400 页。
② 陈独秀：《法兰西人与近世文明》，《青年杂志》第 1 卷第 1 号，1915 年 9 月。
③ 常乃悳：《东方文明与西方文明》，《国民》第 2 卷第 3 号，1920 年 10 月。
④ 张东荪也同样认为，"西洋文化实在已不仅是西洋的了，已大部分取得世界文化的地位"。参见张东荪：《读〈东西文化及其哲学〉》，《时事新报》副刊 1922 年 3 月 19 日。

民地之国际地位①。1924 年又进一步提出"社会主义文明""无产阶级文明"的概念。由此,基于对不同阶级社会形态的认识,瞿秋白将中国文化、西方文化分别赋予了"封建制度文明""资产阶级文明"的属性界定,并提出了以"思想方面的阶级斗争"颠覆前两种文明以达到"社会主义文明"的构想②。但由于缺乏讨论,这些主张在当时并没有引起重视。及至 1928 年前后兴起一场中国社会性质问题的论战,虽然各方"政治取向大异,呈敌对之势,却几乎都宣称信奉唯物史观"③。因此论战各方很快形成一个中国古代社会是"封建社会"的共识,而这个社会形态中的文化是"封建文化"也就自然而然、顺理成章了。如陈高佣说,当人类的经济生活处于原始共产时代时,那么人类的文化就是原始共产的文化;当人类的经济生活处于封建时代时,人类的文化就变成封建社会或封建主义的文化;当人类的经济生活处于资本主义时代时,人类的文化又会变成资本主义的文化。"因为中国的经济自从走上封建制度之后,一直绵延二千余年没有多大的变化,所以直至九十年前,帝国主义的势力未入中国之时,中国的社会大体仍是建筑于自然自足的经济基础之上,而中国的文化亦自然仍是封建的文化"④。即使是呼吁保存、发扬中国文化而发表《中国本位的文化建设宣言》的"十教授",也认为中国此前的文化是"封建文化"。这反映出马克思历史唯物主义观点对人们认识经济基础与文化形态关系的巨大影响。但这种认识却表现出"机械"或"形而上"的特点。因为相对于截然断裂的社会形态,文化往往具有一定的继承性;而且文化对经济基础还具有一定的反作用。关于这些文化属性,

---

① 屈维它(瞿秋白):《东方文化与世界革命》,《新青年(季刊)》第 1 期,1923 年 6 月。
② 瞿秋白:《现代文明的问题与社会主义》,《东方杂志》第 21 卷第 1 号,1924 年 1 月。
③ 冯天瑜:《中国文化近代转型管窥》,商务印书馆 2010 年版,第 409 页。
④ 陈高佣:《怎样使中国文化现代化》,《申报月刊》第 2 卷第 7 号,1933 年 7 月。

学者们并未给予关注和研究，却普遍承认文化会随着社会形态的转变而相应发生质的改变。由此，中国此前社会是"封建社会"、中国此前之固有文化是"封建文化"，几乎成为当时的共识。

而较之以"旧文化""古代文化""封建文化"指称中国文化，"传统文化"概念的出现则相对较晚，大约在二十世纪二十年代末三十年代初。但"传统"一词，其实中国古已有之。如南朝沈约《立太子恩诏》中说，"王公卿士，咸以为树元立嫡，有邦所先，守器传统，于斯为重"①。这里的"统"指"皇统""王统"，而"传统"也即传承皇统或大统的意思。至十九、二十世纪之交，当汉译日语文献出现"传统"一词时，意义发生了变化，既可作名词，指"流传或传承的系统"，内容可以是语言、宗教、工艺和特定文化等；也可作形容词，指"世代传承的"。但 1920 年之前，中国学人很少使用"传统"这个词。1920 年之后，"传统"一词才开始使用开来②。如郭沫若在 1923 年的一篇文章中指出，"我国的传统思想，依我所见，是注重现实、注重实践的"；"我们既赞扬希腊文明，同时又不能忘情于我国的传统"③。其中，前一个"传统"是形容词，表示"世代传承下来的"；后一个"传统"是名词，表示"固有的文教体系"。而且，郭沫若此时此处明显是在价值肯定意义上使用这个词。但随着"现代化"问题讨论的兴起，以及将"传统"与"现代"纳入同一语境中，"传统"一词的词义或词性发生了转变。

据学者考证，梁启超在 1902 年最早使用了"现代"一词④。但从其出现至五四时期，"现代"在汉语文献中出现频率并不高，且主要

---

① 《汉语大词典》，上海辞书出版社 1986 年版，第 1625 页。
② 章可：《清末民初"传统"的出现：概念史视角的考察》，《史学月刊》2020 年第 4 期。
③ 郭沫若：《论中德文化书（信扎）》，《创造周报》第 5 号，1923 年 6 月
④ 他在《新民说》中论述条顿民族对现代欧洲各大国的影响时说，"凡此皆现代各国之主动力也"。参见梁启超：《新民说》，《饮冰室合集·专集之四》，中华书局 1989 年版，第 8 页。

停留在"现下时代"这个自然时间意义上。"五四"以后，以"现代"为定语搭配的词组如"现代思潮""现代文明""现代教育"等，开始在公共言论中频繁出现[①]。与此同时，"现代化"一词也开始散见于知识分子的著述中。黄兴涛认为，最早使用"现代化"一词的是著名报人、社会活动家胡愈之。[②]1923 年，他将爱尔兰乡土文学家夏芝的诗与乔治·鲁索尔的诗比较，认为后者的诗"比较的更多现代化了"。[③]而且，"现代""现代化"之类的表述在此时渐渐脱去"现下所处时代"的含义，也即是说"现代"不一定就是现在，而是一种标准、理想。[④]

　　"现代"与"传统"两词在二十世纪二十年代初几乎同时被接受和使用，为二者对话创造了可能。如 1923 年 11 月《民国日报》副刊《妇女周报》刊文讨论妇女贞操观念，将"传统的贞操观"和"现代的伦理学说"并列，并以后者批判前者[⑤]。1929 年，胡适在《中国基督教年鉴》发表英文文章，也将"传统"与"现代"纳入同一语境中[⑥]。文章中心意思是，中国接受现代化并不代表传统的丧失，因为

---

① 章可:《超越历史分期概念：汉语"现代"概念的创出》,《史学理论研究》2015年第 3 期。
② 黄兴涛、陈鹏:《民国时期"现代化"概念的流播、认知与运用》,《历史研究》2018 年第 6 期。
③ 化鲁:《爱尔兰诗人 A.E. 访问记》,《东方杂志》第 19 卷第 1 号, 1922 年 1 月 10 日。
④ 章可:《超越历史分期概念：汉语"现代"概念的创出》,《史学理论研究》2015年第 3 期。
⑤ 长青:《传统的贞操观》, 上海《民国日报·妇女周报》第 11 期, 1923 年 11 月。转引自章可:《清末民初"传统"的出现：概念史视角的考察》,《史学月刊》2020 年第 4 期。
⑥ 胡适在标题为"传统价值安然无恙"部分说,"由于广大群众受惰性规律的自然作用, 大多数人总是对他们珍爱的传统要素百般保护。因此, 一个国家的思想家和领导人没有理由也毫无必要担心传统价值的丧失。如果他们前进一千步, 群众大概会被从传统水平的原地向前带动不到十步"。在标题为"接受现代化"部分说,"中国之所以未能在这个现代化世界中实现自我调整, 主要是因为她的领袖们未能对现代文明采取唯一可行的态度, 即一心一意接受的态度"。参见胡适:《文化的冲突》(1929 年), 原载《中国基督教年鉴》(China Christian year book)1929 年英文版, 张景明译, 罗荣渠校。

传统的"惰性"会使"传统"与"现代"自然达成某种调和。但他文章的标题——《文化的冲突》，却已经明确了"传统"与"现代"的关系。也即是说，自"传统"与"现代"被同时使用以来，就形成了一种二元对立模式。而且伴随"现代"一词日益演化成为一种价值尺度，"传统"一词本来表示的"世代传承而固有"的形容词意义，便不断弱化；而与"现代"价值相对、表示保守落后的另一种形容词意义，则不断增强。

进入三十年代后，学者们不再仅仅满足于"传统"与"现代"的对比，开始兴起一场有关"现代化"的讨论。1933 年 7 月《申报月刊》为创刊周年纪念，刊出"中国现代化问题号"特辑，由此"现代化"概念开始日益普及。而当"现代化"被寄托为一种国家整体发展出路，并认为"中国的问题，根本就是整个文化的问题。想着把中国的政治，经济，教育等等改革，根本要从文化着手"[1] 的时候，与"现代化"相对的"中国传统文化"概念就出现了。[2]

1935 年 1 月王新命等十位教授就"如何建设中国的文化"问题发表《中国本位的文化建设宣言》。其实是对中国"现代化"问题提出了以我为主、调和中西文化的方案。5 月，常燕生针对"十教授"提出的意见发表文章说，现在多数的人往往把"中国"和"中国文化"两个名词认为是完全相同的一物异名，因此凡主张爱国的必然要拥护"传统文化"，反对旧文化的也反对爱国，这个错误是极严重的。"中国的传统文化"并不见得都有利于中国本身的存在和发展，因此

---

[1] 陈序经:《中国文化之出路（节录）——民廿二年十二月廿九日晚在中大礼堂讲词撮略》,《民国日报》1934 年 1 月 15 日。

[2] 其实，与"传统思想""传统价值"差不多同一意义的"传统文化"一词，在二十世纪二十年代初就开始出现，但多表示"世代传承之文化系统"意义。而只有在"现代化"于二十世纪三十年代成为社会性共识和追求时，我们今天意义上所认识和谈论的"传统文化"概念才最终形成。

我们尽可以一面主张爱国，一面反对"传统文化"①。常氏较早和完整地使用了"中国传统文化"这个概念。6月，熊梦飞也针对"本位"问题指出，眼前之历史上"传统的文化"由于自秦汉以后掺杂了不少外来成分，已无多少中国固有的，所以中国本位文化"颇不容易认定"，"并无法建设"。而"中国之现代化，无疑地为吸取所谓西洋文化"②。

从以上论述可以看出，"中国传统文化"概念大多出现在关于"现代化"问题的讨论中。某种意义上甚至可以说，如果没有关于"现代"或"现代化"的讨论，也就没有"中国传统文化"概念的诞生。抗日战争爆发后直至改革开放前，由于一方面中西文化比较的语境淡化；另一方面"现代化"也不再具有二十世纪二十年代末三十年代初那样的讨论热度，所以这一时期"中国传统文化"概念出现的频次大幅降低，少有学者使用。而当改革开放后"现代化"再次成为整个社会关注热点时，"中国传统文化"概念亦随之再次广泛流播。

在此需要指出，虽然"中国传统文化"概念较"旧文化""古代文化""封建文化"晚出，但前者并没有取代后者。相反，还出现了概念叠加的现象，如有的论述中使用"中国传统的旧文化""中国古代的旧文化""中国古代的传统文化""中国传统的封建文化""中国古代传统的封建旧文化"等类的表述。而修饰性形容词的叠加，其实也是文化价值属性认知的叠加。但由于"传统"一词具有较大开放性：既可以指时间上的"过去"，又可以指因世代传承而固有，还与"现代"对立因而一定意义上含括"封建"属性，所以，在此之后"中国传统文化"成为指代中国文化的主要概念名词。

---

① 常燕生：《我对于中国本位文化建设问题的简单意见》，《文化与教育》第55期1935年5月。
② 熊梦飞：《谈"中国本位文化建设"之闲天》，《文化建设月刊》第1卷第9期1935年6月。

　　考察完"中国传统文化"概念的源起，接着就要对"中国传统文化"的内涵或内容作出阐释。遗憾的是，二三十年代的学者们并没有给予总结和归纳，直至八十年代，学者们才有所阐发。比如，丁守和认为，中国传统文化包括古代历史上形成的思想学术、哲学宗教、文学艺术、语言文字、天文地理、农学医药、科学技术，以及价值观念、社会风尚、民间习俗，等等。就思想形态而言，则有儒学、墨学、法家学、道家学、玄学、佛学等等，而其中占主导地位的则是儒学，包括后来的理学①。姜义华则从"规范性"角度将中国传统文化分为规范性文化、非规范性文化、半规范性半非规范性文化三类②。所谓规范性文化，是指以儒家经典为经，以历代官修史志为纬，在长期流迁演化之中广泛吸收了道、法、阴阳、纵横、玄、佛诸家学说而形成的经史文化，是中国小农社会的最高权威；所谓非规范性文化，则是普遍存在于一般民众的生产方式、生活方式、人与人的种种关系、风俗、习惯、信仰、追求、日常心理、潜在意识及形形色色成文或不成文制度之中的文化；除此之外，介于二者之间的就是半规范性半非规范性文化，包括雅俗程度不一的大量文学、艺术作品，对经史文化呈半游离状态的各种文化教育、宗教及娱乐活动，等等。王元化则指出，中国传统文化"它的形成是一个过程，它在各历史阶段呈现了不同形态，这是一个民族文化传统中的同中有异的方面，也就是变的方面。但是从这些在各历史阶段的民族文化传统的不同形态中，又可以发现其异中有同的方面，也就是常的方面"③。由此可见，从不同的研究角度或领域出发，学者们对中国传统文化内涵的认识也不尽相同。

① 丁守和：《中国传统文化试论》，《求索》1987 年第 4 期。
② 姜义华：《毛泽东与中国传统文化——现代中国启蒙运动与农民运动文化互化研究》，《复旦学报（社会科学版）》1989 年第 3 期。
③ 王元化：《〈中国文化之谜〉序》，《文汇报》1985 年 7 月 29 日。

本课题综合二三十年代和八九十年代以来的讨论，尝试对中国传统文化的内涵作一个大致符合各界讨论初衷及共识的界定。

首先，时间维度。"传统"是一个与"近现代"相对的概念，大约等同于"古代"。所以"中国传统文化"某种意义上可以称之为中国古代文化。而"中国古代"一般是指 1840 年鸦片战争之前，因此"中国传统文化"主要指向清朝灭亡之前中国王朝时代所累积传承下来的文化。

其次，内容维度。中国在近代以来学习西方的过程中，形成了一种物质、制度、思想（或精神、习惯、风俗）三层次内容划分的文化认知习惯。梁启超在《五十年中国进化概论》中说，近五十年来，中国人渐渐知道自己的不足了，"第一期，先从器物上感觉不足"；"第二期，是从制度上感觉不足"；"第三期，便是从文化根本上感觉不足"，将文化分为器物、制度、文化思想三个层面。八十年代知名文化学者庞朴就是从这三个层次来界定传统文化：包括历代存在过的种种物质的、制度的和精神的文化实体和文化意识[1]。因此，从"习惯"角度，中国传统文化涵括中国古代的物质形态、制度形态和思想形态方面的文化内容。

最后，价值维度。通过对"中国传统文化"概念源起的探究可以发现，这个概念甫一诞生就被赋予了与"现代化"方向相反或者说阻碍"现代化"进程的价值判断。因此，这个概念更多体现出的是近现代以来国人对自身文化系统"价值"的认知。至于内容，虽然认识模糊，却很少争论，因此处于次要认识地位。二三十年代是如此，八九十年代也是如此。随着时代发展和国际国内政治经济形势的变化，人们才逐步转变"传统文化"与"现代化"之对立关系的认识，越来越认同传统文化经过创造性转化可以服务于现代化建设。

---

[1]《庞朴文集》第 3 卷，山东大学出版社 2005 年版，第 264 页。

由以上三个维度可以对中国传统文化作一个符合"最大公约数"原则的界定，即中国传统文化是指中国现代化建设过程中所接触、碰到或面对的产生于中国古代社会，表现为或物质或制度或思想尤其是思想的一种文化形态。由于受时代环境影响，人们对它的价值认知不断发生改变。

最后，还需要对人们日常及党的相关文件表述中时常出现的两个概念——"传统文化"与"文化传统"的关系作出说明。从学术研究的角度，有学者认为"传统文化"和"文化传统"是两个关系密切却又内涵不同的词汇。如庞朴认为，传统文化的全称是"传统的文化"（Traditional culture），落脚在文化，对应于当代文化和外来文化而谓。文化传统的全称是"文化的传统"（Cultural tradition），落脚在传统。文化传统与传统文化不同，它不具有形的实体，不可抚摩，仿佛无所在；但它却无所不在，既在一切传统文化中，也在一切现实文化之中，而且还在你我的灵魂之中。所以，庞朴将"文化传统"定义为"民族精神"或"不死的民族魂"[1]。朱维铮和张岱年[2]对此也有与庞朴大同小异的论述。但他们的见解并未被广泛采纳，迄今为止，绝大多数学者、普通百姓以及党和国家领导人的讲话、政策文件等，都没有对二者作严格区分，实际上更多地是含混或相互包罗地使用，可能仅是表述习惯差异所致。另外，关于传统文化的其他相关表述，如"中华民族优秀传统""民族文化的优秀传统""中华民族优秀传统文化""民族文化""中华民族文化"等不同概念，以及"中华民族优良道德品格"等等，很大程度上都是指代传统文化或者包含在传统文化的内涵范畴中。所以读者在阅读及理解中国共产党对传统文化的相关论述时，不必过多纠结于学术意义上"传统文化"与"文化传统"

---

[1]《庞朴文集》第 3 卷，山东大学出版社 2005 年版，第 264 页。
[2] 朱维铮：《传统文化与文化传统》，《复旦学报（社会科学版）》1987 年第 1 期；张岱年、姜广辉：《中国文化传统简论》，浙江人民出版社 1989 年版，第 5 页。

的概念差别。

四、从批判和警惕到高评和弘扬的历史进程

在作出前述几个部分的概括和分析后，本书的研究对象、相对于已有研究的特有价值或者创新之处，也就比较清楚了。

我们的研究依据历史演进的阶段展开，一方面，中国共产党历史的四个分期基本上适用于党对待传统文化的历史演进；另一方面，从实际出发，研究分为两篇进行，上篇为新民主主义革命时期，下篇为新中国成立至党的二十大前后，每一篇又依据具体历史阶段分为若干章。通过这样的篇章安排，力图完整地展现中国共产党一百年对待传统文化的历史图景，并在此基础上总结经验教训。

以大历史观之，中国共产党在为民族复兴而奋斗的一百年间，如何对待中华民族历史悠久的传统文化，始终构成重要的问题域。从革命思维和行为下的批判与警惕为主，到执政思维和行为下的理性看待、高度评价，再到新世纪新时代的大力弘扬、创造性地运用于治国理政，既反映了时代主题的变换，也反映了党的有关思想认识的与时俱进。

（一）继承"五四"衣钵，批判儒学等"正统"文化

从中国共产党成立到全民族抗战爆发，党对待传统文化的显著特征是承继五四新文化运动反传统的衣钵。

中国共产党成立于五四新文化运动激进的反传统时代背景下，其创始人和最早的一批党员，几乎是清一色的五四新文化运动所哺育的知识分子，像陈独秀、李大钊等人还是该运动的旗手或弄潮儿。党成立后不久，又肩起反封建的革命任务，诸多因素综合在一起，导致其对中国传统文化的否定性评价显著地居于主导地位。当然，党成

立后，集中精力于实际的革命斗争，并未特别关注文化问题。不过，其对传统文化的批判与警惕立场还是时常表达出来，虽然文字不多，但态度是鲜明的。在该方面，陈独秀和瞿秋白可作代表。1923 年至1924 年间，陈独秀在《向导》《前锋》等杂志上以短论的形式继续表达他对传统文化的否定立场，讥讽胡适等倡导整理国故、国学是"要在粪秽里寻找香水，即令费尽牛力寻出少量香水，其质量最好也不过和别的香水一样，并不特别神奇，而且出力寻找时自身多少恐要沾点臭气"；嘲讽"昏乱的老庄思想"或东方文化要将青年"引到睡眠状态去了"；认为"国故、孔教、帝制，本来是三位一体"，"像这样的文化，不但没有维护的必要，还应设法令他速死"①。1923 年 6 月，《新青年》改版为中共中央理论刊物，主编瞿秋白在其撰写的《〈新青年〉之新宣言》中讲到："中国的旧社会旧文化是什么？是宗法社会的文化，装满着一大堆的礼教纲常，固守着无量数的文章词赋；礼教纲常其实是束缚人性的利器、文章词赋也其实是贵族淫昏的粉饰。"②上述话语与五四新文化运动如出一辙，中共也明确宣言继承五四传统，1932 年 5 月，瞿秋白在《北斗》杂志上发文《五四和新的文化革命》曰："无产阶级决不放弃五四的宝贵的遗产"。当然，同时还要"批判一切个人主义、人道主义和自由主义等类的腐化思想"③。

　　陈独秀辈对中国传统文化的拒斥，根深蒂固于历史进化论和经济决定论。进一步言之，即将东西方文化或文明视为历史演进的不同阶段，东方文明是古代农业文明，西方文明是现代工业文明，所谓"人类文化是整个的"，"东西文化的差异"不过是"时间上的迟速，

---

① 任建树主编：《陈独秀著作选编》第 3 卷，上海人民出版社 2010 年版，第 101、135、137、251、259 页。
②《瞿秋白文集（政治理论编）》第 2 卷，人民出版社 1988 年版，第 7 页。
③《瞿秋白文集（政治理论编）》第 7 卷，人民出版社 1991 年版，第 522、523 页。

而非性质上的差别";① "人类社会的发展,因为天然条件所限,生产力发展速度不同,所以应当经过的各种经济阶段的过程虽然一致,而互相比较起来,各国各民族的文化同一时代乃呈先后错落的现象"。概言之,即"精神文明是物质文明的副产","物质文明始终统辖着精神文明"。② 正因为此,中国传统礼教虽"也曾一度为社会中维持生产秩序之用。但是他现在已经不能适应经济的发达,所以是东方民族之社会进步的障碍"③。实际上,这些观点和论断在五四新文化运动中已然流行,中共成立后只不过加以重申和强调而已。

中国共产党对以儒学为主体的传统文化的拒斥,与近代以来儒学总是被政治上保守甚至反动的势力所利用这一情形也有密切关系。从洋务运动到戊戌维新再到辛亥革命,封建顽固势力对它们的质疑、反对和镇压,总是与"护教"(孔教)联系在一起,尤其是后来袁世凯复辟帝制、国民党对中共毁弃"孔孟道统"的舆论攻击、1930 年代的"新生活运动",以及抗战时期围绕蒋介石的《中国之命运》一书国民党发动的宣传战,无一不和尊孔联系在一起(甚至日军在中国占领区,也搞尊孔、祭孔、读经活动,以愚弄中国人,为其殖民侵略服务),这些不能不促使中共对传统文化保持高度警觉。

中国共产党对传统文化的否定和拒斥不仅表现在文字上,而且表现于行动上。无论是在大革命时期,还是在土地革命战争时期,不论是在城市,还是在乡村,不论在革命总取向上,还是在具体问题上,如妇女问题、家庭与婚姻问题等,激烈的反传统立场一直显而易见,所谓"苏维埃的文化革命"就是"打到孔教、佛教、道教等等的迷信和一切宗法社会的思想上的束缚,反对着资产阶级和富农等等的

---

① 任建树主编:《陈独秀著作选编》第 3 卷,上海人民出版社 2010 年版,第 198 页;《瞿秋白文集(政治理论编)》第 2 卷,人民出版社 1988 年版,第 14 页。
②《瞿秋白文集(政治理论编)》第 2 卷,人民出版社 1988 年版,第 14、271、280 页。
③《瞿秋白文集(政治理论编)》第 2 卷,人民出版社 1988 年版,第 23 页。

思想上的影响"。① 应当承认这种"打倒"和反对在诸多方面是正当的，为社会进步所必需，只不过由于缺乏经验，加之教条主义影响，思想认识和具体做法过于简单机械甚至粗暴而已。

以上我们只是从显性层面上进行概括和分析，而实际上，早期中国共产党人与传统文化的关系要复杂得多。除了显性层面上的拒斥和警惕外，隐性层面上的继承和转化不可小觑。以历史的后见之明看，中国共产党人之所以很快接受、服膺马克思主义，其中原因之一是中华传统文化中的诸多理念、观念、思想与马克思主义理论相通。关于这一点前文已有分析，此处不赘述。此外，也有学者注意到，近代以来包括中国共产党人在内的革命英烈的言行与儒家伦理的深层关联，指出五四新文化运动以来，儒家"仪范伦理"遭受激烈批判，几乎不复存在；而"道德伦理"虽然也遭受冲击，但却顽强地以不同方式存在下来，如君子人格的追求，"宁为玉碎不为瓦全"的英烈精神，为民族"大我"而牺牲个人"小我"的理念，等等。事实上，这种曲折而隐性的存续、转化和弘扬可以列举出许多。

即使是在显性层面上，我们也要看到"反传统"这一宏观界定的局限性或者有条件性。有学者指出，"五四"激烈反礼教，"没有涉及以'仁''诚'为中心的精神超越性道德，对儒学的道德基础，即人禽之辨、文野之分、义利之辩等，不仅没有否定，而且还给予充分的肯定。陈独秀如此，吴虞、李大钊、胡适等莫不如此"②。更值得关注的是，早期中国共产党人对主张兼爱、尚公、尚同的墨子与墨学评价颇高。蔡和森最初便把列宁视为墨子的同道，"只计大体之功利，不计小己之利害。"③萧楚女更是提出"我们便应当学墨翟，学孙中山，学列宁。他们都是'摩顶放踵利天下而为之'，数十年如一

① 《瞿秋白文集（政治理论编）》第7卷，人民出版社1988年版，第232—233页。
② 欧阳军喜：《五四新文化运动与儒学》，陕西人民出版社2001年版，第28页。
③ 《蔡和森文集》上卷，人民出版社2013年版，第9页。

日"①。对墨家的高评在中国共产党这里一直延续下来。这些情况说明，早期中国共产党人与传统文化的关系并非表面看上去那么简单。虽然如此，历史还是需要有宏观概括、需要有对主流的判断，早期中国共产党人处于特定历史环境，对待传统文化的立场主要是"批判和警惕"，这一结论经得住历史事实拷问。当然，需要注意的是，这一结论不能做绝对化理解，要充分认识其背后的暗流涌动或复杂结构。

（二）理性对待传统文化，"取其精华，去其糟粕"

从全面抗战爆发到新中国成立，这一阶段党对待传统文化的特征是在延续五四新文化精神的同时，对传统文化作出较为理性的评价并采取更实际的政策策略。

日本发动全面侵华战争后，在空前的民族危机面前，中共高扬爱国旗帜，动员民众抗日。而爱国主义往往离不开对国家历史和民族文化的认同。实际上，早在全面抗战爆发前的"新启蒙运动"中，知识分子已经开始调整对待传统文化的态度，并且在五四新文化运动以来大规模引进西方思想文化学术之后萌生了"中国化"的理念。新启蒙运动的倡导者，对于包括儒学在内的中国传统文化采取了较五四新文化运动更为客观的立场，提出诸如儒家倡导的"礼义廉耻""忠孝节义"等核心道德理念在民族抗战中的现代转化问题，等等。一些共产党人参与了新启蒙运动。由于全面抗战很快爆发，新启蒙运动未及展开而终结。

1938 年 10 月，毛泽东在中共六届六中全会上发表讲话，提出"学习我们的历史遗产"的任务。他说："我们这个民族有数千年的历史，有它的特点，有它的许多珍贵品。对于这些，我们还是小学生。""从孔夫子到孙中山，我们应当给以总结，承继这一份珍贵的

①《萧楚女文存》，中共党史出版社 1998 年版，第 677 页。

遗产。"① 当然，毛泽东在这里讲得还比较笼统，主要是从历史整体入手，并非专门讲传统文化，并且一开头就言明是"用马克思主义的方法给以批判的总结"。但无疑这是党对待传统文化态度调整的一个重要信号。

一年多以后，1940 年 1 月，在陕甘宁边区文化协会第一次代表大会上，党内两位重要的领袖人物——张闻天和毛泽东先后发表演讲，从正面展开阐述了中共对待传统文化的评价和立场。1 月 5 日，张闻天以《抗战以来中华民族的新文化运动与今后任务》为题发表演讲，在指出封建的旧道德、旧思想、旧制度，复古、尊孔、读经、保存"国粹"等等"没有明天"，"必须用全力扫除""愈彻底愈好"之后，讲到"旧中国文化中也有反抗统治者、压迫者、剥削者，拥护被统治者、被压迫者、被剥削者，拥护真理与进步的、民族的、民主的、科学的、大众的文化因素……这是值得我们骄傲的。对于这些文化因素，我们有从旧文化的仓库中发掘出来，加以接受、改造与发展的责任。这就叫'批判的接受旧文化'。"② 仔细研读张的文字，会发现他给予肯定的主要是社会底层民众所留下的文化遗产，而一向被视为统治阶级思想的儒学似乎是被排除在外的，这自然符合革命时期党

---

① 《毛泽东选集》第 2 卷，人民出版社 1991 年版，第 533—534 页。瞿秋白在 1933 年论证文学应该与时代共舞时曾讲道："当然，这不是说我们完全不要一切过去的文化遗产和文学遗产。不然的，我们必须继承这些遗产，但是一定要有批判的精神，一定要有的阶级的立场，一定要努力学习新的阶级的宇宙观，而在克服可能的错误底过程之中，去达到真正科学的对于自然界和社会现象底认识。对于一切古代的文化遗产，都要真正感觉到自己是一个成年的大人，——那过去的儿童时代是不能够再来的了；对于资产阶级的科学艺术也是这样。马克思教我们留心希腊时代的艺术，但是他告诉我们，这是人类社会的儿童时代，你可以在这里'再现'儿童时代地天真稚气的可爱的景象，而不能够自己也去'重新变成小孩子'，那是可笑的。"（《瞿秋白文集 文学编》第 3 卷，人民文学出版社 1989 年版，第 132—133 页）瞿在此明确表达了对传统文化的批判性继承这一观点，只不过是从文学的角度。此外，通观全文，对于文化遗产的继承问题，瞿只是一带而过，且是居高临下的一种审视姿态，而非后来毛泽东所言的"小学生"姿态。
② 《张闻天文集》第 3 卷，中共党史出版社 1994 年版，第 26—27 页。

突出看重文化之阶级性的一贯理念。而且，张接着提醒："要批判的
接受中国旧文化，决不是等于号召中国青年去读古书、整理国故。这
是少数有科学知识与科学方法的学者的责任。中国青年应该多读现代
的新文化的书籍，在古书中则应该多读中国的小说、杂文，多读统治
阶级所说的'邪书'与'禁书'。"①1月9日，毛泽东以《新民主主义
的政治与新民主主义的文化》（即《新民主主义论》）为题发表演讲，
表达了同张闻天相同的立场，只不过更凝练而已。他说："中国的长
期封建社会中，创造了灿烂的古代文化。清理古代文化的发展过程，
剔除其封建性的糟粕，吸收其民主性的精华，是发展民族新文化提高
民族自信心的必要条件；但是绝不能无批判地兼收并蓄。必须将古代
封建统治阶级的一切腐朽的东西和古代优秀的人民文化即多少带有民
主性和革命性的东西区别开来。"同张闻天一样，毛泽东在指出"我
们必须尊重自己的历史，决不能割断历史"之后，提醒道："对于人
民群众和青年学生，主要地不是引导他们向后看，而是要引导他们向
前看。"②1943年12月，毛泽东在一份批语中进一步分析道："剥削阶
级当着还能够代表群众的时候，能够说出若干真理，如孔子、苏格拉
底……王阳明也有一些真理。孔孟有一部分真理，全部否定是非历史
的看法。"③翌年7月，在同英国记者斯坦因的谈话中他再次表达了这
样的立场：我们信奉马克思主义是正确的思想方法，这并不意味着
我们忽视中国文化遗产。"中国历史遗留给我们的东西中有很多好东
西，这是千真万确的。然而我们中国有些人却崇拜旧的过时的思想，
这些思想对于我们今天的中国不仅不适用而且有害。这样的东西必
须抛弃。""我们的态度是批判地接受我们自己的历史遗产和外国的

①《张闻天文集》第3卷，中共党史出版社1994年版，第27页。
②《毛泽东选集》第2卷，人民出版社1991年版，第707—708页。
③《毛泽东文集》第3卷，人民出版社1996年版，第84页。

思想。"①

　　综上思想，概言之，中国传统文化总体上是封建主义的，但有优秀成分；正确态度是批判地接受，取其精华、去其糟粕。这一立场一方面继承了五四新文化精神，另一方面又适应新形势做出了调整，使原有立场更富弹性也更趋理性。进一步言之，抗战期间中共对传统文化的立场或态度调整，并非是对五四新文化精神的背离，实际上可以视为深化。无论是毛泽东还是张闻天，他们谈论文化问题的出发点均是马克思主义的经济决定论，并以长篇幅文字严厉地否定和批判以儒学为主体的传统文化，谴责尊孔读经或提倡旧礼教旧思想的言行，与此同时，高度评价五四新文化运动。早在纪念五四运动20周年之际，博古在《新华日报》上发表文章评论说："不管五四新文化运动如何的狭隘和有限制性，但是它不失为一个思想界之空前剧变，它震动了中国数千年来的古旧的风俗、传统、文化与思想，它勇敢地和他们作战，""向旧礼教、旧制度、旧习惯——首先是孔教勇敢的宣战。五四运动的思想的领导者如吴虞先生、鲁迅先生都曾有极精的反对孔教的言论……"② 毛泽东在《新民主主义论》中也评价道："五四运动所进行的文化革命则是彻底地反对封建文化的运动，自有中国历史以来，还没有过这样伟大而彻底的文化革命。当时以反对旧道德提倡新道德、反对旧文学提倡新文学为文化革命的两大旗帜，立下了伟大的功劳。"同时，毛泽东高度评价了鲁迅，称他是"文化新军的最伟大和最英勇的旗手""中国文化革命的主将"，"鲁迅的方向，就是中华民族新文化的方向"。③ 由此可以清楚地看到，中共对五四反传统精神的继承，同抗战前基本上是一致的。正因如此，毛泽东、张闻天等

---

① 《毛泽东文集》第3卷，人民出版社1996年版，第191—192页,。
② 无锡市史志办公室编：《秦邦宪（博古）文集》，中共党史出版社2007年版，第435—437页。
③ 《毛泽东选集》第2卷，人民出版社1991年版，第698、700页。

对传统文化的肯定话语并不多且很宏观、谨慎。[1] 虽然如此，同抗战前相比，在对待传统文化问题上，毕竟有了一定程度的变化。这种变化作为开端，以大历史观之，其意义是重要的。

这里需要提及的是，延安时期的理论家陈伯达从 1939 年至 1940 年在《解放》杂志上连续发表《孔子的哲学思想》《老子的哲学思想》《墨子的哲学思想》等系列文章，尝试从学理上分析和评价传统文化中的思想遗产。一些党员知识分子也程度不同地参与了讨论，毛泽东、张闻天也很关注陈伯达的文章。陈伯达等人尝试运用辩证唯物主义和历史唯物主义的立场和方法分析和评价诸如名实观、知行观、义利观、辩证法等中国古代思想文化中的核心范畴、重要思想。总体而言，评价很客观、很深入。当然，也存在机械运用阶级分析的缺憾，孔子哲学得到的负面评价较多，而墨子哲学得到的则是肯定性高评。其背后有一个阶级论判断，即其学说代表的是统治阶级还是劳动人民。毛泽东阅读了陈伯达的文章，并表示基本上赞同其主要观点。[2] 这次对中国古代哲学思想的探究，一方面反映了中国共产党人作为革命者对待传统文化的特有立场态度，另一方面也说明，在范围较小、学理性探讨较强的场域，中国共产党人对待传统文化的客观立场和深刻认识。当然，在面向社会大众的场合，则需要更简明更彰显革命诉求的立场和言说。

---

[1] 对传统文化尤其是传统文学的表达方式，即传统文化形式，党的态度一直是积极利用。在毛泽东、张闻天、瞿秋白等人的文字中不难找到类似观点，如新文化要大胆利用大众所熟悉与爱好的一切民间的与地方性质的形式；革命的大众文艺必须利用群众喜闻乐见的旧形式，诸如章回小说、民歌、戏剧等等。不过，给人的感觉似乎这主要是策略上的考虑，即中国民众文化水平低，尤其是在农村根据地环境中更需如此。至于民族文化形式有无长远的生命力似乎是存疑的。如果联想到五四新文化运动以来中国知识界一直有汉字拉丁化的主张和实践，而且延安和其他根据地也有该方面的实验，便可以断定，当年对传统文化形式的未来不大可能寄予厚望。

[2] 参见《毛泽东文集》第 2 卷，人民出版社 1993 年版，第 156—164 页。

（三）"古为今用"与虚无主义迷误

新中国成立后，延安时期形成的对待传统文化的立场和态度基本上延续下来。但是，反传统文化的一面，无论就时间而言还是就力度而论，均处于强势，而理性地看待和汲取传统文化中的优秀成分则显得小心翼翼，且主要出现在1956年毛泽东提出"双百"方针和1960年代初期纠"左"、调整政策之际。

新中国成立初期，在文化转型与重建过程中，传统文化基本上处于被否定和批判的地位。从对电影《武训传》的批判，到对胡适、梁漱溟等人的批判，虽然主导声音是讨伐买办的、资产阶级的思想，但对儒家思想的批判也十分严厉，尤其是在对梁漱溟的批判中，"我国文化遗产中的有益成分，有粗心大意一笔抹杀的倾向"。①

1956年春毛泽东提出了著名的"双百"方针。在相对宽松的思想氛围下，一些学者对新中国成立后对待文化遗产尤其是儒学一概否定态度提出了批评。著名学者冯友兰等还在《人民日报》《光明日报》等报刊发表文章，分析中国哲学遗产包括儒家思想的继承问题。是年8月，毛泽东同音乐工作者谈话，就如何正确处理外来文化与民族文化的关系问题，谈了自己的看法。其核心思想，一言以蔽之，即"洋为中用"，且远比民主革命时期的相关论述更为展开、深入和清晰。他强调，外国的一切科学原理和长处都要学，但学习的目的是"创造出中国自己的、有独特的民族风格的东西"，"创造中国独特的新东西"。② 可以说，立足于中华文化的光大，是毛泽东谈论中外文化关系的出发点和立足点。但是，他的谈话聚焦于音乐，并未对中国传统文化进行总体性评价，他集中要说明的问题是，一方面对西方音乐不

① 中共中央文献研究室编:《建国以来重要文献选编》第8册，中央文献出版社1994年，第322页。
②《毛泽东文集》第7卷，人民出版社1999年版，第76—78、81—83页。

能照搬或生吞活剥，要与中国实际相结合；另一方面不能自我封闭。通览他的谈话内容，其音乐"中国化"的主张似乎偏重于对历史上形成的民族形式、民众欣赏习惯的考量。这和政治上他一再提倡的把马克思主义基本原理与中国实际结合起来的思路是相通、一致的，他自己也讲：马克思主义基本原理应该接受，但其"在实践中的表现形式，各国应有所不同"，"社会主义的内容，民族的形式，在政治方面是如此，在艺术方面也是如此。"[1]

依据现有资料，毛泽东在新中国成立后，最明确最具体地肯定中国传统文化中的积极因素，是在 1958 年 8 月审阅中宣部部长、中央文教小组组长陆定一的文章《教育必须与生产劳动相结合》时加写的一段话，其中言道："中国教育史有人民性的一面。孔子的有教无类，孟子的民贵君轻，荀子的人定胜天，屈原的批判君恶，司马迁的颂扬反抗，王充、范缜、柳宗元、张载、王夫之的古代唯物论，关汉卿、施耐庵、吴承恩、曹雪芹的民主文学，孙中山的民主革命，诸人情况不同，许多人并无教育专著，然而上举那些，不能不影响对人民的教育，谈中国教育史，应当提到他们。"当然，毛泽东没有忘记最后申明，中国几千年的教育史主要的还是"剥削阶级手中的工具"。[2]1960 年 12 月，在接见古巴妇女代表团和厄瓜多尔文化代表团时，毛泽东又一次谈道"对中国的文化遗产，应当充分地利用，批判地利用。中国几千年的文化，主要是封建时代的文化，但并不全是封建主义的东西，有人民的东西，有反封建的东西。""封建主义的东西也不全是坏的。……反封建主义的文化也不是全部可以无批判地利用的。封建时代的民间作品，也多少都还带有封建统治阶级的影响。"[3]谈话表明，毛泽东在传统文化问题上有了更深入一层的思考，明确了

---

①《毛泽东文集》第 7 卷，人民出版社 1999 年版，第 78 页。
②《毛泽东文集》第 7 卷，人民出版社 1999 年版，第 398 页。
③《毛泽东文集》第 8 卷，人民出版社 1999 年版，第 225 页。

即使是被视为服务于统治阶级的封建文化也有利用的价值，反封建统治的民间文化也需要批判地对待。及至1964年，毛泽东明确概括了对待古今中外文化的正确方针——"古为今用，洋为中用"。

毛泽东的上述态度，加之1960年代初纠"左"带来的政策宽松条件，学界又一次较为明显地做出欲为中国传统文化争取生存空间的努力。例如，1962年11月山东召开大型的孔子思想研讨会，1963年初《哲学研究》编辑部结合《周易》的研究和评价，组织文章展开哲学史方法问题大讨论，等等。虽然，讨论中存在牵强附会、简单类比，将古人思想随意拔高美化、现代化的粗陋，但是，其在校正一味抹煞、贬低传统文化的偏向方面是有积极意义的，它也表明理性地看待中国传统文化在学界是有基础的。① 也许，从1962年延续到1965年的关于道德的阶级性和继承性问题的讨论更能说明问题。这场讨论由著名学者和社会活动家吴晗发起，因而引人注目。讨论中的一个敏感话题，是关于封建道德、资本主义道德的现实价值问题。吴晗提出：封建道德、资本主义道德中有值得今人吸收的地方，例如封建道德中的忠、孝、诚实、勤劳等，都可以吸收过来，使之起本质的变化，从而为无产阶级的政治、经济服务。多数参与讨论者不同意吴晗的观点，认为他混淆了阶级道德的界限，把道德抽象化了。剥削阶级的道德，只有剥削阶级能够因袭和继承，无产阶级和劳动人民是绝不能批判继承的。② 由此不难窥见，在文化的阶级性理念强势、优先的思想背景下，在文化的核心——价值观、道德观问题上肯定文化遗产所承担的政治风险。

"文化大革命"期间，以儒学为主体的传统文化遭到"横扫"，

---

① 杨凤城主编：《20世纪的中国——走向现代化的历程（思想文化卷1949—2000）》，人民出版社2010年版，第142—144页。
② 杨凤城主编：《20世纪的中国——走向现代化的历程（思想文化卷1949—2000）》，人民出版社2010年版，第144—146页。

被扔进"历史的垃圾堆"。1966年12月，毛泽东在会见波兰外宾时曾谈到，无产阶级文化大革命的重要任务之一是清除孔夫子在各方面的影响。1968年10月，他又在八届十一中全会上谈到，自己有点偏向，不那么高兴孔夫子。还对学界的反孔、尊孔两派进行了一番点评。但这些话是顺便说的，并无部署批孔之意。1969年5月1日晚，毛泽东在天安门城楼上再次谈到批孔。几天后，"两报一刊"社论《五四运动五十周年》中写进了批孔的内容，但并未引发运动。林彪事件之后，将批林与批孔联系起来，并由此展开大规模的批林批孔、评法批儒运动，完全是出于政治需要，对孔子、对儒学完全是谩骂式的攻击。如前所述，孔子作为中国传统文化的象征，在五四新文化运动以后，一直遭受程度不同的质疑、批判和否定。新中国建立后，对孔子和儒学的评价实际上成为一个颇为微妙和敏感的学术领域。总的看来，否定居多。但是，这种否定主要还是突显儒学的负面，不讲或少讲其有价值的方面，尚不是骂倒了事。批林批孔与评法批儒运动发动后就不一样了，孔孟"开历史倒车"、儒家"满口仁义道德，一肚子男盗女娼"等等极端简单化甚至侮辱性批判用语充斥于舆论宣传中，成为妇孺皆知、耳熟能详的定评。

（四）彰显传统文化的民族性意义，确立传承和弘扬的总方针

"文化大革命"结束后，对极左政治的反思和否定，给理性对待传统文化带来了看似矛盾的新境遇：一是"文化大革命"式对待传统文化的态度荒唐至极，必须改变；二是"文化大革命"期间的个人崇拜、无法无天等等，在很大程度上被认为是封建传统的沉渣泛起，因而中国依然面临严重的反封建思想任务。实际上，后者无论从客观现实上讲，还是从人们的主观认识上说，均占据着主导地位。进一步言之，"文化大革命"对待传统文化的方式太粗陋，毕竟传统文化中还

是有可取的东西，对此毛泽东也是承认的。问题的关键在于，"文化大革命"批判传统文化止于愤怒、咒骂，浮面而潦草。实际上是前门骂走，后门又悄然回来登堂入室。所以，必须对封建传统文化进行更深入的批判和清理。这一认识可谓当年大多数有识之士的共识。1980年代中共中央领导人不时提及反封建思想，而少有对传统文化的肯定，也能说明这个问题。换言之，历史传统和时代因素制约下的中共在 1980 年代于传统文化问题上也只能是做到"拨乱反正"，而不大可能有重大突破。

但是，"文化大革命"式对待传统文化的立场和态度毕竟遭到否定，而且伴随改革开放的扩展，社会与文化环境的宽松，在民间和知识界，中国传统文化开始回归生活或成为研究对象。例如，在 1980年代的"文化热"中，不能忽略的一支力量便是以北京大学文化书院为代表的致力于中国传统文化继承和创造性转化的学人。① 大体上自1980 年代后期始，有两个方面的因素，促使党对传统文化的态度发生明显调整或改变，一是不断出现的自由化思潮尤其是 1989 年政治风波促使中共中央高度警惕西方"和平演变"中国，如何有效地抵御"西化"成为执政的重要课题；二是随着市场经济的发展，面对人们价值观选择的多样化现实，如何或拿什么才能最有效地凝聚人心。在这一背景下，爱国主义越来越成为中国共产党动员和凝聚社会的政治旗帜。爱国主义教育涉及方方面面的内容，其中就包括中国悠久历史和中华民族优秀传统文化教育。实际上，离开了对本民族历史和建基

---

① 文化书院是由北京大学哲学系研究中国哲学和中西哲学比较的学者创建的，梁漱溟任荣誉院长。文化书院给自己的定位是对中国文化和中西文化比较作一些基础性的学理研究，并利用函授、假期讲习班、出版物等形式研讨传授学问。文化书院对本土文化抱一种同情的理解，强调文化的延续性和文化批判中的建设性。1985 年 1 月，中国文化书院举办了第一次文化讲习班，组织著名学者及海外学人宣讲中国文化与比较文化，产生了广泛影响。同类的书院还有注重古籍整理和出版的幽州书院等，只是影响没有文化书院大。

其上且构成核心的民族文化的尊重，爱国主义便有成为浮萍的危险。况且，八十年代中国在大规模引进西方文化、思想的过程中，也引发愈演愈烈的历史虚无主义思潮，类似或接近于"全盘西化"的主张时有耳闻。对于执政党来讲，这种思潮的政治危险性显而易见，这"不仅是个文化问题，而且是个政治问题；不仅是个对待历史的态度问题，而且更重要的是个对待现实的态度问题"①。

正是在上述背景下，党中央及其领导人自1980年代后半期开始越来越重视传统文化的"民族性"意义，即传统文化对于当代中华文化的根基、母体意义，对于中华民族认同、民族精神和爱国主义的意义。1989年10月中共中央总书记江泽民会见参加第三届儒学国际学术讨论会的嘉宾并发表谈话。江泽民在谈话中指出，"对于孔子的思想，应该吸取精华，去其糟粕。特别是对于中国的下一代，许多民族优良传统，不仅是学术思想，还有许多其他优良传统，都需要继承、发扬。例如，孟子讲的'富贵不能淫，贫贱不能移，威武不能屈'，这对于振奋民族精神，加强民族气节，是非常重要的"②。1990年1月，主管文化宣传工作的中央政治局常委李瑞环在文艺工作座谈会上发表《关于弘扬民族优秀文化的若干问题》的长篇讲话，反映了党中央的深思熟虑。讲话指出："我们的民族文化是随着中华民族的发展而发展起来的，它对于中华民族的形成、繁衍、统一、稳定和自立于世界民族之林，都起了不可取代的巨大作用，有着超越时代的深远影响。"讲话有针对性地指出，"吸收、借鉴外来文化的目的不是用它来取代本民族的文化，而是为了丰富和发展我国的民族文化。"讲话提出，对待传统文化不能以今天的标准去苛求，苛求必然带来虚无主

---

① 中共中央文献研究室编：《十三大以来重要文献选编》（中），人民出版社1991年版，第858页。

② 傅鸿泉：《谷牧与中国孔子基金会》，中国孔子网，2014年9月10日。http://www.chinakongzi.org/zt/thirty/twbd/201409/t20140910_42754.htm，2014-09-10.

义。要看到传统文化具有阶级性时代性的一面，但同时还有超越阶级和时代的另一面。讲话要求在舆论氛围、资金支持、学校教育中弘扬民族文化。^① 李瑞环作为党领导集体的成员发表如此长篇幅的专门讨论中华传统文化问题的讲话在党的历史上尚属首次，它标志着党对待传统文化的立场和态度的巨大调整，弘扬传统文化成为明确的方向。

有了执政党的空前重视，民间和知识界各种弘扬传统文化的活动日趋活跃。中共中央领导人虽然在 1990 年代没有再长篇幅集中言说弘扬优秀传统文化问题，但是其支持立场则没有改变，这主要表现在中央和地方领导人不断出席弘扬传统文化的活动，为弘扬传统文化项目提供资金及其他方面的支持等实际行动上。

进入新世纪后，中共十六大报告中又专门阐述了"坚持弘扬和培育民族精神"，指出"民族精神是一个民族赖以生存和发展的精神支撑"。"在五千多年的发展中，中华民族形成了以爱国主义为核心的团结统一、爱好和平、勤劳勇敢、自强不息的伟大民族精神。"要求把弘扬和培育民族精神作为文化建设极为重要的任务，纳入国民教育全过程，纳入精神文明建设全过程。^② 提出弘扬和培育民族精神，可以说是爱国主义思想的升华和凝练，而民族精神离开了传统文化便无从谈起。换言之，比起爱国主义，民族精神与传统文化的关联更为密切，甚至是水乳交融。

随着经济全球化的迅速推进，随着国际文化交流交融交锋的不断拓展，随着中国在国际舞台上的影响与日俱增，也随着中国国内市场经济和社会多元化的发展，对中国传统文化的价值重估，无论在民间、知识界还是在政界均呈现蒸蒸日上之势。逐步弥漫全国的"国学热"、政府主导的海外孔子学院的普遍建立等等，每一个中国人都

① 中共中央文献研究室编：《十二大以来重要文献选编》（下），人民出版社 1988 年版，第 852—875 页。
②《江泽民文选》第 3 卷，人民出版社 2006 年版，第 559—560 页。

能感受到民族传统文化回归的强烈信息和气息。2006 年出台的《国家"十一五"时期文化发展规划纲要》，其中第七部分"民族文化保护"中专门有一条讲"重视中华优秀传统文化教育和传统经典、技艺的传承"，并提出了具体措施。2007 年中共十七大提出"弘扬中华文化，建设中华民族共有精神家园"的任务，要求"全面认识祖国传统文化，取其精华，去其糟粕，使之与当代社会相适应、与现代文明相协调，保持民族性，体现时代性"。[①] 中共十七届六中全会通过的关于文化改革与发展的"决议"指出"源远流长、博大精深的中华文化，为中华民族发展壮大提供了强大精神力量，为人类文明进步作出了不可磨灭的重大贡献"。还提出"中国共产党从成立之日起"，就"是中华优秀传统文化的忠实传承者和弘扬者"。[②] 如此定位，无疑具有重要的象征意义（如前所述，类似定位只在抗日战争期间的 1943 年有过）。

（五）创造性转化创新性发展优秀传统文化

党的十八大以后，中国特色社会主义进入承前启后、继往开来的新时代。在新时代，中国全面建成小康社会、开启全面建设社会主义现代化国家新征程，中国式现代化创造了人类文明新形态，为发展中国家走向现代化提供了中国道路中国方案，中国日益走近世界舞台中央。新时代意味着中华民族迎来了从站起来、富起来到强起来的伟大飞跃，意味着中华民族比历史上任何时候都更接近也更有能力和信心实现民族伟大复兴。正是在这样的时代背景下，在改革开放以来形成的思想认识基础上，习近平总书记就继承和弘扬中华优秀传统文化

---

① 中共中央文献研究室编:《十七大以来重要文献选编》（上），中央文献出版社 2009 年版，第 27 页。
② 中共中央文献研究室编:《十七大以来重要文献选编》（下），中央文献出版社 2013 年版，第 558 页。

问题发表一系列重要讲话，作出大量重要论述，并创造性地运用于治国理政实践，从而将党对传统文化的认识和弘扬推进到一个新阶段、达到一种新高度。

首先，全方位高度评价中华优秀传统文化。与党的历史上相关评价比较，习近平对传统文化的评价，一是全面系统，二是高度赞赏且实质性强。例如，他指出：中华优秀传统文化含有的"丰富哲学思想、人文精神、教化思想、道德理念等，可以为人们认识和改造世界提供有益启迪，可以为治国理政提供有益启示，也可以为道德建设提供有益启发"；① 是文艺和哲学社会科学"萃取精华、汲取能量"，彰显中华文化理想、文化价值、文化生命力与创造力的文化宝库、思想宝库、文化根基。② 这些评价体现了"全覆盖"特征。又如，习近平在不同场合不断论及，中华优秀传统文化是中国立于当今激荡世界的根基，是中华民族的文化基因、精神血脉，体现了中国人几千年来积累的知识智慧和理性思辨，积淀着中华民族最深层的精神追求，代表着中华民族独特的精神标识，是我们最重要的文化软实力。显然，这样的评价不再停留于笼统而宽泛的颂扬，而是一种实质性、特定性很强的评价，这种评价背后是对传统文化的尊重、礼敬、珍惜和自豪。

其次，明确提出对传统文化进行创造性转化、创新性发展的总方针。需要指出的是，这一方针的思想前提是对优秀传统文化的礼敬立场和兼收并蓄的胸怀。基于此，习近平经常讲，中华文明既需要薪火相传、代代守护，也需要与时俱进、推陈出新。要加强对中华优秀传统文化的挖掘和阐发，使中华民族最基本的文化基因与当代文化相适应、与现代社会相协调，把跨越时空、超越国界、富有永恒魅力、

---

① 习近平：《在纪念孔子诞辰2565周年国际学术研讨会暨国际儒学联合会第五届会员大会开幕会上的讲话》，《人民日报》2014年9月25日。
② 习近平：《在中国文联十大、中国作协九大开幕式上的讲话》，《人民日报》2016年12月1日；《在哲学社会科学工作座谈会上的讲话》，《人民日报》2016年5月19日。

具有当代价值的文化精神弘扬起来，激活其生命力，让中华文明同世界其他文明一道，为人类前进和发展提供正确精神指引。① 在孔子诞辰 2565 周年纪念之际，习近平对包括儒家思想在内的中华优秀传统文化中蕴藏的"解决当代人类面临的难题的重要启示"做过较系统的归纳，计有"关于道法自然、天人合一的思想，关于天下为公、大同世界的思想，关于自强不息、厚德载物的思想，关于以民为本、安民富民乐民的思想，关于为政以德、政者正也的思想，关于苟日新日日新又日新、革故鼎新、与时俱进的思想，关于脚踏实地、实事求是的思想，关于经世致用、知行合一、躬行实践的思想，关于集思广益、博施众利、群策群力的思想，关于仁者爱人、以德立人的思想，关于以诚待人、讲信修睦的思想，关于清廉从政、勤勉奉公的思想，关于俭约自守、力戒奢华的思想，关于中和、泰和、求同存异、和而不同、和谐相处的思想，关于安不忘危、存不忘亡、治不忘乱、居安思危的思想，等等。"它们"可以为人们认识和改造世界提供有益启迪，可以为治国理政提供有益启示，也可以为道德建设提供有益启发"。②

再次，高度重视传统文化内涵的价值追求和中华美德。文化的核心与灵魂是价值观。习近平论及传统文化，最重视其内涵的价值观和中华美德，最强调在去粗取精、去伪存真的基础上采取兼收并蓄的态度，坚持古为今用、推陈出新的方法，有鉴别地加以对待，有扬弃地予以继承。在他看来，中华文明绵延数千年，有其独特价值体系、独特精神世界、独特思想理念，有百姓日用而不觉的价值观。中华民族在长期实践中培育和形成的一整套传统美德规范，不论过去还是现在，都有其永不褪色的价值。他经常提及中国古代崇仁爱、重民本、守诚信、讲辩证、尚和合、求大同等思想，认为其中有很多具有永

---

① 习近平:《在哲学社会科学工作座谈会上的讲话》,《人民日报》2016 年 5 月 19 日。
② 习近平:《在纪念孔子诞辰 2565 周年国际学术研讨会暨国际儒学联合会第五届会员大会开幕会上的讲话》,《人民日报》2015 年 9 月 25 日。

恒价值的内容。在讲话中，他经常征引中国文化经典尤其是儒学经典中的名言名句，从"民惟邦本""天人合一""仁者爱人""和而不同"到"修身齐家治国平天下""大道之行也，天下为公""德不孤，必有邻"再到"己所不欲，勿施于人"直至"不患寡而患不均"等等，信手拈来，要求利用好中华优秀传统文化中蕴含的这些宝贵的思想道德资源，增强人们的价值判断力和道德责任感。2017 年 1 月，由中共中央办公厅和国务院办公厅颁布的《关于实施中华优秀传统文化传承发展工程的意见》，依据习近平的有关讲话精神对中华传统文化的核心思想理念、中华传统美德、中华人文精神做了系统概括。2019 年10 月颁布的《新时代公民道德建设实施纲要》进一步指出，"中华传统美德是中华文化精髓，是道德建设的不竭源泉。要以礼敬自豪的态度对待中华优秀传统文化……让中华文化基因更好植根于人们的思想意识和道德观念……成为全体人民精神生活、道德实践的鲜明标识"。

最后，提出实现马克思主义与中华优秀传统文化相结合，即在马克思主义与中国实际结合的基础上，实现"第二个结合"。进入新时代以来，以习近平同志为核心的党中央不仅关注中华优秀传统文化对于社会主义文化建设、道德建设的意义，而且更进一步从中国特色社会主义来源的角度、从马克思主义中国化的角度阐释其价值，即中国特色社会主义不仅是在改革开放 40 年、新中国成立 70 年、中国共产党成立 100 年、近代以来 170 多年的奋斗实践中走出来的，也"是对中华文明 5000 多年的传承发展中得来的"①。"中国特色社会主义道路是中华民族悠久历史的延续。马克思主义中国化的过程，就是同中

---

① 习近平：《以时不我待只争朝夕的精神投入工作，开创新时代中国特色社会主义新局面》，《人民日报》2018 年 1 月 6 日。

华传统文化精华相融合、与中国具体实践相结合的过程。"① 在 2021 年庆祝中国共产党成立一百周年大会的讲话中，习近平明确提出"坚持把马克思主义基本原理同中国具体实际相结合、同中华优秀传统文化相结合"② 的命题。此后，"第二个结合"作为重要思想原则不断出现在党中央文件和习近平及其他中央领导人的讲话中，成为全党共识。党的二十大报告进一步指出："坚持和发展马克思主义，必须同中华优秀传统文化相结合。只有植根本国、本民族历史文化沃土，马克思主义真理之树才能根深叶茂。"③ 在 2023 年 6 月召开的文化传承发展座谈会上，习近平展开论述了"第二个结合"的意义，指出"第二个结合"让马克思主义成为中国的，中华优秀传统文化成为现代的，让经由"结合"而形成的新文化成为中国式现代化的文化形态。④ 在同月进行的第二十届中央政治局第六次集体学习时，习近平再次就马克思主义与中华优秀传统文化的关系指出："我们决不能抛弃马克思主义这个魂脉，决不能抛弃中华优秀传统文化这个根脉。坚守好这个魂和根，是理论创新的基础和前提，理论创新也是为了更好坚守这个魂和根。"⑤ 总之，第二个结合的提出标志着党对中华优秀传统文化的当代价值又有了新认识和新定位。

正是在上述认识基础上，以习近平同志为核心的党中央创造性运用中华优秀传统文化于治国理政实践中。例如，在社会主义核心价值观的培育和弘扬上，高度重视传统文化的涵养与借鉴作用。再如，在党员干部的党性修养和道德修养方面，强调党员干部尤其是各级领

---

① 中共中央党史和文献研究院编：《十九大以来重要文献选编》（上），中央文献出版社 2019 年版，第 76 页。

② 习近平：《在庆祝中国共产党成立 100 周年大会上的讲话》，《人民日报》2021 年 7 月 2 日。

③《中国共产党第二十次全国代表大会文件汇编》，人民出版社 2022 年版，第 15 页。

④ 习近平：《在文化传承发展座谈会上的讲话》，《求是》2023 年第 17 期。

⑤ 习近平：《开辟马克思主义中国化时代化新境界》，《求是》2023 年第 19 期。

导干部，要明大德、守公德、严私德，指出以德修身、以德服众，修身立德是为政之基。① 又如，在生态文明建设上，高度重视天人合一、人与自然和谐共生等中国传统智慧，等等。实际上，不仅在治党治国问题上，而且全球治理问题上，中华优秀传统文化内含的人文思想、价值理念也得到创造性转化与运用。在世界面临百年未有之大变局，国际秩序不稳定性不确定性增强，重大传染性疾病、气候变化等非传统安全威胁持续蔓延等挑战和难题面前，习近平不止一次地指出，中华优秀传统文化中蕴藏着解决当代人类面临的难题的重要启示。在深刻研判世界格局变化、洞察人类文明演进历史、科学判断全球发展趋势的基础上，从中华传统文化的天下为公、和而不同、和合和谐等思想中汲取养分，习近平提出了"构建人类命运共同体"的倡议，并指出这"符合中华民族历来秉持的天下大同理念，符合中国人怀柔远人、和谐万邦的天下观，占据了国际道义制高点"②。

事实上，新时代以来党对待中华传统文化的立场和态度，反映了其对时代和自身方位的清醒认识，进一步言之，即在经济全球化和世界文化激荡中、在市场经济和社会多元化发展中，中国立足世界的根基何在，中华民族的独特标识何在，凝聚整个民族的价值追求何在的问题；与此密切相关，党作为在这样一个时代的执政党，要利用一切资源包括历史文化资源服务于中华民族伟大复兴的中国梦。客观地说，有着悠久历史传承的以儒学为主体的中国传统文化，从某种意义上说是有保守特征的。但作为一个执政党，必须调整对传统文化的立场。保守和反动不能也不该画等号。中华传统文化中的许多价值理念，可以经过现代性和创造性转化，有效地服务于执政党执政目标的

---

① 习近平：《时时铭记事事坚持处处上心，以严和实的精神做好各项工作》，《人民日报》2015 年 9 月 13 日；习近平：《全面落实党的十八届六中全会精神，增强全面从严治党系统性创造性实效性》，《人民日报》2017 年 1 月 9 日。
② 习近平：《坚持对话协商共建共享合作共赢交流互鉴推动共建"一带一路"走深走实造福人民》，《人民日报》2018 年 8 月 18 日。

实现。

如果我们放宽历史的视野，会发现党对待传统文化的态度实际上是和中华民族生存状态密切联系在一起的。有学者提出，对待本民族文化的"弱者政策"和"强者政策"之分。所谓"弱者政策"，就是一个落后的、贫弱的民族更容易看到自己的短处，看不到自己的长处，甚至把长处也看成短处，更容易看到别人的长处，看不到别人的短处，甚至把短处也看成长处。所谓"强者政策"，就是一个先进的、强盛的因而充满自信的民族更容易看到自己的长处，看不到自己的短处，甚至把短处也看成长处，更容易看到别人的短处，看不到别人的长处，甚至把长处也看成短处。① 这两种政策当然均要不得。但是，回看历史，我们发现，弱者政策确实在不同程度上存在；面向未来，我们更要警惕"强者政策"的萌生和蔓延。有辩证唯物主义和历史唯物主义作为指导思想和方法论，中国共产党一定能够科学对待中华传统文化。

本书是国家社科基金重点项目"中国共产党认识和对待传统文化的历程与经验研究"的成果，集体协作而成。导言由杨凤城、付吉佐主撰，上篇第一、二、三章由吴起民主撰，第四、五章由李春峰主撰（其中第五章"二"由吴起民主撰），下篇第一章由吴起民主撰，第三、四章由付吉佐主撰，第五章由付吉佐、杨凤城主撰，结语由杨凤城主撰（其中"余论"由付吉佐主撰）。杨凤城负责全书统改和定稿。由于学识所限，错误和不周在所难免，恳请专家批评指正。

2024 年 1 月

记于西山美墅馆

---

① 张岱年、程宜山：《中国文化精神》，北京大学出版社 2015 年版，第 10—11 页。

上编

新民主主义革命时期

第一章 近代中国"传统文化"论域的出场

　　在近代中国，"传统文化"作为一个指向新文化建设的批判型论域有其产生、升级和调适的过程。中国文化及其对外交往源远流长，但一直处于一个以农业生产为主导的文化体系；而列强依托军事战争与条约体系强力扭转这一局面，把一个以工业生产为主导的文化体系嵌入中国意识之中，使之重新审视自我，由此衍生出定义和批判"传统文化"的思想文化现象。在这一过程中，除了政治、经济等基础要素的变化外，退化的、循环的历史观转变为进化史观，限定了"传统文化"的负面色彩。从鸦片战争到五四运动，社会变革与批判"传统"几乎同比例发展，晚清政府、士大夫群体乃至列强在华人员在不同程度和范围上批判"传统"，渐次形成一个批判型传统文化论域。五四时期的"反传统"问题是一系列因素的累加结果，包含着断裂与延续的复杂状态，推动了中国文化的重大调整；而经过理性主义思维和群众运动方法的熔炼，"传统文化"论域被纳入"主义"及其革命实践之中。

一、他者与自我之辨："传统文化"论域的生长

　　中国文化在经历近代遭遇而成为"传统文化"之前，已然是一个统摄广土巨族的文化体系。梁启超曾言"我们中华民族，起初不过小小几个部落，在山东、河南等处地方得些根据地，几千年间，慢慢

地长成一个硕大无朋的巨族，建设这泱泱雄风的大国"①。在农业生产发展与扩展的过程中，统一、互鉴与融合构成了中国文化发展的基本趋向，以儒学为官学主导、儒佛道法墨兵等学说共存的文化格局源远流长；同时，狩猎游牧的奴隶制经济、手工业生产、商品经济等经济形态分布在不同地理区域，故而在大一统的政教之下，差异化的地方文化风俗广泛存在。在大一统政教体制中，从以儒家伦理学说为依据的家族形态与宗法制度、以儒家典籍为教材的教育体系与科举体制到以儒家天道观念为依据的皇帝制与中央集权制度，形成了一个使用同一文字、同一学说、同一价值体系的公共文化语境，并使公共（官方）文化与差异化的地方文化保持着价值共识。这一特征使中国文化在治理方式上具有超前的现代性因素，因为农业社会往往由于生产的自给自足特点而不具备超越地方空间的公共文化语境，而现代工业社会的文化特征是具有标准的同一的公共文化语境②。

在大一统政教体制的内部，依托伦理关系而生长出"中心—边缘"的制度与文化结构。"家"是中国文化的基本单元，从家人、家族到家天下，"以天下为一家，以中国为一人"。"家"在血缘上具有结合与衍生的特点，在伦理上则成为权力关系的表达方式，"君为臣纲，父为子纲，夫为妻纲"，围绕皇权、族权、男权形成层层叠叠的依附关系，以此实现连接、凝聚与同化。在外部，大一统政教体制依托宗藩关系而衍生出具有文化同化特征的天下体系。宗藩关系的底色是一种军事力量的对比优势，通过朝觐、进贡等方式来表达附属关系，而宗主国对藩属国施加怀柔教化、经济优待与军事保护，在民间，沿海或沿边人民的对外经济与文化交往更是络绎不绝。在历史上，军事保护、进贡互市、文化交往构成了天下体系的事实内容，而

---

① 《梁启超全集》第 11 集，中国人民大学出版社 2018 年版，第 402 页。

② ［英］厄内斯特·盖尔纳著，韩红译:《民族与民族主义》，中央编译出版社 2002 年版，第 50、185 页。

它的边界在于"道统",如顾炎武之"亡国"与"亡天下"之说,一旦教化之外的族群接纳和奉行了"道统",便进入"中心",以元、清最为典型。

尽管中国文化在治理方式上具有一定的现代性因素,但总体上处于以农业生产为主导的农业文明阶段。从农业社会的经济、技术、交通等因素看,中国文化的大一统政教体系适应了广土巨族的治理要求,强化了族群的凝聚力与稳定性,促成了多民族的融合发展。但是,农业生产重视经验累积与代际传承,对于自然现象的探究并没有超出经验总结的范围,因而也就不是现代科学所要求的实证理性。事实上,技术发明、工程建造、天文测算未得到讲求修身见性的儒家知识人的重视。"传统"往往与"祖制""根本""渊源"等词汇联系在一起,"数典忘祖"则有违忠孝。不仅如此,儒家学说还为大一统政教体制的修复提供历史退化论、天道循环论等信念,使得农民起义在相当程度上充当了缓和人地关系进而恢复地主制经济政治秩序的工具,演化出王朝治乱循环的周期性社会发展轨迹。

当然,中国文化并不是停滞的,而是在停滞中表现出回旋的特征。在质的临界点下,量的变化表现出一种相反相成的钟摆方式,如今文经学与古文经学、程朱理学与陆王心学,"传统"总是以圣贤真意的面目轮番表现。然而到明末清初,中国文化尤其是儒学表现出深刻反思"传统"的现象。一方面,王夫之、黄宗羲、顾炎武等儒学士人深刻反思了明末僵化的程朱理学,批判了虚究天理、空谈心性、僵守名节的学风,并在西学东渐的影响下重视格致之学,运用"理在气中"等朴素唯物论思想发展经世致用、平实考据的学风,"王船山提出类似于唯物论和进步观的思想,黄宗羲提出接近于现代政治原则的思想,戴震否定普遍之理和抽象的儒家纲常"[①]。另一方面,面对满清

---

① 金观涛、刘青峰:《中国思想史十讲》上卷,法律出版社 2015 年版,第 343 页。

取代朱明的历史巨变，儒学士人出现了拒绝承认传统儒家所谓的"行中国之道、则为中国之主"的王朝循环论和天子天命观的现象，王船山等人通过阐发炎黄正统、尊崇黄帝、夷夏之防等言说进行抵制。可以说，重构伦理与反对礼教、重视格致与气论思维、反对循环与讲求进步等因素构成明末清初"反传统"的内容，被陈独秀视为"中国新旧相争之始"①。

由此，清政府在极端依赖儒学礼教的同时也使之更加僵化。在入主中原之际，满清像当年蒙元一样宣示受命于天、承继道统，甚至打出为明崇祯帝复仇的旗号，力图通过传统的王朝鼎革说、天道感应说来摆脱"夷"的色彩，但却遭遇儒林士子的冷漠甚至抗争。对于道统的分歧和争夺，不仅使得清朝君主面临着以往新王朝并不显著的前朝复辟问题，"反清复明"持续存在甚至成为清末革命党人的思想资源；而且导致满清君主与汉族儒士之间的猜忌远超往代，并通过愈演愈烈的文字狱展现出来，其规模之大、量刑之重、数量之多为历代之最。官方主导的科举考核、礼教贯彻亦是在这种猜忌的文化氛围中越发僵化机械，消磨了经世致用的风气，片面激发了考据学的发展；而最严重的问题是儒学士子对于政治体制变革的有效参与大大降低，"到18世纪中叶，中国停滞的政治框架几乎再也难以包容不断发展并充满活力的社会和经济"②。

在这个意义上，西方列强的入侵在根本上还是彻底暴露了以儒学为原理的大一统政教体制的治理危机。尽管明末清初的战争削减了人口规模，但是从清中期开始，高产作物、摊丁入亩、商品经济等因素再次造就了远超历代人地关系紧张程度的人口规模，从乾隆十八年到咸丰元年，人均耕地从4亩迅速降为1.75亩。这一因素所带来的

---

① 陈独秀:《吾人最后之觉悟》,《青年杂志》第1卷第6号，1916年2月。
② ［美］孔飞力著，陈兼、陈之宏译:《中国现代国家的起源》，生活·读书·新知三联书店2013年版，第21页。

垦伐过度、流民蔓延、财源枯竭等问题已经超出农业经济及其上层建筑的承载能力，而鸦片战争以后的战争赔款、手工业破产等因素无疑使之抵近崩溃。面对儒学的失效，清政府的"道统"焦虑使其在文化革新上表现出守旧迟滞的特点。从洋务运动、戊戌维新以至科举制改革、清末新政，清政府始终把礼教视为中国的象征，如张之洞所言，"五伦之要，百行之原，相传数千年，更无异议。圣人所以为圣人，中国所以为中国，实在于此。"①"知君臣之纲，则民权之说不可行也；知父子之纲，则父子同罪、免丧、废祀之说不可行也；知夫妇之纲，则男女平权之说不可行也。"②

　　作为侵略者的列强及其在华人员从罗织侵略合理性的角度把中国文化描述为具有落后野蛮属性的"传统"。殖民战争是资本主义积累原始资本、构筑世界体系的基本方式，而其种族优越论、社会达尔文主义、军国主义等理念集中通过传教活动而释放，一些传教士甚至一面贩运鸦片、一面传递福音。唐德刚认为虽然传教士在近代中国取得了自由传教的权利与条件，但具有强烈的殖民色彩，"中国人民如要'得救'，就只有完全放弃自己的文化传统与生活方式而全盘基督化，也就是'全盘西化'"，"纵是最善良、最具好心肠的传教士，对他们母国的帝国主义在中国的胡作非为，也多表支持"，因而在文明互鉴上远逊于明朝中后期利玛窦等人的传教实践③。在近代中国，"教案"频发，甚至反向激发了康有为等人把儒学构建为儒教的"保教"考量；而"教案"固然是经济、军事等多种因素的结果，在文化上集中表现为"孝"的理念冲突，崇拜上帝还是祖先直接关系到中国人之"家"的稳定性，因而对基层社会的震荡极大。在更高的层面上，西方列强试图通过教育培训与军事惩戒相结合的方式消解中国人的传统

---

① 张之洞：《劝学篇》，上海书店出版社 2002 年版，第 12 页。
② 张之洞：《劝学篇》，上海书店出版社 2002 年版，第 12 页。
③ ［美］唐德刚：《从晚清到民国》，中国文史出版社 2015 年版，第 211、212 页。

意识，"把中国和中国人民纳入殖民世界及其各种形式的权力/知识关系之中"①。

"东方"与"西方"的冲撞与比较，推动了诸子百家学说格局的重构。列强的坚船利炮唤醒了士人对子学的注意，"古人非不能制器也。考工记曰：智者创物，巧者述之守之，世谓之工，百工之事，皆圣人之所作也，后儒不读考工之书，凡有造作，辄以为器数之末，委之拙工，古法日以消尽，遂为西人所笑。"②胡适把近代中国诸子学从附属地位上升为专门学甚至显学的现象，称之为"婢作夫人"③。不仅如此，士大夫群体开始反思考据学，魏源、龚自珍、廖平、康有为等人不断地张扬注重因时变易、微言大义的今文经学，而其特点是吸收新的政治、地理、科技知识而重新解经，从兼容全球地理、各国政制的角度来重构"天下秩序"和"变易方向"，变循环论为进步论，如康有为之三世说便运用据乱世、升平世与太平世的演进轨迹来比附君主制、立宪制与共和制的发展轨迹。百家学说格局的调整与历史观之"进步"因素的凸显，既是连接"东方"与"西方"、过去现在未来的努力，又奠定了过去之文化的过时特点，加速了"传统"论域的负面化。

运用西学之进化理念奠定"传统文化"之"宗法社会"性质的代表人物是严复。相比于康有为、梁启超，严复曾在福州船政学堂和英国皇家海军学院学习，更加深刻地了解西学与中学的差异；而甲午战败的危局使他认识到仅仅学习西方自然科学是不够的，必须强化社会科学的输入。除了把演化译成进化，严复还在译介英国甄克思之

①［美］何伟亚著，刘天路等译：《英国的课业：19世纪中国的帝国主义教程》，社会科学文献出版社2013年版，第305页。

②《近代中国对西方及列强认识资料汇编》第1辑第1册，中央研究院近代史研究所1972年版，第1136页。

③胡适：《中国哲学史》上，中华书局1991年版，第13页。

《社会通诠》时提出中国社会阶段论①。甄克思在书中提出了蛮夷社会（savage society）—宗法社会（patriarchal society）—军国社会（modern society）的进化轨迹，而严复在按语中指出中国"固宗法之社会，而渐入于军国者。综而核之，宗法居其七"，"中国社会，宗法而兼军国者也"②。在确立这样一个由低级向高级进化的中国社会阶段序列之后，严复判定了儒学的历史方位，"周孔者，宗法社会之圣人也。其经法义言，所渐渍于民者最久，其入于人心者亦最深"，"宗法社会"之中国文化的特点是"中国帝王，下至守宰，皆以其身兼天地君亲师之众责"③。在这种进化史观视野下，孔子不再是万世师表，至多是宗法社会之师表，而面对处于"军国社会"的西方列强，中国必须加速进化，抛弃于今无益的"传统"。

综上所述，可以看到批判型"传统文化"论域的大致轨迹。从根本上来看，农业经济体系及其大一统政教体制在明末清初已现颓势，而在鸦片战争以后，内忧与外患造成的"三千年未有之变局"导致其崩解。面对以工业生产为主导的文化体系的强势进入和持续对照，中国人关于"自我"的文化体认开始变化。晚清政府仍然坚持礼教为中国之本，抛出形而上学的"体用论"；儒学士人发掘百家学说以接引工业文化，列强与传教士则认为"不仅仅是西方科学，西方政治和伦理价值都必须传入中国，以取代他们的中国对应物"④。这就形成一种塑造"传统文化"论域的合力，每一方都在批评中国文化，无论是从中体西用的角度批评轻视技术的理念还是从驯化中国的角度批评野蛮陋习，或者从进化史观的角度主张弃旧迎新，都试图挣脱"传

---

① 承红磊：《从"宗法社会"到"军国社会"：中国近代思想史上的严译社会阶段论》，《中国文化研究所学报》2015年第61期。
② 王栻主编：《严复集》第4册，中华书局1986年版，第923、926页。
③ 王栻主编：《严复集》第4册，中华书局1986年版，第926、928页。
④ ［美］列文森著，郑大华等译：《儒教中国及其现代命运》，中国社会科学出版社2000年版，第66页。

统"以达其目的。知识人的代际更迭直接促成了思想意识与知识体系的代谢，西学变为"新学"、中学变为"旧学"。"传统文化"与旧学、旧文化、守旧甚至野蛮等词汇牢牢联结，成为一种负面的论域。

二、断裂与延续的统一：重识五四"反传统"现象

进入 20 世纪，从八国联军侵华战争到辛亥革命、五四运动，社会变革图存的迫切性全面激化了"反传统"的文化倾向。新式知识人在对清政府之沦为"洋人的朝廷"深恶痛绝后，日趋革命化，辛亥革命彻底终结了儒学礼教与国家体制的关系，却又造成了共和体制的"道统"危机，知识群体给出了不同的文化方案，新文化运动由此洋溢而出。五四新文化运动之反传统现象有其背景来由与历史内涵，是各国现代化进程中均见涌现的文化现象，并非中国独有；现有研究表明五四新文化运动具有复杂面相，而林蕴生之"全盘性反传统"在史实与逻辑上均存在自相矛盾的问题，夸大了文化断裂性的维度。即便是外患深重，中国的现代化进程仍然是按照内在因由首先集中于大一统政教体制的变革与延续问题。换言之，作为后发工业化国家的中国，所面对的首要历史任务是巨大人口规模的再组织问题，而组织问题在中国文化的语境中是文化伦理问题，是广土巨族的文化同一性问题。在这个意义上，五四新文化运动是中国文化的重大调整，也是大一统政教体制的转化延续。

（一）从制度到礼教："反传统"的升级与内涵

19 世纪末 20 世纪初的义和团事件是由曹州教案激发并把反洋教贯穿始终的群众事件，强化了基层群体寻找和依附传统思想意识的趋向。近代中国的外患是沁入百姓日常生活乃至头脑意识之中的，与知识群体的"西方化"与"反传统"不同，基层大众不仅把战争、赔

款、天灾等灾难归结为洋人入侵，而且归结为洋教之禁止祭祖、男女同堂、婴儿归主等礼仪对于礼教的破坏，特别是对孝亲敬祖、夫妇人伦、子嗣传承这些伦理价值观念的毁坏。不仅如此，在谣言、恐惧、危机的持续作用下，会、道、门、社等五花八门的民间宗教组织异常发展，更容易裹挟和俘获普通民众。由此，社会大众强化了文化传统的惯性，并对具有西方化色彩的变革和外来制度文化具有近乎本能的排斥倾向。

然而，以儒学为主导的大一统政教体制在 20 世纪的第一个十年走向解体。这首先是朝贡体制的瓦解，表现为设立总理各国事务衙门、外国使节的鞠躬礼以及《辛丑条约》之设立外务部、使馆区等事件。中国通过条约体系、通商口岸、关税制度以及租界成为世界的中国。在内部，清末新政构成瓦解大一统政教体制的关键环节。1905年 9 月，清政府正式下令停止科举，"延续一千多年的以儒学为标准的选官制度就此走向了末路，同时这也意味着儒家和权力的联系的中断"[1]。同时，清政府要求建立由各级学堂构成的新式教育体制，取代私塾、书院等教授儒学的体制，儒学知识渐趋边缘。到 1908 年，清政府颁布《钦定宪法大纲》，不再使用儒学道统解释皇帝统治，而是试图用宪法赋予皇帝以最高权威和无上权力，皇帝已然不再具有天子、天命、天道的神圣光环；而一系列刑律、民法的现代化则直接重构夫妻、父子等伦理关系。辛亥革命则接续清末新政，通过废除皇帝制完成了对儒学为主导的大一统政教体制的分解。

辛亥革命开启了移植共和制度的试验，却由于缺乏儒学的替代物而陷入分崩离析的治理危局。1912 年五六月间，康有为便颇具先见地批评共和建制的"反传统"问题，指出"举国旧俗，无问美恶，皆破弃而无所存"，"今非种族革命，又非徒政治革命，乃至礼俗革

---

[1] 干春松：《制度化儒家及其解体》，中国人民大学出版社 2003 年版，第 224 页。

命，一切社会尽革之，后顾无依，前趋无宿"①。康有为认为放弃道统导致无法解决族群关系、边疆归附、地方割据、选举元首等问题。李大钊列举了辛亥革命后"神州粉碎"的危局表现，一是"党私"，"今日之政党，争意见不争政见"；二是"省私"，"用人行政，省自为治"；三是"匪氛"，"愚民不识共和为何物，教育不克立收成效，责以国民义务，群警为苛法虐政，起而抗变"②。从二次革命开始，地方割据、政党攻讦乃至政体变换，以宪法合法性为支撑的共和体制陷于形式主义的境地，而"国民若观对岸之火，熟视而无所容心"③。由此而言，道统不仅在约束范围上远超宪法合法性，更重要的是保持公共利益与公共价值的文化心理习惯。

破解这一危局，其中一种方案是利用和改造儒学道统，以袁世凯、康有为等人为代表。1913年初，袁世凯指出辛亥革命后"纪纲法度荡然无存，甚至礼义廉耻亦皆放弃，人伦道德废而不讲"，"若全国等于散沙，则法令亦无效力"④。1913年6月，袁世凯在《尊崇孔圣令》中试图把儒学和共和兼容起来，"孔学博大，与世推移，以正君臣为小康，以天下为公为大同"，而"春秋据乱以后，为升平太平之世，礼于小康之上，进以大同共和之义"⑤。然而，儒学一旦与权力捆绑，皇帝制便成为理所当然。譬如，杨度在1915年4月指出"共和政治，必须多数人民有普通之常德常识，于是以人民为主体"，然而这一条件在中国并不具备，反而带来"遍地散沙，无可收拾"的局面。因此，"欲求统一行政，国内治安，除用专制，别无他法"⑥。康

---

① 《康有为全集》第9集，中国人民大学出版社2007年版，第317页。
② 《李大钊全集》第1卷，人民出版社2006年版，第2页。
③ 陈独秀：《一九一六年》，《青年杂志》第1卷第5号，1916年1月。
④ 《袁世凯全集》第24卷，河南大学出版社2013年版，第428页。
⑤ 中国第二历史档案馆编：《中华民国史档案资料汇编·第3辑·文化》，江苏古籍出版社1991年版，第1页。
⑥ 参见中国第二历史档案馆等编：《护国运动》，江苏古籍出版社1988年版，第45—61页。

有为的理由与袁世凯、杨度等人相似，区别在于君主人选以及儒学国教化的方案，其实践则是张勋复辟。在这种情势下，制度问题、政治问题便转化为文化问题了，并且儒学与共和制度的关系问题成为了关注焦点。

而另一种方案则是放弃礼教而培育共和文化，以蔡元培、陈独秀等人为代表。同盟会元老、教育总长蔡元培忧虑地指出"数千年君权、神权之影响，迄今未沫，其与共和思想抵触者颇多"，因而亟待培育具有"共和思想之要素"的新国民①。这就已经昭示出一个问题，即更新社会大众的思想意识，使之摆脱礼教的、迷信的文化心理惯性，"共和立宪而不出于多数国民之自觉与自动，皆伪共和也"②。陈独秀创办《青年杂志》的目的在于探索普及新文化。《新青年》陆续刊发胡适、陈独秀、钱玄同等人探讨白话文、注音字母、新文学等新文化普及方式的文章。1917 年 2 月，陈独秀以"文学革命"呼应胡适，提出建设国民的、写实的、社会的文学，因为贵族的、古典的、山林的文学在形式上"乃装饰品而非实用品"，在内容上"目光不越帝王权贵、神仙鬼怪，及其个人之穷通利达"，"使吾人不张目以观世界社会文学之趋势及时代之精神"③。这为基层社会的文化意识更新提供了形式与内容的支持。

同时，儒学融入共和体制的努力遭遇了激烈反礼教的历史合力。对于儒学，基督教等外来宗教先是以信教自由为由推动"废孔"，此时又强调孔教非宗教因而不能定为国教④。在儒学知识人群体，不但章太炎、刘师培等古文经学家坚称孔子是学术家，而且曾是康有为得力助手的梁启超也援引孔子"未能事人，焉能事鬼"等观点论证儒学

---

① 《蔡元培全集》第 2 卷，中华书局 1984 年版，第 137 页。
② 陈独秀：《吾人最后之觉悟》，《青年杂志》第 1 卷第 6 号，1916 年 2 月。
③ 陈独秀：《文学革命论》，《新青年》第 2 卷第 6 号，1917 年 2 月。
④ 韩华：《民初孔教会与国教运动研究》，北京图书馆出版社 2007 年版，第 23、187 页。

非宗教，而是"教育之教"①。新式知识人则更具有反礼教的默契，如陈独秀所指出的，"若是一旦帝制恢复，蔡孑民先生所说的'以美术代宗教'，李石曾先生所说的'近代学术之进化'，张溥泉先生所说的'新道德'，在政治上是'叛徒'，在学术上是'异端'，各种学问，都没有发展的余地"②。究其反礼教的因由，主要是"六经皆史"论与"宗法社会"论，均强调时过境迁，祛除礼教"万世不易"的神圣色彩。陈独秀认为"宗法社会，以家族为本位，而个人无权利，一家之人，听命家长"，这种"宗法社会"文化压抑着自由、平等、独立等理念③。此时的激烈反礼教并未达至"全盘反传统"的高度，其内容与特征如下。

其一，主张伦理革命，要求剥离伦理的依附关系与"封建"属性。批判礼教是共和体制建设的内在要求，并在反复辟斗争中激烈化，如陈独秀、吴虞、鲁迅等人均有关于礼教压抑人性、扭曲人伦的激烈言论。陈独秀指出"儒者三纲之说，为吾伦理政治之大原……三纲之根本义，阶级制度是也。所谓名教，所谓礼教，皆以拥护此别尊卑、明贵贱之制度者也。近世西洋之道德政治，乃以自由、平等、独立之说为大原，与阶级制度极端相反"④。类似言论很多，"封建""宗法"的含义是伦理附属、尊卑等级。陈独秀试图剥离伦理关系中的依附属性，"孔子生长封建时代，所提倡之道德，封建时代之道德也……封建时代之道德、礼教、生活、政治，所心营目注，其范围不越少数君主贵族之权利与名誉，于多数国民之幸福无与焉"⑤。陈独秀、李大钊、胡适、吴虞等人所持的社会进化阶段论，与严复出自

① 参见黄进兴：《清末民初儒教的"去宗教化"》，《古今论衡》2011 年第 22 期。
② 陈独秀：《旧思想与国体问题——在北京神州学会讲演》，《新青年》第 3 卷第 3 号，1917 年 5 月。
③ 陈独秀：《东西民族根本思想之差异》，《青年杂志》第 1 卷第 4 号，1915 年 12 月。
④ 陈独秀：《吾人最后之觉悟》，《青年杂志》第 1 卷第 6 号，1916 年 2 月。
⑤ 陈独秀：《孔子之道与现代生活》，《新青年》第 2 卷第 4 号，1916 年 12 月。

一辙；但在巩固共和、反对专制复辟的环境下更加激烈地强调儒学不合于现代生活，衍生出家庭革命、"娜拉出走"的风尚。

其二，主张儒学祛魅、发扬百家，要求整理转换"国故"的价值追求。祛除孔子及其学说的神圣权威，但肯定其作为百家学说之一对于宗法社会的独特价值。李大钊指出"孔子为数千年前之残骸枯骨"，但是孔子"确足为其时代之圣哲，其说亦确足以代表其社会其时代之道德"，而如今"非掊击孔子，乃掊击专制政治之灵魂也"①。儒学与百家学说的关系顺带得到了重构，"旧教九流，儒居其一耳。阴阳家明历象，法家非人治，名家辨名实，墨家有兼爱、节葬、非命诸说，制器敢战之风，农家之并耕食力，此皆国粹之优于儒家孔子者也"②。不仅如此，按照现代价值理念与科学方法来整理国故，是反传统的深层目标。李大钊认为"孔子之道有几分合于此真理者，我则取之，否则，斥之"③。胡适在1919年11月指出"新思潮对于旧文化的态度，在消极一方面是反对盲从，是反对调和；在积极一方面，是用科学的方法来做整理的功夫"，"重新估定一切价值"是"输入学理、研究问题、整理国故、再造文明"的连续动作，"评判的态度是新思潮运动的共同精神"，"要知道什么是国粹，什么是国渣，先需要用评判的态度，科学的精神，去做一番整理国故的功夫"④。

其三，主张平民教育、文化运动，要求更新社会大众的价值观念。虽然古代中国存在以儒学为主导的公共文化语境，但是"下级社会，则又有风俗之习惯，鬼神之迷信，以约束而均同之"⑤。基层社会本就"十里不同风，百里不同俗"，更由于社会危机而导致会道门等

① 《李大钊全集》第1卷，人民出版社2006年版，第247页。
② 陈独秀：《宪法与孔教》，《新青年》第2卷第3号，1916年11月。
③ 《李大钊全集》第1卷，人民出版社2006年版，第245页。
④ 胡适：《新思潮的意义》，《新青年》第7卷第1号，1919年11月。
⑤ 高劳（杜亚泉）：《国民共同之概念》，《东方杂志》第12卷第11期，1915年11月。

民间宗教异常发展。陈独秀认识到迥异复杂、散漫迷信的地方风俗已然不适应工业社会的同一性要求，更不足以应对公共事务，"今之中国，人心散乱，感情智识，两无可言。惟其无情，故视公共之安危，不关己身之喜戚，是谓之无爱国心"①。因此，改造社会风俗、普及科学文化成为反传统、建共和的内在要求，"今世国家之基础，必筑造于国民精神知能之上，始能巩固不磨"②。在《新青年》之外，一些旨在改造社会文化的学会团体发展起来，如互助社（1917）、新民学会（1918）、新潮社（1919）、平民教育讲演团（1919）等等，向群众输送科学、卫生、世界等知识的平民教育或曰文化运动，扩展了以往公共文化语境的内容和范围。当然，在白话文、注音字母、汉字改造、大众文学等文化载体的革新问题上，出现诸多激烈主张。

　　以上可以看到辛亥革命后共和建制与反传统升级的关联，而激烈反传统的内涵是在制度建设上批判礼教，在文化传播的形式与内容上强调大众化。据笔者所见，陈独秀等人并未明确使用"传统文化""反传统"这样的概念，而是频繁使用"礼教""积习""封建制度""宗法社会""固有之文化""东洋文明"等概念。对于这一文化现象，周策纵曾用"反传统主义"进行概括，并批评了林蕴生提出的"全盘性反传统主义"论断，认为林蕴生把"反传统主义"扩展至"全盘性反传统主义"，既不符合历史事实，又不合于逻辑③。在此过程中，很多学者已经注意到，无论从革命史视角还是现代化视角，五四新文化运动在传统与现代（革命）之间是保持着断裂与延续的统一。

---

① 任建树主编:《陈独秀著作选编》第 1 卷，上海人民出版社 2014 年版，第146 页。

②《李大钊全集》第 2 卷，人民出版社 2006 年版，第 94 页。

③ 参见［美］周策纵著，陈永明等译:《五四运动史》，岳麓书社 1999 年版，第13—14 页。

（二）从内容到结构："传统文化"的延续

激烈反礼教把忠、孝、节等伦理作为宗法封建制度的核心加以反对，同时也能肯定或发扬其他的具有积极价值的道德伦理。以陈独秀来说，反礼教最为积极，但本身也反映了他的家国情怀，"吾宁忍过去国粹之消亡，而不忍现在及将来之民族，不适世界之生存而归削灭也"①。不仅如此，陈独秀认为"今世列强并立，皆挟其全国国民之德智以相角，兴亡之数，不待战争而决"，因此"欲图根本之救亡，所需乎国民性质行为之改善"，"我之爱国主义，不在为国捐躯，而在笃行自好之士，为国家惜名誉，为国家弥乱源，为国家增实力"，勤、俭、廉、洁、诚、信，"固老生之常谈，实救国之要道。人或以为视献身义烈为迂远，吾独以此为持续的治本的真正爱国之行为"②。激烈反礼教"没有涉及以'仁''诚'为中心的精神超越性道德，对儒学的道德基础，即人禽之辨、文野之分、义利之辩等，不仅没有否定，而且还给予充分的肯定。陈独秀如此，吴虞、李大钊、胡适等莫不如此"③。在礼教这一焦点之外，更应该看到一些习焉不察却在继续发挥作用的文化要素。

运用实证科学的方法与现代社会的价值追求来整理中国思想文化成为一种研究风尚。在最初，整理中国诸子学说为引进西方科学知识提供了本土文化基础，如墨学、名学与逻辑学、物理学（格致学）等等。其中，墨学最为引人关注，"在吾国古籍中，欲求与今世所谓科学精神相悬契者，《墨经》而已"④。蔡元培把墨子与孔子分别视为中国科学与哲学的发端，"孔子同时有墨子，苏革拉底之后有雅里士

---

① 陈独秀：《敬告青年》，《青年杂志》第 1 卷第 1 号，1915 年 9 月。
② 任建树主编：《陈独秀著作选编》第 1 卷，上海人民出版社 2014 年版，第 232、236 页。
③ 欧阳军喜：《五四新文化运动与儒学》，陕西人民出版社 2001 年版，第 28 页。
④ 《梁启超全集》第 11 集，中国人民大学出版社 2018 年版，第 3 页。

多德，则兼治科学者也"，"中国墨学中绝，故以后科学永不发展"①。
随着西学的引进，运用实证科学方法与现代社会价值观念来整理中国
学说渐成风气。在 1918 年 8 月，蔡元培为胡适的《中国古代哲学史
大纲》作序，指出胡适凭借"汉学"传统与美国留学期间的文史哲修
养而能够把考据辨别史料与系统分析融合起来，认为胡适的这本著
作具有"证明的方法""平等的眼光""系统的研究"等特长，"对于
老子以后的诸子，各有各的长处，各有各的短处，都还他一个本来
面目"②。蔡元培指出"科学之成立，率在近代，而人类经验之暗合学
理者，则自昔为昭"，因此必须"鉴旧学之疏，而以新学进之"③。在
五四新文化运动后，整理中国原有学说的研究成果加速出现，"比年
以来，欧学东注，学者凭借新知以商量旧学"④。

　　除了转换价值追求、更新认知工具与表达方式之外，更为深层
的问题是大一统政教体制的转化问题。这一认识贯穿到五四新文化运
动，陈独秀、李大钊、吴虞等人的激烈反礼教方案同时也是大一统的
转化方案。吴虞指出"知政治、儒教、家族制度三者之联结为一，而
皆不可不改革者，严几道诸人也"⑤。事实上，这种身与心合一或者制
度与文化合一的有机整体论促成辛亥革命之制度革命与五四新文化运
动之伦理觉悟，所谓的"借思想文化以解决问题"仅仅是历史链条中
的一个环节。李大钊在 1914 年 8 月便阐明了这种变革原理，"盖群
云者，不仅人体之集合，乃具同一思想者之总称。此种团体，实积
有暗示力与暗示于他人者之层级而结合者。结合之容愈扩，暗示之力
愈强。群之分子，既先天后天受此力之范制，因以成共是之意志，郁

①《蔡元培全集》第 3 卷，中华书局 1984 年版，第 250 页。
②《蔡元培全集》第 3 卷，中华书局 1984 年版，第 188、189 页。
③《蔡元培全集》第 3 卷，中华书局 1984 年版，第 65 页。
④《梁启超全集》第 11 集，中国人民大学出版社 2018 年版，第 4 页。
⑤ 吴虞：《读荀子书后》，《新青年》第 3 卷第 1 号，1917 年 3 月。

之而为风俗，章之而为制度，相维相系以建其群之基"①。由此，是否替换这个作为核心的"礼教"就成为焦点，思想解放也是为了更新这个核心，以达到意识整合、刷新群治的目的。对此，陈独秀讲得很明确，"孔教为吾国历史上有力之学说，为吾人精神上无形统一之具，鄙人皆绝对承认之"，"今不图根本之革新，仍欲以封建时代宗法社会之孔教统一全国之人心，据以往之成绩，推方来之效果，将何以适应生存于二十世纪之世界乎"，"夫废弃孔教，将何以代之，则国民教育尚焉。中外学说众矣，何者无益于吾群？即孔教亦非绝无可取之点，惟未可以其伦理学说统一中国人心耳。"②

作为陈独秀另一个论争对象的杜亚泉同样对大一统政教体制合理性进行了分析。作为发行量、影响力远超《新青年》的《东方杂志》主编，杜亚泉主张调和东西文化，"旧时文化，既不敷今日之需用，而欲由历史等种种关系，自酿一特种之文明，又迫不及待"，"当采世界文明之所同，而去其一二端之所独，复以吾国性之所独，融合乎世界之所同"③。为此，他认为孔子关于"仁"的论述与欧美社会提倡"爱"的进化新学说相互契合，仅仅"变其不合时势者一二端可已"；同时他亦反对以宗教形式弘扬儒学④。虽然很快遭致陈独秀的批评，但此二人在大一统政教体制合理性问题上存在共通之处。他认为"吾固有文明之特长，即在于统整，且经数千年之久未受若何之摧毁"，"我国先民，于思想之统整方面，最为精神所集注"，"为其有无形之教旨，深入于人民之脑中，使之齐趋于一致"⑤。针对辛亥革命后

① 《李大钊全集》第 1 卷，人民出版社 2006 年版，第 88 页。
② 任建树主编：《陈独秀著作选编》第 1 卷，上海人民出版社 2014 年版，第 309 页。
③ 高劳（杜亚泉）：《现代文明之弱点》，《东方杂志》第 9 卷第 11 期，1913 年 5 月。
④ 高劳（杜亚泉）：《国民今后之道德》，《东方杂志》第 10 卷第 5 期，1913 年 11 月。
⑤ 伧父（杜亚泉）：《迷乱之现代人心》，《东方杂志》第 15 卷第 4 期，1918 年 4 月；高劳（杜亚泉）：《国民共同之概念》，《东方杂志》第 12 卷第 11 期，1915 年 11 月。

"众志纷歧而无共循之涂辙"，杜亚泉亦是从有机整体论的原理指出其原因在于缺乏"国民共同之概念"，而"共同之概念"是"国民多数，社会中坚，有隐相契合之精神，互为沟通之意见"，比土地、人口、风俗、语言等国家构成要素更具根本性；应"以真理正义导诱人民，养成其优美纯一之概念，庶全国合为一体"①。

在五四新文化运动的新青年群体中，"群治"与大一统的有机整体论仍然表现强劲。恽代英在 1917 年指出"西人谓吾国民如一盘散沙。夫沙之所以散者，以无黏液性也"。"解决之根本方法，在发明真理，培植民德"②。同样是 1917 年，毛泽东与蔡和森、张昆弟的讨论中指出"冲决一切现象之网罗，发展其理想之世界。行之以身，著之以书，以真理为归，真理所在，毫不旁顾"，"洗涤国民之旧思想，开发其新思想"③。毛泽东认为"圣人通达天地，明贯过去现在未来，洞悉三界现象，如孔子之'百世可知'，孟子之'圣人复起，不易吾言'"，所谓"大本"或"本源"即"宇宙之真理。天下之生民，各为宇宙之一体，即宇宙之真理，各具于人人之心中，虽有偏全之不同，而总有几分之存在"，一旦得到"本源"则足以"对付百纷"，复归一统④。

综上来看，在激烈反礼教的现象中，不仅有中国固有文化内容的延续与传承，还有大一统思维在制度变革与伦理觉悟中的批判转化。这其中延续的首先是对思想混乱、组织散漫、广土众民的焦虑，如"人心变乱"（康有为）、"人心摇惑、失其宗主"（杜亚泉）、"人

---

① 高劳（杜亚泉）：《国民共同之概念》，《东方杂志》第 12 卷第 11 期，1915 年 11 月。
②《恽代英全集》第 1 卷，人民出版社 2014 年版，第 98、282 页。
③ 中共中央文献研究室、中共湖南省委《毛泽东早期文稿》编辑组：《毛泽东早期文稿》，湖南出版社 1990 年版，第 639 页。
④ 中共中央文献研究室、中共湖南省委《毛泽东早期文稿》编辑组：《毛泽东早期文稿》，湖南出版社 1990 年版，第 85、87 页。

心散乱"（陈独秀）、"今之天下纷纷"（毛泽东）等等。陈独秀曾言："封建时代，君主专制时代，人民惟统治者之命是从，无互相联络之机缘，团体思想，因以薄弱。此种散沙之国民，投诸国际生存竞争之漩涡，国家之衰亡，不待著卜"①。在深层上，还延续着一种深沉的追求道统合法性（道、公理、公例、真理、本源）的思维结构，是一种实现意识整合、集体行动与公共利益的治理方式，其逻辑假设不同于霍布斯、卢梭等所谓的由个体授权到群体集结、由私域让渡到有限公域的社会契约理念，而是由群体衍生个体、由公域派生私域的公天下理念。也就是说，在"天下为公"的大同社会到来之前，个体的、家族的、地方的利益诉求与整体的公共利益难以完全重合甚至会损害公共利益，因而需要通过教化使公共利益内化为个体、家族、地方的利益诉求和道德理想。

三、追求理性与科学：批判型传统文化论域的基本特点

在关于五四运动与新文化运动关系的研究中，"救亡压倒启蒙论"与"政治文化变奏论"影响较大。在政教大一统或有机整体论的视域，政治问题即文化问题，文化问题即政治问题，"变奏论"忽视了这一历史内涵。事实上，"五四运动"之名称本身就是一种历史叙事，反映了五四事件之于中国革命乃至现代中国建设的方法论意义②。"新文化运动"之概念与内涵在当时可谓众说纷纭③。五四事件确

---

① 任建树主编：《陈独秀著作选编》第 1 卷，上海人民出版社 2014 年版，第 173 页。
② 吴起民：《作为方法的五四运动：集体行动的逻辑与现代中国的内生路径》，《中共党史研究》2019 年第 4 期。
③ 周月峰：《五四后"新文化运动"一词的流行与早期含义演变》，《近代史研究》2017 年第 1 期。

实是一个转折点，扭转了共和体制建设延伸到激烈反礼教与培育新文化的历史趋势，而是把道统焦虑转化为"主义"竞争，即"主义"成为一种具有排他性与整体性的论述体系，成为批判型传统文化论域的宰制。在形而上的层面，是理性主义思维压倒了经验主义思维，贯穿于东方文化论争、科学与人生观论争；在形而下的层面，是社会革命（改造）的整体论压倒了社会变革的量变论；在结果层面上，五四运动标志着中国大一统政教思维的现代转化的完成。

（一）唯理论压倒经验论："传统文化"论域的认识论特点

五四新文化运动期间的文化认识，正如李大钊所形容的当时社会生活一样，"不止一种单纯的矛盾，简直是重重叠叠的矛盾"[①]。在内层，共和体制与军阀混战引起文化革新的古今问题，也就是在儒学礼教问题上出现因循、调和与替换等方案；到了外层，第一次世界大战与欧美国家的社会运动引起文化发展的中外问题，也就是使中国文化获得了相对于欧美文化的"比较优势"，批判型传统文化论域出现松动逆转的迹象。一战前后，旨在反思社会达尔文主义、军国主义、物质主义的非理性主义思潮兴起，其特点是质疑理性、重视灵性。尽管中国并不处于后工业化的社会阶段，非理性主义思潮与儒学礼教仅存在着表面的相似性，但是对于当时的知识界来说，是继续引进以科学理性为主导的理性主义思潮还是亦步亦趋地引进后工业化阶段的非理性主义仍然是一个产生重叠认识的"十字路口"。从大一统思维、有机整体论再到五四事件与社会改造思潮的兴起，理性主义的文化认识论获得优势地位。

严复、康有为关于文化变革的主张具有鲜明的经验论色彩。社会文化传统只可在延续中缓变，不可急图。中国固有文化"皆经前

---

①《李大钊全集》第2卷，人民出版社2006年版，第198页。

哲苦心平衡而后成之"，不可轻言改造；并且"社会风俗之事，皆关于人民生计、安宁、幸福之事，余皆非政治所宜及者也"①。"数十百年之牵变，必不敌数千年之遗传"，"其为进必缓，其呈形甚微，至于成行，乃不可御"②。严复的导师斯宾塞、赫胥黎、穆勒等人均对卢梭持批判态度，是经验论的代表人物③。1914 年 7 月，欧战爆发后，严复在经验论知识背景下，反省了科学技术和理性至上的问题，认为这导致了"利己杀人、寡廉鲜耻"；对中国固有文化产生自信，"文明科学，终效于人类如此，故不佞今日回观吾国圣哲教化，未必不早见及此"④。这种反思也合乎当时欧美思想界状况。"早期现代思想形成于科学革命和启蒙运动时代，推崇理性、科学、人性之善，相信人类具有改造社会，使其更加美好的能力"，而这些思想在 19 世纪末 20 世纪初遭到质疑，代之而起的是"强调人类行为中的非理性一面"的非理性主义，认为"冲动、欲望、本能等一切内在力量"比理性更重要⑤。

在进入中国时，这股潮流又因为惨烈的欧战而壮其声势，直觉、精神生活、能动创造等观念渐趋时髦，倭铿、柏格森被视为"当世二哲"⑥。随着欧美社会反思现代性思潮的输入，各式各样的东西方文化调和论乃至中学优越论在思想文化界不断地表现出来。蔡元培在 1916 年回国后，结合其在法国留学期间的社会观察和所接触的克鲁

①《康有为全集》第 10 集，中国人民大学出版社 2007 年版，第 25 页。
② 黄克武编:《中国近代思想家文库·严复卷》，中国人民大学出版社 2014 年版，第 319—320 页。
③ 参见［美］本杰明·史华慈著，叶凤美译:《寻求富强：严复与西方》，江苏人民出版社 1996 年版，第 202 页；冯契、徐孝通主编:《外国哲学大辞典》，上海辞书出版社 2000 年版，第 580 页。
④ 王栻主编:《严复集》第 3 册，中华书局 1986 年版，第 497 页。
⑤［美］马文·佩里主编，胡万里等译:《西方文明史》下卷，商务印书馆 1993 年版，第 294、295 页。
⑥ 如民质:《倭铿人生学大意》，《东方杂志》第 13 卷第 1 号，1916 年 1 月；刘叔雅:《柏格森之哲学》，《新青年》第 4 卷第 2 号，1918 年 2 月；等等。

泡特金的《互助论》，开始把东西方文化置于"共通之公理"上而言其会通之必要。这说明东西文化在价值上是平等的，在原理上是互通的，存在"共通之公理"，故而可以对二者进行"根本之调和"，"使类化为本身之分子，以助其发达"①。但蔡元培强调吸收"外国之思想、言论、学术"，"尽为'我'之一部，而不为其所同化"②。李大钊在 1916 年也指出"第一文明偏于灵，第二文明偏于肉，吾宁欢迎第三之文明。盖第三之文明，乃灵肉一致之文明，理想之文明，向上之文明"③。协力主义、互助主义与世界主义成为文化调和论的特征。

杜亚泉关于调和东西方文化进而适配共和体制的方案所使用的分析工具是当时方兴未艾的非理性主义。欧战爆发后，杜亚泉不再用进化优劣的标准来评比文化，指出东西方文化"乃性质之异，而非程度之差"，而中国"固有之文明，正足以救西洋文明之弊"④。并且，他把民国建立以来军阀混战、政党倾轧等现象视为迷信科学、竞争和理性的结果，是与欧战一样的病理，因而提倡注重道德建设与互助和平的"社会协力主义"。这延伸到社会文化改造上，不仅要求接续具有注重克己修身、思想统整等优越性的固有文化，而且要和西方的科学理性调和起来形成一种新文化。但也承认使一般国民"知识情感，渐渐齐一，殊为至难之事"⑤。这一点与康有为、严复具有相似之处。在主观理性、思想学说与客观实际的关系上，杜亚泉指出"天下事理决非一种主义所能包涵尽净"，"主义云者，乃人为之规定，非天然之范围"⑥。

---

① 子民（蔡元培）:《文明之消化》,《东方杂志》第 14 卷第 2 期，1917 年 2 月。
②《蔡元培全集》第 3 卷，中华书局 1984 年版，第 28 页。
③《李大钊全集》第 1 卷，人民出版社 2006 年版，第 173 页。
④ 伧父（杜亚泉）:《静的文明与动的文明》,《东方杂志》第 13 卷第 10 期，1916 年 10 月。
⑤ 伧父（杜亚泉）:《再论新旧思想之冲突》,《东方杂志》第 13 卷第 4 号，1916 年 4 月。
⑥ 高劳（杜亚泉）:《矛盾之调和》,《东方杂志》第 15 卷第 2 号，1918 年 2 月。

对于诊断国内社会问题和迎受欧美非理性主义思潮的问题，陈独秀与杜亚泉的选择不同。从文本来看，虽然陈独秀也接触到柏格森等人反思理性的学说，但他认为国内外的社会危机是属于不同历史阶段的问题。1917 年，他指出"近世欧洲人，受物质文明反动之故"，出现强调精神生活信仰的俄国托尔斯泰、德国倭铿等人，但是由于"中国人之科学及物质文明过不发达"，因而"不欲此时之中国人盛从其说也"①。在实现伦理觉悟和制度变革的宏大诉求中，陈独秀较多倚重以"唯理论"为认识论底色的法国启蒙学说。这种认识论突出理性设计对于社会改造的指导作用。陈独秀在 1915 年便以"黜古以崇今"来概括 18 世纪以来以法国为代表的欧洲政治社会变革，认为科学在揭示宇宙人生真相的同时，导致"自古相传之旧道德、旧思想、旧制度，一切破坏"②。

经验论与唯理论的博弈在某种程度上造成批判型传统文化论域的分裂。一是在历史方位上，中国固有文化是否还属于"宗法社会"，进而引出东方文化与西方文化是性质差异还是程度差异，是替代关系还是互补关系。陈独秀强调"东洋民族，自游牧社会，进而为宗法社会，至今无以异焉"，"欧洲输入之文化，与吾华固有之文化，其根本性质极端相反"，因而认为新与旧不可调和，新陈代谢不可避免，仍旧把西方文化作为进化方向③。二是在发展方向上，中国固有文化是否具有预防物质主义、迷信科技的特点，西方文化危机是否等于中国文化的优越性。李大钊在 1918 年指出"此次战争，使欧洲文明之权威大生疑念。欧人自己亦对于其文明之真价不得不加以反省"，但他不再主张调和，"以彻底的觉悟，将从来之静止的观念、怠惰的态度，根本扫荡，期与西洋之动的世界观相接近"，"启发科学的精神以求索

---

① 《俞颂华——致独秀》，《新青年》第 3 卷第 1 号，1917 年 3 月。
② 陈独秀：《现代欧洲文艺史谭》，《青年杂志》第 1 卷第 3 号，1915 年 11 月。
③ 陈独秀：《东西根本思想之差异》，《青年杂志》第 1 卷第 4 号，1915 年 12 月。

真理，奋其勇气以从事于动性之技艺与产业"，"足致吾人之日常生活与实验之科学相接近"①。这一强调科学理性对发展中国固有文化重要性的逻辑也是蔡元培、杜亚泉等人念兹在兹的。

五四运动后，新学说的输入迅速达至高潮，且被冠以各种"主义"之称。萧功秦从思想史路径指出当时知识人的"主义崇拜"实质上是一种"唯理论"的认知思维，即"以某种'主义'来推演和涵盖解决具体问题的途径的思维模式"；王汎森在考察"主义"概念史的基础上指出"主义"在五四运动前后被普遍地视为具有伦理和真理双重性质的社会改造方案；刘小枫从社会学路径分析此期的无政府主义，认为"主义"是一种标示生活样态和社会制度的社会化方案，而普通的思想或言论并没有这种社会化诉求；史易文较为全面地解析了 1895 年至 1925 年间的中国思想文化领域的"主义"现象，呈现了"主义"作为理想社会的方案、政治认同的标识、思想行为的分类系统等多层内涵②。也就是说，大一统思维与有机整体论下的公理、公例、真理、理等转化为"主义"，即具有指导一切、输出意义的排他性的论述体系。

理性主义的传统文化论域不一定是理性的，特别是在经验主义的因循论、调和论的烘托下，更加激烈地强调传统文化缺乏科学理性、夸大新旧文化之性质差异。新文化运动所引入的互助主义、无政府主义、新村主义等"主义"均指向一个理想社会，把理性原则视为新组织的结合基础；而在另一端，以儒学为代表的固有文化则被视为缺乏科学验证的非理性的虚妄观念，被置于"评判"和"批判"的境地。在这个意义上，胡适晚年反思此期的行为，认为要防止因为"认

---

① 《李大钊全集》第 2 卷，人民出版社 2006 年版，第 216、217 页。
② 参见萧功秦：《知识分子与观念人》，天津人民出版社 2002 年版，第 57—68 页；王汎森：《"主义时代"的来临——中国近代思想史的一个关键发展》，《东亚观念史集刊》2013 年第 4 期；Ivo Spira, A Conceptual History of Chinese-Isms: The Modernization of Ideological Discourse, 1895–1925, Brill, 2015.

定自己的主张是绝对的是"而对其他学说产生"正义的火气"①。并且，对理性的尊崇与当时的科学普及实践互为呼应。新文化运动是迅速扩张的科学话语在价值伦理领域的反映，尝试将"科学的信念、方法和知识建构为'公理世界观'"，把"理性主义方法贯彻到各个知识领域"②。法国哲学家笛卡尔所开创的近代理性主义的风险在于"由于不承认个人理性的能力有限，反而使人类理性没有发挥应有的作用"。这把"理性"的含义由认识真理的能力转变为演绎推理进而得出真理的能力，把个体的理性能力夸大到普遍无限程度，"一切有用的人类制度都是，而且应当是自觉的理性特意设计的产物"③。

新知识人内部亦存在"唯理论"对非理性主义的优势。在"问题与主义"争论中，胡适、李大钊等人从主观与客观、理论体系与实际环境的关系角度对谈主义的现象进行思考。从学理上看，胡适最先提出批评，是因为他学习的"实验主义"属于经验论谱系。在介绍杜威之实验主义时，胡适侧重了方法论问题，提出了"历史的方法"和"实验的方法"，而"实验的方法"强调"一、从具体的事实与境地入手；二、一切学说理想，一切知识，都只是待证的假设，并非天经地义；三、一切学说与理想都须用实行来试验过；实验是真理的惟一试金石"④。从胡适与李大钊、蓝公武的互动来看，他认同"用主义学理作解决问题的工具"，专门论述了如何评估"主义"与客观实际的适用性⑤。但是，胡适承认的是各种"主义"在其特定情境的适用性，

---

① 转引自罗志田：《再造文明之梦：胡适传》，社会科学文献出版社 2015 年版，第 152 页。
② 汪晖：《现代中国思想的兴起·下卷·第二部·科学话语共同体》，生活·读书·新知三联书店 2008 年版，第 1207 页。
③ 参见［英］弗里德里希·冯·哈耶克著，冯克利译：《哈耶克文选》，河南大学出版社 2015 年版，第 765—768 页。
④ 胡适：《实验主义》，《新青年》第 6 卷第 4 号，1919 年 4 月。
⑤ 胡适：《三论问题与主义》，《每周评论》第 36 号，1919 年 8 月 24 日；胡适：《四论问题与主义——论输入学理的方法》，《每周评论》第 37 号，1919 年 8 月 31 日。

而李大钊指出必须"先有一个共同趋向的理想、主义，作他们实验自己生活上满意不满意的尺度"，然后根据这一尺度来判断社会改造的步骤和对象①。这场讨论的积极意义在于"要研究怎么可以把他的理想尽量应用于环绕着他的实境"②。

在1919年开始迅速展开的东西方文化论争中，理性主义与非理性主义成为双方各自倚重的思想资源。1920年4月，陈独秀便道出这一问题，"'科学无用了'，'西洋人倾向东方文化了'，这两个妄想倘然合在一处，是新文化运动一个很大的危机。"③这是因为，梁启超、张君劢等人所承接的是欧战结束后柏格森、倭铿等人的非理性主义思想，开始强调中国固有的礼教修身等文化优越性④。如张君劢指出，康德以来尊崇理性的思想是一种"主智主义"，认为"宇宙之谜可以由人类智识解决之"；而欧洲在大战争后开始反思，过渡到"反主智主义"，"昔之研究在物理者，今则在生命方面；昔之研究在自觉者，今则在非自觉；昔之研究在理性者，今则以为非理性所能尽"⑤。也是在这个意义上，陈独秀视之为新文化运动的危机，认为非理性主义思潮扰乱了科学理性权威的构建。这也反映出陈独秀等人在公共价值问题上的"唯理论"倾向。

（二）主义、政党与群众运动：对待"传统文化"的方法论特点

在五四新文化运动之于"传统文化"的问题上，如何对待"传统"是以往研究较为忽略的。在大一统政教思维或者有机整体论转化

① 《李大钊全集》第3卷，人民出版社2006年版，第1页。
② 《李大钊全集》第3卷，人民出版社2006年版，第3页。
③ 陈独秀：《新文化运动是什么》，《新青年》第7卷第5号，1920年4月。
④ 参见郑师渠：《欧战前后国人的现代性反省》，北京师范大学出版社2013年版；袁立莉：《"东方文化派"思想研究》，黑龙江大学出版社2013年版。
⑤ 张君劢：《欧洲文化之危机及中国新文化之趋向》，《东方杂志》第19卷第3号，1922年2月。

为"主义"这种整体化地看待固有文化的思维方式后,"反传统"不再是一个单纯的理论问题或者文化问题,而是一个从属于社会改造(革命)的问题,是一个从价值追求、表达方式与认识工具等角度改造公共文化之同一性内涵的实践问题。五四运动为之提供了主义、政党与群众运动相结合的实践方法,明确了社会革命的对象是封建军阀与帝国主义列强,要求在组织层面与意识层面上塑造革命事业的实践主体,也就是把"反传统"从精英扩展至大众。这一过程带来了对待"传统文化"的复杂取向,知识人在反对礼教之外增加了反思轻视大众的传统士人心理和西方化倾向,使其西方化意识转化为一种人民性与现代化意识;而在大众层面,在反对礼教之外增加了接纳现代科学、反对迷信的任务,使其抗争性转化为一种革命性与现代化意识。可以说,主义、政党与群众运动的社会革命把"传统文化"的变革纳入一个整体视角之中,并在知识人与民众中开展各具特点的反传统运动,使之融合成为新文化的主体。

五四事件明确了反对封建军阀与帝国主义列强的目标任务,也就在文化上把反对礼教与反抗侵略结合起来。袁世凯及其之后所有主持中央政府的军事首脑和盘踞各地的地方军阀均表现出尊孔的趋向,"军人变成了卫道的一支独立的势力"[1]。与知识群体相比,军人群体不仅能够从事"武器的批判",而且把儒家文化简单化地理解为忠诚和纲纪,甚至利用迷信等中国固有文化的糟粕成分。在进化史观视野下,列强在知识人心中除了引发危机感之外,在文化上却占有着进化的道义制高点。一战动摇了国内知识人的这种信念,巴黎和会以及中国的维权失败进一步暴露了列强的侵略本质与野蛮行径。1919年5月26日,陈独秀便认为五四事件产生了"对外对内两种彻底的觉悟",对外拥护公理、反对强权,对内"由多数的平民——学界、商

① 陈志让:《军绅政权——近代中国的军阀时期》,生活·读书·新知三联书店1980年版,第144页。

会、农民团体、劳工团体——用强力发挥民主政治的精神"①。

在这次实践中，知识人对自身以及大众的认识发生翻转。五四运动还在发展时，恽代英已经开始批判孔子"鸟兽不可与同群"的观念和"现学者尚有多数人不感群众生活之必要"的取向，强调必须加强群众生活修养，"以合群练习指挥群众，鼓策群众之能力"②。在他看来，知识人的价值立场并不在于民众，"南北军阀，新旧议员，以做官为营业的官僚同留学生，以闹场面为惟一目的的政客同学生联合会的代表，以出风头为惟一主义的国粹学者同新思想家，我们只好把他们看作一丘之貉。"③并且，开始出现批判知识人的声音。张东荪在 1919 年 10 月指出"中国的知识阶级最没有互助的道德和团结的引力。从道德方面看，中国的知识阶级，实在具有许多的不道德，比不上其他的阶级，例如中伤的竞争，自慢的轻狂，党同伐异的私见，颠倒是非的造谣，趋炎附势的无耻，以及其他等等"④。轻视大众的士人心理与忽略本土的西方化倾向发生变化，知识人在开眼看世界之后，眼光开始向下。

对于民众来说，抛弃迷信心理而接纳现代科学、抛弃盲目排外与进行现代化实践也成为一种反传统的表现。五四事件展示了民众的力量，"现在各国的舆论，都是知道惹起中国国民的反感，是对于他们不利益的，而摧残中国学生和市民的人，是中国国民最生反感的人"⑤。1919 年 10 月，许德珩在北京大学平民教育讲演团第二次大会上指出"原来社会的不进步，只是一般人的知识不进步；那知识不进

---

① 只眼（陈独秀）:《山东问题与国民觉悟》,《每周评论》第 23 号，1919 年 5 月。
②《恽代英全集》第 3 卷，人民出版社 2014 年版，第 73、110—111、233—234 页。
③《恽代英全集》第 3 卷，人民出版社 2014 年版，第 99 页。
④ 东荪（张东荪）:《中国知识阶级的解放与改造》,《解放与改造》第 1 卷第 3 号，1919 年 10 月。
⑤ 张允侯等:《五四时期的社团》第 2 册，生活·读书·新知三联书店 1979 年版，第 105 页。

步的原因，固然是在教育不普及，但是少数有知识的人，从来保守他那阶级的制度，不肯拿他的知识灌输人民，这是极大的病根"①。这就强化了在民众中普及新知识的实践，"除学生的文化运动以外，还有市民文化运动与乡村文化运动"，后者"因为对手程度较低，所以办法与前不能完全相同，宜注意事实，不宜注意理论"②。在劳工神圣和工读互助的氛围下，李大钊指出"五四以后，知识阶级的运动层出不已。到了现在，知识阶级的胜利已经渐渐证实了。我们很盼望知识阶级作民众的先驱，民众作知识阶级的后盾"③。

知识人与民众的相向而行，是"群"的新生，也是中国文化的新生。在传统大一统政教体制下，"天理"或者"道"是中国文化的中轴，知识群体通过教育体系、科举制度、乡绅制度等方式与民众连接起来。在近代中国，知识群体不仅在知识上西方化，成为民众眼中的洋大夫、洋学生、洋买办乃至"假洋鬼子"等消极角色，而且失去了制度化地连接民众的方式，"我国现状，社会之中坚实为大多数失学之国民，此辈阻碍政令之推行、自治之组织、风俗之改良、教育之普及，其力甚大"④。一旦掌握西方现代知识的知识人与民众尝试在组织上连接起来，那么价值观念、认知工具与表达方式等方面便成为文化融合博弈的场所，其结果便是一种具有社会基础和约束效力的现代新文化，而不再是一种停留在文本里或知识人圈子的新学说，"'五四'以前的学生，他眼睛是长在头顶上的，经了这回运动，他才来瞧瞧我们没知识的人，我们没知识的人，也要自己觉悟，和他们打

---

① 张允侯等:《五四时期的社团》第2册，生活·读书·新知三联书店1979年版，第155页。
②《恽代英全集》第3卷，人民出版社2014年版，第349页。
③《李大钊全集》第3卷，人民出版社2006年版，第174页。
④ 中共中央文献研究室、中共湖南省委《毛泽东早期文稿》编辑组:《毛泽东早期文稿》，湖南出版社1990年版，第96、97页。

在一块，得点知识"①。

而这种正处于萌芽中的中国新文化在组织形态与意识构造上表现为"主义的结合"。建设新社会的实践是一种集体行动，而集体行动需要确立共识的价值标准、步骤目标与分工协作，"要有联合，是因为要求到我们的共同利益"，联合的强弱取决于"这种联合基础主义的新旧或真妄"②。经过问题与主义的论争，"定主义"成为社会改造从争论走向实践的一个基本环节，"主义制度好比行船底方向，行船不定方向，若一味的努力，向前碰在礁石上，向后退回原路去都是不可知的"③。"现在最应注意的，是要打破人的中心，建设主义的中心。"④1920 年 11 月，毛泽东指出新民学会"不可徒然做人的聚集，感情的结合，要变为主义的结合才好"，"主义譬如一面旗子，旗子立起来了，大家才有所指望，才知所趋附。"⑤因主义而结合，在意识上具有了共同的价值标准与表达话语，在组织上具有了团体（政党）与社会（中国民众、世界民众）的关系，"以后的新生活、新社会，应是一种内容扩大的生活和社会——就是人类一体的生活，世界一家的社会"⑥。

"主义的结合"在实践层面上把知识界从自由争论、思想解放推进到选定主义、意识整合的过程。在当时，最显著的事例是少年中国学会的分裂。1921 年 7 月，少年中国学会的南京大会讨论了学会有无必要选定"主义"以及选定何种"主义"的问题。其中，邓中夏提

---

① 张允侯等:《五四时期的社团》第 2 册，生活·读书·新知三联书店 1979 年版，第 155—156 页。

② 中共中央文献研究室、中共湖南省委《毛泽东早期文稿》编辑组:《毛泽东早期文稿》，湖南出版社 1990 年版，第 338、373 页。

③ 任建树主编:《陈独秀著作选编》第 2 卷，上海人民出版社 2014 年版，第 312 页。

④《恽代英全集》第 4 卷，人民出版社 2014 年版，第 144 页。

⑤ 中共中央文献研究室、中共湖南省委《毛泽东早期文稿》编辑组:《毛泽东早期文稿》，湖南出版社 1990 年版，第 554 页。

⑥《李大钊全集》第 3 卷，人民出版社 2006 年版，第 117 页。

出学会的低效运转在于没有选定主义，因为"规定了主义，大家求学、做事才不误入歧途；才便于分工互助；向外活动才旗帜显明，易结同志团体；所谓失节堕落，亦才有个标准，于人格的保险能真有效力"；亦有反对选定"主义"或选定社会主义的主张①。与其说"救亡压倒启蒙"，不如说意识整合压倒了思想解放，因为从来不存在完美的假设的一步到位的"启蒙"，而意识整合与思想解放相反相成，解放是为了获取现代化的思想、资源、目标等要素，整合则是实现现代化与救亡图存的集体行动的必然要求。意识整合压倒思想解放是具体历史阶段之实践任务的要求，无数个这样的辩证过程构成了历史长时段的螺旋式进步。

同时，"主义的结合"改变了民国初年知识人对政党的厌恶状态，把团体建设推进到创建政党的环节。李大钊指出"民国以来的政党，都是趁火打劫、植党营私"，"既无政党之精神，亦无团体的组织"②。其间，俄国革命模式发挥重要影响，"有主义（布尔失委克斯姆），有时机（俄国战败），有预备，有真正可靠的党众，一呼而起"③。陈独秀更是把"政党"视为按照其主义创建新国家、建设新社会乃至发展新文化的组织中枢，"政党是政治底母亲，政治是政党底产儿。我们与其大声疾呼：'改造政治'，不如大声疾呼：'改造政党'"④。陈独秀等人在苏俄和共产国际的支持下，推动北京、上海等地的一些小团体转变为"共产主义小组"，于 1921 年 7 月召开中国共产党第一次全国代表大会。中国国民党亦开始联俄容共，引入俄共组织模式进行改组。孙中山指出"什么是主义呢？主义就是一种思想、一种信仰和一种力量"，"信仰三民主义便能发生出极大势力，这种极

---

① 张允侯等：《五四时期的社团》第 1 册，三联书店 1979 年版，第 350—389 页。
②《李大钊全集》第 3 卷，人民出版社 2006 年版，第 270 页。
③ 中共中央文献研究室、中共湖南省委《毛泽东早期文稿》编辑组：《毛泽东早期文稿》，湖南出版社 1990 年版，第 507—508 页。
④ 陈独秀：《政治改造与政党改造》，《新青年》第 9 卷第 3 号，1921 年 7 月。

大势力便可以救中国"①。曾琦、李璜等人从少年中国学会分化出来，于 1923 年在巴黎组建中国青年党，尝试建设实行"国家主义"的具有"钢的纪律"的"新革命党"②。

在 1920 年代初期，群众教育与群众运动已经成为社会革命的文化内涵。1919 年 6 月 14 日，《民国日报》主编叶楚伧把五四事件称为"自觉运动"，"群众的行动，是表示人民思想趋向的、能力分量的、知识程度的"，因而这种表示"不但是国家组织的原则，并且是人类存在的命根"③。1920 年 5 月 4 日，梁启超认为五四事件是"国人自觉自动之一表征"，"非从文化方面树一健全基础，社会不能洗心革面，则无根蒂的政治运动，决然无效"④。随着中国国民党、中国共产党等政党的改建或建立，群众教育成为社会运动的基础环节，"民众教育（对无政府主义者而言）、民众'指导'（对国民党人而言）、'群众路线'（对共产党人而言），以及其他教育策略的意图，都是使沉睡的大众与觉醒过来的自我及其相应的伦理共同体的普遍规范更加一致"⑤。主义、政党与群众运动的有机结合与实践展开，是全面变革"传统文化"的方法论特点，知识精英的"党化"与劳动大众的知识化贯穿着主义的指导，"我们今天的努力，不仅在鼓吹不满足现社会的群众感情，宁须加倍督促团体内部充实，个人对于运用群众事业知识能力的完成，这样才不至革命永呈一个太早熟的情状。"⑥

①《孙中山全集》第 9 卷，中华书局 1986 年版，第 184 页。

② 参见曾辉:《中国青年党研究（1923—1945）》，华东师范大学博士学位论文，2014 年。

③ 楚伧（叶楚伧）:《这回的自觉运动（一）》，上海《民国日报》1919 年 6 月 14 日。

④《梁启超全集》第 10 集，中国人民大学出版社 2018 年版，第 194 页。

⑤ ［澳］费约翰著，李恭忠等译:《国民革命中的政治、文化与阶级》，生活·读书·新知三联书店 2004 年版，第 115 页。

⑥《恽代英全集》第 4 卷，人民出版社 2014 年版，第 217 页。

小结

　　批判型"传统文化"论域在本质上是从农业文明过渡到工业文明的产物，但由于这一过程并非自然发育，而是在内忧外患中被动开始与急迫展开，其反传统的激烈程度也就比欧美工业化先发国家显著。但这并不意味着所谓的"全盘性反传统主义"，实际上也做不到，"我们相信世界各国政治上、道德上、经济上因袭的旧观念中，有许多阻碍进化而且不合情理的部分。我们想求社会进化，不得不打破'天经地义''自古如斯'的成见，决计一面抛弃此等旧观念，一面综合前代贤哲、当代贤哲和我们自己所想的，创造政治上、道德上、经济上的新观念，树立新时代的精神，适应新社会的环境。"[1] 即便是在近代中国特别是五四新文化运动期间，一些"传统文化"也通过价值重设、科学整理等方式得以转化延续。但是，中国之批判型"传统文化"论域仍然有其特殊性，大一统政教思维的现代性因素在社会有机体理论的挟持下得以延续，并升级转化为主义、政党与群众运动相结合的社会革命（治理）方法，把"组织现代化"列为中国现代化进程的优先选项。这既因应于广土众民与传统政教大一统的危机，又是应对工业化与列强侵略的必然要求。历史自有其意志。

---

① 《本志宣言》，《新青年》第 7 卷第 1 号，1919 年 12 月。

第二章　中国共产党的批判型传统文化观及其实践

从 1921 年 7 月至 1927 年 4 月，中国共产党领导展开了具有全新形态的革命，并与中国国民党建立了合作关系。作为一种系统的社会革命，中共革命完全超越了辛亥革命，把革命的深度和广度延伸至工人、农民等劳动大众，因而也就在方方面面触及如何认识和对待传统文化的问题。中共不仅在知识界的东方文化论争、科学与人生观论争等文化讨论中形成以唯物史观为根据的批判型传统文化观，而且把阶级意识、公有意识与世界意识等新的价值标准灌注到社会文化心理之中，在党员修养、大众动员、联合战线等实践层面延续与运用传统文化要素，使得文本表述与政策实践保持着弹性的张力关系。从进化史观到唯物史观，"传统文化"不再完全被视为一种进化的负担，更不是国民劣根性与国家民族危机的根源；而是具有历史合理性的文化体系，并具有通向社会主义文化的光明前途。

一、唯物史观与"传统文化"论域的基本构造

以往关于五四新文化运动以至国民革命期间的文化问题研究基本上从"论战"切入来观察文化思想特别是"传统文化"问题，譬如东方文化论战、科学与人生观论战、批判国家主义与戴季陶主义等等，涉及中共认识和对待传统文化的问题，但并不是以这一线索为主线进行史实梳理。这一时期是中共运用唯物史观建构革命型传统文化

观的开端，依托于东方文化论争、科学与人生观论争等事件，因而本节试图运用历次论争中的史料来呈现革命型传统文化论域的内涵与结构，从而使学界对此问题有一个总体认识。中共运用唯物史观从经济基础、社会结构与历史阶段等角度重新界定了"文化"内涵，阐释了"传统文化"的封建宗法属性、基本构造与因循特点，提出了书写中国文化史的任务，并承认了"传统文化"的合理性因素。

（一）唯物史观与"文化"的内涵

诞生在欧洲的马克思主义在文化上提供了融合东方与西方乃至实现世界一体化的超越性分析视角。在西方欧美国家的工业化过程中，经济私有化、政治分权化、文化民族化是主要的思想特征，甚至基督教、天主教也通过宗教改革成为资本主义的有机组成部分。但是，马克思、恩格斯在 19 世纪中期所创立的学说体系不同于西方欧美国家的上述思想传统，它主张经济公有化、政治集权化与文化世界化，"代替那存在着阶级和阶级对立的资产阶级旧社会的，将是这样一个联合体，在那里，每个人的自由发展是一切人自由发展的条件"[①]。马克思主义既汇合了西方诸多现代思想流派的因素，而且批判和清理了这些思想学说；不仅提出了资本主义社会的替代性方案，而且对人类其他社会阶段的改革和革命同样具有指导效力，使之获得了一种覆盖现代世界的政治、经济、文化等基本议题的能力。这种超越性的社会理想足以使其后反思资本主义社会问题的学说黯然失色，包括一战前后流入中国的倭铿、柏格森等人的非理性主义学说。

唯物史观与剩余价值理论被恩格斯赞誉为马克思一生的两大发现，而相比剩余价值理论，唯物史观在中国知识界的接受度较高。在《我的马克思主义观》中，李大钊把马克思学说分为历史论、经济论

[①]《马克思恩格斯文集》第 2 卷，人民出版社 2009 年版，第 53 页。

和政策论,对阶级竞争说和劳动价值论都有批评,而对于唯物史观却称赞最多。李大钊认为"自有马氏的唯物史观,才把历史学提到与自然科学同等的地位",呼吁"建立历史科学"①。毛泽东也格外重视唯物史观,"唯物史观是吾党哲学的根据"②。这种现象反映进化史观知识有助于唯物史观的传播,但也更深地反映了历史叙事在中国政教大一统结构中所负担的阐释"道统"的特殊作用,所谓"孔子作《春秋》而乱臣贼子惧"。这种思维亦见于李大钊,"今日历史的研究,不仅以考证确定零零碎碎的事实为毕乃能事,必须进一步,不把人事看作片片段段的东西,要把人事看作一个整个的,互为因果,互有连锁的东西去考察他。于全般的历史事实的中间,寻求一个普遍的理法。"③在中国文化中,历史叙事的神圣性在中国人接纳马克思所阐发的人类社会发展规律上发挥了积极作用。

李大钊等早期中国共产党人抓住人民大众、经济基础、唯物论、公共观念等唯物史观的关键点来重新理解"传统文化"的合理性,规避了进化史观的简单性与直线性。李大钊指出在唯心的退化的神话的旧历史观下,历史叙事使"一般人民,将永沉在物质、道德的卑屈地位";而唯物史观能够"教吾人以社会生活的动因,不在'赫赫''皇矣'的天神,不在'天亶''天纵'的圣哲,乃在社会的生存本身。一个智识的发见,技术的发明,乃至把是等发见发明致之于实用,都是像我们一样的社会上的人人劳作的结果。"④人民的还是统治者的、唯心的想象还是唯物的实证、为私的攫取还是为公的奉献,这为识别"传统文化"中的价值追求、表达方式与认知工具提供了标准与依据。譬如,早期中国共产党人对主张兼爱、尚公、尚同的墨子与墨学评价

①《李大钊全集》第 4 卷,人民出版社 2006 年版,第 329、409 页。

②《瞿秋白文集(政治理论编)》第 2 卷,人民出版社 2013 年版,第 7 页。

③《李大钊全集》第 4 卷,人民出版社 2006 年版,第 411 页。

④《李大钊全集》第 3 卷,人民出版社 2006 年版,第 219 页;《李大钊全集》第 4 卷,人民出版社 2006 年版,第 445 页。

颇高。蔡和森最初便把舍己为公的列宁视为墨子的同道，"只计大体之功利，不计小己之利害。墨翟倡之，近来俄之列宁颇能行之。"① 萧楚女更是把墨家之兼爱论与为人民谋福利的理想联系起来，"我们便应当学墨翟，学孙中山，学列宁。他们都是'摩顶放踵利天下而为之'，数十年如一日。"②

在运用唯物史观解读文化现象之前，陈独秀、李大钊等人较多地使用"文明"概念。古代有"以文化人"等概念，但"文化""文明"是近代中国西学东渐的产物。1915 年 9 月，陈独秀指出"文明云者，异于蒙昧未开化者之称也。La Civilisation，汉译为文明、开化、教化诸义"③。1916 年 5 月，李大钊亦指出"文明云者，即人类本其民彝改易环境，而能战胜自然之度也"④。随着五四运动后"新文化"旗帜的显明，谈"文化"的现象充溢于报刊杂志。对此，陈独秀在 1920 年 4 月指出"'新文化运动'这个名词，现在我们社会里很流行"，"要问'新文化'是什么，先要问'文化'是什么"，"文化是对军事、政治（是指实际政治而言，至于政治哲学仍应该归到文化）、产业而言"，"文化底内容，是包含着科学、宗教、道德、美术、文学、音乐这几样"⑤。

凸显经济或物质因素是运用唯物史观界定"文化"概念的基本特征。李大钊指出"唯物史观的要领，在认经济的构造对于其他社会学上的现象，是最重要的"，"一切社会上政治的、法制的、伦理的、哲学的，简单说，凡是精神上的构造，都是随着经济构造变化而变化"⑥。在名称上，李大钊反对称之为"经济的决定论"，但也认为

---

①《蔡和森文集》上卷，人民出版社 2013 年版，第 9 页。
②《萧楚女文存》，中共党史出版社 1998 年版，第 677 页。
③ 任建树主编：《陈独秀著作选编》第 1 卷，上海人民出版社 2009 年版，第 164 页。
④《李大钊全集》第 1 卷，人民出版社 2006 年版，第 163 页。
⑤ 陈独秀：《新文化运动是什么》，《新青年》第 7 卷第 5 号，1920 年 4 月。
⑥《李大钊全集》第 3 卷，人民出版社 2006 年版，第 21、27 页。

"比较起来，还是'经济史观'一辞妥当些"[1]。在这个意义上，"文化"是人类改造自然、发展生产的产物，"所谓'文化'是人类之一切'所作'"[2]。进而言之，萧楚女认为"'文化'乃是人类在社会生活之进步中所积累而成的各种'社会的精神工具'而言。其范围实包一切社会制度以及宗教、艺术、哲学、科学"[3]。从经济生产而深入社会阶级，"文化"的阶级性便凸显出来，"人类的精神生活由其物质生活而定"，"社会中有阶级的差别，文化亦随之含有阶级性"[4]。这就把不同地域、民族的文化放在同一个坐标系中进行衡量，"文化本无东西之别。文化只是征服天行；若是充分的征服自然界，就是充分的增加人类驾驭自然界的能力"[5]。

　　然而，唯物史观的文化概念很容易招致类似"经济决定论"的批评与误解。杜亚泉在 1921 年指出"文明进步之原动力，在于人类精神全体活动之中"，"若谓为一二之要素所支配。例如谓为唯物史观论者所谓经济的要素，颉德所谓宗教的道德的要素。或巴克尔所谓科学的要素所支配者，此偏见也"[6]。1921 年 8 月，陈独秀在与蔡和森的通信中强调不能把唯物史观看做一种呆板的"自然进化法则"说[7]。在李大钊看来，"历史就是人类的生活并为其产物的文化"，"文化是一个整体，不容片片段段的割裂。文化生活的各体态、各方面，都有相互结附的关系，不得一部分一部分的割裂着看，亦不得以一部分

---

[1]《李大钊全集》第 3 卷，人民出版社 2006 年版，第 216 页。

[2] 屈维它（瞿秋白）:《东方文化与世界革命》,《新青年（季刊）》第 1 期，1923 年 6 月。

[3]《萧楚女文存》，中共党史出版社 1998 年版，第 635 页。

[4] 蒋侠僧（蒋光慈）:《无产阶级革命与文化》,《新青年（季刊）》第 3 期，1924 年 8 月。

[5] 屈维它（瞿秋白）:《东方文化与世界革命》,《新青年（季刊）》第 1 期，1923 年 6 月。

[6] 三无（杜亚泉）:《文明进步之原动力及物质文明与精神文明之关系》,《东方杂志》第 18 卷第 17 期，1920 年 9 月。

[7]《蔡和森文集》上，人民出版社 2013 年版，第 84 页。

生活为历史内容的全体"①。杨明斋认为"马克思只说人类意志是经济决定的，并没说文化教育不能有补于创造经济的能力"②。瞿秋白指出"我们决不否认精神上的力量能回复其影响于物质的基础"，"文化愈高，则社会力愈大，方能自强，方能独立，方能真正得自由发展"③。可见，早期中国共产党人对于文化与经济、政治的相互关系的认识是较为全面的。

随着"文化"概念的重释，用以理解"传统文化"之历史方位的社会发展阶段论随之变化。这一阶段，中国共产党人的社会阶段论的划分较为粗略，多是阐述人类社会的基本演进序列，并分散地论述到中国文化。其中，一种方式是以恩格斯《家庭、私有制和国家的起源》为框架，辅以摩尔根的《古代社会》、列宁的帝国主义理论等知识，并补充一些民族的材料事实，比如蔡和森之《社会进化史》、萧楚女之《帝国主义讲授大纲》等。蔡和森指出"当氏族制度，奴隶制度和封建制度成为人类生产力发展之障碍的时候，也就是他们临终的时候；这种时候现在又轮流到了资本主义的社会"④。萧楚女直接按照有史以前的人类生活（野蛮时代、半开化时代）——文明时代（宗法封建社会、资本主义社会（自由资本主义阶段、帝国主义阶段））的序列展开，并在宗法封建社会这个阶段详细论述中国文化。另外一种方式按照苏联学者对人类社会发展阶段的论述展开，如张伯简之《社会进化简史》。张伯简在波格达诺夫的基础上简明地把人类社会描述为原始共产社会——族长的血族社会——封建社会——奴隶社会及农奴制度——城市手工业制度——商业资本社会——工业资本社会——共产社会的发展过程，并描述了每个"社会形态"的政治、经济、文

---

① 《李大钊全集》第 4 卷，人民出版社 2006 年版，第 401 页。

② 杨明斋：《评中西文化观》，黄山书社 2008 年版，第 3、19 页。

③ 屈维它（瞿秋白）：《东方文化与世界革命》，《新青年（季刊）》第 1 期，1923 年 6 月。

④ 《蔡和森文集》下，人民出版社 2013 年版，第 640 页。

化状况，构筑了既相互区别又持续升级的人类社会演进图谱[1]。

由上可见，唯物史观与"文化"内涵的重释使得中国共产党人获得一种超越性的文化视野。这一方面是对近代以来中国文化危机与一战以来西方文化危机的重新看待，从人类社会发展的一般过程来审视中国文化的"封建病"与西方文化的"资本主义病"，也就获得批判固有文化与西方文化进而实现超越的前途大道。相比之下，梁启超、张东荪仍然像严复、杜亚泉一样从东方与西方非此即彼的角度来审视固有文化或者西方文化的弊病，拿西方社会之物质消费过度、科学技术迷信等工业化初期的文化危机来反证中国文化的优越性。另一方面，"文化"内涵的变化在根底上重塑了"传统文化"论域，创建了一个以生产力发展程度为比较标准的文化坐标系，提供了一个可以确证的文化优劣判定标准，不再拘泥于民族感情带来的中外之间的张力或者古今之间的焦虑，也就超越了原来的由空间（东方与西方）或民族（中华民族与外族）为比较标准的坐标系，"一切所谓'特性''特点'都有经济上的原因，东方和西方之间，亦没有不可思议的屏障"[2]。

（二）"传统文化"的性质、构造与历史合理性

运用唯物史观考察中国文化，是对进化理念的一次良性反拨，从历史发展的客观性角度对"传统文化"性质、构造与合理性进行了重新认识。早期中国共产党人从经济生产、地理环境、气候条件等因素阐述中国文化的形成过程，批评了从种族性质、英雄圣贤或神话迷信等角度展开的言论。在此基础上，中国共产党人分析了中国文化的样态与构造，譬如家族制度、婚姻伦理，重点论述中国文化的宗法

---

[1] 《张伯简文辑》，云南民族出版社 1987 年版，第 1—47 页。
[2] 屈维它（瞿秋白）:《东方文化与世界革命》,《新青年（季刊）》第 1 期，1923 年
　　6 月。

封建性质。与进化史观下的宗法社会相比，这里的"封建宗法"更加强调其阶级社会的特点，着重从生产力与生产关系的角度阐述中国文化的合理性与局限性，由此引出封建社会王朝循环与中国文化之因循停滞的特征。因循停滞的原因固然复杂，但在文化上缺乏实证的科学理性则是关键之处。这为中国共产党人理解中国文化的历史合理性提供了支撑，同时也促使李大钊等人提出书写中国史、中国文化史的任务。

从中国所处之地理、气候与产业活动来理解中国文化的形成。关于此问题，杨明斋曾言"文化之起源是源于人类生活之最初同物质现象之接触时所起的那些惊异奇问及由经济生活条件中所得的种种经验和知识"[1]。陈独秀指出"中国的土地气候造成中国的产业状况，中国的产业状况造成中国的社会组织，中国的社会组织造成孔子以前及孔子的伦理观念"[2]。瞿秋白认为"农家手工业本是中国宗法社会的经济基础之一。至于农业上之土地制度、义庄制度、族有制度等之宗法社会的色彩，尤其明显"[3]。恽代英也提出"所谓中国文化，亦只是几千年安定而单纯的小农业、小工业的产物"[4]。杨明斋的分析更加有历史纵深，"自伏羲氏之畜牧经神农至黄帝之间，历一千八百年，为中国文化发源之最重要的时代"，"有了酋长部落的'社会所与权'，这才有了所谓政治法律"，"自黄帝至周初历千余年之间，实为征服自然的文化最发达时代，同时'社会所与权'也是扩张与发展"，而春秋战国的兼并战争刺激百家学说的产生，儒家之伦理与家国之治理的契合使之获得独尊地位，"假使他没有伦理的组织空倡仁义道德，老实

① 杨明斋：《评中西文化观》，黄山书社 2008 年版，第 189 页。
② 任建树主编：《陈独秀著作选编》第 2 卷，上海人民出版社 2009 年版，第 326 页。
③ 屈维它（瞿秋白）：《东方文化与世界革命》，《新青年（季刊）》第 1 期，1923 年 6 月。
④《恽代英文集》上卷，人民出版社 1984 年版，第 399 页。

说，中国二千余年来的文化就不能够被儒独尊了"①。

由此，"传统文化"的性质定位在"封建社会"。瞿秋白指出"中国的旧社会旧文化是什么？是宗法社会的文化，装满着一大堆的礼教伦常"②。他认为"中国木匠的鲁班祖师，秀才的至圣先师和文昌帝君，都不过是中世纪'行会'、'教会'式的文化"，"伦常纲纪、阴阳五行同样是宗法社会或行会制度的表征"，军阀割据与"欧洲中世纪的封建制度"并无本质差异③。在"封建"一词的内涵上，这时中国共产党人多是将其与西欧中世纪之封建制度视为同类，把周朝之封建制（分封制）与秦朝之后的体制都看作"封建制度"。萧楚女指出"所谓'封建社会'乃是指那社会经济组织，以农业为基础的社会而言。故'封建'的意识，最好不把它单看成名词，也把它看成一种形式词"，"秦废封建立郡县并非根本废除封建制度，所废者不过是周时的一种封建形式而已"，"中国孔孟伦理学说，以及聚族而居的宗法生活，都是封建制度"④。在当时的状态下，这种文化性质的界定并无具体的阐述，更多地是一种社会发展阶段的类比，"我们认定欧美文化是工业资本主义社会的文化，中国文化是农业封建社会的文化，欧美文化是比中国文化为进步的，这是因为欧美的经济状况是比中国的经济状况为进步的原故"⑤。

在"封建社会"概念的统摄下，中国共产党人从组织与文化的角度描述传统文化的样态构造，尤其突出了家族组织与伦理礼教的密切关联。在整体面貌上，杨明斋认为中国文化是"偏于讲人情及自修的文化"，其社会文化分为"直接受书本子的文化影响的生活"与

---

① 杨明斋：《评中西文化观》，黄山书社 2008 年版，第 208、210、211、212 页。

② 瞿秋白：《〈新青年〉之新宣言》，《新青年（季刊）》第 1 期，1923 年 6 月。

③ 屈维它（瞿秋白）：《东方文化与世界革命》，《新青年（季刊）》第 1 期，1923 年 6 月。

④《萧楚女文存》，中共党史出版社 1998 年版，第 590 页。

⑤《恽代英文集》下卷，人民出版社 1984 年版，第 826 页。

"自治的生活"。前者是一种儒家经典规范的公共文化,"教育不一气候不齐风俗不一等只能养成一种生活上的习惯,却不能变更他所受书上的理想教育","二千余年之中,国民所受的教育无论是哪一省,凡是中国所属的地方只有受教育之多少的差别,却无所受的教育之材料的不同";后者是一种直接从事农业、手工业与商业的家族生活,"农业之历史的经验值创造生活是依靠家族;一切教育知识修身道德秩序也是寓于家族及其环境中","自治的文化与书本子上文化有关系的是伦理"①。"家族"被视为中国农业经济与伦理文化的基本单位,"我(家长)供给你们(子弟等)的衣食,为你们经理生活上的一切事情;你们则须完全听命服从于我的指挥管理而从事于生产——自成一种'从属关系',其共同生活之范围,则扩及于三五百人之村社或部落(此等经济组织,尚可见于中国内地'张公百忍,九世同堂'之家)"②。

具体到内容层面,杨明斋剖析了儒学对中国文化的影响。其一,杨明斋认为"儒家的学术及其人生观其政治教育皆集中于仁,要养成仁人与仁政",只不过"后儒把孔子的人生观推到了极点,发挥过了火,以致把有用的礼变成虚伪"。其二,孔子学说适应了结束战乱与安定生产的需要,"借用人类日用常行的实在生活以实行他的仁教之训练,即主张孝、弟、礼、乐、忠、信、辞、让、义","借家族,国家,朋友的组织与结合之义,以实地联系之";而其他的如道家、墨家等学说"或过于离开人类生活日用常行的理情,或没有相当的组织,所以其学说也未能畅行"。其三,独尊儒术的积极影响是"养成一种民族特性,即我民族寓有一种'不忍'和'留情'的人情生活",消极影响在于重人事轻科学,"在诸子的学说产生以前我国对自然及对人之关系的文化并进时代。可是自儒家掌政治教育大权后专注重

---

① 杨明斋:《评中西文化观》,黄山书社 2008 年版,第 192、193、230 页。
② 《萧楚女文存》,中共党史出版社 1998 年版,第 618 页。

'操情'，不讲环境，把经济除外，于是遂把政府自然这件事，扔到九霄云外"①。总的来看，儒家的伦理学说契合农业生产对于安定有序、人口繁衍、家族聚居和大一统治理的需要，把个人通过家庭、家族而镶嵌进入天下，把公共利益通过修身内省转化为个体理想，从而在降低组织与制度成本的同时，实现了农业社会的政教大一统。

因循或者循环是中国"传统文化"的典型特征。1923 年 4 月，陈独秀指出"由秦汉以至今日，社会的政治的现象，都是一方面封建势力已濒于覆灭，一方面又回向封建，这种封建势力垂灭不灭的现象"②。杨明斋提出"历史的循环在国家为一治一乱，在皇室为更换朝代，在家族为一富一贫，其治乱富贫更换朝代除遇有特殊情形外，为期相差不甚大远"③。这种历史现象"所产生的历史观、人生观，是逆退的，是静止的，是背乎大自然大实在进展的方面的，是回顾过去的，是丧失未来的"④。

中国"传统文化"之因循困境的原因在于经济基础与科学落后。李大钊认为"中国的学术思想，都与那静沈沈的农村生活相照映，停滞在静止的状态中，呈出一种死寂的现象"⑤。陈独秀认为"因为封建宗法社会旧有的家庭农业手工业已充分发展而有更进一步的倾向，但新生的经济势力（即资本主义的大工业）过于微弱，还不能取而代之"⑥。杨明斋的分析既看到了手工业、商业作为农业的补充而存在，属于自然经济体系，随着人口、天灾与土地兼并的程度而恶性循环；又看到儒学对于经济交往、技术发明乃至实际生产的不屑，"儒家读

---

① 杨明斋:《评中西文化观》，黄山书社 2008 年版，第 198、199、200、201、204、205 页。

② 任建树主编:《陈独秀著作选编》第 3 卷，上海人民出版社 2009 年版，第 33 页。

③ 杨明斋:《评中西文化观》，黄山书社 2008 年版，第 231 页。

④《李大钊全集》第 4 卷，人民出版社 2006 年版，第 352 页。

⑤《李大钊全集》第 3 卷，人民出版社 2006 年版，第 145 页。

⑥ 任建树主编:《陈独秀著作选编》第 3 卷，上海人民出版社 2009 年版，第 33 页。

书所为的是修身与做官，绝不是'创造生活'"，"儒家的教育只在书本子上空谈仁义与性理，并不去与自然现象及物理接触"①。更深层而言，杨明斋反思了古代中国的理性思维，"人类除非是理智开发到极高明把信仰集中于理智。就是如此，也是一种信仰。我国人之代替宗教信仰的乃是迷信和伦理"，"中国形而上学只推究自然现象之全体性"②。因此，古代中国有广泛的科学技术的运用，却无科学原理的总结，是一种经验主义的现象模拟，因而火药、指南针、数理等发明也就常常出现在迷信活动之中。

在上述认识的基础上，中国共产党人剖析了"传统文化"的合理性及其不足。在革命战争的环境下，中国共产党人对于文化的分析无不与政治斗争息息相关，特别驳斥东方文化派、国家主义者、戴季陶主义者等；但也能够看到"传统文化"的合理性及其不足。中国文化在其初创与上升期取得超越当时世界的农业生产技术、科学技术发明与文学艺术成就，"我们认'中国的一切'亦不过与任何国的'一切'一样的有价值，中国文化在世界文化史上，亦犹如犹太文化、埃及文化一样，当然有存在的意义"③。即便是对于儒学伦理，杨明斋、瞿秋白等人也充分肯定其对于经济生产与社会治理的作用，"宗法社会的伦理也曾一度为社会中维持生产秩序之用"④。而对于"传统文化"之局限性的认识主要集中在自然经济和伦理迷信上，"封建制度或宗法制度的文明与资产阶级的文明相较却有内容的不同，前者神秘的份数多，后者科学的份数多"⑤。虽然中国共产党领导的革命方兴未

---

① 杨明斋：《评中西文化观》，黄山书社 2008 年版，第 216、238 页。
② 杨明斋：《评中西文化观》，黄山书社 2008 年版，第 32、33 页。
③《恽代英文集》下卷，人民出版社 1984 年版，第 703 页。
④ 屈维它（瞿秋白）：《东方文化与世界革命》，《新青年（季刊）》第 1 期，1923 年 6 月。
⑤ 瞿秋白：《现代文明的问题与社会主义》，《东方杂志》第 21 卷第 1 期，1924 年 1 月。

艾，但其眼光深远，提出整理撰写中国史、文化史的任务。杨明斋认
为中国"由渔猎而畜牧，由畜牧而进为农业"的漫长历史足可以"证
之以人类进化之理"①。李大钊认为"中国哲学家的历史观，遂全为循
环的、神权的、伟人的历史观所结晶。一部整个的中国史，讫兹以
前，遂全为是等史观所支配，以潜入于人心，深固而不可拔除"，必
须"根据新史观、新史料，把旧历史一一改作"②。

二、革命价值、阶级意识与传统文化的遭遇

中国共产党领导的革命作为一种指向共产主义理想的社会变革，
在理论水准、组织效率与大众传播上超越以往各种形态的革命。因
此，革命对于文化变革的诉求更加广泛而深刻，"共产主义本身就是
文化运动，是最先进最普遍的文化运动。文化运动必定要能增进劳动
群像之政治智识及政治觉悟，使农工平民了解其所处之社会地位，自
觉其政治能力，方几能行向社会改造，尽复兴人类文化之天责"③。在
革命实践中，"党的建设"的文化色彩最为鲜明，价值冲突最为显著，
从旧社会的普通个体到新组织的革命同志，传统的修身生活重置为
"党的生活"；而"群众的教育"则表现出革命动员的策略性，把阶级
分析、革命价值融入传统的造反意识与表达工具之中。可以说，中国
共产党领导的革命是一种新型文化不断形成和持续溢出的过程，通过
融合马克思主义、革命价值观与"传统文化"要素来造就一种连接知
识精英和工农大众的文化体系。

---

① 杨明斋:《评中西文化观》，黄山书社 2008 年版，第 208 页。
②《李大钊全集》第 4 卷，人民出版社 2006 年版，第 255 页。
③《共产主义之文化运动》，《新青年（季刊）》第 1 期，1923 年 6 月。

（一）党员修养与知识精英的修身传统

   培养合格的共产党员是马克思列宁主义政党及其社会革命事业的基础要求。由于追求与建设理想社会的特点，共产党员的养成实质上是一个再社会化过程，需要重新设定价值标准与行为规范。中国共产党的自我建设不仅融合了苏联注重纪律建设与民主集中制等经验，而且吸收和转化了中国古代的"修身"传统。修身是古代中国人寻找生命意义与拓展精神生活的常见方式，同时也是内化社会价值规范的社会化过程。在"建党"与"党建"的过程中，先进知识分子在接纳马克思主义的过程中改造了传统的修身实践，发展出一种内化马克思主义与践行革命价值观的"党员修养"，其基本内容是掌握理论、信仰主义与严守纪律。"党员修养"在思维上延续了中国的修身传统，但在价值内容上对传统伦理道德进行了扬弃，凸显"理性化"的要求，通过标举理想人格与书写烈士传记重新诠释智、仁、勇等道德品质。可以说，这一过程在方法与内容上创造了知识精英之精神生活的新方式，开始把马克思主义转化为政治文化与公共生活的话语逻辑。

   在接受马克思主义与创建中国共产党的过程中，"怀疑一切"的思想趋向转变为确立信仰。从 1915 年 9 月的《敬告青年》到 1921 年 11 月的《我们怎样改造思想》，陈独秀的立论重心从鼓励怀疑转移到劝导信仰，强调要务实地探讨实现理想的方法并付诸行动，"有思想的青年不可过于怀疑，宜找些信仰来度此过渡时代"[①]。萧楚女指出"有所信仰，所以内心充实；内心充实，所以没有一隙可以为外来客气所乘——他们底人格就成了一个勇气与决心相结合的结实物了"[②]。这种追求也反映了先进知识人需要面对思想解放后出现的道德价值的空白感，"我们已经不信一切威权，不信一切传说。但是我们却不能

① 陈独秀：《我们怎样改造思想》，《学生杂志》第 9 卷第 1 号，1921 年 11 月。
② 楚女（萧楚女）：《革命的信仰》，《中国青年》第 12 期，1924 年 1 月。

不要一种生活的方法，来继续维持我们内心乃至社会的安宁秩序"①。
"信仰"或者说"主义"成为道德价值的内核，"健全的唯物主义的宇
宙观及社会观及'集体主义'的人生观"，"既有团体（或社会）便有
各团员间之相当关系（或新的习俗），非此不能维系；决不应以为共
产主义便真是'过激主义'——蔑视一切个人私德"②。

　　面对建设属于共产党员的道德价值这一问题，中国共产党人在
批判"旧修养"时获得了关于"新修养"的启发。修身或曰修养是中
国文化中一种广泛分布的个体生命的规范方式，是向内寻求生命意义
与道德修为的独特体验，儒、释、道均有各自的修身理法，而儒家之
修身最为全面系统，在环节上包括正心、诚意、修身、齐家、治国、
平天下，在目标上是克己复礼。在宏观意义上，儒、释、道又是相互
配合、相互补充的关系，共同构成一个包含入世、出世与隐世等生命
存在方式的修身体系。可以说，修身是个体获得社会规范与知识技能
的社会化过程。由于现代科学地理知识的引入扩散，原有的修身的价
值、知识等内容逐渐遭到批判，"旧的修养，犹如旧的教育，已经不
适用于我们的时代了。它植根在旧社会的虚伪的道德之上；它的目的
在装成一个伪君子，它的方法在抹杀真理与正义"③。恽代英强调"新
旧之争，总是问我们要怎样做人"，"向来所说的道德与修养，最缺乏
两个要素：一便是活动的修养，一便是合群的修养，合而言之，便是
所说群众生活的修养了"④。

　　养成理性意识与行为是"新修养"的鲜明特点。所谓理性意识
与行为，其一便是由于中国文化"有想象而无科学"，"人间之思想

① 《恽代英全集》第 5 卷，人民出版社 2014 年版，第 44 页。
② 中央档案馆编：《中共中央文件选集》第 1 册，中共中央党校出版社 1989 年版，第 206 页。
③ 成仿吾：《新的修养》，《创造周报》第 6 号，1923 年 6 月。
④ 《恽代英全集》第 4 卷，人民出版社 2014 年版，第 135 页。

云为，一遵理性，而迷信斩焉"①。瞿秋白更是指出现代社会"学术已非'祖传'或'神授'，而是理智的逻辑的，技术亦就不专赖熟练或天才，而渐重原理"②。再者，理性意识与行为是以公克私的、以理性胜感性的，"人类想得社会的进化，最好是不需要感情的原素，而全凭理性的指导"③。毛泽东强调"主义之争"是真理之争，而"占据的冲动"与"意力之受拂"则是需要鄙弃的私人之争④。此外，理性意识与行为是指接受理论的教育与纪律的训练。中共建党初期，格外强调党员必须坚信主义与坚守纪律，反对浪漫化的个人主义、自由主义，反对感情用事。陈独秀曾强调"国民党最流行的'家人父子的政党观'——这是最妨害民党分子认识主义和党的纪律的"⑤。

对于理性化与新修养的认识，还与当时科学与人生观问题的争论有关。如前所述，从东西文化论争到科学与人生观论争，均是由欧美国家在一战前后出现的反思科学理性的非理性主义思潮引起。从严复、康有为、杜亚泉等人到梁启超、张君劢等人，均强调西方科学理性已经势穷，物欲、理性与机器造成了社会灾难，因而在中国应该恢复强调修心、情理与朴素的固有文化，甚至向西方工业社会输入中国文化，谋求复兴。张君劢指出"以近来哲学科学之进步论之，昔之研究在物理者，今则在生命方面；昔之研究在自觉者，今则在非自觉；昔之研究在理性者，今则以为非理性所能尽"⑥。在科学与人生观争论中，胡适、陈独秀等人再次强调科学理性是克服农业时代宗法封建迷信的必由之路，是人生观修养的进步方向。然而，陈独秀等马克思主

① 陈独秀：《敬告青年》，《青年杂志》第 1 卷第 1 号，1915 年 9 月。
② 瞿秋白：《现代文明的问题与社会主义》，《东方杂志》第 21 卷第 1 期，1924 年 11 月。
③ 恽代英：《民治运动》，《东方杂志》第 19 卷第 18 期，1922 年 9 月。
④《毛泽东书信选集》，人民出版社 1983 年版，第 19 页。
⑤ 任建树主编：《陈独秀著作选编》第 3 卷，上海人民出版社 2009 年版，第 464 页。
⑥ 张君劢：《欧洲文化之危机及中国新文化之趋向》，《东方杂志》第 19 卷第 3 期，1922 年 2 月。

义者更进一步，开始从社会主义的角度批判宗法封建社会和资本主义社会，"纯粹的东方派是幻想的退步的思想；纯粹西方资产阶级文化是个人主义，伪慈善主义；共产派当宣传为斗争而互助，斗争乃为将来全人类之互助"①。

　　培养共产党员的基本环节是通过理论修养树立革命价值观。与以往士大夫之儒学修养不同，中国共产党之"新修养"的组织化、集体性与理论性的程度更高，"一切共产党之政策，必以严格的马克思主义为根据，方能做革命的无产阶级之领袖，以及一切受压制的民众之引导者，因为这层缘故，共产党应当给他党员和职员以一种精细的学理上的训练"②。从创建政党到党的建设，中国共产党人格外重视党内理论教育，譬如出现了"政治讨论（每次大会由教育委员选择《前锋》或《向导》论文作材料）""政治讲演（除现时政治问题外，最好每组以党纲草案为根据逐段讨论研究——此于新加入之同志有大益处）""组织原理讲演（以章程为材料）"等强化理论修养的方式③。理论修养同时也衍生出革命价值观，要求共产党员重新过滤以往在旧社会获得的思想价值观念，"扫除一切在封建社会或买办阶级文化的社会中所养成的错误思想，养成一个彻头彻尾的布尔塞维克的精神"④。萧楚女把这种由理论体系规范的生活称为"方程式的生活"，"若要在我们底一生中表现些人的意义，我们是应当时时刻刻把我们底生活，带入那极艰苦的方程式里的"⑤。

　　"新修养"促进了马克思主义与其他文化要素的接触，使之扩展

---

① 中央档案馆编：《中共中央文件选集》第 1 册，中共中央党校出版社 1989 年版，第 206 页。
②《共产主义之文化运动》，《新青年（季刊）》第 1 期 1923 年 4 月。
③ 中央档案馆编：《中共中央文件选集》第 1 册，中共中央党校出版社 1989 年版，第 207 页。
④《恽代英全集》第 8 卷，人民出版社 2014 年版，第 348 页。
⑤ 楚女（萧楚女）：《诗的生活与方程式的生活》，《中国青年》第 11 期，1924 年 2 月。

为一种生活方式与规范。其一，"主义"是一切价值判断与行为取向的标准，"在我们自己的人生观和我自己所保定的主义上，我们是不应当轻易地舍己从人"，但如果仅仅固守理论条目又容易成为呆板的"泥塑偶像"，因此"只要我们底'大节'不变——我们底根本的哲学的体系，我们底'主义'与人生观不变，稍微差不多的小事，是可以'出''入'的"①。其二，"主义"作为科学理论与价值内核，必须主动统摄和整理其他的文化要素。萧楚女提出"革命产生'新时代'，而革命的教育则产生革命"，"因此，一个坚固而高伟的信仰，一个旗帜鲜明，壁垒整严，而又有一贯的理论的主义之普遍的伸展与扩大是必要的"②。这就指向了创造一种用来塑造新人格的新文化，"一个人底人格与其能力之完成，也必须受两方面的陶铸，而后才能坚定贞固。这，一方面是思想上信仰的系统之组成；另一方面是生活上实际的一切'情''理'和适应的技能之阅历与历练"③。

在理想人格的选择上，中国共产党人既以马克思、列宁、卢森堡、李卜克内西等共产主义运动人物为典范，又对传统理想人格进行吸收与转化，并运用传统话语来称颂列宁等人。成仿吾指出，"鲁连义不帝秦，夷齐不食周粟，我们且不须提起，我们的祖先实在给了我们不少的榜样，给了我们不少的余勇，他们能不为利诱，他们能赴死如归，他们超然于成败"④。在传统理想人格中，墨家学说创始人墨翟的出场最多，其大公无私、急公好义的精神备受推崇，"裂裳裹足，以急宋难；摩顶放踵，以利天下，无非是由于他时时刻刻只记得他人，不记得自己而已"，"在我们现在这个时代，我们需要墨翟，不需要陶潜、李白"⑤。萧楚女强调"我们要祛尽我们意识中所潜伏的这些

---

① 楚女（萧楚女）：《"亏本"与革命》，《中国青年》第 32 期，1924 年 5 月。
②《萧楚女文存》，中共党史出版社 1998 年版，第 114 页。
③《萧楚女文存》，中共党史出版社 1998 年版，第 111 页。
④ 成仿吾：《士气的提倡》，《创造周报》第 4 号，1923 年。
⑤《萧楚女文存》，中共党史出版社 1998 年版，第 71—72 页。

个人主义的质素与倾向；我们便应当学墨翟，学孙中山，学列宁。他们都是'摩顶放踵利天下而为之'"①。萧楚女重新阐释智、仁、勇的内涵，"一个革命党人，应该'智''仁''勇'三者兼备。智便是认识；仁便是感情"，"必须要有了对于宇宙社会、人生的根本认识，然后才能做一个贫贱不移、威武不屈的马克思、列宁、里布克奈西、孙中山、刘华"②。

　　上文中的刘华是革命实践中涌现出来的众多英雄模范的一个代表，而烈士纪念则把党员修养落实到现实生活之中。刘华是上海的一个普通工人，在罢工中被军阀孙传芳杀害。萧楚女认为他始终能团结工人，"刘华能刻苦、耐劳，牺牲个人利益乃至生命，为工人谋利益，所以他就自然成了工人的领袖"③。对于牺牲烈士的纪念与书写，直接体现了中国共产党人关于气节、公义、牺牲等道德价值的认识。譬如，1922 年 1 月 17 日，组织领导湖南长沙工人罢工的黄爱、庞人铨被军阀赵恒惕杀害。李大钊在《黄庞流血记》的序言中指出"黄、庞两先生，便是我们劳动阶级的先驱，先驱遇险，我们后队里的朋友们，仍然要奋勇向前，继续牺牲者愿做而未成的事业"④。周恩来在纪念黄爱的《生别死离》诗中写道"壮烈的死，苟且的生。贪生怕死，何如重死轻生"，"梦想赤色的旗儿飞扬，却不用血来染他，天下哪有这等便宜事"⑤。中国劳动组合书记部发起的第一次全国劳动大会把 1 月 17 日定为黄爱、庞人铨殉难纪念日。纪念与传记把革命实践中的英雄烈士的精神转化为理想人格与组织文化，强化了党员修养的实践性。

---

① 《萧楚女文存》，中共党史出版社 1998 年版，第 686 页。
② 《萧楚女文存》，中共党史出版社 1998 年版，第 698 页。
③ 《萧楚女文存》，中共党史出版社 1998 年版，第 671 页。
④ 《李大钊全集》第 4 卷，人民出版社 2006 年版，第 62 页。
⑤ 中共中央文献研究室、南开大学：《周恩来早期文集》下卷，中央文献出版社、南开大学出版社 1998 年版，第 516 页。

（二）阶级斗争与民间文化的抗争因素

中国共产党领导的革命是一场阶级革命，阶级分析是其对待传统文化的重要方法。在中国共产党的阶级视野中，工农大众具有"无产阶级"的革命性，而事实上却是处于各种各样民间文化之中的散漫群体。从建党伊始到大革命时期，中国共产党一直试图通过组织和宣传把阶级意识扩散注入到工农群体，改变其地域性或者行业性的文化属性，实现话语、逻辑与价值的同质化，"共产党也可说是一个人的头脑，全体工人便是人的身体"[①]。中国共产党竭力发现和运用抗争性的民间文化抗争要素，使之成为言说阶级斗争与革命目标的文化土壤。理论界定与事实状态的遭遇构成了中国共产党应对"民间文化"的内在张力，也就促成了中国共产党对待文化传统的原则性与灵活性之间的张力。由于国民革命高涨及其对群众动员要求的提高，中共对待民间文化的灵活性随之增强。尽管如此，中国共产党在组织和动员民众的过程中建立了一个有利于顺畅扩散革命价值观的网络，为进一步的扫盲科普与阶级教育提供了基础，而这真正开辟了新型社会文化的发展之路。

中国共产党在创建之初便确立了运用马克思主义尤其是阶级意识改造文化的目标。在马克思、恩格斯那里，工人阶级是工业革命与社会大生产的产物，具有组织性、纪律性与抗争意识。而列宁认为"工人本来也不可能有社会民主主义的意识。这种意识只能从外面灌输进去"[②]。中国共产党接续了俄国革命的经验与理论，在其第一个决议中宣称"党应在工会里灌输阶级斗争的精神"，要求通过工人学

---

① 中央档案馆编：《中共中央文件选集》第 1 册，中共中央党校出版社 1989 年版，第 80 页。

② 《列宁专题文集·论无产阶级政党》，人民出版社 2009 年版，第 76 页。

校"教育工人，使他们在实践中去实现共产党的思想"①。到了中共二大，在建立无产阶级专政与共产主义社会的最高纲领之下制定了民主革命阶段的目标，"为工人和贫农的目前利益计，引导工人们帮助民主主义的革命运动，使工人和贫农与小资产阶级建立民主主义的联合战线"②。由于无产阶级革命与社会主义社会是对私有制社会的整体批判和否定，因而其改造文化的要求和难度也空前提高，而中国共产党所面临的情况更不容乐观。

在对中国文化的认识上，中国共产党把儒学所主导的官方公共文化与社会大众的民间文化作了区分。所谓"民间文化"，是中共话语中一个相对的概念，泛指地方社会或行业帮会的风俗习惯与心理意识，既区别于儒学所主导的官方文化，又与之保持着伦理价值的联系。杨明斋认为中国人的生活"有两种现象：一，直接受书本子上的文化影响的生活；二，自治的生活"，前者是"经书的教育"，"凡是中国所属的地方只有受教育之多少的差别，却无所受的教育之材料的不同"，缺点是没有科学、生产、商业等方面的教育；后者是农工商各界各业的生活风俗与产业知识，按照父子或师徒来传递生产经验，"所有创造生活的资本、知识、教育、组织、秩序等的结合是基于利益'人情'和互助之义。在结合范围以内，对内注重'人情'与互助，对外则注重伦理与竞争"，"自治的文化与书本子上文化有关系的是伦理，无关系的便是以上所说的种种历史的经验与奖励"③。由于民间文化所具有的技术、生产与大众等要素，中共从劳动阶级与统治阶级之关系的角度把官方文化与民间文化区别开来，对民间文化评价较高。

---

① 中央档案馆编：《中共中央文件选集》第 1 册，中共中央党校出版社 1989 年版，第 6、7 页。

② 中央档案馆编：《中共中央文件选集》第 1 册，中共中央党校出版社 1989 年版，第 116 页。

③ 杨明斋：《评中西文化观》，黄山书社 2008 年版，第 192、193、226、230 页。

中国共产党人很快发现接触和影响民间文化存在困难。在当时的条件下，学校教育、报刊传媒、学会社团等新文化网络扩大影响力的关键是识字率，而"工人群众没有知识，不认识字"，"农民几乎全是文盲，他们没有任何组织，缺乏阶级自我意识。他们俯首听命，简直令人吃惊。"① 文盲率较高的工农大众不仅无法接通新文化，而且被牢牢地吸附在土地、行业、帮会乃至会道门组织之中。据恽代英观察，大众在观念上习惯于安分认命，在组织上习惯于散漫独处，自卑而缺乏权力观念，畏权而缺乏独立意识，缺乏合作与纪律观念②。陈独秀更是指出"农民私有观念极其坚固"，"他们反对地主，不能超过转移地主之私有权为他们自己的私有权的心理以上"；而"因为殖民地半殖民地产业还未发达，连资产阶级都很幼稚，工人阶级在客观上更是幼稚了"，"大多数还沉睡在宗法社会里，家族亲属地方观念还非常之重"③。

于是，我们看到中国共产党人在各地革命实践中的一些文化遭遇颇为相似。在山东，"刘俊才和一些单身汉住在'光棍堂'里，与工人广交朋友，向他们宣讲革命道理"④。在四川，"王同志便借了成都皇城内明远学校的教师开夜课学校，借这夜课学校灌输了一些新的知识到工人们脑中，一九二二年二月王右木同志再借这个旧社会盛行的拜把，同二十多个工人拜了把。这样我们的党就在成都市工人中奠定了基础"⑤。在天津，"李培良、卢绍亭下功夫亲自访问贫苦工人，用浅近易懂的道理，向工人说明受苦的原因并不是工人天生的命

---

① 中央档案馆编：《中共中央文件选集》第 1 册，中共中央党校出版社 1989 年版，第 15 页；《张太雷文集》，人民出版社 2013 年版，第 19 页。

② 恽代英：《民治运动》，《东方杂志》第 19 卷第 18 期，1922 年。

③ 中央档案馆编：《中共中央文件选集》第 1 册，中共中央党校出版社 1989 年版，第 599、600 页。

④ 山东省总工会编：《山东工人运动史》，山东人民出版社 1988 年版，第 101 页。

⑤ 四川档案馆、四川省总工会编：《四川工人运动史料选编》，四川大学出版社 1988 年版，第 47 页。

苦，而是被人压迫和剥削所造成，用以启发工人的醒悟，摒夯自卑心理"①。通过了解和运用某一种地方性或帮会行业性的文化，中国共产党人能够和工农群众建立相互依赖的关系。这种方法要求工人群体所属的地域文化或行业文化的单一性，比如"上海为全国工人最多的地方，而工人运动并不发达"，"工人籍贯复杂，地方观念也是阻碍团结的原因"；而安源煤矿的工人来源单一，"工人颇能在工会指挥之下，练习自治生活，地方军警均失其作用"②。

在这些实践案例中，中国共产党人较多运用人格尊严、均平意识、苦难抗争等民间文化的内容要素来表达阶级差距与阶级斗争意识。陈独秀强调"只有做工的人最有用最贵重。中国古人说：'劳心者治人，劳力者治于人'。现在我们要将这句话倒转过来说：'劳力者治人，劳心者治于人'"③。他运用阶级分析来看待《水浒传》，"赤日炎炎似火烧，田中禾黍半枯焦。农夫心里如汤煮，公子王孙把扇摇。这四句诗就是施耐庵做《水浒传》的本旨"④。唯物史观与剩余价值支撑起中国共产党对于工农自信自尊心理的塑造，安源煤矿工人喊出"从前是牛马，现在要做人"的口号。尽管工农大众的识字率低且处于各种民间文化的包围之中，但是苦难是最具共情作用的载体，"中国的农民不知道'帝国主义'一词的意思，但他明显感觉到了外国商品对于农村小手工业的极其有害的影响，知道随着外国人在他的祖国的出现，也出现了惊人的物价飞涨，尔后他还知道，外国人在千方百计帮助国内军阀处处压榨他的血汗"⑤。

---

① 天津市总工会工运史研究室编：《天津工人运动史》，天津人民出版社1989年版，第46页。
② 中央档案馆编：《中共中央文件选集》第1册，中共中央党校出版社1989年版，第190、191、192页。
③ 任建树主编：《陈独秀著作选编》第2卷，上海人民出版社2009年版，第226页。
④ 任建树主编：《陈独秀著作选编》第2卷，上海人民出版社2009年版，第240页。
⑤ 《张太雷文集》，人民出版社2013年版，第136页。

然而，革命理想与文化实际之间的差距也带来一些超越客观实际的教条主义现象，并引发中国共产党对待民间文化政策的调整。1924 年 5 月，恽代英指出农村运动的误区是"不知道因势利导的道理，不问农民的心理，而只知逞我们个人的理想"，甚至"偏要在'打菩萨''放小脚'这些做不通的事情上面，不顾惹出多大的困难与反感，一味冒昧的去进行"①。1924 年 6 月，上海、湖南等地方的汇报也呈现了一些失败案例，原因在于文化政策脱离工农群体的觉悟程度。1925 年 1 月，中共四大指出为使"无产阶级的文化"普及，必须注意"了解其客观所具有的条件，如不识字，识字不多，不善听纯粹理论的议论，注意目前切身的实际问题，然后筹画的方案方不至艰〔难〕于施行"，"提高乡村文化（但初步运动时须注意不可过于违背农村中宗法社会心理）"②。这也带来了区别对待民间文化的内容与形式的政策特点。恽代英认为民间文化的形式必须善加利用，"编读物亦好，演说亦好，唱大鼓亦好，都可以使农民声入心通，引他们发生革命的要求"③，而对于民间文化的内容，则需要从抗争苦难、寻找出路的角度驳斥迷信、定命说等落后观念与心理。

随着国民革命的准备，特别是五卅运动的发生，中国共产党对于尊重工农文化心理与适当进行革命价值转换的政策更加熟练。国共合作建立了国民革命的联合战线，扩大了革命在知识分子群体中的共识基础；而五卅运动的发生迅速壮大了中共的政党规模，"自二七以后尤其自五卅以后，无产阶级的奋斗及其势力，完全证实了马克思主义者的预言毕竟不错。从此马克思主义的价值已为全国革命民众所共喻"④。

---

① 《恽代英文集》上卷，人民出版社 1984 年版，第 524 页。
② 中央档案馆编：《中共中央文件选集》第 1 册，中共中央党校出版社 1989 年版，第 363、376、378 页。
③ 《恽代英文集》下卷，人民出版社 1984 年版，第 639 页。
④ 《马克思主义在中国早期传播史料长编（1917—1927）》下卷，长江出版社 2016 年版，第 389 页。

不仅如此，在政策层面，中国共产党对待民间文化的政策更加具有灵活性和穿透力。在总结经验教训后，恽代英指出"文化方面的宣传，如反对旧风俗习惯礼教迷信等，这差不多都是农民逆耳之言"，"若能够指明其他风俗习惯礼教迷信中各种不合理或可笑的地方，或者能够指明社会上各种受此等风俗习惯礼教迷信的弊害的地方，亦还是可以动农民之观听的"，"直接破除旧风俗习惯礼教迷信之行动，最易惹乡村中农民之误会，我们须斟酌情势不可孟浪为之"[①]。

国民革命的发动加速了中国共产党对于文化宣传的经验总结，同时也增强了文化政策的灵活性。1926 年 5 月由中共中央拟定下发的《我们今后应当怎样工作》集中体现出这一点。中国共产党认为以往"对外宣传煽动不问群众的需要，只重主观的见解"，"对内训练，亦只是注入的而不是启发的"，"不先客观的研究群众的意见，则所注入的理论，必不能深入群众之意识，使他们的意见和我们的意见打成一片"，"领导群众的本领，只有在群众中虚心领受他们的指教才能够学得"[②]。在广州农民运动讲习所的培训课程中，接触、融入和改造民间文化成为宣传培训的重要课题。中国共产党人舒国藩的《农运之初步工作》凸显了适应环境与快速动员的要求，除了在服装、语言等问题上与农民保持一致之外，更重要的是利用农民文化观念的权威要素来取得指导民众的地位，如"我们要完全执行农村中的旧礼教"，"我们不要反对农村迷信，但也不拥护"，充分利用农民已经习惯的文化形式进行宣传[③]。在学员冯文江的听课记录中，毛泽东还指出"洪秀全起兵时，反对孔教，利用天主教，不迎合中国人的心理。曾国藩即

---

① 《恽代英文集》下卷，人民出版社 1984 年版，第 761 页。
② 中央档案馆编：《中共中央文件选集》第 2 册，中共中央党校出版社 1989 年版，第 115 页。
③ 广东农民运动讲习所旧址纪念馆编：《广州农民运动讲习所资料选编》，人民出版社 1987 年版，第 275 页。

利用这种手段，扑灭了他。这是洪秀全的手段错了"①。

北伐战争与国民革命涤荡了原有的社会关系与结构，为革命的新型社会文化提供了生长空间。1926 年 7 月，中共中央扩大执行委员会会议指出中国共产党已渐居各地群众运动的领导地位，在宣传、职工运动、农民运动等议决案中强调取得指导权，尤其认识到农民"将成为民族解放运动中之主要势力"，要求"详细调查该地农民生活状况，风俗，习惯"，"有方法的有步骤的去提高乡村文化程度"，不可直接地反对"村中的迷信及宗族伦理道德关系"，"有时为使自己生活农民化，冀求容易接近农民，且有暂时附和群众迷信形式之必要，以取得新的工作发展"②。随着北伐战争的胜利推进，农民运动蓬勃发展起来，由土地、祠堂与乡绅等要素组成的文化网络遭受重创，农会、夜校、群众大会等文化场域迅速兴起，抗争、均平等观念充实了阶级话语与阶级斗争实践。毛泽东更是认为国民革命做到了孙中山想做而未做到的唤起民众的目标，农民运动扫荡了以政权、族权、神权和夫权为代表的农村"封建宗法的思想和制度"，改变着农村"家族主义、迷信和不正确的男女关系"等习俗，并以此为基础展开了构建新风俗新文化的文化运动③。

三、民族性、世界性与传统文化的前途

在洞察中国文化的产生、内涵与落后原因后，中国共产党依托唯物史观与世界阶级斗争形势坚定地肯定了中国文化的社会主义前途。唯物史观关于人民大众是历史主体与阶级斗争历史的基本论点，

---

① 广东农民运动讲习所旧址纪念馆编：《广州农民运动讲习所资料选编》，人民出版社 1987 年版，第 79 页。
②《中共中央文件选集》第 2 册，中共中央党校出版社 1989 年版，第 209、214 页。
③《毛泽东选集》第 1 卷，人民出版社 1991 年版，第 31、33、39 页。

支撑了中国共产党关于中国文化之民族性内涵与世界性地位的回答。民族问题的本质是阶级问题，民族文化必须从阶级斗争的角度加以阐释。地主阶级的文化比如封建礼教不再是民族文化的内涵，人民大众才是民族文化的创造主体；而人民大众的愚昧与散漫不是所谓民族劣根性的表现，而是教育匮乏与愚民政策的产物。从世界范围内无产阶级与资产阶级斗争的形势来看，无产阶级运动是世界文化的进步方向，社会主义革命、劳动运动是中国文化走向社会主义文化、共产主义文化的必要过程。总之，从阶级分析的角度来看待"传统文化"，中国共产党找到了实现民族性与世界性的内在统一的论述方式。

（一）探讨中国文化的民族性内涵

随着世界地理观念与现代国家交往的拓展，"民族性"成为在世界范围内衡量自身与观察他国的重要维度。在中国共产党成立之前，儒家学说及其衍生的礼教文化被视为中国文化的民族性，特别是在一战后，儒家学说更是被认为具有治愈欧美文明危机的独特作用与世界意义。在中国共产党成立之后，东方文化派、国家主义派以至戴季陶主义都强调传承儒家学说与礼治的重要性，视之为中国文化的民族独特性，而中国共产党依托阶级分析法与唯物史观认为中国文化的民族性不在于统治阶级的文化，而是处于被统治地位的人民大众的文化。轻视、愚弄乃至用"民族劣根性"来贬低人民大众的老观念与洋理念都遭到了中国共产党的批判和清理。发展民族文化必须对内反对封建统治、对外反对侵略势力，组织和教育民众，普及现代科学知识。

"民族融于世界"是中国共产党探讨"民族文化"的逻辑前提。萧楚女指出"民族，不是先天的种族意义；乃是后天的环境和生活范成的某种形态的'社会型'"，语言文字、信仰宗教、习惯道德是现代民族的基本标志，但是科学、交通等因素使孤立自处的民族渐渐国际化①。殖民主义、资本主义把以往散落各处的、交往较弱的国家和地区纳入一个相互作用的世界体系，"帝国主义沟通了全世界的经济脉络，把这所谓东方西方两文化融铸为一；然亦就此而发生全人类的文化——世界无产阶级得联合殖民地之受压迫的各民族，以同进于世界革命。此种趋势，此种新革命文化的先驱，正就是杀帝国主义的刽子手"②。世界固然是一体的、紧密联系的，但经历着资产阶级与无产阶级的压迫与反压迫，殖民地被压迫民族与世界无产阶级的革命实践孕育着人类解放的文化，"我们所要求的新道德，就是适应人类一体的生活，世界一家的社会之道德"③。从这个角度看待"民族文化"，中国共产党强调既不能像梁启超、张东荪那样无视工业化的阶段性而盲目地鼓吹儒家文化的世界意义，也不能像"国家主义"者那样抱守狭隘的盲目排外的文化理念，必须从世界潮流的趋向来理解中华民族文化的前途。

在殖民主义、资本主义的侵略话语中，种族优劣论、国民劣根性学说往往被用来为殖民掠夺和侵略战争进行辩护。从晚清至五四新文化运动，"民族劣根性"先后被在华传教士、一些中国知识分子所运用，用以批判中国民众的愚昧与落后，"我国自命为先觉的人，诚然有几多次改造国民性的企谋，但是都失败了。或者有人要以这为中国事不可为的铁证。但是人都是一样的，中国人不至于独是劣种；而且就中国历史说起来，黎民于变，化行俗美，亦显然见中国国民性是有改造可能性的。我们企谋的失败，不应该归咎国民性的不可救药；宁要归咎于我们品性上的弱点，方法上的错误"④。同时，恽代英认为欧美国家也存在愚昧落后、道德低劣的民众，"所谓欧西文明国民，

① 《萧楚女文存》，中共党史出版社 1998 年版，第 408、409 页。
② 屈维它（瞿秋白）:《东方文化与世界革命》，《新青年（季刊）》第 1 期，1923 年 6 月。
③ 《李大钊全集》第 3 卷，人民出版社 2006 年版，第 117 页。
④ 《恽代英全集》第 4 卷，人民出版社 2014 年版，第 121 页。

我虽接触得不多，然而以目所见，耳所闻，书籍所记载，看起来，下层阶级，一样同中国人是卑污猥琐；即谈到缙绅先生，眼光短浅，操守寻常的，亦不能说是一个很少的数目"①。这就破除了对欧美国家文化或者中国儒家文化的两种片面看法，把问题从抽象的争论与指责推向了国民教育问题。

恽代英科学地分析了民众愚昧现象的经济根源与解决方法。"推阐经济压迫为国民道德堕落的主要原因，以反证中华民族绝对非劣等民族。应反对此类减少国民自信力的各种宣传，且指示经济改造为国民道德改造的重要途径"②。同时，"提倡民族性的教育，以培养爱国家保种族的精神。反对丧失民族性的教会教育，及近于侵略的文化政策"，"唤醒国民注意现实的政治、经济及其他社会问题"，"提倡各同志团体的相互协力，务使各团体弃小异以就大同，以使人民活动力渐呈集中的趋势"③。这就揭示了组织和教育民众之于中国文化发展的实践路径。

随着对人民大众是历史主体的理念的认同，中国共产党纠正了对于义和团运动的看法。1920 年 1 月，李大钊已经开始运用唯物史观看待义和团，"义和团虽发于仇教的心理。而于西洋人的一切器物一概烧毁，这都含着经济上的意味，都有几分是工业经济的压迫，不全是政治上、宗教上、人种上、文化上的冲突"④。1924 年 9 月，陈独秀把义和团列入中国革命史，指出义和团所存在的迷信、排外等缺点不独义和团所具有，野蛮排外是侵略加剧的回应，愚昧迷信是教育滞后的结果，且"今日的中国仍旧是宗法道德、封建政治及神权这三样东方的精神文化支配着"，"义和团的野蛮，义和团的顽旧与迷信，

①《恽代英全集》第 4 卷，人民出版社 2014 年版，第 120—121 页。
②《恽代英全集》第 5 卷，人民出版社 2014 年版，第 98 页。
③《恽代英全集》第 5 卷，人民出版社 2014 年版，第 98 页。
④《李大钊全集》第 3 卷，人民出版社 2006 年版，第 146 页。

义和团时的恐怖空气，我都亲身经验过，我睹八十年来中国的外交史、商业史，我终于不能否认义和团事件是中国民族革命史上悲壮的序幕"①。义和团运动从顽固愚昧的历史形象转变为抗争求存的革命形象，不仅是由于唯物史观的理论推演，更在于中国共产党发现了群众之于社会进步的主体力量。

那么，中国文化的"民族性"是什么呢？东方文化派、国家主义乃至戴季陶主义鼓吹中国孔孟文化，指责中国共产党背弃民族文化。对此，恽代英指出"所谓民族性，实则系由各民族经济状况所反射而形成的。除气候、山脉、河流等影响于一般精神生活外，生产的方法，亦给心理上很大的影响"，"普通所指西方文化，常即指他们机器生产、大量生产下的心理生活"，"普通所谓中国文化，亦只是几千年安定而单纯的小农业、小工业的产物"，"中国人不一定有孔家文化的精神。孔家文化的精神，亦不一定中国人有。若认此为中国民族性，于理似不妥洽"②。中国共产党运用阶级分析法找到了中国文化之民族性的群体代表和解释方法，"所谓文化工作，就是现时流行之各种派别的文化中，辨别何者是旧统治阶级所利用的、复古的、反进化的、非科学的、虚伪的反动文化，何者是被压迫者所需要的、进取的、科学的、现实的革命文化，同时并深入群众之中，攻击反动文化，提倡革命文化，从群众本身阶级利益的观点上领导他们脱离反动文化，归向革命文化"③。

在上述分析中，可以看到恽代英等人试图建立一种面向世界的民族性文化。这首先是对中国工业化与文化进步趋向的适应，"中国今日必须由小量生产进为大量生产，由手工生产进为机器生产，乃可以免于外国的经济侵略。则是由小量生产、手工生产所反射而形成的

---

① 任建树主编：《陈独秀著作选编》第 3 卷，上海人民出版社 2009 年版，第 352 页。
②《恽代英文集》上卷，人民出版社 1984 年版，第 398 页。
③ 昌群：《什么是文化工作？》，《中国青年》第 142 期。

国民心理决无可以提倡而发挥"。因此，必须重新界定民族文化的内涵与前途，"要打破崇拜欧美的迷信，不在拘泥于赞美自己的民族性，而在揭破欧美社会的污秽龌龊，并不惜痛与一般洋奴学者以惩创，使他们不能迷惑国人。同时，我们尤要提醒国人西方的文明全在剥夺弱者"。既要通过阶级分析坚守人民大众是历史主体的理念，又要吸收欧美工业文化中的科学技术，坚守无产阶级社会主义革命的方向，"我们要求与欧美争存，不能不采用欧美的生产方法，所以亦不能不酌量移植一些欧美的文化。但这不是说我们是劣等文化的民族。我们若能好自为之（我的意思是说用社会主义的意思从事大量生产），可以有欧美生产增多、品质改良的优点，而又无他们国际侵略、劳资争斗的劣点，这将还要证明我们是优等民族"[①]。

（二）世界革命、民族解放与民族文化的前途

融入世界乃至引领世界，是中国共产党探讨"传统文化"前途命运的基本考量。在这里面，"天下""大同"等传统的普遍性论述已经升级为"世界""社会主义"。在创建中国共产党的过程中，世界主义、国际主义已经成为显著的思想特点，资本主义、殖民主义造就的"世界"成为需要了解、融入和改造的对象，中国问题本身是一个世界范围内无产阶级与资产阶级的斗争问题。因此，中国共产党是从人类文化的整体视野看待民族文化的共性与特性，并把社会主义、共产主义文化作为民族文化的前途所在。中国文化的发展不仅需要赶上时代、吸收资产阶级工业革命创造的科技知识，而且要参与世界革命，在中国推进反对国际资本主义的斗争，从根本上摆脱国内封建势力与国际资本主义的联合统治，开辟发展道路。总之，民族文化的前途在于民族解放、科学创新与工业发展，契合从资本主义世界行向社会主

---

① 《恽代英文集》上卷，人民出版社 1984 年版，第 399—400 页。

义世界的潮流趋向。

从批判引发一战的国家主义、种族主义，到五四运动对内外强权的抗争，知识界论述中国问题的语境洋溢着世界主义的指向，并经由中国共产党的创建而成为改造中国与世界的实践共识。1920年8月，蔡和森致信毛泽东提出"我将拟一种明确的提议书，注重'无产阶级专政'与'国际色彩'两点"，"无产阶级专政。万国一致的阶级色彩，不能带爱国的色彩"[①]。12月，毛泽东在回信中重点阐释这一认识的重要性，"'以改造中国与世界'为学会方针，正与我平日的主张相合，并且我料到是与多数会友的主张相合的。以我的接洽和观察，我们多数的会友，都倾向于世界主义"，"凡是社会主义，都是国际的，都是不应该带有爱国的色彩的"，"我们生在中国地方的人，为做事便利起见，又因为中国比较世界各地为更幼稚、更腐败应先从此着手改造起见，当然应在中国这一块地方做事；但是感情总要是普遍的"[②]。中国共产党与共产国际的关系、社会主义理论与人类解放的目标成为阐述"民族文化"前途的基本要素。

这里的"世界"不仅是鸦片战争以来日趋明晰的全球地理空间，而且是资本主义主导的充满阶级压迫、民族压迫的世界秩序空间。恽代英用"自古以来未之有也"来形容这种认知的变化，"古代的社会比较是安定的，他们人与人之间相互关系的发展是有限制的，因而他们的'天下'都是很狭小的范围，一切所能发生的问题，都是限于他们那个时代所能发生所能解决的。无论学理亦好，道德律亦好，政治思想亦好，风俗习惯的准则亦好，在性质上都是属于他们那个'天下'的"，但是经过十字军东征、西班牙殖民美洲、荷兰英国海上贸易以至工业革命，"国家渐渐成为资产阶级掌握中的东西，五大洲的商业渐渐打成一个整个的市场"，"中国亦已经被卷入近代资本主义的

---

① 《蔡和森文集》上，人民出版社2013年版，第60页。
② 《蔡和森文集》上，人民出版社2013年版，第62页。

狂潮里面了。因为现在世界新的生产方式，使中国社会上人与人的关系大为改变，发生了宰制全中国人的外国资本事业，发生了为外国资本事业作爪牙的买办商人，发生了保护外国资本事业的帝国主义在中国的军事与外交的力量"①。

在整体的世界视野下，各种"民族文化"的共性与阶段性特点被凸现出来。陈独秀针对东方文化派片面强调中国文化独特性的论点，指出"人类之文化是整个的，只有时间上进化迟速，没有空间上地域异同（许多人所论列的中国、印度、欧洲文化之异同，多半是民族性之异同，不尽是文化之异同）。东方现有的农业的文化，家庭手工业的文化，宗法封建的文化，拜物教、多神教的文化，以及这些文化所产生之一切思想、道德、教育、礼俗、文字不解放的文化，西方以前也曾经历过，并不是东方所特有的什么好东西"②。瞿秋白也表达类似观点，"东西文化的差异，其实不过是时间上的。人类社会的发展，因为天然条件所限，生产力发达的速度不同，所以应当经过的各种经济阶段的过程虽然一致，而互相比较起来，各国各民族的文化于同一时代乃呈先后错落的现象"③。面对戴季陶指责中共忽视民族文化的论点，恽代英指出"我们要排斥'反科学的'中国文化，这亦犹如要排斥'反科学的'别国文化一样，我们认'中国的一切'亦不过与任何国的'一切'一样的有价值，中国文化在世界文化史上，亦犹如犹太文化、埃及文化一样，当然有存在的意义，但这与民族革命的自信力没有什么必要的关系"④。

世界文化发展的障碍是阶级压迫与科学落后，无产阶级文化是东方文化与西方文化的共同前途。"阶级为文化发展的障碍"，"无产

①《恽代英全集》第 8 卷，人民出版社 2014 年版，第 393 页。
② 任建树主编：《陈独秀著作选编》第 3 卷，上海人民出版社 2009 年版，第 198 页。
③ 屈维它（瞿秋白）：《东方文化与世界革命》，《新青年（季刊）》第 1 期，1923 年 6 月。
④《恽代英文集》下卷，人民出版社 1984 年版，第 703 页。

阶级革命的目的是消灭社会阶级，建设无产阶级社会"，"阶级既归消灭，文化的阶级性亦随之而去，全人类文化方有开始发展之可能"，"无产阶级亦与其他阶级一样，在共产主义未实现以前，当然能够创造出自己特殊的文化——无产阶级的文化"①。恽代英认为虽然"欧美文化是工业资本主义社会的文化，中国文化是农业封建社会的文化，欧美文化是比中国文化为进步的"，"中国有亟须接受欧美物质文明之必要"，但是"中国民族必须力求经济文化的进步，以谋完成自己之解放"，必须"反对帝国主义软化驯服中国民众的文化政策"②。这是因为，"物质文明是技术，科学仅仅是从技术里抽象而得的总原理；技术有神秘性便是封建时代的文明，技术有科学性便是资产阶级的文明，技术更进而有艺术性便是无产阶级的文明"③。瞿秋白指出"社会主义的文明是热烈的斗争和光明的劳动所能得到的；人类什么时候能从必然世界跃入自由世界，那时科学的技术文明便能进于艺术的技术文明"④。

中国文化发展的道路是民族解放、推进世界革命，在人民大众中普及新道德、新科学。从社会变革与阶级关系来说，世界正在经历反抗资产阶级统治的无产阶级革命，"无论是属于何种产业、何种地方、何种国籍、何种种族，他们的口号是'全世界无产阶级联合起来'，他们的目的是无产阶级武装暴动，夺取国际资产阶级的政权，建设无产阶级共产主义的社会"⑤。对于中国来说，"在历史上必然的历程看来，中国将来真正的独立与解放，非经过世界革命的潮流不能

---

① 蒋侠僧、蒋光慈：《无产阶级革命与文化》，《新青年（季刊）》第3期，1924年8月。

② 《恽代英文集》下卷，人民出版社1984年版，第826页。

③ 瞿秋白：《现代文明的问题与社会主义》，《东方杂志》第21卷第1期，1924年1月。

④ 瞿秋白：《现代文明的问题与社会主义》，《东方杂志》第21卷第1期，1924年1月。

⑤ 《恽代英全集》第8卷，人民出版社2014年版，第392页。

成功"①。从科学普及与文化发展来说，"只有世界革命，东方民族方能免殖民地之苦，方能正当的为大多数劳动平民应用科学，以破宗法社会、封建制度的遗迹，方能得真正文化的发展"。瞿秋白尤为强调科学创新之于文化发展的作用，"科学文明是资产阶级的产儿，然而亦就是破毁资产阶级的起点。宗法社会的仁义道德说亦正是宗法社会破产的先声。至仁义道德说之真正的平民化及科学文明之真正的社会化时，就是一切旧社会的末日"，"社会主义颠覆现代文明的方法于思想上便是充分的发展一切科学，思想方面的阶级斗争"②。

　　在革命实践中，文化领域的世界革命具体地落实为反对帝国主义文化侵略的行动。在 1920 年代初期，中国共产党发动了反对基督教等运动，"我们反对宗教的目的，并不是像一些人所想象的那样单单是反对基督教，而是反对阻碍人类进步的所有的宗教"，"不是想靠一种强有力者的势力压迫或摧残信仰一种宗教的人们，乃是想立在自由的真理上阐明宗教束缚心灵的弊害"③。恽代英指出"文化侵略是指的帝国主义者一种软化驯服弱小民族的文化政策"，"帝国主义者施行这种文化政策的方法，是（一）设立教会，宣传宗教；（二）设立教会学校推行宗教教育；（三）招收留学生，使受帝国主义的教育；（四）办中西文报纸、通信社、传播谣言，或曲解事实的新闻；（五）设讲演所或露天学校"；但同时也指出"我们反对文化侵略是反对帝国主义软化驯服中国民众的文化政策。我们并不是说反对欧美的文化，我们并不是否认欧美文化之优点，而且承认中国有亟须接受欧美物质文明之必要，我们所谓反对文化侵略，决不是盲目的赞美中国的固有文明，如保存国粹论与东方文化论者之所为"④。

---

① 《蔡和森文集》上，人民出版社 2013 年版，第 118 页。
② 瞿秋白：《现代文明的问题与社会主义》，《东方杂志》第 21 卷第 1 期，1924 年
　　1 月。
③ 《李大钊全集》第 4 卷，人民出版社 2006 年版，第 66、68 页。
④ 《恽代英文集》下卷，人民出版社 1984 年版，第 826 页。

小结

在中国共产党创建以至大革命时期，我们可以看到中共认识和对待"传统文化"的复杂样态。这里面，既有在文本撰写中贯彻的唯物史观与革命意识形态的理论原则，通过人民是历史主体、阶级分析、世界革命等理论构建起言说"传统文化"之性质、由来、困境与前途的批判型传统文化观；又有在革命动员中展现的获取民众拥护的政策灵活性，通过运用民间文化形式、塑造民族自信心等方式揭示民族解放与世界革命的必要性。在深远的意义上，中国共产党运用唯物史观、阶级分析与世界革命理论处理了传统与现代、中国与西方的关系，揭示了中国文化发展的路径与前途，为之提供了认识工具、价值标准与目标蓝图。

第三章　中国共产党对待传统文化的多向伸展

在土地革命战争时期，中国共产党从多个维度探讨了认识和对待"传统文化"的问题，积累了丰富的经验教训。在苏维埃根据地，中国共产党推行社会主义、共产主义文化理想，并以此为参照系，把封建礼教和资产阶级思想文化作为传统加以批判，削弱了对"传统文化"的转化利用；在国统区，中国共产党依托马克思主义展开社会科学、左翼文学等文化运动，中国社会性质论战进一步确定了古代中国文化的"封建宗法"性质，但也存在着中国历史事实复杂性与马克思主义理论框架简单化之间的张力；左翼文学实践不仅标榜无产阶级革命文学，批判资产阶级、小资产阶级文学和封建文学，而且针对新文化的形式与内容展开了有益探索。在革命战争频繁发生的环境下，文化工作不可避免地表现出工具性、从属性的特点，认识和对待"传统文化"存在着超越历史发展阶段的问题。

一、苏维埃根据地文化建设与"破坏旧文化"

国共合作破裂，迫使中国共产党走上了独立探索中国革命的道路；而苏维埃根据地的开辟使中国共产党直接面对文化建设的问题。虽然苏维埃区域处于战争环境之中，但中国共产党坚定不移地贯彻社会主义、共产主义文化理想，从无产阶级与资产阶级斗争的角度批判资产阶级文化、封建礼教，宣传共产主义、国际主义价值观，引入苏联社会主义文化建设经验。中国共产党试图领导一场没有资产阶级参加的资产阶级民权革命，因而在实践中弱化了对地主、富农、小资产阶级出身的知识分子的使用，强化了对封建礼教、迷信风俗和传统娱乐形式的批判，难以有效发挥"传统文化"的合理成分和民间艺人、进步士绅的积极性。虽然苏维埃根据地的文化建设取得一系列成就，也运用了一些民间文化的形式，但拔高社会主义、共产主义文化理想反而不易获得基层干部与乡土民众的理解配合，造成了"教条主义"的政策特点和强制命令的官僚主义作风。

（一）苏维埃文化建设的性质与"破坏旧文化"

作为一个以马克思主义为行动指南的政党，中国共产党对于文化建设性质与目标的理论认识决定着政策取向和实践效能，也影响着对"传统文化"的理论认识与政策实践。土地革命战争前期，由于"左"倾冒险主义、教条主义的影响，苏维埃文化建设目标上强调社会主义、共产主义理想，要求学习苏联社会主义文化政策与经验。与此相关，强化对中国"传统文化"的批判，视之为封建礼教、宗法迷信。

1929 年 12 月，共青团闽西特委提出："我们的文化是无产阶级的文化，无产阶级的文化是获得了无产阶级的意识，再把这种意识输入到群众中去；她一面输入无产阶级的意识，一面却猛力的打破群众中一切非无产阶级的意识"。"目前文化建设的任务是：站在无产阶级立场上，向封建思想及一切不正确的思想作意识斗争，以保障土地革命胜利后，民权革命能很顺利的转变到社会主义革命的前途"。[1] 中华苏维埃共和国临时中央政府建立后，曾检讨重军事战争轻文化建设的机会主义倾向，指出"没有把广大的实行共产主义教育的任务提到

---

[1] 江西省文化厅革命文化史料征集工作委员会、福建省文化厅革命文化史料征集工作委员会编：《中央苏区革命文化史料汇编》，江西人民出版社 1994 年版，第118、132、145 页。

面前来，而把教育束缚在仅仅反封建反迷信的资产阶级民主任务的范畴里"①。1933 年 9 月，张闻天指出中央政府教育人民委员会的第一号训令没有明确指出文化建设的共产主义性质，以至于"我们现在微弱的文化教育工作中，已经在不少的地方表现出这种资产阶级教育的倾向，把苏维埃的教育当作了资产阶级的启蒙运动"②。10 月，凯丰强调"我们努力于建设一切教育的事业，使他能够正确的造就许多具有共产主义观点、习惯的新后代，各级学校成为培养新的社会的建设者以及镇压仇视我们的资产阶级及小资产阶级思想的武器"③。1933 年 10 月 20 日，中央文化教育大会的决议案指出："一切教育事业的设施，无论在政治教育范围内，或普通的工艺的教育的范围内，或文艺的范围内，都应当从阶级斗争出发，从争取工农民主专政的胜利，从推翻地主资产阶级的统治出发，从为着转变到社会主义的革命出发，从消灭阶级、从消灭人剥削人的制度，从为着共产主义社会的斗争出发。因此，苏维埃的教育应当是共产主义的教育"④。1934 年 1 月，中华苏维埃共和国第二次全国代表大会召开，毛泽东在讲话中回顾了苏维埃在兴建学校、扫除文盲、科普防疫与政治教育方面的成就，提出苏维埃文化教育的总方针"在于以共产主义的精神来教育广大的劳苦民众，在于使文化教育为革命战争与阶级斗争服务，在于使教育与劳动联系起来，在于使广大中国民众都成为享受文明幸福的人"⑤。

---

① 江西省文化厅革命文化史料征集工作委员会、福建省文化厅革命文化史料征集工作委员会编:《中央苏区革命文化史料汇编》，江西人民出版社 1994 年版，第 63 页。
② 洛甫（张闻天):《论苏维埃政权的文化教育政策》,《斗争》第 26 期，1933 年 9 月。
③ 凯丰:《在全苏区教育大会的前面》,《斗争》第 31 期，1933 年 10 月。
④《目前教育工作的任务——教育大会通过的决议》,《红色中华》第 126 期，1933 年 11 月。
⑤ 江西省文化厅革命文化史料征集工作委员会、福建省文化厅革命文化史料征集工作委员会编:《中央苏区革命文化史料汇编》，江西人民出版社 1994 年版，第 83 页。

在反对礼教、迷信的过程中，也认识到通过群众觉悟、认同来执行政策的"群众路线"工作方式。1931 年 4 月，中共中央指示"反对迷信，反对祠堂庙宇，在民众没有完全了解时，应该先做宣传的工作，决不能立刻鼓动少数先觉分子（如少年先锋队）去做拆毁祠堂庙宇，打倒祖宗牌位等行动。只有明白了解宣传与鼓动的相互关系，才不至发生脱离群众的行动"[①]。1931 年 10 月，湘赣省儿童团代表大会针对文化工作指出"破坏旧文化过程中，没有作深入的鼓动宣传，没有经过群众路线去执行，只是一味的由一般儿童群众去胡闹乱干一场，结果引起群众不满，甚至公开的反抗"[②]。1932 年 1 月，中国共产青年团苏区团第一次代表大会指出"必须防止不得群众同意而打菩萨，拆庙宇等的盲动行为与强迫行为"[③] 等等。类似论述反映了中国共产党较为重视群众觉悟的实际程度对于文化建设的重要性。

（二）"传统文化"吸收转化实践的弱化

苏维埃根据地基本上处于几省交界区域，大多以农业手工业为经济基础，以家族、行帮、庙宇为组织样态的农业文化、帮会文化和民间信仰广泛存在。中国共产党依托土地革命废止了乡土社会原有的家族宗祠、庙宇道观、私塾学校等组织形式，力图建立以党、政、军、群为轴心的文化组织体制，构建全新的文化教育体系，但在对待富农、小资产阶级出身的知识分子上出现"关门主义"倾向，带来文化干部缺乏、组织运作形式化等问题。通过全方位的组织体制，中国共产党试图全面扭转根据地民众的观念意识，实施卫生防疫、科学普

---

① 中央档案馆编：《中共中央文件选集》第 7 册，中共中央党校出版社 1991 年版，第 219 页。
② 曹敬庄主编：《湘赣边区革命文化史料汇编》，湖南出版社 1996 年版，第 31 页。
③ 江西省文化厅革命文化史料征集工作委员会、福建省文化厅革命文化史料征集工作委员会编：《中央苏区革命文化史料汇编》，江西人民出版社 1994 年版，第 47 页。

及、扫盲教育、民俗改造等政策，但注重无产阶级意识与国际主义的倾向造成新文化与民众脱节的现象，超拔于民众的生活经验、文化想象与接受程度之上。可以说，这一时期中国共产党弱化了对"传统文化"合理因素的吸收转化，亦未能积极引导进步士绅、民间艺人参与新文化建设。

在革命暴动与建立苏维埃政权的过程中，中国共产党把共产主义宣传加入革命动员实践中。事实上，乡土民众对于中共革命的迎受仍然没有超出已有的乡村文化的认知范围，更多地是用革命的价值、符号、形式替换乡村文化原有的价值权威。譬如，在赣西南，"苏维埃的胜利地斗争较久的地方，没有人敬神，菩萨都烧了，庙宇祠堂变成了农民工人士兵的政府办公室，或者是游戏场。许多农民的家里以前贡（供）着家神'天地君亲师位'的，现在也换以'马克思及诸革命先烈精神'；从前过年庆节，写些封建式的对联，现在都是写的革命标语。以前买卖婚姻，现在完全废除了，婚姻自由，不需金钱，但没有如反动派造谣所谓共产共妻的鬼话的现象"①。

在这些行动中，妇女与青少年群体更容易成为积极分子。毛泽东在《兴国调查》中曾指出"童团查烟赌打菩萨很厉害，完全不讲人情，真正'公事公办'"。尽管敬神、"叫魂"很少公开出现，毛泽东也发现"有些老婆太，虽不敢公开敬神，心里还是信神，这些人多属没有儿子的"。②在分配土地、改善生活后，一些乡土意识再度表现出来，"封建势力迷信信仰到现在虽经过了长期的反封建斗争，土地革命，但是一般的群众还是充满了在脑子里"，"一切消灭封建制度废除恶习根本焚毁菩萨破除迷信等还是没有彻底进行，各地对于这些工

---

① 江西省文化厅革命文化史料征集工作委员会、福建省文化厅革命文化史料征集工作委员会编：《中央苏区革命文化史料汇编》，江西人民出版社 1994 年版，第130 页。
②《毛泽东农村调查文集》，人民出版社 1982 年版，第 249、325 页。

作还是不普遍不充分，同时就是做了的地方而又犯了霸蛮的办法，使群众发生反感，现在赤区内仍然还有求神拜佛信鬼靠天的迷信"①。在湘鄂赣苏区，"迷信很重，乡政府主席率领全乡群众打醮、修庙宇、敬菩萨、问卦、敬香表现普遍"②。这表明在工业化与社会经济关系尚未发生质变的情况下，传统的文化心理与习俗具有复杂的存在方式和顽强特征。

与大革命时期不同，中国共产党更加强调革命领导权和政权建设，并未充分运用根据地乡村社会的文化组织形式。在暴动准备、发动和成功的过程中，中共依托党组织和农民协会组织教育农民，没收地主土地、庙产、祠产和生产资料，取缔原有的家族私塾、庙宇道观以及农民自身的娱乐组织，试图以此打破原有社会关系和权威秩序，"因封建势力过于厉害，一般农民虽然十分勇敢，但均在宗族关系之下去作斗争，很少普发乡村的阶级斗争"③。在这一阶段，从革命动员的角度重视利用乡村文化的一些形式比如三字经、花鼓戏等进行政治教育，"设法举办农民学校或夜校，农民画报与壁报"④。而民众对于全新的组织体制的接受并不顺畅，"封建时代独裁专断的恶习深中于群众乃至一般党员的头脑中，一时扫除不净，遇事贪图便利，不喜欢麻烦的民主制度"⑤。

中华苏维埃共和国临时中央政府在 1931 年 11 月建立后，中央

---

① 江西省档案馆、中共江西省委党校党史教研室选编：《中央革命根据地史料选编》下册，江西人民出版社 1982 年版，第 724 页。
② 江西省文化厅革命文化史料征集工作委员会编：《湘鄂赣苏区革命文化史料汇编》，江西省文化厅革命文化史料征集工作委员会办公室 1996 年印，第 108 页。
③ 中央档案馆、江西省档案馆：《江西革命历史文件汇集 1927 年—1928 年》，中共江西省委办公厅 1986 年印，第 213 页。
④ 江西省文化厅革命文化史料征集工作委员会、福建省文化厅革命文化史料征集工作委员会编：《中央苏区革命文化史料汇编》，江西人民出版社 1994 年版，第 95 页。
⑤《毛泽东选集》第 1 卷，人民出版社 1991 年版，第 72 页。

苏区的党、政组织的正规化加速发展。透过毛泽东的《长冈乡调查》《才溪乡调查》可以看到根据地文化组织运作的状态。兴国县长冈乡包括长冈、塘背、新溪、泗网4个村，党团组织、苏维埃政府、地方部队与群众团体均在社会管理中发挥各自作用。在文化运动上，分为小学（列宁小学，四个，每村一个，各有校长、教员）、夜学（全乡九个，按照文化程度分为读报算术的甲班、成年读本的乙班、儿童读本的乙班）、识字班（针对年龄大的，用于识字扫盲）、俱乐部（每村一个），"每个乡苏维埃都要学习长冈乡的文化教育工作"。上杭县才溪乡分为上才溪、下才溪，各自包含4个村，包括日学、夜学、识字班、读报团、俱乐部等形式。① 从义务教育、扫盲识字、卫生防疫到政治教育，可以看到由政党主导的新文化大众化、知识现代化的实践样态，政党成为群众生活、学习的组织者和管理者，而这一过程则是乡土民众接纳现代观念、适应现代国家运作的学习进程。

中国共产党在推进扫盲科普、卫生防疫、政治教育等乡村文化政策时，试图确立以共产主义、国际主义为价值逻辑的新文化、新风尚。从中央苏区国民教育、社会教育和干部教育所使用的教材来看，侧重于政治、军事、科学卫生等内容，关于中国的内容偏重于政治经济现状，没有中国历史的内容，比如对"氏族观念"的解释主要是阶级分析；关于世界的内容，主要是列宁、苏联、国际主义等要素②。在节日风俗上，苏区大幅度改变了乡土社会节庆风俗，如《中华苏维埃共和国劳动法》规定"（甲）一月一日 新年；（乙）一月二十一日 世界革命的领袖列宁逝世纪念日；（丙）二月七日 军阀屠杀京汉路工人纪念日；（丁）三月十八日 巴黎公社纪念日；（戊）五月一日 国际劳动纪念日；（己）五月三十日 五卅惨案反帝纪念日；（庚）十一月七日

① 《毛泽东农村调查文集》，人民出版社1982年版，第320、353—354页。
② 张挚、张玉龙主编：《中央苏区教育史料汇编》下册，南京大学出版社2016年版，第651—896页。

苏联十月革命纪念日和中华苏维埃共和国成立纪念日;(辛)十二月十一日 广州暴动纪念日"[1]。其他苏区亦是如此,"要把旧社会里所流传下来的一切宗教、风俗、教育以及旧礼教等彻底铲除"[2]。

　　然而,在强力肃清旧风俗旧文化的过程中,传统文化的内容与形式不断地反弹出来。《红色中华》对此进行了一系列批判型报道。1933 年 3 月,新泉南阳区的几个乡借着纪念乡苏的名义来维持封建习俗,一月半、七月半是以往扛菩萨的节日。由于苏区反扛菩萨的斗争,转而把这些封建季节改为乡苏纪念日,以此维持封建残余[3]。9 月,瑞金北郊来了一个于都的封建戏班,排演《龙凤配》等剧目[4]。10 月,张如心在红军大学作了一个"反迷信宗教运动的报告","具体地抓着红校中一小部分学生同志信鬼及住在红校周围的群众拜鬼的一些实际材料,说明了红校对于这个工作还没引起十分的注意"[5]。12 月,于都县胡公庙"演封建大戏数天之久",西江县宽田区令泉乡也出现这种情况[6]。事实上,单纯采取驱逐和取缔的办法并不理想,只有适应乡村文化状况包括乡民文化程度、审美偏好等,利用和改造旧文化,才是可取的革命文化建设途径。在苏维埃运动后期,也出现一些要求运用乡村文化的合理成分建设新文化的声音,"尽量利用最通俗的,广大群众所了解的旧形式而革新它的内容——表现发扬革命的

① 中央档案馆编:《中共中央文件选集》第 7 册,中共中央党校出版社 1991 年版,第 784—785 页。
② 江西省文化厅革命文化史料征集工作委员会编:《湘鄂赣苏区革命文化史料汇编》,江西省文化厅革命文化史料征集工作委员会办公室 1996 年印,第 119 页。
③《封建俗例的季节变为乡苏纪念日》,《红色中华》第 59 期,1933 年 3 月。
④ 欧阳秋:《开展文化战线上的斗争——反对演封建戏》,《红色中华》第 113 期,1933 年 9 月。
⑤ 莫非:《开展反宗教迷信斗争 红校举行盛大晚会》,《红色中华》第 116 期,1933 年 10 月。
⑥《艺术领域内的阶级斗争——展开反封建旧戏的斗争》,《红色中华》第 132 期,1933 年 12 月。

阶级斗争的精神"①。当然，这些反思均是从日常工作层面进行的，尚不足以从思想方法上纠正"教条主义"问题。

二、唯物史观与中国文化史研究的发展

自 1927 年至 1937 年，世界资本主义经济危机愈演愈烈，中国革命蓬勃发展，国内外劳资矛盾的尖锐化为马克思列宁主义的盛行提供了时代条件。在国统区，中国共产党领导推动马克思主义社会科学的宣传，增强了马克思主义在各个领域的运用，其中一个结果是促进了中国文化史研究的发展。由中国革命性质问题引发的中国社会史论战强化了唯物史观、"五种社会形态学说"在中国历史研究领域上的运用，"无论是否声明坚持马克思主义理论，在争辩中运用马克思主义理论和概念，成为这场大讨论中最基本的理论阐释模式和框架，形成了讨论中的主流"②。尽管在具体问题上分歧较多、认识各异，但确立了叙述中国文化史演进轨迹的社会发展史逻辑，进一步阐释了"传统文化"的封建性质。在这一过程中，运用唯物史观探讨中国文化的结构与内容成为中国文化史研究的新导向，出现了以马克思主义唯物史观为指导的中国文化史著作。虽然在理论运用上存在着机械、公式的特点，但这深化了中国共产党对于传统文化问题的认识。

（一）中国社会史论战对"传统文化"封建性质的阐释

从 1921 年至 1927 年，以李大钊、陈独秀、瞿秋白、恽代英等为代表的中国共产党人从严复的社会发展阶段论过渡到唯物史观的社

---

① 江西省文化厅革命文化史料征集工作委员会、福建省文化厅革命文化史料征集工作委员会编：《中央苏区革命文化史料汇编》，江西人民出版社 1994 年版，第 220 页。
② 于沛主编：《马克思主义史学思想史》第 3 卷，中国社会科学出版社 2015 年版，第 96 页。

会发展阶段论，运用"封建社会"的概念界定"传统文化"性质。到中国社会史论战发生，马克思主义史学工作者开始从经济基础、阶级关系等角度充实"封建社会"这一粗略模糊的概念。中国社会史论战涤荡了传统历史观念，把唯物史观关于社会发展形态演进的理论应用于中国历史，聚焦探讨了"亚细亚生产方式"、中国历史上有无奴隶社会以及商业资本主义社会问题，而这基本上确立了中国从原始社会、奴隶社会到封建社会的演进轨迹和时间节点，批驳了"传统文化"具有"资本主义因素"的论点。虽然这一过程存在着强调理论普适性、忽视中国历史特殊性等机械搬运的缺点，但对于中国文化史来说确定了五种社会形态更替演进的认识。

在大革命失败后，共产国际和中国共产党迫切需要对中国社会性质与革命性质问题作出理论阐释，而这一问题的解决受到斯大林与托洛茨基斗争的影响。托洛茨基认为中国社会由资产阶级主导，因而中国革命必须反对资产阶级和帝国主义。斯大林与托洛茨基关于帝国主义与中国的关系的认识并无根本分歧，但他"重申了中国社会的封建性质，并重新确认了中国反帝反封建的革命策略的正确性"，"中国革命内部的主要敌人是'封建势力'"①。中共六大吸收了斯大林的观点，"现在的中国经济政治制度，的确应当规定为半封建制度"，"中国现在的地位是半殖民地"，中国革命的任务是"（一）驱逐帝国主义，完成中国的真正统一；（二）彻底的平民式的推翻地主阶级私有土地的制度，实行土地革命"②。托洛茨基的观点也得到陈独秀等人的支持和发展。陈独秀认为中国在大革命后已经是资本主义社会，革命性质已经变为社会主义革命。

---

① ［美］阿里夫·德里克著，翁贺凯译：《革命与历史：中国马克思主义历史学的起源（1919—1937）》，江苏人民出版社2005年版，第53页。

② 中央档案馆编：《中共中央文件选集》第4册，中共中央党校出版社1989年版，第299、336、343页。

联共（布）、共产国际与中共党内关于中国社会性质与革命性质的讨论加速了运用唯物史观研究中国社会发展史的实践。郭沫若指出："世界文化史的关于中国方面的记载，正还是一片白纸"，"《家庭、私有制和国家的起源》上没有一句说到中国社会的范围"，"对于未来社会的待望逼迫着我们不能不生出清算过往社会的要求"，因而力图把"中国实际的社会清算出来，把中国的文化、中国的思想，加以严密的批判"，根据中国历史而作"《家庭、私有制和国家的起源》的续篇"①。中国共产党认为必须解决大革命时期理论准备不足的问题，加强马克思主义的研究与宣传，并于1930年6月成立中国社会科学家联盟，以此"有系统地领导中国的新兴社会主义科学运动的发展，扩大正确的马克思主义的宣传"②。这助推了唯物辩证法、唯物史观在国统区的研究和讨论。

唯物史观的探讨促进了中国文化演进轨迹的清晰化。尽管此时参与中国社会史论战的各派人士关于唯物史观之社会发展论和中国历史阶段见解各异，但共同之处是强调人类社会发展阶段理论的普适性，要求在中国历史中完整地呈现这一理论规定。譬如，郭沫若在其《中国古代社会研究》中划分中国社会的演进轨迹，西周以前是原始公社制，殷周之际发生社会革命，在文化革命上表现为"卜辞及金文"；西周时代是奴隶制，周秦之际发生社会革命，在文化革命上表现为"儒墨道诸家"；春秋战国以后是封建制，清代末年发生社会革命，在文化革命上表现为"科学的输入"。而鸦片战争以来的中国社会在世界范围内来看是帝国主义与弱小民族、资产者与无产者的矛盾，是"最后形态的阶级对立"，"资本帝国主义等不及他们把自己的产业扶植起来，已经把百分之九十以上的国民化成了一个全无产者"，

---

① 郭沫若：《中国古代社会研究》，商务印书馆 2011 年版，第 6 页。
②《中国社会科学家联盟纲领》，《世界文化》创刊号，1930 年 9 月。

社会革命超出国家范围而扩展成为世界革命。[①]

但是，在中国历史之"封建社会"阶段的划分上，论战参与者的各种方案影响了对"传统文化"封建性质的阐释。关于中国革命性质的讨论延伸到中国历史领域，首先是中国封建社会的起讫问题，关于秦朝至清朝之间中国社会性质形成了封建社会（后封建社会、封建地主制社会等）、非封建社会（商业资本主义、专制主义）、从封建向非封建的过渡社会等方案[②]。譬如，陶希圣提出春秋战国是封建制度的崩溃时期，"战国时代，中国已进入商业资本主义"，但是"封建制度已不存在，封建势力还存在着"，资本主义思想没有克服封建思想，因而"直至现在中国资本主义始终得不到进一步的发达"[③]。李季等人提出"前资本主义"论，认为秦朝至清朝是一个从封建社会向资本主义社会过渡的阶段，"过渡时代的生产方法，含有以前各种生产方法的残余"[④]。中国共产党认为当时中国是半殖民地半封建社会，中国革命是资产阶级民权革命，因而把秦朝至清朝时期的中国社会确定为"封建社会"，经济基础是小农业和家庭手工业，文化是反映地主阶级压迫和农民阶级抗争的文化形态，持此观点的代表人物是何干之、王学文等[⑤]。

中国社会史论战关于封建社会起讫的争论从社会发展形态上进一步坐实了"传统文化"之封建性质。这里面，伴随着对"封建"概念之古今中外内涵的理解差异。中文古义之"封建"（殷周时代、封土建国、贵族政治、宗法分封）在近代与欧洲之"Feudalism"（中世

---

① 郭沫若：《中国古代社会研究》，河北教育出版社 2000 年版，第 29、30 页。

② 冯天瑜：《"封建"考论》，武汉大学出版社 2007 年版，第 315—316 页。

③ 钟离蒙、杨凤麟主编：《中国现代哲学史资料汇编》第 2 集第 5 册，辽宁大学哲学系 1982 年版，第 35、36 页。

④ 李季：《对于中国社会史论战的贡献与批评》，《中国社会史的论战》第 2 辑，《读书杂志》1932 年底 2 卷第 2、3 期合刊。

⑤ 于沛主编：《马克思主义史学思想史》第 3 卷，中国社会科学出版社 2015 年版，第 140、141 页。

纪、封土封臣、采邑制、契约分封）相遭遇，但在马克思论述中，欧洲在中世纪后进入重商主义、资本主义以至工业革命，形成了封建社会向资本主义社会的演进规律。由于中国革命是资产阶级民权革命，且马克思社会形态学说完全适用于中国历史，因此，鸦片战争之前的中国社会应属于"封建社会"。这就把"封建社会"转义为地主阶级及其附属阶层与农民阶级斗争的社会，"在春秋末期和战国以后，由于商品经济的发展，中国古典式的封建社会，俱已开始（只说是'开始'而已）解体的过程。然而，在这个解体的过程中，商业资本和高利贷资本与封建式的土地占有确定了三位一体坚固结合的道路"，其"所豢养的历史上所称的'士大夫'——以'仁爱学说'为基础，以'修身齐家治国平天下'为任务的孔子先师的门徒"[1]。由此，对于"传统文化"之封建性质的阐释主要集中于束缚商业发展、"妨害自然科学发达"[2]。

对于叙述中国文化史而言，论战普及了唯物史观的概念与原理，但也存在着强调理论框架的普适性、忽视中国历史内在特点的现象。在讨论"封建社会"之外，论战参与者还讨论了"亚细亚生产方式"（原始共产主义、原始公社制）、中国有无奴隶社会等议题，对于相应社会形态的文化内容诸如婚姻、道德、典章等亦有讨论，为理解中国文化史提供了社会发展史的坐标系。马克思关于唯物史观原理、社会发展形态的论述基本上来自于欧洲经验，对于东方社会的论述并未有深刻研究，但这些论述在社会史论战中被普适化为一种推之四海而皆准的社会发展阶段论。人类社会发展阶段问题经过斯大林的裁决而简化为"五种社会形态学说"，而到1938年《联共（布）党史简明教

[1] 钟离蒙、杨凤麟主编：《中国现代哲学史资料汇编》第2集第4册，辽宁大学哲学系1982年版，第195、199页。
[2] 钟离蒙、杨凤麟主编：《中国现代哲学史资料汇编》第2集第4册，辽宁大学哲学系1982年版，第213页。

程》在中国翻译出版，五种社会形态更替成为叙述中国历史、中国文化史的基础坐标系。综上可见，时人对于"传统文化"之封建性质的论定具有特定时代的论证逻辑和政治立场，更多地强调了中国历史事实服从经典作家的论述，强调了人类社会历史的普遍性、共通性，而对于中国历史的内在特点及其概念表述的准确性则关注不够，更不必说发掘中国文化的丰富内涵及其合理性成分。

（二）唯物史观与中国文化史研究

到 1920 年代中后期，知识界在接续五四新文化运动的基础上进一步探讨中西文化问题，推动文化理论的繁荣。1926 年 6 月，胡适为了进一步抨击贬低西洋文明、盲目推崇中国文化的现象，力图从"文化"概念和文化史的角度证明西方文明不是"唯物的文明（Materialism）"，指出"文明"是"一个民族应付他的环境的总成绩"，"文化"是"一种文明所形成的生活的方式"，"凡一种文明的造成，必有两个因子：一是物质的（Material），包括种种自然界的势力与质料，一是精神的（Spiritual），包括一个民族的聪明才智、感情和理想"，西洋文明通过科学创新与理智启蒙建立现代生活的物质基础与精神信仰[1]。在此后，张崧年对于胡适的"文化"定义提出批评，强调从经济发展、生存意义等角度理解"文化"，而后许仕廉、叶法无等人亦加入讨论，特别是叶法无所撰写的《文化评价 ABC》（上海世界书局 1928 年）就文化评价、科学文化评价、宗教与伦理、艺术文化等问题进行系统讨论，推动"文化学"的出现与完善[2]。

文化理论的讨论，带动产生了一批研究中国文化史、世界文化史以及中西文化交流史的著作。知识界从不同的"文化"定义与价值

---

[1] 胡适：《我们对于西洋近代文明的态度》，《东方杂志》第 23 卷第 17 号，1926 年。
[2] 郑先兴：《文化史研究的理论与实践（1900—2000）》，中央编译出版社 2004 年版，第 184 页。

倾向出发，写作或者译介中国文化史、中西文化交流史的作品，如《中国文化小史》（常乃德著，中华书局 1928 年）、《中国文化史》（柳诒徵著，南京钟山书局 1935 年）、《中国文化史》（［日］高桑驹吉著，李继煌译，上海商务印书馆 1926 年）、《近世文化史》（谢勖之编，上海光华书局 1926 年）、《中国民族与世界文化》（徐广誉著，上海世界学会 1928 年）等等。其中，出现一些运用唯物史观探讨中国文化史的论著，以杨东莼之《本国文化史大纲》（上海北新书局 1931 年）、《中国学术史讲话》（上海北新书局发行 1932 年）为代表[①]。杨东莼的两部文化史著作的特点是灵活运用唯物史观，接续陈独秀、李大钊等人的探索，学理性较强。学界已从马克思主义学术史、大众化等角度对此加以探讨，本节主要解读杨东莼著作在"传统文化"方面的论见[②]。

其一，运用唯物史观确立"文化""文化史"定义，从民族融合、经济形态与文化汇通的角度界定"中国文化"，并阐释其"封建性质"。

从唯物史观基本原理的角度界定"文化""文化史"的定义。在当时，把"文化"概念界定为"人类之生活"是一种较为普遍的观念，并将其视为神秘而又崇高的现象。对此，杨东莼首先肯定地指出"文化就是生活"，但紧接着提出"生活方式是由社会的生产关系而决定的"，"只要生活方式一有变动，则文化随着变动"。通过层层逻辑推演，把经济基础与上层建筑的原理渗透在"文化"概念之中，"表现人类生活的东西，都可以叫做文化，而人类生活是多方面的，所以

---

① 杨东莼（1900—1979），湖南醴陵人。1921 年参加北京马克思学说研究会，加入中国共产党。大革命失败后，脱党，留学日本，写作《本国文化史大纲》《中国学术史讲话》，1930 年回国后先后在中山大学、武汉大学等校工作。新中国成立后，历任全国人大代表、广西大学校长等职，1961 年重新加入中国共产党。

② 参见谢丹：《评杨东莼的〈本国文化史大纲〉》，《湖北大学学报》2001 年第 4 期；吴汉全主编：《中国马克思主义学术史》第 3 卷，人民出版社 2019 年版，第 347—386 页。

其文化也是多方面；同时，即令各民族的生活方式，各有文野高低之不同，但是，因为只要是一种民族，都自有其生活方式，故此就自有其自身的文化"。这一定义纠正了进化理念的偏颇，指明文化的平等性。不仅如此，杨东莼还注重"文化"内涵的全面性，"由社会的生产关系所产生出来的物质的生活方式，如衣、食、住、行，便叫做物质文化。由社会的生产关系所产生出来的精神的生活方式，即由社会的生产关系所反映出来的意识形态，如法律、政治、艺术、哲学，便叫做精神文化"。在此基础上，他指出"文化史乃是叙述人类生活各方面的活动之记录"。[①]

"中国文化"是长期的民族融合、农业生产与文化汇通的结果，但又是封建性质的文化。杨东莼认为中国文化是多阶段、多民族融合发展的结果，"今日之所谓汉族，决不是单纯的汉族，实在是经过多数民族的混合与同化而形成的一种共名"，"今日之所谓中国文化，固属是以汉族为主干；但是，经过几千年来民族间不断的混合，中国文化的本质，就已经是极度的复杂的了"。而中国文化在经历原始社会、奴隶社会后，停滞在封建社会，"中国的经济的基础，从来就是手工业的农业的经济，带着很浓厚的封建的色彩。故此，中国文化之特征，就是农业经济之下的山林文化"。秦灭六国，变相地延续封建制度，"封建制度在形式上虽归于消灭，但是，因为中国的经济组织没有经过产业革命这个时期，所以实质的封建制度——或者说封建势力——却依然存在：农业方面地主和农夫对立的庄园制以及工商业方面师傅和徒弟对立的行帮制"。对于封建文化的阐释，集中在礼教与国家统治层面，"所谓礼教，实不承认个人在社会上自有其独自的人格，实不承认个人为组成国家组成社会之一员；反之，个人只不过是家庭中为父者之附属品而已，个人只不过是一国的帝国之奴才而已"，

---

① 《杨东莼学术论著选》，华中师范大学出版社1997年版，第7、11、12页。

"儒家以孝为一切道德之大本，是与宗法的家族制有关的，而宗法的家族制又与中国的农业经济有关。唯其有农业经济之长期的稳定与存续，宗法的家族制才能够稳定"。①

其二，把社会大众的生活史与知识精英的学术史融合起来，在社会变迁与学理流变中揭示中国文化史的发展脉络，在经济基础与阶级分析中揭示中国文化的内容结构，形成叙述中国文化演进的话语体系。

"文化"有广义、狭义之别，"传统"有大传统、小传统之分，而《本国文化史纲》与《中国学术史讲话》恰好构成一个全面展示中国文化内容及其演进过程的姊妹篇。杨东莼摒弃按照朝代叙述中国文化史的叙事体例，《本国文化史纲》侧重于从广义的文化、社会大众的生活来说明中国文化的内涵，"共分三部：一、经济生活之部，二，社会政治生活之部，三、智慧生活之部。凡属农业、商业、工业、交通、财政、土地制度以及税赋制度改革等，都归经济生活之部。凡属政制、刑制、教育、宗教、选举、家族、婚姻、丧葬等，都归社会政治生活之部。凡属哲学、文学、艺术等，都归智慧生活之部"②。《中国学术史讲话》侧重于从思想上层建筑与知识精英的流变来说明中国文化，"从上古的鬼神术数，到春秋战国的百家争鸣，到西汉的儒家一统，佛教的传入与道教的兴起，魏晋援道入儒的玄学，宋明援佛入儒的理学，清代朴学，近世的西学东渐，今文学的复兴与维新运动，最后至现代的新文化运动，为读者勾勒出了一幅清晰而全面的中国学术脉络图"③。

运用阶级分析法阐释中国古代各学派及其学说的产生和发展过

---

① 《杨东莼学术论著选》，华中师范大学出版社 1997 年版，第 13、16、19、85、188、189 页。
② 《杨东莼学术论著选》，华中师范大学出版社 1997 年版，第 9 页。
③ 杨东莼:《中国学术史讲话》，岳麓书社 2011 年版，第 301 页。

程。相对于李大钊、杨明斋等人对于中国文化的总体判断，杨东莼更加细致地切入到中国文化史的内容层面，强调从经济生产、政治功能与阶级关系来理解学说，"学术思想和宗教一样，同是观念形态之一；换言之，即同是社会上层建筑物之一。其存在根据与其发展历程，绝对不是偶然的、超时空的，却是社会经济基础上之必然的产物"①。譬如，对于儒、墨、道学说的产生，"孔子既出身贵族，又生息在保有周代文化的鲁国，故其学为传统的，为改良主义的。老子为史官，知天人之变，又生长在不忧冻饿的楚国，故其学不为急进的，不急急于实际生活，而有余暇以探究宇宙论。墨子为宋大夫，颇受宋地'有先王遗风，重厚多君子……恶衣食'，故其学重实行，主节用，重保守"②。对于儒、墨、道学说的沉浮，"老学在汉初盛行，为帝王南面之术，六朝时衍为清谈，而道教祖尚无为与清净，也多本于老子。墨学，'其道大觳'，'反天下之心'，其言兼爱、非攻、节用，又为王者诸侯所不喜，故其学至秦季而绝。只有孔学，守中庸，尊名分，重孝悌，既为帝王所喜，又适合于中国农业经济的社会组织，故经汉表彰，其学遂支配中国学人至于二千余年之久"③。总之，杨东莼强调阶级分析法对于理解学说的重要性，"无论哪种学术思想，都不能离开它的阶级的立场"④。

其三，从中外文化交流史的角度探讨外来文化对于中国文化的作用，尤其是梳理鸦片战争以来中国新文化发展的历程，展示意识形态领域的斗争。

中国文化一直处于变化发展的状态，具有开放融合的特点，西学东渐促进了中国文化的发展。杨东莼不同意把中国文化描述为儒家

---

① 《杨东莼学术论著选》，华中师范大学出版社1997年版，第193页。
② 杨东莼：《中国学术史讲话》，岳麓书社2011年版，第44—45页。
③ 杨东莼：《中国学术史讲话》，岳麓书社2011年版，第45页。
④ 《杨东莼学术论著选》，华中师范大学出版社1997年版，第194页。

的中国文化或者汉族的中国文化，"研究本国文化史，脑袋中就不可有一种偏见，以为我们是汉族，以为我们是黄帝的苗裔，而具有超出其他民族的崇高而特殊的文化"①。这种开放融合的特点驳斥了夷夏观念、英雄史观和把孔教等同于中国文化的观念，致力于从生产力与生产关系的角度发掘文化进步因子，"火的发明，网罟的发明以及耒耜的发明，都是由长期的经验之积聚的结果，决不是古代圣哲所创造出来"②。也是在这个层面，杨东莼积极评价西学东渐带来的文化发展，"明代西教士传入中国的西学，以天文、数学及地理为最多。到了海禁大开，便连工艺和政制的书籍，也渐次输入进来了。彼时一般留心经世之务的学者，才因此知道西洋富强实有其所以致此之道"③。佛教、西学的传入都为中国文化注入了新鲜血液，"海通以来，不满百年，其间又经过维新运动与新文化运动；到现在更进到新文化运动的转变期。今后我们学术思想的出路，就从这转变期中决定"④。

　　梳理中国经学史的演变过程，揭示了儒释道的共融性，高度肯定新文化运动对于中国文化的推动作用。杨东莼考察了儒学的产生及其上升为统治阶级主导思想的过程，梳理了西汉以来今文学与古文学的分化演变过程，揭示了道学、佛学等学说对儒学的发展作用，尤其是晚清以来今文经学、经世致用与维新运动的关系，"今文学家所走的路向，必定要朝着现实生活上去，而归结为康有为一般今文学家所主持的维新运动"⑤。对于新文化运动的发生，杨东莼认为"许多近视的观察者说新文化运动是由于胡适、陈独秀诸人的提倡而来的，实在是错误的"，而其将其归纳为"世界大战的变动，列强的侵略，国内

① 《杨东莼学术论著选》，华中师范大学出版社 1997 年版，第 19 页。
② 《杨东莼学术论著选》，华中师范大学出版社 1997 年版，第 29—30 页。
③ 杨东莼：《中国学术史讲话》，岳麓书社 2011 年版，第 269 页。
④ 杨东莼：《中国学术史讲话》，岳麓书社 2011 年版，第 300 页。
⑤ 杨东莼：《中国学术史讲话》，岳麓书社 2011 年版，第 271 页。

的动乱"①。杨东莼指出"到了《新青年》七卷一号，便发表了一篇宣言。——这宣言是陈独秀做的——对社会表明他们的主张是拥护德谟克拉西（民主主义）与提倡赛恩斯（科学）。从他们这宣言看来，我们便知道他们的意特沃罗儿（Ideology 的音译——引者注）已经起了变化——但是我们要认清楚：这正是时代的反映与产物"②。他在总结民主与科学两大口号后，指出五四运动后的新文化阵营在选择改造社会的立场与方案时发生分歧与分化，三民主义、共产主义与国家主义的影响最大。

三、多面作战：左翼文化运动的传统文化论域

在 20 世纪 20 年代中后期至 30 年代初期，国统区文化人在中国共产党的领导下展开了左翼文化运动，形成了传播马克思主义、无产阶级文艺与苏联文化的波峰。从革命文艺论争、批驳所谓"民族主义文艺"到组建左翼文艺团体、讨论"文艺大众化"问题，左翼文化人讨论了文化民族性与文化世界性的关系，强调了国际主义、无产阶级革命之于新文化事业的重要性，形成了关于文艺大众化问题的深刻认识，从劳动阶级的角度肯定了民间文化之形式对于新文化扎根工农大众的作用。其间，中国共产党在革命性质、无产阶级文化等问题上的认识传递到左翼文化人，形成了无产阶级文艺与资产阶级、小资产阶级文艺的紧张以及民族性与国际性的紧张，因而带来一些"关门主义"的现象。尽管如此，文艺大众化问题的探讨表明作为无产阶级的工农大众是民族性、民间文化的承载者，为弥合民族性与阶级性、无产阶级文化人与资产阶级及小资产阶级文化人提供了逻辑枢纽。

---

① 杨东莼：《中国学术史讲话》，岳麓书社 2011 年版，第 286 页。
② 杨东莼：《中国学术史讲话》，岳麓书社 2011 年版，第 289 页。

（一）民族的与世界的：关于文化民族性的认识

随着国共对峙局面的形成，倾向于共产主义、社会主义的文化人与倾向于三民主义、自由主义的文化人在无产阶级与资产阶级斗争的层面上发生分裂和对抗，无产阶级革命文学不断高涨，并猛烈批判资产阶级宣扬的"民族主义文学"和地主阶级的封建文学。其间，中国共产党通过成立左翼文化团体来加强文化运动的组织工作，弥合革命文学阵营内部的分歧，建立文化界统一战线，然而协调无产阶级文艺与资产阶级文艺的问题并未得到理论上的解决。在批判"民族主义文学"的过程中，如何处理国际主义与民族文化遗产、协调世界革命与民族立场成为一个持续困扰、屡起争议的问题。

1927 年的国共决裂刺激了"无产阶级革命文学"的讨论，形成了对资产阶级思想文化的猛烈批判。国共对峙的局面强化了无产阶级与资产阶级斗争的理论逻辑，而这也为"无产阶级革命文学"提供了现实需要，"1927 年以来的阶级对立的尖锐化，很急剧地催促了我们再为一步的前进"①。所谓"无产阶级革命文学"，是以郭沫若、成仿吾、冯乃超等人为代表的创造社和以蒋光慈、钱杏邨等人为代表的太阳社提出的文学主张，意指无产阶级的以清理旧文化旧思想、鼓吹社会主义革命为内容的文学，其特点是阶级性、大众化。在这一视域下，具有清算封建文化功能的资产阶级文艺被视为新的需要摒弃的传统。譬如，成仿吾认为"资本主义已经发展到了最后的阶段（帝国主义）"，新文化运动、国民革命时期的资产阶级民主主义的文学革命应当推进到革命文学，而创造社必须"克服自己的小资产阶级的根性，把你的背对向那将被'奥伏赫变'（即扬弃）的阶级，开步走，向那'醒醒'的农工大众"②。这种清算传统的激越视野，被成仿吾形容为

---

① 成仿吾：《革命文学的展望》，《我们》创刊号，1928 年 5 月。
② 成仿吾：《从文学革命到革命文学》，《创造月刊》第 1 卷第 9 期，1928 年 2 月。

"三重的十字架","对于压迫阶级（封建余孽、资产者及帝国主义走狗的勾结）的意德沃罗基加以尖锐的一斧"①。

"无产阶级革命文学"的理念造成了新文化、新文学阵营的裂变，产生"革命文学论争"。依托《创造月刊》《文化批判》等刊物，创造社、太阳社等团体的成员纷纷撰文阐发"无产阶级革命文学"，批判鲁迅、郁达夫等人的文艺思想，五四新文化运动以来的新文学阵营发生分化。这些"无产阶级革命文学"的理论与话语受苏俄影响较大，除了申明一些无产阶级专政与阶级斗争的原则与口号之外，便是将所谓的资产阶级文艺思想斥之为"过时""虚伪"。例如，成仿吾把鲁迅视为"堂吉诃德"，批评其"人道主义"的主张，"在革命运动的现阶段，社会的内在地矛盾已经尖锐化了的时候，一切的抗争不得不由阶级意识出发，人道主义者的假哭佯啼直是拙劣的丑角"②。这种论争固然是马克思列宁主义文艺理论的传播，但也反映了国共合作破裂后中共统战工作的探索，"关于一九二八年创造社与鲁迅笔战的问题，在原则上他们之间是有分歧的，创造社讲无产阶级革命文学，而鲁迅在当时还没有成为一个马列主义者，这是事实；但创造社有关门主义的错误，同时，个别人也有骂名人藉以出名的思想，因此，争论得很厉害"③。

在了解"革命文学论争"情况后，李立三、周恩来等中共领导人决定制止革命文化阵营的内争，并积极推动建立一个包括鲁迅和创造社、太阳社等革命文化工作者的组织，这就是1930年3月于上海成立的左翼作家联盟，尔后戏剧、音乐、美术等领域成立类似组织，并于1930年10月成立左翼文化界总同盟④。这就在组织上形成了团

---

① 成仿吾：《知识阶级的革命分子团结起来！》，《文化批判》第4号，1928年4月。
② 石厚生（成仿吾）：《毕竟是"醉眼陶然"罢了》，《创造月刊》第1卷第11期，1928年5月。
③ 许广平：《鲁迅回忆录》，长江文艺出版社2010年版，第218页。
④ 王锡荣：《"左联"与左翼文学运动》，上海人民出版社2016版，第47页。

结革命文化工作者与对抗国民党文化政策的统一战线。

国民党在形式上统一全国后，推动三民主义文化建设，要求弘扬中国固有文化和培育民族意识。1928 年 4 月，南京国民政府行政院在转呈内政院之"关于发扬中国文化中心以奠国基"时，便指出"于三民主义中极力发扬中国民族固有之美德"，"恢复忠孝仁爱信义和平七端，于固有智能则主张恢复格物致知诚意正心修身齐家治国平天下八目，此实执出民族文化之重心，示党国以唯一之正轨"[①]。1929 年 6 月，国民党中央宣传部召开第一次全国宣传会议，通过《确定适应本党主义之文艺政策案》《规定艺术宣传方法案》，核心是创造三民主义文学（发扬民族精神、阐发民治思想与促进民生建设的文艺），取缔违反三民主义的文艺作品（斫丧民族生命、反映封建思想与鼓吹阶级斗争的文艺作品）[②]。由此可见，国民党注重通过发扬中国固有文化尤其是儒学来充实民族意识的内涵，以此来凝聚应对外患的力量、消解无产阶级革命文学的声势。

在这一时期，不断升级的外患与纷扰不断的内争为民族心理、民族意识提供了环境，刺激了所谓"民族主义文艺"的发展。从 1928 年济南惨案与皇姑屯事件、1929 年中东路事件乃至 1931 年九一八事变、1932 年一·二八事变，国民党政府在意识形态与文化宣传上不断强调民族性；然而三民主义文艺政策由于组织散漫与理论肤浅难以抗衡无产阶级革命文学的声势。随着上海前锋社（1930 年 6 月成立，由朱应鹏、范争波等人组成）、中国文艺社（1930 年 7 月成立，由潘公展、王平凌等人组成）等社团的建立，民族主义文艺的宣传声势迅即展开。民族主义文艺的核心要点可见于《民族主义文艺运

[①] 中国第二历史档案馆编：《中华民国史档案资料汇编》第 5 辑第 1 编·文化（1），江苏古籍出版社 1994 年版，第 12 页。

[②] 牟泽雄：《民族主义与国家文艺体制的形成——国民党南京政府时期（1927—1937）的文艺政策研究》，云南人民出版社 2013 年版，第 45、46 页。

动宣言》。该宣言由《前锋周报》于 1930 年 6 月 29 日、7 月 6 日连载发表，明确提出反对封建思想和阶级斗争，把民族国家的独立与民族文艺的创作视为世界历史发展的潮流，认为"文艺最高的使命，是发挥它所属的民族精神和意识。换一句说：文艺的最高意义，就是民族意义"①。

对于中国共产党来说，回应与适应中国民众的民族意识与民族心理不仅是国民党文化政策的挑战，更涉及到关于民族性与阶级性这一理论问题。这一问题在中东路事件中便已经凸显出来，并成为陈独秀与中共中央争论的一个内容。列宁关于殖民地、半殖民地民族解放运动的论述中，承认民族心理、民族形式对于抗争国际帝国主义的积极作用，民族心理、民族情感是阶级斗争的载体。但在实际斗争中实现民族性与阶级性的统一，并不是一件容易的事情。

在批判"民族主义文艺"时，左翼文化工作者主要采取无产阶级与资产阶级斗争的逻辑阐述民族主义文艺的虚伪性与落后性。1931年 9 月，茅盾指出"一般地说来，在被压迫民族的革命运动中，以民族革命为中心的民族主义文学，也还有相当的革命的作用；然而世界上没有单纯的社会组织，所以被压迫民族本身内也一定包含着至少两个在斗争的阶级——统治阶级与被压迫的工农大众。在这状况上，民族主义文学就往往变成了统治阶级欺骗工农的手段"②。1931 年 10 月，鲁迅在其文章中运用帝国主义、殖民与阶级斗争的原理来揭穿"民族主义文艺"的虚伪本质，"殖民政策是一定保护，养育流氓的。从帝国主义的眼睛看来，惟有他们是最要紧的奴才"，"和主人一样，用一切手段，来压迫无产阶级，以苟延残喘"③。在抗日救亡、挽救民族危

---

① 上海文艺出版社编：《中国新文学大系（1927—1937）》第 2 集·文学理论集 2，上海文艺出版社 1987 年版，第 434、437 页。

② 上海文艺出版社编：《中国新文学大系（1927—1937）》第 2 集·文学理论集 2，上海文艺出版社 1987 年版，第 473—474 页。

③《鲁迅全集》第四卷，北京日报出版社 2014 年版，第 163、164 页。

亡的声浪下，左翼文化人强调要从无产阶级与资产阶级斗争的角度建立真正属于工农大众的政权和文艺。左翼作家联盟于 1931 年 10 月发表《告无产阶级作家革命作家及一切爱好文艺的青年》，严厉斥责民族主义、和平主义、人性主义等文艺主张，指出"工人没有祖国，各国的工人要联合起来，反对帝国主义的战争"，"中国工人要领导一切劳动群众建立工农革命独裁的民权国家，为着这个目的而实行革命的战争，真正反对帝国主义的民族战争"[1]。

由上来看，无产阶级与资产阶级的斗争意识贯穿于"无产阶级革命文学"与批判"民族主义文艺"的实践中，成为探讨文化民族性问题的基本逻辑。文化阶级性是把文化看作阶级的产物，同一阶级的文化具有共通性、世界性。在这一视野下，文化的民族性意识被视为反动阶级用以遮蔽阶级矛盾的工具，成为国际主义价值观与无产阶级共同意识的障碍。因此，对于民族利益、民族心理和民族文化遗产的体认，往往是从阶级斗争的角度把世界革命视为民族解放的必然道路。从理论原理上来说，这是合乎逻辑的；但在形式上却不易为普通民众所理解。对于资产阶级文艺的批判，增加了文化思想斗争的作战对象；同时客观上也转移了资产阶级民权革命阶段之批判封建意识的焦点。不过，这一问题也有一些正确认识，"多少能够反映现在社会的真实的现实的文学。他们不需要和普罗革命文学对立起来，而应当和普罗革命文学联合起来"[2]。

（二）旧形式与新内容：关于利用民间文化的认识

在左翼文化运动的发展过程中，关于文艺大众化的讨论涉及认识和对待民间文化的问题。在文化阶级性的视野下，虽然民族性、民

---

① 上海鲁迅纪念馆编:《纪念与研究》第 2 辑，上海鲁迅纪念馆 1980 年印，第 89、90 页。
②《冯雪峰全集》，人民文学出版社 2016 年版，第 341、342 页。

族心理容易被视为狭隘的思想意识，但是作为无产阶级主要构成部分的工农大众成为文化大众化的实践对象。在建党初期与大革命时期，中国共产党主要从革命动员与阶级身份的角度肯定民间文化的抗争要素，而到了左翼文化运动时期，对于利用民间文化尤其是民间文艺的讨论更加深入，不仅肯定了工农大众的阶级属性，明确文艺大众化的方向；而且从形式与内容的关系的角度讨论了民间文艺的转化利用问题，探讨了向群众学习与大众文艺作家的修养问题。这种探讨反映了建设新文化、新文艺所需要的客观基础和文化因子，而流行于劳工大众、街头巷角的民间文化恰恰是新文化生成所必须扎根的土壤。因此，文艺大众化讨论不仅深化了关于文化大众化问题的认识，而且在有形无形之间使人们意识到新文化与传统文化的连续性问题。

自五四新文化运动以来，普及新文化本身成为革命活动的基础要素，而左翼文学运动明确提出和深入探讨了文艺大众化的命题。在大革命时期，恽代英、萧楚女等人曾探讨利用民间文化形式进行革命动员的问题，尤为注重文化教育之于革命事业的重要性，"一种革命的宗教的宣传运动，则不能不说是对于改造社会是有间接的必需的。革命产生'新时代'，而革命的教育则产生革命，这是一切过去的历史所告诉我们的定律"[1]。到群众中去，是中共文化宣传工作的显著要求。在国民党发动政变、中共被迫转入地下活动后，群众基础成为革命生存的前提条件。1927年11月，成仿吾提出无产阶级的革命文学的特点是普罗塔利亚文学[2]，"我们要努力获得阶级意识，我们要使我们的媒质接近农工大众的用语，我们要以农工大众为我们的对象"[3]。不过这一点仍处于转变和探索之中，成仿吾也认识到"作者的意德沃罗基的修养及用语的接近大众，这些实是普罗列塔利亚文学目前最要

---

① 《萧楚女文存》，中共党史出版社1998年版，第114页。
② 普罗列塔利亚文学，也称"普罗文学"，意为无产阶级的文学。
③ 成仿吾：《从文学革命到革命文学》，《创造月刊》第1卷第9期，1928年2月。

的急务"①。

随着左翼文化团体的成立和大众化命题的展开，大众文化程度的低水平引发了普及与提高的讨论，涉及到对待民间文化的问题。郭沫若指出"你要去教导大众，老实不客气的教导大众，教导他怎样去履行未来社会主人的使命"，"大众文艺的标语应该是无产文艺的通俗化。通俗到不成文艺都可以，你不要丢开大众，你不要丢开无产大众"②。对于流行于工农群体的民间文艺，郭沫若的观点反映了充分运用大众所习惯的文艺进行启蒙工作的思路，把文艺视作工具，要求实现彻底通俗化。还有一种观点侧重于保持新文艺的基本样态，要求大众具有接受文艺作品的文化程度。鲁迅指出"读者也应该有相当的程度。首先是识字，其次是有普通的大体的知识，而思想和情感，也须大抵达到相当的水平线。否则，和文艺即不能发生关系。若文艺设法俯就，就很容易流为迎合大众，媚悦大众"③。1930 年 3 月，郁达夫提出"文艺的大众化并不是文艺卑劣化"④。在这种普及与提高讨论的背后，是工农群体深刻依赖固有民间文化的事实，而这引发了文化人的不安。

在发现工农大众依赖传统文艺的事实后，左翼文化人意识到新、旧大众文艺的隔离。在实际生活中，"大多数的民众所享受的是些文艺圈外所遗弃的残滓，而且这些残滓又都满藏着支配阶级所偷放安排着的毒剂。比如《施公案》《彭公案》《杏花天》《再生缘》以至新式的三角四角老七老八鸳鸯蝴蝶才子佳人等"⑤。瞿秋白也指出"中国的劳动民众还过着中世纪的文化生活。说书，演义，小说，西洋镜，连

---

① 成仿吾：《革命文学的展望》，《我们》创刊号，1928 年 5 月。
② 文振庭编：《文艺大众化问题讨论资料》，上海文艺出版社 1987 年版，第 11、12 页。
③ 文振庭编：《文艺大众化问题讨论资料》，上海文艺出版社 1987 年版，第 17 页。
④ 文振庭编：《文艺大众化问题讨论资料》，上海文艺出版社 1987 年版，第 21 页。
⑤ 文振庭编：《文艺大众化问题讨论资料》，上海文艺出版社 1987 年版，第 14 页。

环图画，草台班的戏剧……到处都是，中国的绅士资产阶级用这些大众文艺做工具，来对于劳动民众实行他们的奴隶教育"①。甚至有观点认为，"直到现在为止，多数的劳苦大众完全浸在反动的封建的大众文艺里"②。由此，传统文艺成为左翼文化人不得不面对和思考的问题，也具有了成为连接新文化与大众的中介的可能性。

同时，来自国民党和其他文艺阵营的竞争，加速左翼文化人对旧形式之合理性的讨论。1931年10月，瞿秋白指出"礼拜六派倒会很巧妙的运用旧式大众文艺体裁，慢慢的渐渐的'特别改良'一下，在这种形式里面灌进唯心的封建道德，资产阶级民族主义……的内容，写成《火烧红莲寺》等的'大众文艺'；革命的普洛文艺因为这些体裁上形式上的障碍，反而和群众隔离起来，这也同样是不了解完成资产阶级民权革命任务的错误"③。国民党亦开始注重利用民间文艺宣扬三民主义。1932年8月，国民党中央宣传部发动通俗文艺运动，"中国历来流行民间之传奇、演义、歌谣、曲调之类，即吾人现在所谓之通俗文艺。此种文艺因其内容切近现实生活，体裁通俗，趣味浓厚，遂为一般民众所喜好，而视为日常精神生活上必需之品，故于无形中对于民众心理发生一种极大影响"④。传统民间文艺的广泛存在和历史惯性，是发展新的大众文艺必须面对的问题。

不过，左翼文化人关于利用旧形式的讨论存在着分歧。有观点认为"从前用《毛毛雨》《五更调》之类的调子，来做煽动的诗歌，结果是失败的。这种失败，是内容和形式太相悬隔的必然的结果。这些封建社会遗留下来的旧形式，只能表现大众的日常生活，最多也不

---

① 宋阳（瞿秋白）：《大众文艺的问题》，《文学月报》创刊号，1932年6月。
② 文振庭编：《文艺大众化问题讨论资料》，上海文艺出版社1987年版，第142页。
③ 史铁儿（瞿秋白）：《普洛大众文艺的现实问题》，《文学》第1卷第1期，1932年4月。
④ 中国第二历史档案馆编：《中华民国史档案资料汇编》第5辑第1编·文化（1），江苏古籍出版社1994年版，第323页。

过用以暴露敌人为止，超乎这范围，恐怕还要发生反的作用"①。利用旧形式甚至被视为新文化的倒退、投降和机会主义。在此之外，瞿秋白等人论述了利用旧形式的合理性，"革命的大众文艺大半还要运用旧式的大众文艺的形式（说书，演义，小唱，故事等等），而表现革命的内容，表现阶级的意识。这种初期的革命的大众文艺，将要同着大众一起，渐渐的提高艺术的水平线"②。并且，旧艺术形式成为孕育新艺术形式的中介环节，"尽可能的利用大众所理解和爱护的那些旧的艺术形式，放进新的内容。再进一步把旧的艺术形式做基础，创造合于大众所要求的内容和形式统一起来的新的艺术形式"③。

在讨论利用民间艺术形式时，如何塑造大众文艺家成为一个重要问题。郑伯奇认为"大众出身的作家，才能具有大众的意识，大众的生活感情"，"智识阶级的作家想创造大众文学却也不是容易的事情。第一，他们的环境常常使他们冒失败的危险。所以他们先要克服他们环境所养成的种种，而获得大众的意识，大众生活的感情。其次他们应该抛却自己的洁癖，而学习大众的言语，大众的表现方法"④。这就将知识分子与群众的关系问题进一步深化，从启蒙大众的导师转变为向大众学习的学生、输入新文化的桥梁。瞿秋白对此论述较为全面，"不要只想群众来捧角，来请普洛文学导师指导，而要去向群众唱一曲'莲花落'讨几个铜板来生活，受受群众的教训"，"单是有无产阶级的思想是不够的，还要像无产阶级一样的去感受"⑤。而这种改变是文艺大众化的关键，"知识分子脱离群众的态度，蔑视群众的态

---

① 何大白：《文学的大众化与大众文学》，《北斗》第 2 卷第 3、4 期合刊，1932 年 7 月。
② 文振庭编：《文艺大众化问题讨论资料》，上海文艺出版社 1987 年版，第 106 页。
③ 文振庭编：《文艺大众化问题讨论资料》，上海文艺出版社 1987 年版，第 24 页。
④ 文振庭编：《文艺大众化问题讨论资料》，上海文艺出版社 1987 年版，第 15、16 页。
⑤ 史铁儿（瞿秋白）：《普洛大众文艺的现实问题》，《文学》第 1 卷第 1 期，1932 年 4 月。

度，这种病根，必须完全割除；不然呢，文艺大众化的发展就仍旧要受着很大的障碍"①。

到左翼文化运动后期，围绕"大众语"的讨论进一步深化上述认识。所谓"大众语"主要是指文艺创作的语言问题，它是对文言文、白话文的进一步反拨，试图实现大众的书面语和口头语的合一。对于旧艺术形式的讨论，引发了对中国艺术史、语言史、文学史的关注，"我们有艺术史，而且生在中国，即必须翻开中国的艺术史来"②。在语言问题上，文言文被视为"封建的产物，是束缚而且麻痹大众的东西"③。白话文的改革也被认为走上整理国故的落后道路。因此，大众语的方向成为革命、进步的方向，"我们认为大众语是（目前所用的普通话也是）由各种方言溶合而成的（但不是说由他们平等的溶合，无妨一种方言占主要的地位），并不从天上掉下来的。所以，应该尽量使各地的土语方言发展，使他们更能够成为将来统一的大众语的构成要素"④。这种讨论对于传统语言、地方方言的发展具有积极意义，实际上触发了本土化的文化融合进程。

小结

综上来看，中国共产党在探索革命道路的过程中遭遇"传统文化"，在思索革命问题和进行动员宣传时形成了一些关于传统文化的基本认识和政策主张。虽然中国共产党没有系统地正面地讨论认识和对待传统文化的问题，但是对于中国社会性质、革命性质的认识和规定决定着中国共产党对传统文化性质的认识和政策取向。在此期间，

---

① 文振庭编：《文艺大众化问题讨论资料》，上海文艺出版社1987年版，第103页。
② 文振庭编：《文艺大众化问题讨论资料》，上海文艺出版社1987年版，第323页。
③ 文振庭编：《文艺大众化问题讨论资料》，上海文艺出版社1987年版，第262页。
④ 文振庭编：《文艺大众化问题讨论资料》，上海文艺出版社1987年版，第332页。

苏维埃文化建设、左翼文化运动与中国社会史研究大大推进了中国共产党运用唯物史观构建传统文化观的进程，在中国文化史、封建文化与利用转化旧艺术等方面形成一系列新认识、新判断，而这些也为延安时期中国共产党认识和对待传统文化的科学化提供了必要基础。

第四章 中国共产党传统文化观的调适

　　抗日战争是中国共产党转变对待传统文化态度的重要触发因素。民族抗战需要激发国人的民族情感，厚植人们的爱国理念，而这离不开共同的历史记忆和共有的文化传统。实际上，在全民族抗战爆发前，党对传统文化的态度已经开始变化，显性结构上的激烈反传统逐渐趋于批判、警惕大前提下的冷静审视，并注意提炼、汲取包括儒学在内的传统文化中可以转化为抗战服务的思想因子、价值理念。1938年以后，在马克思主义中国化、创造中华民族新文化的方向和思想明晰后，对待传统文化"取其精华、去其糟粕"、批判地加以继承的总原则亦得以确立。在此背景下，中国共产党曾对中国传统文化的主体内容——作为文化经典的诸子思想展开集中的分析和评价，这对于马克思主义与中华优秀传统文化相结合，在更深层次上推进马克思主义中国化无疑是有意义的。同时，由乡村社会动员引发的关于文化民族形式问题的讨论，同样具有深远的文化意义。

一、新启蒙运动对传统文化的新态度

　　中国共产党摆脱"五四"反传统的激进立场，理性地、系统地运用辩证唯物主义和历史唯物主义分析中国传统文化和历史遗产，始于全面抗战爆发前后肇兴的新启蒙运动。1935年华北事变爆发，华北危机日重，民族意识高涨，北平学生发出"华北之大，已经安放不下一张平静的书桌了"的呼声。在民族危亡的社会背景下，北平、上海等地的共产党员知识分子与左翼学者，发起了一场新的思想运动，即新启蒙运动。所谓新启蒙运动，一是，相对于五四新文化运动而言，是又一次思想启蒙运动，更重要的是继承五四新文化运动的"民主"与"科学"衣钵，完成"五四"未竟的事业——启蒙普通民众。二是，新启蒙运动直接源于民族危机日益深重、全民族团结抗日的需要，因而唤起民族意识，进行现代民族主义启蒙成为重要任务，这就必然涉及对中国历史文化传统的价值重估。三是，新启蒙运动以结成最广泛的抗日民族文化统一战线为重要任务，强调的是知识界摒弃学派成见，一致对外，而不是如五四新文化运动时期那样强化新学与旧学的对立和斗争。

1936年9月至10月，陈伯达相继发表了《哲学的国防动员》《论新启蒙运动》两篇文章，标志着新启蒙运动的正式开始。陈伯达提出，在当前形势下"新哲学者应该实行自己批判"，"应该组织哲学上的救亡民主的大联合，应该发动一个大规模的新启蒙运动"，"在抗敌反礼教反独断反迷信的争斗中，以自己的正确理论为中心，而与哲学上的一切忠心祖国的分子，一切民主主义者，自由主义者，一切理性主义者，一切唯物主义的自然科学家，进行大联合阵线。"[1]陈伯达关于继承五四精神，唤起民族觉醒，开展新启蒙运动的建议，得到了北平、上海等地共产党员知识分子与左翼文艺界人士的积极响应，如张申府、艾思奇、何干之、胡绳等人。

全民族抗日战争爆发后，民族主义、民族意识更加高涨。中国共产党从建立最广泛的抗日民族统一战线出发，号召思想文化界实现大联合。何干之指出："在国难中，在民族危机中，民族利益是高于一切。全国上下，团结御侮，是民族利益高于一切的具体表现"[2]，"凡是文化思想在终极的效果上有利于民族，能够提高民族力量，对

---

① 陈伯达：《哲学的国防动员》，《读书生活》第4卷第9期，1936年9月。
② 何干之：《近代中国启蒙运动史》，生活书店1937年版，第249页。

于抗敌救亡有一点一滴的贡献的，都应当许可它自由存在，自由发展"①，即使"对一部分封建势力携手，也是在所不惜的。"②艾思奇提出"不论是资本主义的文化要素也好，封建的文化要素也好，不论是实验主义也好，社会主义也好，只要你所发挥的是有用美点，都竭诚欢迎你到这运动中来"③。陈伯达也认为，新启蒙运动是"保卫中国文化的运动，同时也是发展中国新文化的运动"，"如果中国民族灭亡，那末，中国文化即失其存在和发展的根据。""为着保卫我们古代的文化，保卫我们古代的圣地，为着使中国古代的'圣经贤传'不被敌人利用为愚弄同胞的工具，我们却愿意和一切反对日寇的同胞联合一致"，因此"就必要动员全国文化界，为这抗战而服务，动员全国文化界的工作服从于抗战。"④在抗日救亡的阵线中，"不分孔教徒、基督教徒、佛教徒、红枪会会员、天门会会员、马克思主义者"，只要为抗日而奋斗，就要"把他们和我们联合起来，不分彼此"⑤。总之，在民族抗战和统一战线的立场上，思想文化界应该也能够实现民族救亡大联合。

在民族危机和抗日救亡的时代背景下，新启蒙运动重新审视"五四"对于中国历史文化传统的立场和态度，努力在继承中实现超越。艾思奇肯定五四精神遗产，坚守五四"民主"与"科学"的价值理性，认为新启蒙运动与五四有着共通之处，"为什么叫做新启蒙运动呢？因为中国过去的新文化运动（以五四为最高峰）是一种启蒙运动，而现在的这一个文化运动和它有共同的地方。""新启蒙运动的任务，就是要接受旧启蒙运动的这些成果，给它来一个新的综合"⑥。陈

① 何干之：《近代中国启蒙运动史》，生活书店 1937 年版，第 236 页。
② 何干之：《近代中国启蒙运动史》，生活书店 1937 年版，第 211 页。
③ 艾思奇：《中国目前的文化运动》，《生活星期刊》第 1 卷第 19 号，1936 年 10 月。
④ 陈伯达：《在文化阵线上》，生活书店 1939 年版，第 51—52 页。
⑤ 陈伯达：《在文化阵线上》，生活书店 1939 年版，第 63 页。
⑥ 艾思奇：《什么是新启蒙运动》，《文摘》第 2 卷第 1 期，1937 年 7 月。

伯达也指出，"接受五四时代'打倒孔家店'的号召，继续对于中国旧传统思想，旧宗教，作全面的有系统的批判"，"继续并扩大戊戌、辛亥和五四的启蒙运动，反对异民族的奴役，反对礼教，反对独断，反对盲从，破除迷信，唤起广大人民之抗敌和民主的觉醒"①。

然而，新启蒙运动在继承五四精神的同时，还要完成五四运动没有完成的任务，进而超越五四运动。对此，张申府认为"新启蒙运动对于五四的启蒙运动，应该不仅仅是一种继承，更应该是一种扬弃。"②艾思奇在《什么是新启蒙运动》中，强调此次启蒙运动相较于五四运动"新"的特性，是"因为旧的启蒙运动没有把它所要做的事完成。五四文化运动所提出来的任务：反对迷信愚蒙，建立科学的民主的思想等，都在极不彻底的状态之下停滞着了。因此，同样的文化上的任务仍然遗留到现在，同样需要现在的文化运动来完成它。"③在民族危亡的视域下，新启蒙运动以继承、扬弃五四精神为宗旨，在弘扬"民主"与"科学"、反对专制与迷信的基础之上，又增加了理性、民族主义等内容，以建立现代中国的新文化，从而发展或超越了五四新文化运动。

随着民族危机的加深，思想文化界越来越将目光投向中国传统文化的内在价值，试图从中汲取思想资源，强化中华民族认同。而"文化民族性"概念的提出，正是体现了这一趋向。

在新启蒙运动中，张申府最早提出了文化民族性问题。张申府在1937年5月2日发表的《五四纪念与新启蒙运动》中指出，"一种异文化（或说文明）的移植，不合本地的土壤，是不会生长的"，"为适应今日的需要，这个新启蒙运动的文化运动却应该不只是大众的，还应该带些民族性"，"启蒙运动另一个主要特点本在自觉与自信。

① 陈伯达：《哲学的国防动员》，《读书生活》第4卷第9期，1936年9月。
② 张申府：《五四纪念与新启蒙运动》，《认识月刊》第1卷第1期，1937年6月。
③ 艾思奇：《什么是新启蒙运动》，《文摘》第2卷第1期，1937年7月。

民族的自觉与自信固是今日中国所需要"，"不可因为国际而忽略民族"①。其后，张申府又多次重申，今日的新启蒙运动是大众的也是民族的。这一观点，得到了中共知识分子的赞同和认可。陈伯达发文认为，"张申府先生是说的很对的：'现在新启蒙运动不但是民主的，大众的，并且是带有民族性的'。这所谓民族性，不但是因为新启蒙运动是抗战的文化动员，还因为新启蒙运动在我们这里，是具了很大的民族历史的色彩。"②何干之在《近代中国启蒙运动史》中也引用了张申府的观点，表达了对张观点的认可。

"文化民族性"概念的提出，为新启蒙运动重新审视五四反传统立场提供了新站位。在新启蒙运动中，最积极的内容是倡导理性，其要义在于对事物不应只从一方面着想，或作一方面的认识，这就要求以新哲学（唯物论与辩证法）为基础，从正反两个方面重新审视、估价一切理论，理性地、历史地、辩证地认识与对待中、西文化的价值。陈伯达认为，目前"对于中国的旧传统思想，一般地缺乏了有系统的深刻的批判"③。何干之在《近代中国启蒙运动史》中也指出，在"在理性的审判台下"，"对于一切，都要重新估量它的价值"④；"现在是我们重新估量中国文化，估量西洋文化，深入研究，深入批评的时代了。"⑤这样，以新哲学为基础重新估价中国传统文化，即成为新启蒙运动的题中应有之义。

新启蒙运动者普遍认为，之所以再一次需要发动启蒙运动，是因为传统文化仍固化于社会风俗、民众思想之中。艾思奇提出，"中国的经济在本质上是半封建制度，在文化上也以封建性为支配的基调。""旧礼教的变相的教义仍在社会上层广泛地宣扬着，至于社会

---

① 张申府：《五四纪念与新启蒙运动》，《认识月刊》第 1 卷第 1 期，1937 年 6 月。
② 陈伯达：《在文化阵线上》，生活书店 1939 年版，第 57 页。
③ 陈伯达：《哲学的国防动员》，《读书生活》第 4 卷第 9 期，1936 年 9 月。
④ 何干之：《近代中国启蒙运动史》，生活书店 1937 年版，第 244 页。
⑤ 何干之：《近代中国启蒙运动史》，生活书店 1937 年版，第 254 页。

下层的大多数人仍没有脱离了旧的俗流文化（像旧戏，旧小说，鬼神迷信之类）的影响"，"复古的倾向却是到处存在着的，而且还有人在不断地努力想加强这种倾向。"① 何干之则认为，正是这种文化惯性导致老百姓在思想认识方面与启蒙运动者存在着差距，"大多数老百姓，都在封建思想的残垒中过着他们的愚昧、盲从、迷信的生活。我们谈唯物的人生观，老百姓却信天信命，我们研究唯物辩证法，老百姓却迷信太上感应篇，我们写子夜，老百姓却读封神榜"②。

　　正视中国传统文化尤其是愚昧、迷信思想存在的客观性，是中国共产党改造旧文化、建设新文化的前提，但这并非意味着传统文化一无可取。辩证地认识中国传统文化的两面性，将批判与继承有机地统一起来才是理性的态度。就此，陈伯达指出："我们并不是要推翻全部中国旧文化的传统。我们对于旧文化的各种传统，都采取了批判的态度：好的，我们要继承下来，并给以发扬；不好的，我们就绝不顾惜。"③ 艾思奇亦指出："我们不需要五四以前那样单纯的反封建。就是封建文化的遗产或封建文化的代表者，倘若它能发挥出一定的美点，或者在爱国运动上有一点一滴的助力时，我们都可以接受它。我们还需要封建文化中有用的精粹，但我们也要毫无顾惜地排斥有毒的渣滓。我们不需要五四时代那样对旧戏持完全排斥的态度，我们还需要现在被禁上演的那一些东西。我们要排斥和忠君同类的盲目征服的思想，但如果有人讲民族气节，我们仍可以接受它。"④ "好的"与"不好的"、"旧的"与"新的"、"精粹"与"渣滓"相对的话语表达和态度取舍，与后来系统阐释的新民主主义文化理论的"排泄其糟粕，吸收其精华"的方针，有着内在的理论承继和话语逻辑。这一话

---

① 艾思奇：《论文化和艺术》，宁夏人民出版社 1982 年版，第 20 页。
② 何干之：《近代中国启蒙运动史》，生活书店 1937 年版，第 246 页。
③ 陈伯达：《思想无罪——我们要为"保卫中国最好的文化传统"和"争取现代文化的中国"而奋斗》，《读书月报》第 3 号，1937 年 7 月。
④ 艾思奇：《论文化和艺术》，宁夏人民出版社 1982 年版，第 23 页。

语体系的构建，为客观、科学、辩证地认识与对待中国传统文化，提供了坚实的理论支撑。

从唯物辩证法出发，曾被五四运动激烈抨击与反对的旧道德，被赋予了新的时代意义和价值。陈伯达指出"旧时代的支配者，把这些道德当成个人的工具，当成奴役人民的教条，要人民在这种教条下去盲从那支配者的个人，利用这种教条去抑止人民智慧的发展，把'忠孝节义'当成对于个人的愚忠、愚孝、愚节、愚义"。但是，从民族危亡和民族抗战的现实出发，完全可以对诸如"忠孝节义""礼义廉耻""仁爱和平"等旧道德赋予"新的历史内容"、新的"存在的价值"，让"这些道德在现代可以成为新的美德"①。这实际上提出了传统旧道德的现代性转化问题。陈伯达指出："我们对于孔子，虽则厌恶其愚民的哲学，（'民可使由之，不可使知之'），虽则厌恶其虚伪的哲学，（'吾岂匏瓜也哉，焉能系而不食？'）但同时我们也认为其旧爱国思想（如所谓'微管仲，吾其被发左衽矣'），在今日的爱国运动中，有了自己的意义。孔子门弟子如子张的所谓'士见危致命'，如曾子的所谓'士不可以不弘毅，任重而道远'，这种人类奋斗的精神和做人应有的气节，现在正被汉奸们所消灭，而我们都必要特别加以发扬。"②艾思奇也认为，"倘若单就孔子的伦理哲学来说，个别的部分也未尝没有可以采取的地方，譬如说'礼义廉耻'罢，倘是真正的'知耻'应用到目前的情势上来，也未尝没有用处，因为现在最大的耻是国耻。"③陈伯达论证道："我们要提倡效忠民族，效忠社会，我们要提倡民族的和社会的正义和气节。我们主张每人都应当合理地孝敬自己的父母，合理地友爱自己的兄弟，能彼此互相规劝，互相号召，而为民族的社会的合理事业而效死。我们要把隶属个人的道德，转变

---

① 陈伯达:《在文化阵线上》，生活书店 1939 年版，第 56 页。
② 陈伯达:《思想无罪——我们要为"保卫中国最好的文化传统"和"争取现代文化的中国"而奋斗》，《读书月报》第 3 号，1937 年 7 月。
③ 艾思奇:《论文化和艺术》，宁夏人民出版社 1982 年版，第 22 页。

为民族的社会的道德"①，"而对于祖宗真正能善尽孝道的，必会在这祖国存亡千钧一发的时候，挺身而出，为捍卫祖国的事业效死"②。

总之，对于中国传统道德伦理需要辩证地对待，既要批判和揭露其落后、虚伪的一面，又要看到其中爱国思想、民族气节对民族抗战的积极作用。这一立场和态度，表明中国共产党对传统文化的认识有了重要调整。新启蒙运动承继与扬弃五四传统，初步地表达了构建民族的、民主的、科学的、大众的现代中国新文化的理论命题和时代主题，为毛泽东系统阐述新民主主义文化理论，提供了思想文化资源。

二、确立批判地继承民族文化遗产的总方针

20 世纪 30 年代初，民族危机的持续加深引发文化界关于传统文化问题的思考。1934 年 1 月，陈序经将其《中国文化之出路》的演讲发表在《民国日报》上，再次引起关于中国文化与民族救亡之路的争论。相比胡适，陈序经主张更为彻底全面的西化，"西洋文化，是不断的创新与发展，而成为现代化，和世界化"，"现在世界的趋势，既不容许我们复返古代的文化，也不容许我们应用折衷调和的办法；那么，今后中国文化的出路，惟有努力去跑彻底西化的途径"③。1935 年 1 月 10 日，陶希圣、何炳松等 10 位教授在《文化建设》联名发表《中国本位的文化宣言》，担忧学习苏俄或英美意德带来丧失中国特性的后果，提出"从事中国本位的文化建设，必须用批评的态度，科学的方法，检阅过去的中国，把握现在的中国，建设将来的中国"，

---

① 陈伯达：《思想无罪——我们要为"保卫中国最好的文化传统"和"争取现代文化的中国"而奋斗》，《读书月报》第 3 号，1937 年 7 月。
② 陈伯达：《在文化阵线上》，生活书店 1939 年版，第 56—57 页。
③ 陈序经：《中国文化之出路》，广州《民国日报》1934 年 1 月 15 日、16 日。

警惕"各种国际文化侵略的魔手"①。无论是"中国本位文化论"还是"全盘西化论"，抑或是胡适提出的"充分世界化"主张，均在不同程度上推进了 20 世纪 20 年代东西文化论争的相关认识，也引起中国共产党对于传统文化更深入的思考。

在民族危机不断加深的背景下，中国共产党致力于建立最广泛的抗日民族统一战线，引发传统文化论域的调整。1935 年 7 月至 8 月，共产国际第七次代表大会针对资本主义右翼势力蔓延与世界战争危机的形势，要求欧洲各国建立反对法西斯主义的人民阵线，殖民地、半殖民地建立民族解放的反帝统一战线。在这次会议上，中国共产党驻共产国际代表王明依据苏联共产党和共产国际的新动态，重新论述包括中国在内的殖民地、半殖民地的革命策略。其中，有两点主张从结构上影响中共之传统文化论域。其一，对于党的性质的具有民族性的表述，"中国共产党首先是工人阶级底政党。可是，同时，中国共产党是中国全体人民争取民族解放和社会解放的政党"；其二，对于中国共产党与中国传统文化之关系的表述，"旧思想和旧学说在中国群众底传统中有很深的基础，在民众生活中有很大的影响。因此，我们不应当忽视这些旧学说在群众中的影响，而应当在极广大的民众中进行细心耐烦的解释工作"，"我们应当解释这些思想底来源和真正的用意，同时，应当解释共产党员对于道德等问题的态度，以便使群众了解，共产党员是我国一切固有传统和文化中一切优秀的和有价值的东西的真正继承者，同时，共产党员并能创造新的、更高尚的和更美丽的文化和道德"②。这两点为中国共产党批判关门主义，表达建立民族统一战线主张，建立与传统文化的逻辑联系，提供了认识论基础。1935 年 11 月中旬，在张浩传达共产国际七大的指示后，中共

---

① 《中国本位的文化建设宣言》，《文化建设》第 1 卷第 4 期，1935 年 1 月。
② 中央档案馆编：《中共中央文件选集》第 10 册，中共中央党校出版社 1991 年版，第 744、771 页。

中央通过瓦窑堡会议进一步明确指出，"共产党不但是工人阶级的利益的代表者，而且也是中国最大多数人民的利益的代表者"，"在目前形势下，关门主义是党内的主要危险"①。

为了适应抗日形势的发展，批判关门主义、建立统一战线的问题，延伸至文化领域。1937 年 11 月，中国共产党在认识和对待传统文化方面开始进入一个全面调整的新阶段。署名"从贤"的《现阶段的文化运动》一文提出"文化运动充分中国化"的口号，并在此指导下提出文化运动必须是民族的、民主的与民众的，尤其是提出继承发扬两个传统：一是固有传统，"民族的文化是要能够激发民众的民族意识的东西，在这一方面，我们的民族自然也有可贵的传统，值得我们加以发扬"，"文化运动中的民族的内容，决不是国粹主义。麻醉人民的礼教和四书五经之类的国粹，倒是我们要坚决排斥的"；二是革命传统，"太平天国以后，五四运动时代，以及大革命时代的革命传统"，"我们不是反对接受优良的外国文化，马克思主义和辩证唯物论就可以说是在外国文化中接受过来的，然而不是生吞活剥的简单接受一个死东西，而是要把他种在自己土地上，使它适合中国的气候和营养条件"②。1937 年 11 月 14 日，特区文艺界救亡协会（后改称"边区文化界救亡协会"，简称"边区文协"）在陕北公学大礼堂举行成立大会，张闻天在成立大会上作了《十年来文化运动的检讨及目前文化运动的任务》的长篇报告，在肯定左翼文化运动成绩的同时，着重批判了左联等文化团体存在的"关门主义""公式主义"和文化组织的"第二党"倾向，强调为适应抗战形势必须推动文化大众化、中国化以及马克思主义具体化、通俗化③。

---

① 中央档案馆编：《中共中央文件选集》第 10 册，中共中央党校出版社 1991 年版，第 618 页。
② 从贤：《现阶段的文化运动》，《解放》第 1 卷第 23 期，1937 年 11 月。
③ 张培森编：《张闻天年谱》上卷，中共党史出版社 2010 年版，第 362 页。

在全民族抗战的境遇下，随着批判关门主义和建立文化统一战线的诉求日渐迫切，五四以来的文化大众化面临的首要问题，是如何让乡村普通民众甚至文盲接受革命化的文艺作品，激发民众参与民族抗战的积极性与热情。然而，旧的民族文化遗产形式，在广大民众间仍然具有根深蒂固的文化惯习。对此，陈伯达明确指出："旧的文化传统、旧的文化形式是根深蒂固地和人民年代久远的嗜好和习惯相联结的。最广大最下层的人民群众最习惯于旧的文化形式，经过那旧形式而传播给他们以新的文化内容，新的东西，他们是最容易接受的。不怕苛刻地，同时也是实情地说，自有新文学运动以来，我们还没有一部新文学作品，可以比得上如水浒、三国志、儒林外史、红楼梦、西厢记……这类旧文学作品所在民间流行的万分之一；还没有一部新戏剧，可以比得上如目莲戏之类在民间中那样的普遍和深入动人。可以比得上各种旧戏那样使民间广大地感到兴趣和亲切；各种'小书'历来在各地民间广大地流行着，销行到各角落，传说到各角落，但是我们新兴文化运动者还没有一样通俗的小书可以比得上它们万分之一。"① 周扬在《对旧形式利用在文学上的一个看法》中也指出，"旧形式具有悠久历史，在人民中间曾经，现在也仍然是占有势力"，"旧形式在人民中间的强固地位并没有被新形式所取而代之。不但在新文艺足迹尚极少见的农村，就是新文艺过去的根据地，过去文化中心的大都市，旧形式也并不示弱。"② 因此，宣传抗日与动员民众，必须利用乡村盛行的、通俗的、喜闻乐见的旧的文化传统与文化形式，尤其要与民众心理、社会现实、社会习俗等相适应，不能操之过急，一蹴而就。

正是在中国化、大众化的文化大背景下，毛泽东等中共中央领导人提出了"马克思主义中国化"命题，而这一命题又极大地促进了

① 陈伯达：《在文化阵线上》，生活书店 1939 年版，第 68—69 页。
② 周扬：《对旧形式利用在文学上的一个看法》，《中国文化》创刊号，1940 年 2 月。

中国共产党对于民族文化传统的认知。1938年9月至11月，中共六届六中全会召开，毛泽东在会上强调在马克思主义中国化进程中，必须将"国际主义的内容"与"民族的形式"紧密地结合起来："学习我们的历史遗产，用马克思主义的方法给以批判的总结，是我们学习的另一任务。我们这个民族有数千年的历史，有它的特点，有它的许多珍贵品。""我们是马克思主义的历史主义者，我们不应当割断历史。从孔夫子到孙中山，我们应当给以总结，承继这一份珍贵的遗产"，"马克思主义必须和我国的具体特点相结合并通过一定的民族形式才能实现"，"使马克思主义在中国具体化，使之在其每一表现中带着必须有的中国的特性，即是说，按照中国的特点去应用它，成为全党亟待了解并亟须解决的问题。洋八股必须废止，空洞抽象的调头必须少唱，教条主义必须休息，而代之以新鲜活泼的、为中国老百姓所喜闻乐见的中国作风和中国气派。"[①] 这里，毛泽东肯定了民族遗产的历史价值，而且从马克思主义中国化的角度，阐释了文化的民族形式问题。

会上，张闻天提出党的组织工作中国化的问题，强调"马克思主义的原则、方法是国际性的，但我们是在中国做组织工作，一定要严格估计到中国政治、经济、文化、思想、民族习惯、道德的特点，正确认识这些特点，再来决定我们的斗争形式、组织形式、工作方法"，"我们要的是国际主义的内容，民族的形式"[②]。王明提出"只有使马列主义深广的中国化，成为中国人民血肉之亲的东西，成为中国历史发展和社会进化的必然产物，成为继承中国文化的优秀传统（从孔子到孙中山），才能够真正家喻户晓和深入人心。"[③] 如果说，新启

---

① 《毛泽东选集》第2卷，人民出版社1991年版，第533—534页。
② 中央党史研究室张闻天选集传记组编：《张闻天文集（1935—1938）》第2卷，中共党史出版社2012年版，第308页。
③ 《王明言论选辑》，人民出版社1982年版，第637页。

蒙运动对于民族文化遗产的关注主要还在学理层面，那么，中共六届六中全会则将之直接纳入政党意识形态之中，成为中国共产党文化理论与文化实践的自觉诉求、行动指南。

1939年底至1940年初，毛泽东相继发表《〈共产党人〉发刊词》《中国革命和中国共产党》《新民主主义论》等文章，系统、完整地阐述了新民主主义革命理论，其中包括新民主主义文化理论。1939年12月13日，毛泽东在中共中央政治局会议上提出："新文化用下面四大口号为好：民族化（包括旧形式），民主化（包括统一战线），科学化（包括各种科学），大众化（鲁迅提出的口号，我们需要的）"①。1940年1月5日，陕甘宁边区文化协会第一次代表大会在延安举行。张闻天在会上作了《抗战以来中华民族的新文化运动与今后任务》的报告，对新文化的性质、内容、任务与发展前途作了全面系统的论述，指出中华民族的新文化应是"民族的、民主的、科学的、大众的"。毛泽东在会上发表了《新民主主义的政治与新民主主义的文化》演讲（即《新民主主义论》），系统地论述了"民族的""科学的""大众的"新民主主义文化理论，为新民主主义革命时期文化政策和文化实践，提供了理论指南。

在对待传统文化层面，新民主主义文化理论继承"五四"启蒙精神，将推翻旧文化、构建新文化的"文化革命"作为目标诉求和文化职责。毛泽东提出："我们共产党人，多年以来，不但为中国的政治革命和经济革命而奋斗，而且为中国的文化革命而奋斗；一切这些的目的，在于建设一个中华民族的新社会和新国家。在这个新社会和新国家中，不但有新政治、新经济，而且有新文化。这就是说，我们不但要把一个政治上受压迫、经济上受剥削的中国，变为一个政治上自由和经济上繁荣的中国，而且要把一个被旧文化统治因而愚昧落后

---

① 中共中央文献研究室编：《毛泽东年谱（1893—1949）》中卷，中央文献出版社2013年版，第151页。

的中国，变为一个被新文化统治因而文明先进的中国。一句话，我们要建立一个新中国。建立中华民族的新文化，这就是我们在文化领域中的目的。"①"民族的科学的大众的文化，就是人民大众反帝反封建的文化，就是新民主主义的文化，就是中华民族的新文化。"毛泽东在辩证地分析中国旧有文化既有精华又有糟粕的基础上，提出了"排泄其糟粕，吸收其精华"的方针。他指出，必须科学地、辩证地、历史地对待中国固有文化，"中国现时的新文化也是从古代的旧文化发展而来，因此，我们必须尊重自己的历史，决不能割断历史。但是这种尊重，是给历史以一定的科学的地位，是尊重历史的辩证法的发展，而不是颂古非今，不是赞扬任何封建的毒素。""中国的长期封建社会中，创造了灿烂的古代文化。清理古代文化的发展过程，剔除其封建性的糟粕，吸收其民主性的精华，是发展民族新文化提高民族自信心的必要条件；但是决不能无批判地兼收并蓄。必须将古代封建统治阶级的一切腐朽的东西和古代优秀的人民文化即多少带有民主性和革命性的东西区别开来。"新民主主义文化"它是我们这个民族的，带有我们民族的特性"。"中国文化应有自己的形式，这就是民族形式。民族的形式，新民主主义的内容——这就是我们今天的新文化。"②

张闻天也指出"旧文化中也有反抗统治者、压迫者、剥削者，拥护被统治者、被压迫者、被剥削者，拥护真理与进步的民族的、民主的、科学的、大众的文化因素。""这种文化因素在民间流传得特别广泛丰富。这是值得我们骄傲的。""对于这些文化因素，我们有从旧文化的仓库中发掘出来，加以接受、改造与发展的责任。这就叫'批判的接受旧文化'。所以新文化不是旧文化的全盘否定，而是旧文化的真正'发扬光大'。新文化不是从天上掉下来的奇怪的东西，而是

①《毛泽东选集》第 2 卷，人民出版社 1991 年版，第 663 页。
②《毛泽东选集》第 2 卷，人民出版社 1991 年版，第 706—709 页。

过去人类文化的更高的发展。"① 不过,仔细研读张的文字,会发现他给予肯定的主要是社会底层民众所留下的文化遗产,这自然符合革命时期中共突出看重文化之阶级性的一贯理念。而且,张接着提醒:"要批判的接受中国旧文化,决不是等于号召中国青年去读古书、整理国故。这是少数有科学知识与科学方法的学者的责任。中国青年应该多读现代的新文化的书籍,在古书中则应该多读中国的小说、杂文,多读统治阶级所说的'邪书'与'禁书'。"② 同张闻天一样,毛泽东也提醒道:"对于人民群众和青年学生,主要地不是引导他们向后看,而是要引导他们向前看。"③ 1943 年 12 月,毛泽东在一份批语中进一步分析道:"剥削阶级当着还能够代表群众的时候,能够说出若干真理,如孔子、苏格拉底……王阳明也有一些真理。孔孟有一部分真理,全部否定是非历史的看法。"④ 翌年 7 月,在同英国记者斯坦因的谈话中他再次表达了这样的立场:我们信奉马克思主义是正确的思想方法,这并不意味着我们忽视中国文化遗产。"中国历史遗留给我们的东西中有很多好东西,这是千真万确的。然而我们中国有些人却崇拜旧的过时的思想,这些思想对于我们今天的中国不仅不适用而且有害。这样的东西必须抛弃。""我们的态度是批判地接受我们自己的历史遗产和外国的思想。"⑤

概言之,对中国传统文化正确态度是批判地接受,取其精华、去其糟粕。这一立场一方面继承了五四新文化精神,另一方面又适应了新形势并做出调整,使原有立场更富弹性也更趋理性。进一步言之,抗战期间中共对传统文化的立场或态度调整,并非是对五四新文

---

① 张闻天:《抗战以来中华民族的新文化运动与今后任务》,《中国文化》第 1 卷第 2 期,1940 年 4 月。
②《张闻天文集(1939—1948)》第 3 卷,中共党史出版社 2012 年版,第 27 页。
③《毛泽东选集》第 2 卷,人民出版社 1991 年版,第 707—708 页。
④《毛泽东文集》第 3 卷,人民出版社 1996 年版,第 84 页。
⑤《毛泽东文集》第 3 卷,人民出版社 1996 年版,第 191—192 页。

化精神的背离，实际上可以视为深化。早在纪念五四运动 20 周年之际，博古在《新华日报》上发表文章评论说："不管五四新文化运动如何的狭隘和有限制性，但是它不失为一个思想界之空前剧变，它震动了中国数千年来的古旧的风俗、传统、文化与思想，它勇敢地和他们作战，""向旧礼教、旧制度、旧习惯——首先是孔教勇敢的宣战。五四运动的思想的领导者如吴虞先生、鲁迅先生都曾有极精的反对孔教的言论……"[1] 毛泽东在《新民主主义论》中也评价道："五四运动所进行的文化革命则是彻底地反对封建文化的运动，自有中国历史以来，还没有过这样伟大而彻底的文化革命。当时以反对旧道德提倡新道德、反对旧文学提倡新文学为文化革命的两大旗帜，立下了伟大的功劳。"同时，毛泽东高度评价了鲁迅，称他是"文化新军的最伟大和最英勇的旗手""中国文化革命的主将""鲁迅的方向，就是中华民族新文化的方向"。[2] 由此可以清楚地看到，中共对五四反传统精神的继承，而且同抗战前基本上是一致的。正因为此，毛泽东、张闻天等对传统文化的肯定话语并不多且很宏观、谨慎。虽然如此，同抗战前相比，在对待传统文化问题上，毕竟有了变化。这种变化作为开端，放在"历史的长时段"中审视，其意义是重要的。

需要指出的是，物质生产方式制约着整个社会生活包括精神生活方式，或曰社会形态社会性质与文化形态文化性质相契合；物质上占据统治地位的阶级，精神上亦占据统治地位；文化的民族性与阶级性复杂交织在一起，这些马克思、列宁看待文化问题的重要结论构成毛泽东、张闻天分析和评价中国传统文化的基本立场和方法论原则。

不管怎样，新民主主义文化视阈下的民族传统文化具有特定价值和可扬弃的内容，尤其对于创造新的民族文化意义重大。1940 年

---

[1] 无锡市史志办公室编：《秦邦宪（博古）文集》，中共党史出版社 2007 年版，第 435—437 页。

[2]《毛泽东选集》第 2 卷，人民出版社 1991 年版，第 698、700 页。

1月20日,《新中华报》发表《陕甘宁边区文化协会第一次代表大会宣言》,明确以新民主主义文化为文化建设的目标,"在科学的立场上来批判地研究中国历史及中国旧来的学术","大量地利用一切有用的形式进行艺术的创作,努力使艺术走向大众,反映现实,更广泛地深入地进行抗战教育和普及教育","为创造民族的,民主的,科学的,大众的,中华民族的新文化,也就是为创造广大民众所需要的新的民主主义的文化而斗争"[①]。1940年7月,中华全国戏剧界抗敌协会晋察冀边区分会第二次代表大会致电全国戏剧界人士,号召"去从事民族的、民主的、科学的、大众的戏剧,也就是开展人民大众反帝反封建的新民主主义的戏剧运动","将以发展现有的新戏剧形式为主,并且积极地批判地利用戏剧旧形式,学习西洋戏剧的优秀成果,特别是社会主义国家戏剧的优秀成果,实践话剧中国化,旧剧现代化,为创造新的民族形式而努力"[②]。

三、辩证地历史地评价传统经典文化

中国悠久历史中产生的儒家、墨家、道家、法家、兵学等传统文化经典,深刻地影响着中国的政治、经济、文化、生活。延安时期,中国共产党运用辩证唯物主义和历史唯物主义,在名实观、知行观、义利观、对立统一规律、中庸思想、道德观等方面,对于各家学说、思想进行了较深入的探讨,既实事求是地肯定其中的积极因素,又指出与批判了其中的消极因素。

(一)名实观

名实之争,是中国古代哲学的基本问题之一,是关于世界的本

---

① 《陕甘宁边区文化协会第一次代表大会宣言》,《新中华报》1940年1月20日。
② 张学新、刘宗武编:《晋察冀文学史料》,天津社会科学院出版社1989年版,第54页。

原问题，是物质与精神、思维与存在的关系问题。物质、存在为第一性，还是精神、思维为第一性，是划分唯物论与唯心论的根本依据与根本标准。

在名实问题上，中共以物质与精神、思维与存在关系为标准，对传统文化经典进行了唯物与唯心的划分与定性。陈伯达指出："中国古代哲学史上所谓名实问题，在实质上，就是思维与存在之关系的问题"，体现了"中国古代哲学中两个根本不同的路线"，即唯物论与唯心论的根本对立，即名与实，谁是第一位的问题。他认为，作为道家的老子、儒家的孔子，都没有完整地提出名实问题，首先完整地提出名实问题，并给以初步解决的是墨子。在三人当中，"老子首先提出了'名'的问题，而大体上却是唯物论的"。老子"初步发现唯物论思想"，"老子说：'无名，天地之始'"，"把名（概念）的产生看成是后于天地。实质上，也即是把概念看成后于存在。这个思想是老子唯物论思想的主要点。"此外，陈伯达认为，老子的唯物论还体现在"道"的客观性上："老子把宇宙的原始叫做'道'。老子说：'有物混成，先天地生，寂兮寥兮，独立而不改，周行而不殆，可以为天下母。吾不知其名，字之曰道，强为之名曰大。'""老子又说：'道为无名朴。'这话就是说：'道'是在有概念之前的自然素质。'道法自然'。这话就是说：'道'是按着自然的。'道常无为而无不为。'这话就是说：'道'是无所为的，因为道只是自然地运行着的；道是无所不为的，因为道是无所不在的自然。""老子说：'莫之命而常自然。'这话就是说：宇宙万物没有经过什么命令（没有经过什么意志的主使），而常自己如此。"① 这里，老子哲学阐释了宇宙、自然是不依赖主观意识的客观存在，先于意识，不以人的意志为转移。

与老子相反，孔子更强调"名"的第一性。孔子说："名不正，

---

① 陈伯达：《老子的哲学思想》，《解放》第 63、64 期，1939 年 2 月。

则言不顺；言不顺，则事不成；事不成，则礼乐不兴；礼乐不兴，则刑罚不中；刑罚不中，则民无所措手足。"(《论语·子路》)对此，毛泽东指出孔子唯心论与中国共产党唯物论的区别："孔子是名为主，我们则是实为主，分别就在这里。"①毛泽东在看完陈伯达发表的《孔子的哲学思想》一文后，于1939年2月20日致信张闻天，认为孔子的名实观是唯心主义，其"作为哲学的整个纲领来说是观念论，伯达的指出是对的；但如果作为哲学的部分，即作为实践论来说则是对的，这和'没有正确理论就没有正确实践'的意思差不多。如果孔子在'名不正'上面加了一句：'实不明则名不正'，而孔子又是真正承认实为根本的话，那孔子就不是观念论了，然而事实上不是如此，所以孔子的体系是观念论"②。

在名实观上，陈伯达认为，墨子首先完整地提出"名"与"实"的问题，与老子相同，他的名实观是唯物论的。与孔子不同，墨子"发现了名实在当时阶级社会中的被颠倒，发现了'名'的被支配者从'实'孤立出来，'名'被脱离了'实'，并被抬在'实'之上。""墨子就是在把那受那压迫者所颠倒的名实关系，再颠倒过来。""在墨子看来，实为主，名为宾；实是第一，而名是第二；名是实的反映，是从实摄取来的。"而且，墨子主张名实的统一。"只有名是反映了实，为实所制约，才能有名实的相匹配，相符合，也才能有名实的统一。"③当然，墨子的唯物观是不彻底的，陈伯达指出："墨子所幻想的，不是一个剥削阶级统治的国家，而是幻想一个'余力相劳，余财相分'的'国家'，而墨子所幻想的这样的'国家'，也不是近代无产阶级的科学的共产主义，而是含有小私有者平分主义的空想，而只是共产主义思想原始的一种形式。""墨子不能成就任何种类的明确民主

①《毛泽东书信选集》，人民出版社1983年版，第145页。
②《毛泽东书信选集》，人民出版社1983年版，第144页。
③陈伯达：《墨子的哲学思想》(上篇)，《解放》第82期，1939年8月。

思想，而且，墨子也不能有完满的、真正具体的、科学的、唯物史观的观点（唯物史观，在墨子那里，只有自发的个别因素），并且也不能贯彻一般哲学上唯物论的观点。"①

范文澜强调，作为法家的韩非在名实观上的论述，表明他是战国时代显著的唯物论者，他"把荀子所讲的礼发展为刑（法律）"，"把一切名（概念）都考查它的实（物质），排斥无实的虚名。他的学说被称为刑名之学。他把人与人（父子君臣夫妇等等）的关系，彻底看作物质交换的利害关系，否认抽象的道德伦理。"②

辩证唯物主义在强调物质对精神、存在对思维具有决定作用的同时，也承认精神与思维对于物质、存在的反作用。基于此，中共充分肯定孔子哲学的长处就在于重视主观能动性。毛泽东认为，孔子哲学虽然颠倒了"名""实"关系，但与机械唯物主义不同，孔子哲学强调"名"对"实"的反作用，其"作为片面真理则是对的，一切观念论都有其片面真理，孔子也是一样"，"观念论哲学有一个长处，就是强调主观能动性，孔子正是这样，所以能引起人的注意与拥护。机械唯物论不能克服观念论，重要原因之一就在于它忽视主观能动性。我们对孔子的这方面的长处应该说到。"③ 在这一点上，范文澜则批判了老子对于自然规律的消极服从，进而忽视了人的主观能动性，"老子认为天地万物的运行生灭，纯循自然规律，不受个人爱憎情感的干涉。人们只能消极的服从，打破了天为'人格的'，掌握人类祸福，神秘莫测的看法。这种脱离情感，服从外在规律的主张，被韩非采去，发挥成为破除私情，纯任法治的学说。"④

---

① 陈伯达：《墨子哲学思想》（下篇），《解放》第 104 期，1940 年 4 月。

② 中国历史研究会编：《中国通史简编》上册，华北新华书店 1948 年版，第 169 页。

③《毛泽东书信选集》，人民出版社 1983 年版，第 144—145 页。

④ 中国历史研究会编：《中国通史简编》上册，华北新华书店 1948 年版，第 164 页。

（二）知行观

知行问题，即认识与实践关系问题，是区分辩证唯物主义与唯心主义、形而上学的标准之一。辩证唯物主义认为，实践是认识的基础，实践对认识具有决定作用，而认识对实践则具有反作用。

知行问题，是从名实之争引发的。陈伯达在《墨子的哲学思想》中指出，墨子由名实问题初步地提出了知行问题。在知行关系上，墨子把行为看成为知识的出发点与基础，"具体地把行看成第一位，把知看成第二位。墨子认为人类是由'行'而证明'知'的，同时'知'是为着'行'。""墨子对于知行问题的解决，正如对于名实问题一样，是作了唯物论的解决的，是唯物论的知行合一的初步解决；并且知行问题的解决，正是使得名实问题得到更完整的正确的解决，而这些正是使得墨子的唯物论思想成为世界古代哲学史上最珍贵的宝库。"[①]

而老子、孔子虽未明确提出知行问题，但是孔子却从言行问题的角度，提出了自己独到的见解，如"君子欲讷于言而敏于行""言忠信，行笃敬"等等。对此，陈伯达认为，"孔子提出言行问题，为中国哲学史上知行问题的先导"，"是孔子在中国哲学史上一个很大的功绩。"并"曾在某种程度上，是倾向于言行的一致，是含有不甚清楚的辩证观点。"毛泽东在 1939 年 2 月 20 日《致张闻天》文中，亦提到孔子关于言与行的认识有某些辩证法的因素。然而，由于孔子哲学的唯心本质，导致其言行关系上即是颠倒的。

在此基础上，陈伯达进而讨论了王阳明的"知行合一"论。陈伯达认为，"后代在哲学上展开了知行问题的，乃是明代一个唯心论的大哲——王阳明。王阳明是主张'知行合一'的。如说墨子是初步

[①] 陈伯达：《墨子的哲学思想》（上篇），《解放》第 82 期，1939 年 8 月。

具体地提出了知行问题，那末，可说王阳明则是明白地提出了'知行合一'的问题。'知行合一'，在墨子那里，还是原始的性质，而王阳明却把这问题明白地提了出来，这是王阳明的展开问题上的一个进步。"然而，由于王阳明的唯心论本质，所以他根本没有解决知行问题。"王阳明说：'知是行之始，行是知之成。'把'知'看成'最初'，看成'开始'，这是王阳明唯心论的症结所在。""王阳明的辩证法，是唯心论的辩证法，因此，要正确地处理这问题，要解决这问题，就需要把王阳明的倒置的唯心论辩证法再倒置过来。"① 因此，陈伯达认为，应该在批判继承的基础上，发展辩证唯物主义的"知行合一"，这"已不是王阳明唯心论的知行合一，而应是在近代历史实践的基础上，在辩证唯物论的基础上，集合我们先哲——从墨子经过王阳明到孙中山先生——关于知行问题的最好思想之大成，而加以新的发挥，并且是把王阳明唯心论的'知行合一'倒置过来的知行合一。"②

（三）义利观

墨子在唯物主义名实观的基础上，又演化出"利"与"义"的辩证关系。墨子及其门徒主张"义是名，而利是实"，利是第一位，而义是第二位的，"把'义'看成是'利'的表现"，"义和利是不可分开的，没有利也即没有义。那些高谈'义'之名，而实行不利的，事实上也正是不义的。"例如，"攻伐兼并是不'利'的；一方面以义之名，另一方面却又进行攻伐兼并之实（也即是进行不'利'的行动），事实上是剥夺了义的实际（利——义之实）"。此外，"墨子把义看成是'利'的反映，同时也把一切社会道德都看成是'利'的反

---

① 陈伯达：《关于知行问题之研究》，《解放》第 50 期，1938 年 8 月。
② 陈伯达：《关于知行问题之研究》，《解放》第 50 期，1938 年 8 月。

映，都是依存于利。'利'是形成各种道德的基础。"① 这里，墨子的义利观与名实观相同，均体现了朴素的唯物论观点。然而，墨子的义利观与杨朱的观点，则不同。墨子的"利"是利他主义，而杨朱的"利"是利己主义、为我主义。

虽然中国共产党在根本立场上赞同、肯定唯物论思想，但是对于同是唯物论的杨朱，却评价不高。杨朱强调"利"，但其实质是唯我主义，"这种为我主义之所以不能有很大的出息，就正是因为它是为我主义——是商人吸血的利己主义。"在哲学意义上，杨朱的认识论，是唯物论的认识论，"为我主义可以表现为某种狭义的唯物论，杨子的为我主义就是如此。""他以利己而代替利天下，它一方面触犯当时旧的制度的网罗，另一方面却建置起'一毛不拔'的利己的网罗，而其利己的发展，恰不可免地要毁弃唯物论，恰不可免的要从唯物论转进到唯我论的牛角尖里去。"杨朱与墨子的学说"是敌对的学说。虽则杨朱大体上也是个唯物论者，然而这并不是和墨子的唯物论相同。""墨子是古代的伟大辩证家，是古代伟大的唯物论者，是古代中国'农与工肆'之人的灵魂，而杨子的学说却不是别的，乃是当时刻薄无情的锱铢必较的商人之流的代表者，乃是形而上学的，庸俗而粗鄙的唯物论者。""杨朱的为我主义毕竟不能显示唯物论之伟大而丰富的光彩，而且，恰是和唯心论的灵魂相贯通。为我主义与兼爱主义——这是两条路线的斗争，不能把两条路线同等看待，而且这两条路线的斗争，常是也必然是要和唯心论与唯物论这两条路线的斗争相关联的。"② 墨家"摩顶放踵"的利他主义，与中国共产党毫不利己、专门利人的革命精神与国际主义，有着异曲同工之妙。

---

① 陈伯达:《墨子哲学思想》（下篇），《解放》第 104 期，1940 年 4 月。
② 陈伯达:《杨子哲学思想》，《群众》第 4 卷第 14 期，1940 年 5 月。

（四）辩证法思想

对立统一规律，又称矛盾规律，是唯物辩证法的根本规律，是唯物辩证法的实质和核心。在该问题上，中国哲学遗产如何，主要体现于对道家、墨家的评论上。范文澜在《中国通史简编》中，认为老子看到了事物存在对立面的关系："老子看到历史上的成与败，存与亡，祸与福，古今的关系变化，以及战国时代的纷争繁扰，总结出一些含有朴素的唯物论的辩证法的思想。"老子"懂得历史发展和人情世事关联转变的辩证关系，例如他说'祸兮福之所倚，福兮祸之所伏'，'弱之胜强，柔之胜刚，天下莫不知莫能行'等等，因此主张柔、静、下"[①]。

范文澜也同时指出了老子学说的时代局限性。范文澜认为，老子"看见事物的辩证关系，是他的成就；但他那没落阶级的特性，使他只能夸大事物柔弱的一面，而抹煞了另外的一面。"[②]

对于墨子的辩证法思想，陈伯达认为，"墨子首先在中国明确地提出关于'论理学'的概念，即'辩'。""墨子看到了矛盾，看到了'是非'——这个矛盾的互相斗争，互相排挤，同时又承认了矛盾的解决，承认了某种矛盾的斗争，在结局上，会有个解决。墨家的'辩'——论理学，就是含有原始辩证法的，是原始唯物论的辩证法"，"墨子的'互辩'及其解决，恰是以客观事物为根据，而取决于客观事物的。"《墨经》"发现了部分和整个的关系"，"原始地发现了事物、现象之对立的统一"。"墨子是从'异'中发现了'同'，同时也正是从'同'中发现了'异'。"《墨经》是"原始地、初步地窥见了这真髓的"，即"对立统一"。"'同'是在'异'的统一中发现出来，而

---

① 中国历史研究会编:《中国通史简编》上册，华北新华书店 1948 年版，第 163—165 页。

② 中国历史研究会编:《中国通史简编》上册，华北新华书店 1948 年版，第 165 页。

'异'则正是从'同'的分裂中发现出来。""墨子看出了宇宙中的时间空间都是'异而俱于之一',都是对立的统一"。"墨家是在一种事物的'质'中,看到其含有不同的对立的方面,看到物中的含有他物,同时看到在那有一定联结的两种不同的事物(如'利'与'害')中,其所含的对立的方面"。当然,《墨经》也存在形而上学的因素;"墨子相信鬼神,并认为鬼神能予人以祸福。这样,墨子由唯物论者变成了宗教家,并放弃了辩证法。"①

陈伯达还从对立统一规律入手,评价了作为名家的惠施与公孙龙的原始唯物论与辩证法思想。陈伯达认为,惠施与公孙龙,都是墨者,都是唯物论者,但就对立统一规律而言,"惠施对于事物,却是侧重于启发对立的统一,而公孙龙则侧重于启发统一物的对立。他们是代表了墨学后来发展的两大流派。"陈伯达对于惠施的评价高于公孙龙,他认为"惠施是在墨子之后,为墨学承继者的大流派","惠施的哲学观点在大体上是属于原始唯物论和原始辩证法的。"其他辩者,如公孙龙"在一定有限的程度上发现了真理某些方面,但是主要的,却已向着诡辩的相对主义方向发展,向着主观的形而上学方向发展了。"惠施说:"至大无外,谓之大一;至小无内,谓之小一。"陈伯达认为,"惠施把天地万物看成一体,而这'一体'乃是无穷无极的,所以,至大是'无外'的,因为'外',同时还是成为'内';而至小又是无'内'的,因为'内',同时还是成为'外'。这样来看,这是辩证法的。"然而,惠施的哲学观点,仍具有局限性。"正因为宇宙无穷无极的,而事物的可分析,也是无穷无极的","'至大'也不能是'无外',至小也不能是'无内'","惠施忽略了这点,正是会使自己的见解,流落到形而上学中去。"陈伯达还就公孙龙的"鸡三足"命题,指出他混淆了具体事物与抽象概念的区别,从辩证法走向了诡

---

① 陈伯达:《墨子哲学思想》(下篇),《解放》第104期,1940年4月。

辩论，"鸡足是鸡的两足之统一，除了鸡的两足外，鸡足是不存在的，把反映那鸡的两足客观存在的'鸡足'称谓，变成了脱离鸡的两足，而又与之并存的东西，而说是'鸡三足'，这就完全是主观主义的诡辩了。"①

中庸思想是中国古代哲学体系中的重要概念之一。孔子、墨子都对中庸思想有过一定的阐释。孔子曰："中庸之为德，其至矣乎！民鲜久矣。"（《论语·雍也》）孔子还讲："过犹不及"（《论语·先进》）、"执其两端用其中"（《礼记·中庸》）。墨子讲："欲正权利，恶正权害"（《墨子·经下》）、"正而不可摇"（《墨子·经下》）、"权者，两而无偏"（《墨子·经说》）。

陈伯达运用唯物辩证法的质量互变规律，对孔子的中庸思想进行分析。他认为，"孔子在认识论上曾有关于'质'的发现"，"孔子说：'过犹不及'。这就是说：一定的'质'就是含有一定的'量'的，是包含在一定的'量'之中，'过'了一定的'量'，或者'不及'一定的'量'，就都是不合于一定的'质'。这'质'用孔子的话来说，就是'中庸'。""关于这所谓'过犹不及'之'质'的发现，这是孔子在中国哲学史上一个很大的功绩。"②毛泽东也赞同陈伯达的这一说法，他指出：孔子的中庸思想，"的确如伯达所说是孔子的一大发现，一大功绩，是哲学的重要范畴，值得很好地解释一番。"③张闻天也认为："中国古人有句话说，'过犹不及'，'过分'与'不及'都是不正确的。"④

鉴于孔子哲学立场的唯心论本质，陈伯达指出孔子的中庸思想

① 陈伯达:《惠施及其他辩者的哲学思想》,《理论与现实》第 1 卷第 2 期, 1939 年 8 月。
② 陈伯达:《孔子的哲学思想》,《解放》第 69 期, 1939 年 4 月。
③《毛泽东书信选集》, 人民出版社 1983 年版, 第 147 页。
④ 中央党史研究室张闻天选集传记组编:《张闻天文集（1935—1938）》第二卷, 中共党史出版社 2012 年版, 第 299 页。

是倒置的，"孔子关于'质'的观念，是建立在其唯心论的基础上的。孔子对于'质'的规定，主要的是从主观上出发的，是把'中庸'看成主观的'善'的观念的东西，而不是把'质'（中庸）看成客观事物的东西，不是把'质'（中庸）的观念看成是从客观存在的事物中握取而来。正确地理解'质'这真理（表现一定事物相对安定性的'质'的真理），恰是需要把孔子唯心论的倒置观点再倒置过来。"同时，孔子将事物"质"的稳定性，看作是一成不变的、静止的，没有看到事物"质变"的过程，并且将中庸思想神秘化："孔子把一定的'质'看成不变的神圣，孔子看不见某一定的'质'可以变为另一定的'质'，孔子看不见经过历史的发展，某一种'中庸'会被另一种'中庸'所代替。""孔门不但把'中庸'看成不变的神圣，而且也把'中庸'看成不可企及的神圣。'中庸'被神秘化了。"① 对于孔子中庸思想的缺点，毛泽东也指出："孔子的中庸观念没有这种发展的思想，乃是排斥异端树立己说的意思为多，然而是从量上去找出与确定质而反对'左'右倾则是无疑的。"②

　　毛泽东在对比了儒、墨中庸思想后认为，在强调事物"质"的稳定性方面，"儒墨两家话说得不同，意思是一样，墨家没有特别发展的地方"，"墨家的'欲正权利，恶正权害''两而无偏''正而不可摇'，与儒家的'执两用中''择乎中庸服膺勿失''中立不倚''至死不变'是一个意思，都是肯定质的安定性，为此质的安定性而作两条战线斗争，反对过与不及。""'正'是质的观念，与儒家之'中'（不偏之谓中）同。'权'不是质的观念，是规定此质区别异质的方法，与儒家'执两用中'之'执'同。"③

　　对于儒、墨中庸思想的不同之处，毛泽东认为，陈伯达将墨子

① 陈伯达：《孔子的哲学思想》，《解放》第 69 期，1939 年 4 月。
②《毛泽东书信选集》，人民出版社 1983 年版，第 147 页。
③《毛泽东书信选集》，人民出版社 1983 年版，第 141—142 页。

中庸思想与儒家的折衷主义等同的观点是不对的，孔子的中庸思想是折衷论，只看到了事物"质"的两个方面，没有看到事物内部的主要矛盾与次要矛盾。毛泽东进一步批判了孔子中庸思想的折衷主义："中庸思想本来有折衷主义的成分，它是反对废止剥削又反对过分剥削的折衷主义，是孔子主义即儒家思想的基础。""中庸思想是反辩证〔法〕的。他知道量变质，但畏惧其变，用两条战线斗争方法来维持旧质不使变化，这是维持封建制度的方法论。他只是辩证法的一要素""而不是辩证法"[①]。而墨子则不同，他看到了"一个质有两方面，但在一个过程中的质有一方面是主要的，是相对安定的，必须要有所偏，必须偏于这方面，所谓一定的质，或一个质，就是指的这方面，这就是质，否则否定了质。所以墨说'无偏'是不要向左与右的异质偏，不是不要向一个质的两方面之一方面偏（其实这不是偏，恰是正），如果墨家是唯物辩证论的话，便应作如此解。"[②]

在批判儒家中庸思想的折衷主义、调和主义的同时，对其他内容则具体问题具体分析，例如《礼记·中庸》中讲："君子和而不流，强哉矫；中立而不倚，强哉矫；国有道，不变塞焉，强哉矫；国无道，至死不变，强哉矫。"对此，张闻天指出："中国人过去讲究的'中庸之道'，如果不把它像古代及现时的许多人那样解释成为折衷主义，调和主义，如果不像过去和现在许多人那样，认为它是把历史的东西和思想当成僵死不变的东西和教条，这就可以看作一定历史事物在一定时间空间中所持的坚定的、中肯的、恰当的、如《中庸》上所谓'强哉矫'的立场。一切过分的、偏激的或庸俗的、不及的论调，都是夸大片面性的结果。只有坚定不动摇的不偏不倚的正确立场，才能使人们迈步前进，才能有力量去克服一切困难，才能教育人们正确

---

① 中共中央文献研究室编：《毛泽东哲学批注集》，中央文献出版社 1988 年版，第 364、380 页。
②《毛泽东书信选集》，人民出版社 1983 年版，第 142 页。

的把握现实与改造现实。"①

　　在对传统文化的辩证法思想的发掘中，《孙子兵法》亦得到关注。郭化若认为，孙武以及《孙子兵法》，"提示了战争中最一般的规律，所以至今其战略思想还有高价"，"他不像一般唯心论者轻视与否认战争中的规律，相反地，他认为战争有一定的规律，这些规律是可以认识的，可以把握的"，"《孙子兵法》在基本上已是唯物辩证战争论"。孙武提到了战争中主要的范畴如"敌我""优劣""攻防""胜败"等对立面的存在。"孙子不像一般唯心论者把军事脱离开经济来看，他对战争依赖于经济这一点，看得很重要"。此外，"孙子虽然强调了将帅的作用，但他对战争终局胜败决定的条件，却不仅看到了将帅一项，而且看到政治、法令、军队以及天时地利等条件。"《孙子兵法》以原始的辩证法看待战争因素，"他不是片面地看问题，不是孤立地看问题，而是全面地联系地看问题"，所以能提出正确适当的原则；"他不把战争中一切事物，看成静止的一成不变的，或不可变的，而把战争中一切事情与自然界一样看成变动的，可变的"；"他不把战争中一切对立的范畴看成分离的无关的，而把他看成相互渗透的互相推移的"；"他不为复杂迷乱的现象所蒙蔽，而能从现象深处发掘出本质来"，"他更懂得从现象的联系与发展中去发掘本质"。当然，郭化若也指出了《孙子兵法》的局限性，"他就把战争作为无类别的看，无视义战与不义战的区别。""他掩藏了政治的阶级性，所以他对本国居民本军兵卒的办法只有愚民政策，利诱（所谓厚赏）与镇压（严刑）。而没有（当时也不能有）发动民众，提高兵卒政治觉悟的思想。"孙子的变动观点，"带有浓厚的循环论的色彩的。他对于自然解释为'终而复始……死而复生'，没有看出向上的发展，在军事领域

---

① 中央党史研究室张闻天选集传记组编：《张闻天文集（1935—1938）》第二卷，中共党史出版社 2012 年版，第 299 页。

里，也就只看到量的作用与变动，而忽视质的作用。"[1]

（五）道德观

道德伦理构成中国传统文化的重中之重，理性地看待传统道德伦理尤其是"忠""孝""仁智勇"等核心理念，成为延安时期中国共产党讨论传统文化问题的重要论域。

中国共产党依据马克思主义原理，视道德为一种历史范畴，具有相对性，因而对传统道德伦理尤其是儒学伦理持批判性继承和革命性、时代性转化的立场。艾思奇指出，"譬如说'忠'，封建时代人们要忠于君，以为忠君就是良心的律令，而现在我们却要忠于国，忠于民族，这也是良心，而忠君的思想现在却是非道德非良心的东西了。"[2]

"忠""孝"观在儒学伦理中居于首位，对此，陈伯达进行了深入剖析："孔子所建立的概念世界，概括来说，就是封建社会中'忠'与'孝'的两个概念。""在家尽'孝'，在君尽'忠'。""家庭中父与子的关系，成了社会中君与臣的关系之基础。因此，'忠'与'孝'在封建社会中便成了有机的一体，孝就是忠的缩影，忠也就是孝的放大。把'忠''孝'当成对于个人的服役，而且这种服役是要无条件的，盲从的——这是封建社会中'忠''孝'的狭隘性，这种狭隘性且成为人类精神的奴役。"[3]对于陈伯达的分析，毛泽东给予肯定，同时指出陈伯达"移忠作孝"提法的不妥，他认为，应该是"移孝作忠"而不是"移忠作孝"，"事实上奴隶社会与封建社会的国家发生以前，家庭是先发生的，原始共产社会末期氏族社会中的家长制，是后

---

① 郭化若:《〈孙子兵法〉之初步研究（三）》，《八路军军政杂志》第2卷第1期，1940年1月。

② 艾思奇:《共产主义者与道德》，《解放》第51期，1938年9月。

③ 陈伯达:《孔子的哲学思想》，《解放》第69期，1939年4月。

来国家形成的先驱"，"社会中（说国家中似较妥当）君与臣的关系，反映了家庭中父与子的关系"①。

对于如何将传统忠孝观进行革命性、现代性转换的问题，陈伯达提出，"人们要把'忠''孝'变成自觉的和合理的新美德，正必须把'忠''孝'从这种封建的服役和盲从于个人的狭隘性方面解放出来；而这样，就必须把那被孔子所颠倒的名实关系再颠倒过来，也就是说，把'忠''孝'的一定德性看成是一定社会关系的产物，为一定的社会存在所决定，而忠孝首先就是应当从属和服役于人民及民族的，才最具有积极的意义。"② "我们对于固有文化，如忠、孝、仁、义等道德，必要由服务支配者个人的奴隶道德，转变为、及改造为服务民族，服务社会，服务大众，为民族社会大众而牺牲的道德，这是道德历史在我们民族新时代的新发展"③。

儒学伦理中的"知（智）""仁""勇"等观念也受到同样的评判。毛泽东指出："'知仁勇'，孔子的知（理论）既是不根于客观事实的，是独断的，观念论的，则其见之仁勇（实践），也必是仁于统治者一阶级而不仁于大众的；勇于压迫人民，勇于守卫封建制度，而不勇于为人民服务的。"④

综观主要是在抗日战争初期中国共产党对于中国传统文化经典的评析，可以说是一场学理性很强、质量很高的讨论。睽诸党的历史，这恐怕是党内第一次无论论题还是时间都比较集中的运用马克思主义尤其是辩证唯物主义和历史唯物主义原理系统分析和评价中国传统文化经典的学术探讨活动。这也体现了彼时中国共产党的马克思主义理论修养水平和应用水平。这次具体而微、具体而深入的讨论，为

① 《毛泽东书信选集》，人民出版社 1983 年版，第 145 页。
② 陈伯达：《孔子的哲学思想》，《解放》第 69 期，1939 年 4 月。
③ 陕甘宁边区文化界救亡协会：《我们关于目前文化运动的意见》，《解放》第 39 期，1938 年 5 月 21 日。
④ 《毛泽东书信选集》，人民出版社 1983 年版，第 147 页。

毛泽东、张闻天等人从宏观上、总体上阐述党对待传统文化的总态度——批判地继承或曰取其精华、去其糟粕做了某种准备。当然，这里也显示出中国共产党的成熟：一方面，在专家范围和专业水准上，重科学、严谨、客观、理性；另一方面，面对更广大的受众包括各类知识分子时，政治影响、现实需要、党的主要任务等因素则构成首要考量，传统文化的封建宗法性质必须明确、传统与糟粕的两分法必须明确，主要是警惕和批判的立场必须明确，等等。以历史的后见之明言之，在中国共产党未来路途上，既有客观理性对待传统文化的可能，也有简单地排斥传统文化的可能。另外，即使就学理探讨而言，也不难看出，社会形态决定文化性质、思想背后树立着阶级利益、唯物主义与唯心主义的两条路线等理念，构成讨论和言说的深层支撑，且不难窥见其机械处。当然，这是时代与环境带来的特点，对此宜有"同情的理解"。

四、关于民族形式问题的论争

对民间传统文化形式，中国共产党在土地革命战争时期就确立了利用之以服务于革命宣传的基本方针。与此同时，文艺大众化成为左翼文艺的旗帜（虽然其以五四以来的新文艺"化大众"为主要意图，但是终要面对民间文化与大众化的问题），源自西方的现代学术"中国化"的意识和呼声在全面抗战爆发前后愈行愈显，在此背景下，中共六届六中全会提出马克思主义中国化的命题，毛泽东要求将"国际主义的内容"与"民族的形式"结合起来。尤为重要的是，要在广大农村发动农民抗战，开辟和发展敌后抗日根据地，就必须利用农民所熟悉的一切民间的与地方性质的文化形式。

事实上，在根据地，党的文艺工作者一直在利用民间文化形式进行革命宣传与文艺创作，被形象地概括为"旧瓶装新酒"。在这一探索过程中，难免存在将新的内容生硬地装入旧的形式之中，而不考虑形式与内容两者衔接、融合的问题。在思想认识上，也存在大众化就是民间化、就是回归乡村旧文化形式，而轻视改造、创新等偏向。对此，一些文艺工作者提出了批评。1938 年 3 月，冀中军区政治部出版的《红星》半月刊创刊号上发表孙犁的《现实主义文学论》一文，文章在赞成"什么形式接近群众，我们就在可能的范围内，采用那种形式"，例如"采用旧剧的说白或唱词，身段或动作"，"把新的内容用土语灌入当地最流行的歌调中"等等前提下，重点提出新内容与旧形式的有机结合问题，强调内容的决定性作用，而不要一味迁就旧形式，指出"内容是决定形式的，然而内容和形式应该辩证地统一起来，形式是可以影响内容的。用旧式的陈腐的形式来表达新的进步的内容，那结果必是形式与内容的分离，必定在新的内容里参加有害的旧观念，旧瓶子是可以腐毒新装的流汁的。复杂的内容必要灵活底形式，才使作品不陷于呆板寂寞，而作品之所以能生存下去，却是因为内容生气十足底缘故。"[1]

1938 年四五月间，《七月》杂志社以"宣传、文学、旧形式的利用"为主题，通俗读物编刊社以"关于'旧瓶装新酒'的创作方法"为主题，相继组织了座谈会。这两个座谈会就旧形式的运用、大众启蒙等问题，进行了阵营对垒、针锋相对的对话与论争，反映了利用旧形式的不同态度。通俗读物编刊社以向林冰为主，其核心观点主张"旧瓶装新酒"，将新内容尽可能地装进旧形式中，只有旧形式才是大众化的唯一途径。《七月》杂志社则认为旧形式只是过渡的形式，而新文学特别是革命现实主义，才是文艺运动之主流。当然，二者共享一个前提，即均肯定对于旧形式的利用问题，不同之处在于民族形式的方向问题。这两种迥异的态度，为其后民族形式问题的论争，埋下

---

[1] 张学新、刘宗武编：《晋察冀文学史料》，天津社会科学院出版社 1989 年版，第 349 页。

了引线。

中共六届六中全会对中国历史与文化遗产的重视、对马克思主义中国化的强调，直接影响到文艺界。自 1939 年初开始，文艺界即掀起了关于如何利用旧形式，如何创造文艺的民族形式的讨论，其影响范围由延安向敌后抗日根据地、国统区扩展。艾思奇撰文指出，把握和利用旧形式，"并非完全投降旧形式，无条件地主张旧形式至上主义，也并非仅仅以旧形式为敷衍老百姓的手段，把它看做艺术运动本身以外的不重要的东西，而是要把它看做继承和发扬旧文艺传统的问题"[①]，从旧形式发展为新的民族形式的问题。周扬号召作家积极转变对于中国传统文化的态度："我们要在对世界文化的关心中养成对自己民族文化的特别亲切的关心和爱好，要在自己民族历史文化的基础上去吸取世界文化的精华。国际主义也必须通过民族化的形式来表现。"[②] 邓拓在 1939 年 3 月 2 日召开的晋察冀边区文艺作者创作问题座谈会上也指出，必须对旧的民族文艺形式充分批判地接受，吸取旧形式的优点，进而从旧形式过渡到新形式，"我们文化的新内容，会生出新形式，但我们文化的新内容，也可以在无论任何旧的形式中显现出来。而文化旧形式的尽量利用，正所以便利于文化新内容的广大发展，并且在发展过程中，文化新内容将不断征服旧形式，不断使旧形式成为文化新内容的附属，而过渡到文化新形式。这是从旧生新的过程。"[③]

1940 年 1 月，毛泽东发表《新民主主义的政治与新民主主义的文化》（即《新民主主义论》）进一步提出，"中国文化应有自己的形式，这就是民族形式。民族的形式，新民主主义的内容——这就是我

---

① 艾思奇:《旧形式运用的基本原则》,《文艺战线》第 1 卷第 3 号, 1939 年 4 月。
② 刘增杰等编:《抗日战争时期延安及各抗日民主根据地文学运动资料》上册, 山西人民出版社 1983 年版, 第 541 页。
③ 张学新、刘宗武编:《晋察冀文学史料》, 天津社会科学院出版社 1989 年版, 第 115 页。

们今天的新文化"①。在这里，毛泽东将新文化的内容从六届六中全会的"国际主义"转换为"新民主主义"。张闻天也提出"新文化可以而且应该利用能够表现新内容的一切中国旧文化的旧形式，但旧形式只有经过相当的改造，才能适当的表现新内容。对于旧形式是批判的利用，这种利用，也是新形式的创造的发端"②。显然，毛泽东所言的"民族形式"，不仅是指中国传统文化形式，而是在尊重、重视、运用并改造固有文化形式的基础上，创造富有新时代特点和符合新时代要求的民族文化形式。张闻天讲得更具体，对于旧形式是利用中改造，目的是创造新形式。这些论述，为其后关于文化民族形式问题论争，以及对旧形式、民间形式的革命化改造，起到了指导作用。

毛泽东发表《新民主主义的政治与新民主主义的文化》演讲后，围绕如何理解和发展"民族形式"问题在革命文艺阵营发生了一次范围较大的论争。

1940 年 3 月 24 日，向林冰在《论"民族形式"的中心源泉》一文中，延续他在抗战初期的观点，在承认民间形式存在缺点的同时，提出应以民间形式作为民族形式的中心源泉的观点。他认为，五四以来的新兴文艺形式属于精英文化的特质，"由于是缺乏口头告白性质的'畸形发展的都市的产物'，是'大学教授，银行经理，舞女，政客以及其他小'布尔'的适切的形式"，"所以在创造民族形式的起点上，只应置于副次的地位"，当前应"以自己作风与自己气派的民间形式为中国作风与中国气派的民族形式的中心源泉的场合"③。向林冰的观点实际上否定了五四以来的新兴文艺形式，认为其精英化特质无法真正实现大众化，更无力承担起"民族形式"重构的重任。黄

---

① 《毛泽东选集》第 2 卷，人民出版社 1991 年版，第 707 页。
② 张闻天：《抗战以来中华民族的新文化运动与今后任务》，《中国文化》第 1 卷第 2 期，1940 年 4 月。
③ 徐迺翔：《文学的"民族形式"讨论资料》，广西人民出版社 1986 年版，第 196 页。

芝冈、方白、王冰洋等人与向林冰持同一观点。此后，向林冰又相继发表了《封建社会的规律性与民间文艺的再认识——再论民族形式的中心源泉之一》《民间文艺的新生——再论民族形式的中心源泉之二》《新兴文艺的发展与民间文艺的高扬——再论民族形式的中心源泉之三》《民族形式的三个源泉及其从属关系——再论民族形式的中心源泉之四》等文章，阐释其"中心源泉论"。由此引发了一场范围广泛的关于民族形式的论争。

对于向林冰的观点，葛一虹、郭沫若、茅盾、胡风等人强烈反对。葛一虹对向林冰的观点提出质疑："我们并不否认我们的民族遗产中间多少有些有助于我们完成大众化完成民族形式的东西。但是却不是'主导契机'或'中心源泉'。我们的'主导契机'或'中心源泉'，还是在于我们的科学的世界观和我们的现实主义的创作方法。"葛一虹从人类遗产的高度审视民族形式与民间形式的问题，认为"民族遗产是人类遗产的一部分。而'中心源泉论'与'主导契机论'的'中心'与'主导'却在乎作为人类总遗产之一部分的民族遗产之上。这是只见树木而不见森林，这是明白地新的国粹主义。"[1]1940 年 4 月 10 日，葛一虹在《新蜀报》发表文章《民族形式的中心源泉是在所谓"民间形式"吗?》，再次称向林冰是"新的国粹主义"，"所谓大众化和民族形式的完成，只有到旧形式或民间形式里去找寻"，实际上"抹煞五四以来在新文学上艰苦奋斗的劳绩，责难它不大众化和非民族化"[2]。

郭沫若也明确反对向林冰的观点，认为"民间形式成为民族形式的中心源泉"的见解，是不正确的。他从大众化的民间形式与精英

---

① 徐迺翔:《文学的"民族形式"讨论资料》，广西人民出版社 1986 年版，第 181—182 页。
② 徐迺翔:《文学的"民族形式"讨论资料》，广西人民出版社 1986 年版，第 219 页。

化的士大夫形式两个方面审视新文艺，认为"中国新文艺，事实上也可以说是中国旧有的两种形式——民间形式与士大夫形式——的综合统一，从民间形式取其通俗性，从士大夫形式取其艺术性，而益之以外来的因素，又成为旧有形式与外来形式的综合统一。""在目前我们要动员大众，教育大众，为方便计，我们当然是任何旧有的形式都可以利用之。不仅民间形式当利用，就是非民间的士大夫形式也当利用。用鼓词、弹词、民歌、章回体小说写抗日的内容固好，用五言、七言、长短句、四六体来写抗日的内容，亦未尝不可。"① 茅盾在《旧形式·民间形式·与民族形式》一文中明确指出，旧形式无法成为民族形式的中心源泉，他批判向林冰的主张"不但是向后退的复古的路线，而且有'导引'民族形式入于庸俗化与廉价化的危险，并有在文艺界中散布'抄小路''占便宜'的倾向的危险！"他认为"民族形式的建立，是一件艰巨而久长的工作，要吸收过去民族文艺的优秀的传统，更要学习外国古典文艺以及新现实主义的伟大作品的典范，要继续发展五四以来的优秀作风，更要深入于今日的民族现实，提炼熔铸其新鲜活泼的质素。"②

江丰在《解放日报》发文，就绘画艺术中的新旧形式问题提出看法，他认为"利用旧形式的第一个目的，显然是站在实用主义观点出发的利用。为了实用，往往将已经掌握了的并且有了相当成绩的科学技术抛弃，而回复到旧传统的桎梏中去，站在艺术上说，实是开倒车的现象。如果采用'旧瓶装新酒'，确易为老百姓接受，那末在一切服从抗战的原则下，这种应急办法，也是可以的。"③

胡风也发表了《论民族形式问题底提出和争点》《论民族形式问

---

① 郭沫若：《"民族形式"商兑》，《中国文化》第 2 卷第 1 期，1940 年 9 月。
② 茅盾：《旧形式·民间形式·与民族形式》，《中国文化》第 2 卷第 1 期，1940 年 9 月。
③ 江丰：《绘画上的利用旧形式问题》，《解放日报》1941 年 12 月 2 日。

题底实践意义》《文学上的五四》等文章，批判向林冰的观点。与葛一虹观点相似，他认为向林冰关于"五四底新文学是'大学教授、银行经理、舞女、政客以及其他小'布尔'"的观点，"那仅仅只能是'新国粹主义者'底污蔑。"① 民族形式的发展，应该"以现实主义的五·四传统为基础，一方面在对象上更深刻地通过活的面貌把握民族的现实（包括对于民间文艺和传统文艺的汲取），一方面在方法上加强地接受国际革命文艺底经验（包括对于新文艺底缺点的克服），这才能够创造为了反映'新民主主义的内容'的'民族形式'。"②

这次论争在各根据地也引起了反响。1941 年 2 月至 5 月，晋察冀边区就关于民族形式的问题，尤其结合秧歌舞的利用与改造问题展开了较为集中的讨论，虽然未产生激烈争论，但也深化了对民族形式问题的认识。1941 年 2 月 25 日，田间在《晋察冀日报》上发表文章《"民族形式"问题》，批判了向林冰关于"民间形式是民族形式的中心源泉"的观点，提出要在理论上"击碎向林冰底或向林冰近似的观点幻觉倾向"。他认为，向林冰的观点"有意无意中是否定了五四文学革命精神以及它所走过的道路底战绩"。当然，对于旧形式、民间形式，也不是要把它"一脚踢开"，而是"要很好的研究它，作为我们创造'民族形式'过程中的某些参考"，"站在为创造新形式的基本观点上"，改造"真正有比较健康的民间形式"，"万不能把以'民间形式'来作创造'民族形式'的中心源泉与此混同"③。

3 月 7 日，左唯央在《晋察冀日报》发表文章《读〈"民族形式"问题〉后》，在承认民间形式存在缺点的同时，也质疑田间的观点，认为田间"完全没有注意这些旧形式中的新内容""由纯形式的见地

---

① 《胡风全集》第 2 卷，湖北人民出版社 1999 年版，第 624 页。
② 胡风：《论民族形式问题底实践意义》，《理论与现实》第 2 卷第 3 期，1941 年 1 月。
③ 田间：《"民族形式"问题》，《晋察冀日报》1941 年 2 月 25 日。

给予评价"。当然，与田间相同，左唯央也对向林冰的观点提出批评："利用旧形式决不就是把旧形式或民间形式看做中国应有的民族形式或向林冰那种'中心源泉'，这是非常明白的事。"在这一点上，左唯央赞同郭沫若的观点，认为"落后的旧形式对于进步的新思想新内容是缺乏活泼生动的表现力的"，因而"旧形式绝不是我们理想的形式"，完全抹杀新文艺的历史与价值，以民间形式为民族形式的中心源泉是不必要也是不可能的。他认为，民族形式的建立，并不能单纯依靠旧形式，"主要地还是依靠对于自己民族现在生活的各方面的缜密认真的研究，对人民的语言、风俗、信仰、趣味等的深刻了解，而尤其是对目前民族抗日战争的实际生活的艰苦的实践。离开现实主义的方针，一切关于形式的论辩，都将会成为烦琐主义与空谈。"①

作为对左唯央的回应，3月28日，田间又在《晋察冀日报》发表文章《〈"民族形式"问题〉补充——兼答左唯央同志》，认为左唯央误会了他的观点，"以为我轻视'旧形式'，反对利用旧形式，甚至以为我在企图证明'旧形式无用论'。我想我还不至于胡涂到这种地步。"田间采用毛泽东的观点，认为旧形式的批判改造与新形式的创造，在于发展"旧形式底精华"，扬弃"旧形式底糟粕"，"从旧形式中吸取精华作为营养料之一部分"，"不但进步的旧形式底优良的成果，甚至反动的旧形式底优良的成果，只要通过我们新的世界观（新的创作方法），把它融化了，仍然都会变成有用的东西。""'民族形式'就是要在不断地创造过程中成就它，就是要跟新的生活，新的理想不断地前进。今天的'民族形式'和明天的'民族形式'决不会相同的。在'民族形式'总的命题下，各个作家底形式又不相同，所以，'民族形式'将是自由的形式，多样的形式；而且是新形式。"②

---

① 左唯央：《读〈"民族形式"问题〉后》，《晋察冀日报》1941年3月7日。
② 田间：《〈"民族形式"问题〉补充——兼答左唯央同志》，《晋察冀日报》1941年3月28日。

　　对于晋察冀边区秧歌改造问题的讨论，能够更具体地反映人们在认识与对待民族形式问题上的态度。田间认为，晋察冀边区最普遍流行的且有悠久历史的民间艺术形式——秧歌舞"它在一般民众中的利用并未经过怎么批判、改造地利用也是事实"，"秧歌舞这样的利用是发生了许多流弊"[①]。沙可夫也表达了同样的担忧，指出"这种'秧歌'活动虽充实了些新的内容，但由于在形式上未经多少改造，有的还保留了某些旧'秧歌'中所含的封建毒素（如色情，神怪等），以致不完全合适的来反映今天的现实生活。很显然的，我们应该脚踏实地，站在现有的'秧歌'实际发展的基础上来逐步改造它，使它更向前提高与发展，更能为政治与群众服务。"[②]左唯央则不同意田间的观点，他在承认秧歌有着一定缺点的基础上，认为田间没有看到秧歌在宣传动员中的正面作用，忽略了秧歌这一旧形式中所蕴含的新内容："它是包含着抗日的内容，和各阶级阶层共同联合抗日的统一战线的内容；甚至常常反映着一定时期国内政治形势的特点，如日本帝国主义底政治诱降，国内外亲日派反共分子顽固分子底阴谋和人民底斗争；它不仅有'工人'和'农民'，而且有日寇、汉奸、亲日派、顽固派诸角色。"[③]

　　从关于民族形式的论争中，可以看到其主要分歧在于如何看待民间形式与五四以来新文化在塑造民族文化新形态中的地位与作用。以向林冰为代表的观点，无论历史地看，还是就当时人看，均夸大了民间形式在创造民族文化形式中的地位与作用。民间文化形式在抗日民族战争中对于动员农民的独特效能、对于创造新的民族形式的重要渊源作用，这一点无人否认，问题的关键在于，民间形式既不等于民

① 田间:《〈"民族形式"问题〉补充——兼答左唯央同志》,《晋察冀日报》1941年3月28日。
② 沙可夫:《晋察冀新文艺运动发展的道路》,《解放日报》1944年7月24日。
③ 左唯央:《读〈"民族形式"问题〉后》,《晋察冀日报》1941年3月7日。

族形式，也不构成民族形式的"中心源泉"，符合时代要求的民族形式需要创造、综合，尤其是五四以来的新文化不能丢（实际上，多数文章或明确或暗示五四以来的新文化才是创造新的民族文化形式的主导力量和方向）。概而言之，民族形式要在继承和综合民间文化形式与其他旧文化形式、五四以来的中国新文化、世界新文化的基础上进行创造。这一共识经过论争更为显明，这对于中华新文化创造与发展自然是有意义的。实际上，这场讨论涉及到文化在时间延续上的古今关系，涉及社会结构上的乡村、农民文化与都市、精英文化的关系，也涉及到空间地理上的中外文化关系，而这些关系均是文化创造与发展中的深层问题，这些问题不可能一劳永逸地解决。但是，尽可能早地形成自觉意识、达成科学理性的原则立场，防止极端化，这对于文化创造实践是至关重要的。

小结

认识源于实践，又反过来指导实践，从后者的意义上讲，思想认识是行动的先导，有什么样的认识，就会有什么样的实践。本章内容主要定位于思想认识层面进行梳理和分析。从新启蒙运动对传统文化态度的调试，到确立"取其精华、去其糟粕"的总方针，再到对经典思想的深入探讨、对文化之民族形式的热烈讨论等，这一思想认识历程表明，中国共产党的文化理论从五四以来激进的反传统到注重文化民族性的转向。民族意识的勃兴，促进中国思想文化界开始理论的反思与政治的联合，将救国路径从寻求"他山之石"向关注传统文化的内在价值转变，突破五四否定传统的立场，为民族救亡寻求文化依据，进而引发中国共产党对于传统文化的重新定位与估价。基于此，新启蒙运动以新哲学为方法，承继与扬弃五四传统，正视中国传统文化存在的客观性，辩证地分析、认识中国传统文化的两面性，借用传统文化批判文化侵略，弘扬民族精神，注重以现代民族国家的概念与内容实现中国传统文化的现代性转化，进而初步地表达了构建现代中国新文化的理论命题和时代主题。全民族抗日战争爆发后，从对立性的阶级文化向共生性的民族文化转变，是中国共产党传统文化观的重要转折。在民族抗战的境遇下，中国共产党积极调适与转变传统文化观，引发了传统文化论域的调整。

从民族性出发认识传统文化构成全民族抗战爆发后中国共产党认知中华传统文化的重要特点，但这并非意味着阶级性认知的退场，事实上，在民族性与阶级性的辩证统一中认识和评价传统文化是中国共产党的一贯立场，只不过场域不同、问题不同，言说之时各有侧重而已。不管是"取其精华、去其糟粕"、批判地继承的总方针，还是对儒家、墨家、道家、法家、佛教、兵家、名家等传统文化经典学说的分析和评价，乃至对民间文化与民族文化形式的探讨，其背后都有阶级分析的基础，例如，儒家代表的是没落的奴隶主贵族阶级，后来被地主阶级用来维护封建宗法制度，墨家代表的是小生产者的利益，法家代表的是新兴地主阶级，等等，这些构成第一评价或者其他具体评价的大前提。然后是和马克思主义理论、和共产主义价值观相通或者可以进行转化的思想因子，例如朴素的唯物论与辩证法思想、民本思想、反抗与革命精神、利他的奉献精神，等等，得到较高评价，而与此相悖的思想理念则会遭受批判和否定。

中国共产党对待传统文化是以马克思主义理论为指导和衡量标准的，辩证唯物主义与历史唯物主义构成最重要的方法论，关于传统文化的民族性与阶级性认知，关于精华与糟粕、继承与批判的分野，均立足于马克思主义立场与方法，这正是中国共产党人与其他社会派别、政治力量看待传统文化的显著不同之处，也是其批判文化复古主义、文化虚无主义的理论基础。离开马克思主义对待传统文化便失去其特色和价值，虽然处在革命战争年代，中国共产党运用马克思主义认知传统文化存在过于机械、简单的问题，例如在思想学说与阶级利益、阶级斗争的关系、与唯物论和唯心论、辩证法和形而上学的关系等方面，但瑕不掩瑜，且随着时代和认识的进步，这些问题均得到或早或迟的校正、解决。

第五章　利用、传承和改造传统文化

全民族抗战到来后，中国共产党不但在认识上调整传统文化观，确立取其精华、去其糟粕的方针，确立在新民主主义内容与民族形式的结合中创造中华民族新文化的总方向，而且落实为实践，这表现在，一方面积极从传统文化中汲取有利于抗日民族战争、有益于革命的思想资源和要素，尤其是充分利用群众喜闻乐见的文化形式，开展爱国主义和民主主义宣传教育，进行社会动员；另一方面始终保持清晰头脑，运用历史唯物主义和辩证唯物主义的观点和方法看待传统文化的价值和局限，分析各派政治力量在传统文化问题上的立场和行为、透过现象看本质，对传统文化不是简单地"拿来主义"而是有扬弃有继承有改造。

一、中国共产党是"最优秀传统的继承者"

全民族抗战时期，中国共产党明确定位自己是中华优秀传统文化的继承者、弘扬者，标志着其对待传统文化态度的重大转变，也由此开启了自觉的传承与改造传统文化的历程。

1938 年 10 月，毛泽东在中共六届六中全会的报告中提出"学习我们的历史遗产，用马克思主义的方法给予批判的总结"的任务，指出"我们这个民族有数千年的历史，有它的特点，有它的许多珍贵品。对于这些我们还是小学生。今天的中国是历史的中国的一个发展；我们是马克思主义的历史主义者，我们不应当割断历史。从孔夫子到孙中山，我们应当给予总结，承继这一份珍贵的遗产"①。在这里，毛泽东充分表达了对中国历史和传统的礼敬立场，同时也表达了在该方面宜有的严谨态度和科学方法。实际上，伴随抗战的进程，中国共产党越来越重视运用中国悠久的历史与文化凝聚民心、团结御侮，越来越自觉地把自己摆在历史与传统的继承者和弘扬者位置上。1938 年 5 月 4 日，陕甘宁边区文化界救亡协会发表的《我们关于目前文化运动的意见》提出："我们民族有四五千年的文明历史，我们民族有深厚的历代久远反映民族和社会生活的文化道德的传统和习惯，有历代久远的各种艺术形式和技巧"，因此"我们文化界的战士，必要明确不易地宣布，我们是真正的中国文化和东方文化的传统的继承者。我们不但要'开来'而且是要'继往'的"②。1943 年 5 月，中共中央宣示："中国共产党人是中华民族最优秀的子孙"，"中国共产党人是我们民族一切文化、思想、道德的最优秀传统的继承者，把这一切优秀传统看成和自己血肉相连的东西，而且将继续加以发扬光大。"③党的七大将毛泽东思想定位为"马克思主义民族化的优秀典型"，"完全是马克思主义的，又完全是中国的"，"是中国民族智慧的最高表现和理论上的最高概括"，是"适合于中国历史环境的新原理和新结论"。④上述界定和结论从不同方面表明，中国共产党对于中国历史传统与文化的珍重和弘扬态度是明确的。

中国悠久的历史文化传统中含有大量的同仇敌忾、威武不屈的民族精神遗产，对此中国共产党极为重视。艾思奇提出："倘若单就孔子的伦理哲学来说，个别的部分也未尝没有可以采取的地方，譬如

---

① 《毛泽东选集》第 2 卷，人民出版社 1991 年版，第 533—544 页。

② 陕甘宁边区文化界救亡协会：《我们关于目前文化运动的意见》，《解放》第 39 期，1938 年 5 月。

③ 中共中央文献研究室编：《建党以来重要文献选编（1921—1949）》第 20 册，中央文献出版社 2011 年版，第 318 页。

④ 《刘少奇选集》上卷，人民出版社 1981 年版，第 333—336 页。

说'礼义廉耻'罢，倘是真正的'知耻'应用到目前的情势上来，也未尝没有用处，因为现在最大的耻是国耻。"[1]1939 年 1 月 17 日，毛泽东致信何干之，认为应该从历史研究中总结出民族抵抗与民族投降的两条路线，进而与当前民族抗战紧密联系起来："如能在你的书中证明民族抵抗与民族投降两条路线的谁对谁错，而把南北朝，南宋，明末，清末一班民族投降主义者痛斥一番，把那些民族抵抗主义者赞扬一番，对于当前抗日战争是有帮助的。"[2]陕甘宁边区文化界救亡协会在《我们关于目前文化运动的意见》也指出，不仅近代中国，"就是旧时代的中国，最优秀的文化上的圣贤，也都是最热爱自己的祖国而亲与救国事业，身经无数忧患或百死而无悔的。孔子曾经嗟叹地说过：'微管仲，吾其被发左衽矣！'墨子曾经冒过万险，为救自己的宋国。我们有陆秀夫、文天祥、左光第、史可法、——这样的文人，为祖国而身沉大海，或身陷大戮。中国民族有这样伟大的文化上的圣贤，不但为我祖国河山生色，而且也正是我民族长存至今之重大的因素。"[3]范文澜发表文章《提倡民族气节的必要》，通过古代南宋王朝唐琦宁死抗金的故事，来阐释抗战形势下提倡民族气节的重要性。他指出，当前"日寇恶恃暴力，侵略中国，我国广大的疆域的领土，沦陷于寇蹄之下"，而"中国共产党及其领导的八路军新四军，一贯是忠于国家，孝于民族的，一贯是自我牺牲，公而忘私的。"范文澜引用孟子"富贵不能淫，威武不能屈，贫贱不能移，此之谓大丈夫"的名言，认为"凡是好的共产党人，一定要具备大丈夫的品质，而且是的确具备了的。共产党人慷慨就义，杀身成仁的无数事迹，早经切实证明了这一点。他们是中华民族最优秀的子女，也是中华民族元气的

---

① 艾思奇：《论文化和艺术》，宁夏人民出版社 1982 年版，第 22 页。
② 《毛泽东书信选集》，人民出版社 1983 年版，第 136 页。
③ 陕甘宁边区文化界救亡协会：《我们关于目前文化运动的意见》，《解放》第 39 期，1938 年 5 月。

保存者。"①

象征、仪式与历史记忆，是重要的文化元素，也是社会动员的重要手段。在抗日民族战争的特殊历史背景下，中华民族的远祖黄帝作为民族象征符号所具有的意义不言而喻。1937年至1939年间，中国共产党先后三次派代表参加国民政府的黄帝陵祭祀活动。解放战争时期，又于1948年、1949年两次祭祀黄帝陵。祭祀黄帝的目的在于型塑汉族与各少数民族共同的历史记忆，强化对于同一性祖先的体认，并增强民族自豪感，所谓"赫赫始祖，吾华肇造""雄立东方"②，坚定人们团结御侮、再造民族辉煌的决心和信心。1939年至1944年，中国共产党还在陕甘宁边区开展了形式多样、规模不一的成吉思汗祭祀活动。成吉思汗在蒙古族人民心目中享有崇高的地位，是蒙古人民崇拜的祖先，是维系蒙古族团结的旗帜，已经成了蒙古族的民族标识和民族符号，其陵墓也是蒙古族人民心中景仰的圣地。全民族抗战爆发后，蒙古族的王公贵族分化为以德王为首的投降派和以沙王为首的抗日爱国王公两个阵营。为了团结蒙古族同胞共同抗日，中国共产党高度评价成吉思汗开疆拓土的功绩，称其为"元朝太祖，世界英杰"。③ 在1942年5月5日出版的《延安各界纪念成吉思汗专刊》上，毛泽东与朱德分别题词"团结抗战""中华民族英雄"。吴玉章在成吉思汗祭祀奠礼上的致辞言道："成吉思汗的功绩，为蒙古人所崇拜，为世界人士所称道，他建立过地跨欧亚的一个大国家，他能团结民族来抵御外侮，始终以不屈不挠的精神和敌人搏斗，成吉思汗事业的成功，由于他能团结人民、甘苦与共，建立了新的社会秩

---

① 陕甘宁边区文化界救亡协会：《我们关于目前文化运动的意见》，《解放》第123期，1941年1月。
② 范文澜：《提倡民族节气的必要》，《苏维埃代表林伯渠参加民族扫墓典礼》，《新中华报》1937年4月6日。
③《祭文》，《新中华报》1939年6月27日。

序和正义。"① 在抗日民族战争背景下，中国共产党自觉地突出成吉思汗作为"中华民族英雄"的地位与形象，以达到增强中华民族共同体认同、增强抗战必胜之信心的目的。1939 年的祭文宣示："而今而后，五族一家，真正团结，唯敌是挞。"② 在 1942 年的祭祀活动中，蒙古族代表那素滴勒盖表示，"过去少数民族在中国是不能被承认是一个民族的，他没有地位，为人所轻视，但今天在边区就不同了，享受自由，受到尊重。……我们蒙古同胞的内部，也要以诚相见，在生产上，工作上，学习上来帮助边区政府。只要全中国的民族团结起来，一定可以战胜我们的共同敌人——日本强盗。"③ 从符号学的角度看，中国共产党成功实现了象征意义从历史性人物到"民族英雄"符号化的转换，成吉思汗祭祀成为团结蒙古族以及其他少数民族共同抗战的文化仪式和精神符号，为凝聚蒙汉两族人民团结对敌，增强蒙汉两族人民的相互认同，提供了象征性的精神资源。

无论是在黄帝陵祭祀，还是成吉思汗祭祀中，中国共产党都发表了洋溢着爱国主义、民族主义情感的祭文，在将黄帝、成吉思汗塑造为中华民族历史记忆中共同的价值符号的同时，也鲜明地表达了传承国家统一和民族融合的政治理念，以及坚决抗战、维护民族团结、为中华民族而战的立场与态度。

从民族形式与时代内容的结合角度看，祭祀是中华传统文化的重要内容，"祭祖""崇丧"且"盛用繁礼"是儒家的显著特色。黄帝陵祭祀、成吉思汗祭祀源于传统，自然在仪式和形式上都要保留一些传统祭祀礼仪，如祭文、祭品、放礼炮等，以"鲜花束帛之仪""清酌庶粮之仪"进行祭祀活动。在 1944 年的成吉思汗祭祀中，还按照蒙族习俗展开仪式，彰显了对少数民族传统习俗的尊重。从语言形

---

① 《延安各界举行成吉思汗公祭大典》，《解放日报》1942 年 5 月 6 日。
② 《祭文》，《新中华报》1939 年 6 月 27 日。
③ 《延安各界举行成吉思汗公祭大典》，《解放日报》1942 年 5 月 6 日。

式上看，在 1937 年、1939 年黄帝陵祭祀与 1939 年成吉思汗祭祀中，均采取传统文言文的文体撰写祭文，而在 1948 年、1949 年的黄帝陵祭文中则采取了白话文的形式；在话语使用上，既有"始祖""我祖""列祖"等传统词汇的沿用，又有"民族""抗战""新中国"等现代话语的使用；从内容上看，抗战时期的祭文主要围绕民族抗战、团结御侮等主题展开，而解放战争时期的内容则多以建设新中国，推翻国民党反动统治为主。例如，1937 年的黄帝陵祭文强调"各党各界，团结坚固，不论官民，不分贫富，民族阵线，救国良方，四万万众，坚决抵抗，民主共和，改革内政，亿兆一心，战则必胜，还我河山，卫我国权。"① 这样，在传统礼仪中融进民族抗战、建设新中国等时代话语，实现了传统与现代、文化与政治、历史记忆与现实导向的有机结合，将传统文化的祭祀行为转化为民族凝聚力和号召力的强大精神资源。

中国共产党人对传统文化的继承和弘扬，是建立在马克思主义的立场、观点和方法之上的，换言之，中国共产党人不是超时空笼统地对待传统文化，而是在批判基础上的扬弃，其要继承和弘扬的是优秀传统文化，对于全民抗战背景下出现的文化复古主义，尤其是别有用心地利用传统文化以实现政治意图，则始终保持高度警惕。

传统文化作为凝聚国民团结抗战的有力思想武器，国民党和蒋介石也十分重视，但是，与中国共产党不同，一方面，其对传统文化大有全盘肯定的复古主义倾向，另一方面，也是更重要的，其欲借传统文化维护国民党一党专制、打压中国共产党和共产主义学说。早在 1934 年，国民政府即发动了新生活运动，欲以儒家的"礼义廉耻"为根本提高国民修养与文明程度。1939 年 3 月，国民政府颁布《国民精神总动员纲领》《国民精神总动员实施办法》，发起了国民精

---

① 《苏维埃代表林伯渠参加民族扫墓典礼》，《新中华报》1937 年 4 月 6 日。

神总动员运动。纲领提出，三民主义是中国建国之最高原则，承继了
中国先民固有的传统道德，"亦即总理所倡导之忠孝仁爱信义和平之
八德"。纲领结合抗战现实，将"忠孝仁爱信义和平"八德进行了重
新解释，强调"八德之中，最根本者为忠孝，唯忠与孝实中华民族立
国之本，五千年来先民所留遗于后代子孙之至宝。今当国家民族危
急之时，全国同胞务必竭忠尽孝，对国家尽其至忠，对民族行其大
孝。""仁爱信义和平诸德，皆由忠孝二义演进而来，仁爱为孝道之扩
展，信义为忠道延长，和平主义实出于同源，仁爱则不致相残，而和
平实出于信义。吾人今日能推仁爱之心，则必不坐视同胞之被侮辱被
残害，而必有同仇敌忾之勇，推信义之心则必能负责、尽职、不欺、
不二、以造成一致赴难之团结，推吾数千年爱好和平之固有理想，则
必乐于为抵抗暴力与求取永久和平而奋斗，且必率先为勇厉无前之奋
斗。"①蒋介石在为实施国民精神总动员告全国同胞书中亦强调，"今
当抗战之际，天下兴亡，所系至巨"，当前应"共同努力于民族之固
有道德，一致发挥总理之革命精神，集结于国家至上、民族至上，军
事第一、胜利第一，意志集中、力量集中三个共同目标之下，扫荡萎
靡腐败之障碍，养成蓬勃奋发之朝气，各竭其能，各尽其职，以努力
奋斗于抗战建国之大业"②。

　　国民精神总动员运动试图从儒家思想与中华民族的民族精神、
民族传统中，撷取民族复兴、团结抗战的精神因素，以唤起国民抗战
的民族意识和爱国精神。但是，这一运动也含有试图借助"国家至
上""民族至上""三民主义"，排挤、排除异己尤其是中国共产党、
推行一党专制的目的。对此，中国共产党有着清醒的认识，即这一
纲领具有两面性，"一方面为抗日的，这是基本的，另一方面是防共

① 《国民精神总动员纲领》，《战地》第 2 卷第 1 期，1939 年 3 月。
② 重庆市档案馆、重庆师范大学编：《中国战时首都档案文献·战时动员》上册，
　重庆出版社 2014 年版，第 295—296 页。

的。"就抗日的一面而言，中国共产党拥护这一纲领，要求"运用与发挥其中一切积极的东西，来提倡为国家民族、为精诚团结、为三民主义的全部实现、为争取抗战建国最后胜利而牺牲奋斗、而竭忠尽孝的革命精神，来养成奋发有为、朝气勃发、大公无私、见义勇为、杀身成仁、舍身取义，对革命前途充满必胜信心的新国民气象"；与此同时，"批评其中所包含的缺点，打击一切利用这些缺点进行防共和反八路军新四军反陕甘宁边区等活动的阴谋，指出这种阴谋是违反团结抗战国策违反纲领的基本精神的。"①

为了维护国民党一党专政、蒋介石个人独裁，国民党不断强化"一个主义、一个政党、一个领袖"的宣传，系统化其政治思想与政治主张。1943年3月，蒋介石出版了《中国之命运》一书，融"力行哲学""儒化三民主义""唯生论"等思想于一体，从心理建设、伦理建设、社会建设、政治建设、经济建设五个方面对于中国未来命运进行了理论勾画，成为蒋介石政治思想和政治主张的集大成之作。该书提出，中华民族五千年绵长悠久的历史，得以承继发展在于"中华民族固有的德性"，即"四维八德"，"中国国民道德的教条，是忠孝仁爱信义和平，而中国立国的纲维，为礼义廉耻。在这八德和四维熏陶之下，中华民族，立己则尽分而不渝，爱人则推己而不争。"只有继承中国固有的传统美德，才能复兴中华民族，与欧美各国并驾齐驱；而"惟有我们国父倡导的国民革命与三民主义为我民族复兴的惟一正确的路线"②。该书指出，抗战的最高指导组织，惟有中国国民党。我们可以说，没有三民主义就没有抗战。没有中国国民党就没有革命。"③与此相应，该书大肆贬低中国共产党对于抗战的作用，攻击

---

① 中央档案馆编：《中共中央文件选集》第12册，中共中央党校出版社1991年版，第45—46页。

② 蒋中正：《中国之命运》，正中书局1943年版，第9、40页。

③ 蒋中正：《中国之命运》，正中书局1943年版，第106页。

共产党与共产主义者"对于中国文化，都是只求其变而不知其常"，"对于西洋文化，都是只仿其形迹，而不求其精义以裨益中国的国计民生"，"他们的思想和主张，在客观上是与我民族的心理和性情，根本不能相应"，"并无什么根基，不过是人云亦云"，"不能自圆其说"，共产主义学说和运动"只能暂而不能久，而且没有不是自误误人，潦倒一生的"①。

针对《中国之命运》借用传统道德对于共产主义的诋毁，以及抹杀中共抗战的贡献，中国共产党展开了针锋相对的批判，揭露国民党与蒋介石利用传统文化实行法西斯主义、专制主义、一党专制的反动实质。周恩来指出，《中国之命运》一书，体现的"是一套复古的封建思想，反映着浓厚的传统的剥削阶级意识"，"是伪托民族国家或全民政治之名，行大地主大资产阶级一党专政之实，更确切地说，是新专制主义的个人独裁，是法西斯主义的特务统治"，"蒋介石对人民的看法，完全是以之为牛马的。所以他强调孔子的'民可使由之，不可使知之'的话，要人民听话守法，任凭剥削，随他统治。""蒋介石提倡力行哲学，其中心是要人民于不识不知之中，盲目地服从他，盲目地去行。""他的力行哲学，不止是唯心的愚民哲学，也是牛皮哲学，流氓哲学，与希特勒如出一辙！"②周恩来还揭露了国民党蒋介石的道德虚伪性，嘴上讲"对国家尽其至忠，对民族行其大孝"，行动上却"抗战不勇，内战当先，还谈什么忠孝！捆上疆场，官逼民反，还谈什么仁爱！抗战业已六年，还和日寇勾搭，对德即已宣战，还有信使往还，这那能说到信义！挑拨日本攻苏，飞机轰炸民变，这那能说到和平！所以他这套唯心主义的道德观，都是虚伪的。"其实质是"要人民对蒋介石国民党实行忠孝仁爱信义和平，好便利他的

---

① 蒋中正：《中国之命运》，正中书局 1943 年版，第 72—73 页。
②《周恩来选集》上卷，人民出版社 1980 年版，第 146—149 页。

压迫和进攻。"①艾思奇撰文指出:"在《中国之命运》里并没有真正的三民主义和知难行易的思想",只有"一些空洞的名词,以及在这些名词装饰下的中国式的买办封建性的法西斯主义的政治学,和反对科学唯物主义、提倡迷信盲从的、法西斯主义的唯心论哲学"②。齐燕铭也撰文指出:"《中国之命运》的作者蒋介石所说作为中华民族固有文化的基本的德性只是中国过去封建社会作为封建统治工具的所谓'德性'。这种抽象地笼统地不加批判地离开当前革命斗争的实际而谈'民族固有的德性''中国固有的文化',实质上就是企图以空洞的概念来掩护叛变民族利益的内容,是企图以德性的美名来玩弄颠倒是非指鹿为马的戏法。"他进一步指出,蒋介石不是在继承中华民族固有传统美德,而是对封建秩序情有独钟,"把儒家所说封建社会理想的标准当做历史的事实",完全掩盖了"真正历史事实中的农民遭受残酷的剥削,史不绝书的蝗旱歉荒,无数次农民起义及统治者血腥的屠杀",完全隐讳了"一切专制淫威、穷奢极欲、焚书坑儒、男盗女娼,以至蒸母、盗嫂、宫女、娈童,男子腐刑、女子缠足、父子兄弟妻妾相砍杀等封建统治阶级的丑恶",而且蒋介石的诸多行为让"我们发现中国固有文化中最坏的德性!"③

综观国共两党在关于中国命运的论争中涉及传统文化的内容,主要是从政治斗争出发阐述的立场和结论,政治斗争是主导,学理论证是辅助,像"四维八德"这样的传统文化核心内容在两党的论争文章中均未进行深入的讨论。当然,两党的基本态度实际上通过《中国之命运》和延安《解放》等杂志对于传统文化的学理探讨(前文已有介绍和分析)已经显示出明显的区别,对于中国共产党而言,指出

---

① 《周恩来选集》上卷,人民出版社 1980 年版,第 147 页。

② 艾思奇:《〈中国之命运〉——极端唯心论的愚民哲学》,《解放日报》1943 年 8 月 11 日。

③ 齐燕铭:《驳蒋介石的文化观》,《解放日报》1943 年 8 月 9 日。

《中国之命运》的复古主义倾向尤其是借传统文化行排除异己尤其是打压共产党之实、行一党专制和个人独裁之实便足够了。

在批判国民党对待传统文化的态度和动机的同时，对于日本侵略者和汉奸利用中华传统文化进行奴化教育，中国共产党更是毫不犹疑地展开针锋相对的揭露和斗争。以儒家、佛教等中国传统文化为工具，达到文化侵略和麻醉中国人民精神的目的，是日本帝国主义者的重要侵略伎俩，这一伎俩从其占领中国东北就开始了，之后又扩展到华北、华中的等日军占领区。日本侵略者与汉奸利用儒家传统中的大同思想，宣传所谓"日满华亲善""大东亚共荣圈"，宣传日占区是所谓"王道乐土"；恢复读经，旌表孝子，褒奖烈女，提倡复古，守礼教，尊孔，礼佛，建孔庙、寺院，组建佛教团体，推崇儒家的忠孝思想和佛教文化的听天由命、避世、与人为善的思想，试图以此消弭中国军民的抗日决心，甘为日本侵略者所奴役。以郑孝胥为代表的汉奸也用孔子关于"夷狄之进于中国者则中国之"的话来麻痹中国人民、为日本帝国主义统治中国张目。对此，艾思奇揭露道，日本侵略者和汉奸"替我们宣扬孔教，也曾派僧侣来帮忙佛化，在中国许多地方强迫着建筑了一些寺庙"，"好象在替我们保存国粹，替我们宣扬旧文化"，然而其真正意图"是要我们保存糟粕，把旧文化中的最有毒害的东西发挥出来。"对于"我们旧文化里的有价值的要素"，例如"民间的爱国连环图画的流行，旧戏中有爱国主义的《风波亭》《走麦城》之类，"他们则"设法使它不能上演"[1]。这充分暴露了日本侵略者力图消灭中国传统文化中具有反抗精神的因子，以达到其殖民中国的目的。何干之指出，日伪、汉奸利用中国旧文化开展封建复古活动的实质是"利用我们的封建思想的残滓，恶化我们的头脑，蒙蔽我们的眼睛，使我们安分守己，听天由命"[2]。"侵略者汉奸，要把我们拉回中

---

[1] 艾思奇：《论文化和艺术》，宁夏人民出版社 1982 年版，第 22 页。
[2] 何干之：《近代中国启蒙运动史》，生活书店 1937 年 12 月，第 247—248 页。

世纪时代，提倡复古，提倡尊孔，提倡礼教，鼓吹盲从，鼓吹迷信。因此我们需要组织全民族的抵抗来解除国难，同时也必须唤起全民族的自我醒觉。"[1] 杨希文在 1940 年 8 月 16 日发表的《急待开展的山东新文化运动》一文中，驳斥了日本侵略者宣扬的"王道精神""新民主义""孔孟之教"，揭露其"以《尚书》'不偏不党，王道荡荡'中之'王道'攻击'党治'，企图使中华民族不分国际，不分民族，不分人种，将民族国家与领土拱手出让给日寇，更以尧舜时代的'王道'盛世、互相揖让的讲话，说服中国不要抵抗"。"'新民主义'是以《大学》上'新民'的封建道理，教中国人'知止'，服从日寇的统治。""表扬孔孟之教为教育之方针，企图以'忠恕''孝悌''独善''克己'等观念消饵被侵略被统治的中国人的反抗意识。"因此，我们必须"发扬中国历史文化、中华民族正气，批判曲解的'孔孟之道'"[2]。

为了配合对中国的侵略，日本帝国主义者还提出了所谓中国文化"东来说"、中国社会停滞论。中国文化"东来说"编造中华民族从日本而来。中国社会停滞论的主要代表秋泽修二，在《东洋哲学史》《支那社会构成》两本书中，歪曲中国历史的发展进程，认为中国社会长期处于停滞的、循环的、倒退的状态，中国社会的停滞性导致中国社会经济近代化的过程，是由外力之侵入中国所决定的，而不是内部生产方式发展带来的，最终"皇军的武力"将"给予中国社会之特有的停滞性以最后之克服"[3]。这些美化日本侵略战争的谬论，具有极大的迷惑性和煽动性，旨在破坏与摧毁中华抗日民族战争的正义

① 何干之:《近代中国启蒙运动史》，生活书店 1937 年 12 月，第 207 页。
② 山东省档案馆、山东社会科学院历史研究所编:《山东革命历史档案资料选编》第 5 辑，山东人民出版社 1982 年版，第 259 页。
③ 转引自吕振羽:《"亚细亚的生产方法"和所谓中国社会的"停滞性"问题》，《理论与现实》第 2 卷第 2 期，1940 年 10 月。

性与合理性。

针对这些谬论，尹达、吕振羽等学者纷纷发文，进行针锋相对的批判与揭露。尹达将考古资料与古代传说结合起来，有力地论证了"中华民族和其文化是在中国这块广大的土地上发荣滋长起来的，并不是由他处移植过来的东西"。根据汉代或汉以后的人记述的"中国民族上古的帝王都生于东方"来附会中国民族来自日本"未免有些可笑。考古学和人类学上的材料已经告诉我们这种说法只是一种无聊的滥言"[①]。对于秋泽修二的中国社会停滞论，吕振羽直指要害，认为"秋泽对中国社会'停滞性'的说教，也不过是一种图表的虚构和故意颠倒是非，来反对中国民族的抗日革命战争，来掩饰日本法西斯盗匪残暴侵略的反动的罪恶"。秋泽是"日本强盗的忠实宣传员，所以他不能不从其法西斯侵略主义的一种预定观念的观点上来歪曲中国史"[②]。

通过对日本侵略者利用中国传统文化助力殖民中国图谋的揭露和批判，中国人民进一步认清了文化侵略、奴化教育的本来面目，同时也提高了对中国历史和传统文化的认知，增强了团结抗日的信念信心。

二、党性修养与中国修身传统的转化

从中国修身传统中汲取共产党员修养的智慧是延安时期中国共产党认识和对待中华传统文化的重要特点，更是从理论与实践上推动了党的建设的中国化发展。纵览这一时期中国共产党关于共产党员修养与党性锻造的论说，一个重要线索就是运用马克思列宁主义立场、观点与方法实现中国修身传统的转化，回答了能不能转化、怎样转化

---

① 尹达：《中华民族及其文化之起源》，《中国文化》第 1 卷第 5 期，1940 年 7 月。
② 吕振羽：《"亚细亚的生产方法"和所谓中国社会的"停滞性"问题》，《理论与现实》第 2 卷第 2 期，1940 年 10 月。

以及党员修养的道德规范等问题。这一过程既展现了马克思主义列宁主义党建学说的中国化过程和思想方法，又揭示了"修身传统"在中国共产党自身建设与中国革命发展进程中的能动作用和积极因素。在党的建设领域实现中国修身传统的转化有效利用了中华文化的有益因子，而且使得共产主义事业与源远流长的中华文明发生内在的契合与共鸣，赋予了中国共产党以悠久深沉、坚韧绵长的文明力量。

（一）在能否转化中国修身传统上，中国共产党运用普遍性与特殊性、继承性与发展性等原理，明确了吸收转化中华优良道德与修身传统的实践方向。

经过长征到达陕北以后，中国共产党在文化问题上更加自觉地把民族文化视为国际主义的必要载体，把民族历史遗产视为社会主义乃至共产主义的必要基础，试图把文化的阶级性与民族性统筹起来，"共产党员是国际主义的马克思主义者，但是马克思主义必须和我国的具体特点相结合并通过一定的民族形式才能实现"[①]。在毛泽东提出马克思主义中国化的思想命题后，张闻天在1938年10月提出"组织工作中国化"，把党的建设置于中国化这一思想命题之下，"马克思主义的原则、方法是国际性的，但我们是在中国做组织工作，一定要严格估计到中国政治、经济、文化、思想、民族习惯、道德的特点，正确认识这些特点，再来决定我们的斗争形式，组织形式，工作方法。我们要的是国际主义的内容，民族的形式，我们要使组织工作中国化，否则我们就不是中国的共产党员"[②]。这就为党的建设理论与实践吸收中华优秀传统文化因子提供了总依据。

当然，中国共产党也认识到古代修身传统存在脱离实践、脱离人民与主观唯心论的缺点。在观察与评判中国传统文化上，党延续了

---

① 《毛泽东选集》第2卷，人民出版社1991年版，第534页。

② 中共党史研究室张闻天选集传记组编：《张闻天文集》第2卷，中共党史出版社1993年版，第453页。

以往的阶级分析、唯物论与唯心论分析的方式，"中国的封建社会里把儒家所定下的许多道德规律当做了天经地义，甚至于看做神圣的法律。这是极端的绝对主义的道德观"，"中国也有王阳明的良知学说，而一般人评判行为的善恶时，常说要问一问'良心'，这都是想从人心或精神的本身去追求永远的道德标准的唯心论的道德观"①。清算经学乃至诸子百家学说是马克思主义道德修养学说发展的必要环节，"古代许多人的所谓修养，大都是唯心的、形式的、抽象的、脱离社会实践的东西"②。1939 年 2 月，毛泽东致信张闻天，谈及如何对待孔子、墨子等人的学说，指出"关于孔子的道德论，应给以唯物论的观察，加以更多的批判，以便与国民党的道德观（国民党在这方面最喜引孔子）有原则区别。例如'知仁勇'，孔子的知（理论）既是不根于客观事实的，是独断的，观念论的，则其见之于仁勇（实践），也必是仁于统治者一阶级而不仁于大众的；勇于压迫人民，勇于守卫封建制度，而不勇于为人民服务"③。

列宁曾指出："每个民族文化，都有一些民主主义的和社会主义的即使是不发达的文化成分，因为每个民族都有被剥削劳动群众，他们的生活条件必然产生民主主义的和社会主义的意识形态"。④ 因此，在历史上属于人民大众、具有抗争意识的思想文化成为民主性精华，"中国的马克思主义，就是以马克思的科学共产主义的理论为滋养料，而从中国民族自己的共产主义的种子中成长起来的"⑤。正是在这个意义上，毛泽东在中共六届六中全会上指出，"今天的中国是历史的中国的一个发展；我们是马克思主义的历史主义者，我们不应当割断历史。从孔夫子到孙中山，我们应当给以总结，承继这一份珍贵的

---

① 艾思奇：《共产主义者与道德》，《解放》第 51 期，1938 年 9 月。
②《刘少奇选集》上卷，人民出版社 1981 年版，第 109 页。
③《毛泽东书信选集》，中央文献出版社 2003 年版，第 132 页。
④《列宁全集》第 24 卷，人民出版社 1990 年版，第 125 页。
⑤ 艾思奇：《五四文化运动在今日的意义》，《新中华报》第 26 号，1939 年 4 月。

遗产"①。

这种继承与发展的体现是共产党员正在践行中华民族的优良道德修养。艾思奇就指出:"无产阶级是中国民族中最优秀的最前进最勇敢的成分,在中国民族的一切解放战争中,无产阶级和共产党表现出最坚决、最彻底、最不怕牺牲的精神,他们对于自己的民族和国家所固有的忠孝的美德,在实际行动上加以最高度的发扬"。②这种实践中的道德传承,始终着眼于捍卫中华民族的整体利益和公共事业,彰显出一种公天下的情怀和意识,"我们最大多数的党员,他们那种为公共事业而牺牲奋斗的精神,那种为民族独立与社会解放而艰苦工作的精神,那种既不想升官发财,又不为名为利,而一心为了劳苦大众与人类解放事业而不疲倦的埋头苦干精神,表现了他们有人类中最崇高的道德,他们是中华民族最优秀的子孙"③。也是如此,"修养"成为延安时期加强党的建设的高频词汇。从宏观层面看,中国共产党不仅要建设成为工人阶级的先锋队,而且要成为中国人民和中华民族的先锋队,"中国共产党是继承中国一切最好的固有文化传统,中国一切最优秀的学说的"④。具体到修身、自省,刘少奇明确指出:"《孟子》上有这样一句话:'人皆可以为尧舜',我看这句话说得不错。每个共产党员,都应该脚踏实地,实事求是,努力锻炼,认真修养,尽可能地逐步地提高自己的思想和品质。"⑤艾思奇则以墨子为例,"倘若说最好的道德就不外是能牺牲小我,而以社会的最大的幸福为目标的话,那么唯物论者墨子的一切思想行为在他的时代要算是最高尚的了",强调"中国历史上许多宝贵的伦理思想,是可以在共产主义者

①《毛泽东选集》第2卷,人民出版社1991年版,第534页。
② 艾思奇:《五四文化运动在今日的意义》,《新中华报》第26号,1939年4月。
③ 刘少奇:《论党》,华中新华书店1948年版,第6页。
④ 陈伯达:《我们继续历史的事业前进——为纪念中国共产党成立十七周年而作》,《解放》第43、44期合刊,1938年7月。
⑤《刘少奇选集》上卷,人民出版社1981年版,第106页。

身上获得发展的"①。这一时期，张闻天的《论青年修养》与《论待人接物》、刘少奇的《论共产党员的修养》、陈云的《怎样做一个共产党员》等文献展现了中国共产党探讨和转化中国传统修身理论的基本过程和理论成就。

（二）在如何转化中国修身传统上，中国共产党人运用马克思列宁主义的立场、观点与方法重新阐释修养问题，形成了党性修养理论形态。

从马克思列宁主义立场和观点出发，"我们对于固有文化，如忠、孝、仁、义等道德，必要由服务支配者个人的奴隶道德，转变为及改造为服务民族，服务社会，服务大众，为民族社会大众而牺牲的道德，这是道德历史在我们民族新时代的新发展"②。也就是要剔除封建性成分，发展民主性精华。此外，就是剔除脱离客观实际的主观唯心论、脱离人民大众的形而上学论，使之转化为面向实践、面向人民的道德修养，"共产党站在科学共产主义的立场上，继承与发扬我国历史上一切优良的道德的传统，切切实实，奉行忠、孝、仁、爱、信、义、和、平、廉、耻、礼、节的美德，他不是以道德作为装饰门面的空谈，而是把道德和人民大众相结合、奉行于革命的实践之中，来为中华民族、中国人民与中国工人阶级的解放事业，作英勇的奋斗"③。也就是把唯物论与辩证法确立为新道德修养的标准和方法。

对中国修身传统中的人性观，中国共产党也给予新的马克思主义解释。修身的逻辑起点在于"人性本善"还是"人性本恶"，是一个完善自身德行的实践过程。对于孟子的性本善论、荀子的性本恶论、告子的环境决定善恶论、杨雄的善恶混杂论等观点，"有的属于

---

① 艾思奇：《共产主义者与道德》，《解放》第 51 期，1938 年 9 月。

② 陕甘宁边区文化界救亡协会：《我们关于目前文化运动的意见》，《解放》第 39 期，1938 年 5 月。

③《青年修养》，新华书店 1945 年版，第 87 页。

唯心论，如孟轲；有的属于唯物论，如告子，有的较近于唯物论，如荀卿（就他认为学而后能这方面来说）；至在各个折衷派之间，或则归根到底属于唯心论，如杨雄和韩愈；或则在一定方面较近于唯物论，如王充。虽则有这些分别，但是争辩大体上却是形而上学式的争辩"①。中国共产党把人性理解为社会的产物、历史的产物，"任何种人性并不是先天带来的东西，而是某一种社会生产关系的产物。所以，在阶级社会中，人性的问题就是阶级的问题。人性与阶级性的一致。各种人性观的矛盾，反映各种阶级性和阶级观的矛盾。人性是历史的，人性的善和恶也是历史的。从历史看来，只有那种和当时人民在一起，倾向和努力于历史的前进的，那就是当时的善，反之，那就是当时的恶"②。这就为道德教育、共产党员的修养提供了认识论依据。

在新的人性观基础上，中国共产党依托唯物论与辩证法揭示了人为什么需要修养。人性既然是社会的产物，那么，人性就是可以塑造的。1943年12月，毛泽东致信刘少奇，指明人性只有社会特性，没有那种不可移易的自然性或者先天性，"自从人脱离猴子那一天起，一切都是社会的，体质、聪明、本能一概是社会的，不能以在母腹中为先天，出生后才算后天"，"道德是人们经济生活与其他社会生活的要求的反映，不同阶级有不同的道德观，这就是我们的善恶论。把人性分为自然性、社会性两个侧面，并承认自然性是无善无恶的，就给唯心论开了后门"③。这就延伸出如何改造主观世界、实行道德修养的问题。在毛泽东看来，改造主观世界是一个使感性认识趋于理性认识并获取和实现真理认识的持续性过程，"无产阶级和革命人民改造世界的斗争，包括实现下述的任务：改造客观世界，也改造自己的主观

---

① 《人性·党性·个性》，潮汐社1947年版，第1页。
② 《人性·党性·个性》，潮汐社1947年版，第3页。
③ 《毛泽东文集》第3卷，人民出版社1996年版，第83、84页。

世界——改造自己的认识能力，改造主观世界同客观世界的关系"①。刘少奇则从清除旧社会、旧文化遗毒的角度论述共产党员的修养，"一个比较幼稚的革命者，由于他：（一）是从旧社会中生长教养出来的，他总带有旧社会中各种思想意识（包括成见、旧习惯、旧传统）的残余；（二）没有经过长期的革命的实践；因此，他还不能真正深刻地认识敌人，认识自己，认识社会发展和革命斗争的规律性"②。

　　延安时期，在强调反对教条主义的背景下，突出党性修养的基本要求是理论与实际相统一，"理论与实践的一致，是马列主义最主要的特点，是马列主义者最根本的作风"③。这也是批判继承中国修身传统的关键要点，因为"旧社会在教育和学习中遗留给我们的最大祸害之———理论和实际的脱离"，"我们要使马克思列宁主义的普遍真理和具体的革命实践相结合。这应该是我们共产党员修养的方法。这种马克思列宁主义的修养方法，和其他唯心主义的脱离人民群众的革命实践的修养方法，是完全不同的"④。

　　共产党员的修养理论与中国修身传统保持了显而易见的连续性，但也有明显的区别。首先，中国修身传统的起点是生命个体追求内圣外王的圣贤境界，是一种通过自身修养实现功业的过程，在道德规范上常常以忠君作为落脚点；共产党员的修养则是生命个体为共产主义奋斗的过程，自身修养最终体现在为人民服务的能力与态度上。其次，中国传统的修身实践主要体现在由家及国的伦理生活中，所谓正心、诚意、格物、致知、修身、齐家、治国、平天下，贯穿其中的是"五伦"。共产党员的修身实践主要体现在由组织到个人的认同过程中，要求用无产阶级意识克服非无产阶级意识，思想觉悟体现在革命

①《毛泽东选集》第 1 卷，人民出版社 1991 年版，第 296 页。

②《刘少奇选集》上卷，人民出版社 1981 年版，第 99 页。

③ 张如心：《理论与实践的统一———干部修养问题之一》，《共产党人》第 2 卷第 19 期，1941 年 8 月。

④《刘少奇选集》上卷，人民出版社 1981 年版，第 110 页。

实践中，革命表现是判断党员修养的可视化标准。最后，传统修身是社会延续的重要保证，在伦理生活中盛行祖先崇拜，在政治生活中尊崇祖制；因而能够在代际更替中延续社会意识。共产党员的修养是不断体认与物化社会主义与共产主义，是未来的现在化，而修养是改造社会的手段，"是无产阶级的意识克服以至肃清其他各种非无产阶级的意识，是共产主义的世界观克服以至肃清其他各种非共产主义的世界观，是党的、革命的、无产阶级和人类解放的一般利益和目的的思想克服以至肃清个人主义的思想"[①]。

（三）在道德修养目标上，中国共产党从阶级性、人民性的角度重新阐释了中国传统的忠孝节义等道德规范，形成了崭新的道德规范体系。

中国共产党重新解释了忠孝节义等传统道德规范的概念与命题。在当时，国民党从道德层面攻击中国共产党背弃民族与传统道德，因而中国共产党有必要阐释自己对传统道德规范的理解，"民族道德的发扬，虽然不仅仅是共产主义者才能做到，然而它在共产主义者身上有着光辉的表现，却是没有人能否认的事，而这一切，也就成为最雄辩的理由，足以充分反驳那诬认共产主义者没有道德的曲说了"[②]。对于传统的道德规范话语与概念命题，"共产党站在科学共产主义的立场上，继承与发扬我国历史上一切优良的道德的传统，切切实实，奉行忠、孝、仁、爱、信、义、和、平、廉、耻、礼、节的美德，他不是以道德作为装饰门面的空谈，而是把道德和人民大众相结合、奉行于革命的实践之中，来为中华民族、中国人民与中国工人阶级的解放事业，作英勇的奋斗"[③]。譬如，"忠，当然不是忠于皇帝，忠于某个人，而是尽忠于中华民族、中国人民与中国工人阶级解放的事业"[④]。

① 《刘少奇选集》上卷，人民出版社1981年版，第121页。
② 艾思奇：《共产主义者与道德》，《解放》第51期，1938年9月。
③ 《青年修养》，新华书店1945年版，第87页。
④ 《青年修养》，新华书店1945年版，第82页。

这种重构性的解释，内含了阶级立场与人民情怀，贯彻了革命价值观，使革命成为理解忠孝节义的价值标准，"中国有着这样的一个阶级和政党，才能依据科学理论的指导最高的民族道德的行动"[①]。

在此基础上，中国共产党着力构建出新的覆盖生命个体各种活动的道德规范体系。这首先体现在自身修养层面。在生活中，要"建立正确的生活习惯，不是一天两天的事，而是经常的事。不是暂时的矫揉造作，而是自然的流露，如此，必须有经常的生活检讨，虚心与诚恳的学习，接受群众的意见，逐渐的锻炼自己"[②]。在工作中，"应该时时刻刻在工作中实行工作的检查，发展自我批评，总结工作中的经验与教训，使我们的工作能够更好的得到进步与成绩"[③]。在待人接物上，张闻天还确立了几个重要原则，"要有伟大的胸怀与气魄"，"要有中国古代哲人那种所谓'循循善诱'与'诲人不倦'的精神"，"对人要有很好的态度"，"要适当的对付坏人"。他指出"态度是一种表现的形式。它同数千年来中国社会的民族传统，有着最深切的关系，是最容易为人们所了解的东西。我们如果抛弃这些东西，人们就会把我们看做不懂人情世故的小孩子，把我们看做是外国来的洋货，把我们看做不能亲近的可怕的怪物"[④]。

在家庭生活中，孝、亲、慈等道德规范也建立起来。近代以来，现代知识分子对于传统文化的批判集中在家庭伦理上，特别是新文化运动着力批判了"孝"文化；革命大多是从走出家庭、割裂关系开始的。随着新民主主义文化理论的形成，中国共产党推动了家庭伦理建设的探索，"孝是孝敬我们的祖先，孝敬我们的亲长"，"共产党

① 艾思奇：《五四文化运动在今日的意义》，《新中华报》第26号，1939年4月。
②《青年修养》，新华书店1945年版，第102页。
③ 中央党史研究室张闻天选集传记组编：《张闻天文集》第2卷，中共党史出版社1993年版，第404页。
④ 中央党史研究室张闻天选集传记组编：《张闻天文集》第2卷，中共党史出版社1993年版，第444—445页。

正确地提倡父慈子孝侍养亲长的原则，提倡合理的家庭生活与天伦之乐"①。对此，毛泽东从自己的成长经历谈道，"过去为了这件事，我还和我的父亲吵了一架，他说我不孝，我说他不慈，我说应该父慈第一，子孝第二，这是双方面的。如果父亲把儿子打得一塌糊涂，儿子怎么样能够孝呢？这是孔夫子的辩证法"，"提出建立模范家庭，这是共产党的一大进步。我们主张家庭和睦，父慈子孝，兄爱弟敬，双方互相靠拢，和和气气过光景"②。

在共产党员需要践行的共产主义道德规范层面，中国共产党构建了以"大公"为核心特征的道德理念。在国家或民族范围内，是以阶级性与民族性相统一为基础的爱国主义，在实践中体现为"为人民服务"，成为最崇高的道德标准，"为人民利益而死，就比泰山还重；替法西斯卖力，替剥削人民和压迫人民的人去死，就比鸿毛还轻"③。这种生死观所包含的是一种成仁取义的现代诠释，是一种大公无私的使命感与荣誉感。在世界或人类范围内，是以道义支援、解放人类为核心要义的国际主义精神，"一个外国人，毫无利己的动机，把中国人民的解放事业当作他自己的事业，这是什么精神？这是国际主义的精神，这是共产主义的精神，每一个中国共产党员都要学习这种精神"④。对于共产党员来说，大公无私的为人民服务宗旨成为共产主义道德的核心特点，"一个人能力有大小，但只要有这点精神，就是一个高尚的人，一个纯粹的人，一个有道德的人，一个脱离了低级趣味的人，一个有益于人民的人"⑤。

总的来看，延安时期中国共产党关于党员修养的理论和实践，确实吸取了中国传统文化中尤其是儒家、墨家的有益思想，但是，必

---

① 《青年修养》，新华书店 1945 年版，第 83 页。
② 《毛泽东文集》第 3 卷，人民出版社 1996 年版，第 116 页。
③ 《毛泽东选集》第 3 卷，人民出版社 1991 年版，第 1004 页。
④ 《毛泽东选集》第 2 卷，人民出版社 1991 年版，第 659 页。
⑤ 《毛泽东选集》第 2 卷，人民出版社 1991 年版，第 660 页。

须指出的是，对此不能夸大和简单比附，传统修身思想在党员修养问题上主要是构成文化底色、思维方式的影响，二者无论在性质、内容，还是方法上，均有着实质性不同。

三、利用和改造传统民间文艺形式

民间文化是中国传统文化的重要组成部分，体现着普通农民的价值观和审美偏好，中国共产党在广大农村开展抗日游击战争、推进中国革命事业，必然面临如何对待民间文化的问题，在土地革命战争时期积累的经验教训的基础上，自全民族抗日战争以后，中国共产党积极探索利用和改造民间传统文化，服务于革命动员的路径、策略和办法，并取得显著成效，积累了宝贵经验。

传统乡村社会并不是文化荒漠，蕴藏着不同于城市精英文化的丰富多彩的地域性的传统民间文艺形式。例如，陕北地区民间文艺资源相当丰厚，品种繁多，有秦腔、信天游、郿鄠戏、道情、秧歌、花鼓等，尤其是绥德、米脂一带，民歌、民间舞蹈、民间器乐演奏、民间口头文学等应有尽有，几乎每个村子都有秧歌队、乐队。晋察冀边区有梆子、丝弦、秧歌、皮簧、高跷、落子、相声、霸王鞭等传统文艺形式。苏中抗日根据地的各类民间艺术形式，主要有号子、小调、道情、唱青苗会、放焰口、打花鼓、花船、跳财神、舞龙灯、猴子戏、木人戏、徽班戏、淮戏、扬州戏等。这些传统的民间艺术形式，在乡村社会具有广泛的社会基础，为普通民众所喜爱。

全民族抗战爆发后，中国共产党积极发掘并利用传统民间艺术资源服务于抗日民族战争。1938 年 4 月，毛泽东在鲁迅艺术学院发表讲话，提出文艺工作者要深入农村、深入群众，"要到实际生活中去汲取养料"，听农夫讲故事、搜集民歌及歌谣，熟悉群众语言，丰富生活经验，提高创作技巧①。陕甘宁边区文化界救亡协会在 1938 年 5 月发出的《我们关于目前文化运动的意见》中提出："在各前线，各战区，各地方，应该普遍地建立新内容旧形式的抗战报纸杂志，内容和形式要具体化、地方化，适合于各地民间所习惯的"，"在各地方应该建立民间戏剧、歌曲改进会，使抗战的内容装进于旧戏剧歌曲的形式里面，以激起民间抗战的觉醒；并应普通地在各地民间组织各种旧形式的娱乐团体"②。中共六届六中全会对于民族文化遗产的重视、毛泽东对"国际主义内容"和"民族形式"结合的倡导，进一步推动了各根据地利用和改造旧文艺形式的工作。陕甘宁边区出现了民众娱乐改进会、民众剧团等文化团体。晋冀鲁豫根据地太行区涌现的农村剧团，有左权剧团、武乡光明剧团、武西战斗剧团、襄垣农村剧团、榆社新生剧团、黎北农民剧团、胜利剧团、涉县劳动剧团等。晋察冀边区也成立了多个剧团、剧社，主要有西北战地服务团、抗敌剧社、战线剧社、七月剧社、战火剧社，冀中的新世纪剧团、平山的铁血剧团，等等。这些文艺团体，积极利用民间流行的文艺形式为抗战宣传、民众动员服务。

1938 年 1 月，晋察冀边区军政民代表大会通过的文化教育决议案，指示各地组织歌剧社、鼓书社等，将旧剧班改良加演新剧。为了纪念全面抗战爆发一周年，1938 年 7 月 7 日，以鲁迅艺术学院为主的文艺团体，上演了由传统京剧《打渔杀家》改编的《松花江》，内容是描写东北松花江上渔民因不甘受日寇汉奸的欺压而奋起抗战，在形式上则接受了《打渔杀家》的故事线索和唱段唱腔。中华戏剧协会太行山分会在 1939 年初成立后，也团结民间旧艺人旧剧团，以地方

---

① 中共中央文献研究室：《毛泽东文艺论集》，中央文献出版社 2002 年版，第 19、20 页。
② 陕甘宁边区文化界救亡协会：《我们关于目前文化运动的意见》，《解放》第 39 期，1938 年 5 月。

民众喜闻乐见的文艺形式宣传抗战。1939 年晋察冀边区的平山铁血剧社，使用平山秧歌排剧，但"在内容上始终是以根据地各种斗争为题材"①。1939 年间，中共安国县文宣队"经常运用拉洋片、大鼓等文艺形式（吴抗之击鼓打板、刘齐之弹三弦，二人合作说唱大鼓，王团聚、赵英魁、毕民治等拉洋片），在群众中宣传抗日救国的道理，宣传抗日爱国、除奸、送公粮、参加八路军的英模人物"②。传统民间文艺形式，能够拉近普通民众与中国共产党之间的距离，增强二者之间的亲近感、认同感，从而起到动员民众团结抗战的作用。延安及其他根据地的文艺工作者，还积极搜集、整理、研究传统民乐，成立了民乐研究团体、机构，其中有"民歌研究会""中国民间音乐研究会"等，研究队伍不断扩大，搜集的民乐日渐增多。1940 年初，回到延安的安波、张鲁，带回了在前方根据地收集到的近 200 首民歌。1942年 2 月，赴绥德、米脂地区的安波、张鲁、关鹤童、刘炽等，经过 3个月的时间，采集民歌 400 多首。这些收集的民歌，成了创作新民乐的基础和材料。他们虚心请教民间艺人，吸收唢呐、郿鄠、道情等民间音乐与民间乐器中的音乐、节奏、旋律，创作了一批脍炙人口的反映边区民众生产、生活、战斗的音乐作品，其中广为人知的有《黄河大合唱》《七月里在边区》《白毛女》等。

当然，认识并实践利用和改造民间文艺形式以创造新文化的过程并非一帆风顺，换言之，传统乡村文化与中共革命文化之间的衔接与融通经历了一个曲折过程。抗日根据地初创时期，党的主要精力在军事、政治斗争方面，文化动员主要以自上而下的宣传工作为主。由于缺乏对农村尤其是农民文化习俗的了解，缺乏文化工作经验，从城

---

① 张学新:《晋察冀革命戏剧运动史料》，河北省文化厅文化志编辑办公室 1991 年版，第 356 页。

② 河北省文化厅文化志编辑办公室编:《晋察冀革命文化史料》，文化厅文化志编辑办公室 1991 年版，第 177 页。

市来到农村根据地的革命知识分子，一时还难以做到真正立足于工农兵、以其喜闻乐见的形式满足其精神需求，激发其爱国主义、革命英雄主义情感和气概。1940年前后至1941年秋，各抗日根据地还出现了演大剧、大戏的风气。这一现象起源于延安，并普遍存在于陕甘宁、晋察冀、晋冀鲁豫、山东等各抗日根据地。当时各根据地的文艺团体，纷纷上演以中外大型剧目为主要形式的文艺作品，主要有高尔基的《母亲》、果戈里的《巡按》与《婚事》、曹禺的《日出》与《雷雨》，以及其他大型戏剧《复活》《带枪的人》《钦差大臣》等。在各抗日根据地上演大剧、大戏的初期，文艺家均给予了较高的评价。

但是，随着实践经验的积累，大演特演"与抗战没有多大联系、和陕北这种内地农村生活完全无关的描写大城市生活的戏和一些外国古典戏"[①]所存在的问题逐渐为党的文艺工作者所认识，一方面，这种精英化的城市戏剧、歌曲，脱离农村实际和农民文化欣赏水平，没能真正起到宣传、动员效果；另一方面，忽视对民间文艺形式的利用与改造，"各地的旧戏剧、旧歌曲，为各地民间所熟习，所最高兴和嗜好的东西，而我们文化运动中的新戏剧、新歌曲，却还很少能那样地打进最广大的落后的人民的心坎"[②]。在文艺下乡的初始阶段，文艺剧团大多数成员是城市中的知识分子，深受城市精英文化的熏陶，对于主要是描写城市生活的中外大剧情有独钟，对于这些中外大剧是否能起到有效的政治宣传和民众动员的作用，缺乏深刻了解，急于给民众带去文艺作品，对于农村生活和乡村现实缺乏深刻的了解，"化大众"意图强烈，却忽视了大众的主体性地位。

1942年5月，毛泽东在延安文艺座谈会上发表的讲话具有里程

---

① 刘增杰等编：《抗日战争时期延安及各抗日民主根据地文学运动资料》上册，山西人民出版社1983年版，第456页。

② 陕甘宁边区文化界救亡协会：《我们关于目前文化运动的意见》，《解放》第39期，1938年5月。

碑意义，讲话在承继民族的、科学的、大众的新民主主义文化建设总方针的基础上，系统阐述了文艺为谁服务、怎样服务的问题，明确提出文艺为工农兵服务、从属于无产阶级政治的总方针，要求文艺工作者深入工农兵群众，熟悉他们的生产和生活，了解他们的思想、感情、审美，同他们打成一片，先做工农兵的学生，然后做先生，以工农兵喜闻乐见的方式创造新文化，首先做好文化普及，然后在普及中提高。讲话还特别指出，"对于中国和外国过去时代所遗留下来的丰富的文学艺术遗产和优良的文学艺术传统，我们是要继承的，但是目的仍然是为了人民大众。对于过去时代的文艺形式，我们也并不拒绝利用，但这些旧形式到了我们手里，给了改造，加进了新内容，也就变成革命的为人民服务的东西了"[1]。毛泽东在延安文艺座谈会上的讲话，对于纠正革命文艺队伍中脱离实际、不同程度地存在的文艺至上主义或者为艺术而艺术的倾向，促进革命文艺尽快成为合格的"整部民主主义革命机器上的齿轮和螺丝钉"起到了重要指导作用，也为利用与改造民间传统文化，创建"新的民族形式"的文艺作品，提供了方向和衡量标准。

延安文艺座谈会后，党的文艺工作者自觉地以毛泽东的讲话精神检讨过去的工作。曾在 1941 年称赞《母亲》的沙可夫，在 1944 年 6 月发表文章，明确批评晋察冀边区"争先恐后大演其《巡按》、《婚事》与《雷雨》、《日出》以至《复活》、《大雷雨》与《带枪的人》等等名剧大戏，造成了一种非常不健康的风气与热潮"，是"脱离群众、脱离实际、脱离政治任务的'艺术至上主义倾向'的十足表现"，"它给敌后新文艺事业的损失还是不小的"[2]。林浩在 1944 年 4 月胶东文化座谈会上的讲话中谈到，"我们的戏剧运动，在别的地区已经开始纠正演大剧这个偏向，而我们却正在兴高采烈的出演《雷雨》《李秀

---

① 《毛泽东选集》第 3 卷，人民出版社 1991 年版，第 855 页。
② 沙可夫：《晋察冀新文艺运动发展的道路》，《解放日报》1944 年 7 月 24 日。

成之死》，每次花费一两千元，真是劳民伤财"①。白彦在谈到山东部队的文艺工作时指出，在演出《雷雨》和《李秀成之死》时，"一般下级干部和战士却在舞台下面打了一晚的瞌睡"，而反映乡村社会现状的"《老太婆觉悟》他们反而百看不厌"。②对于演大剧、大戏倾向的批判所带来的反思，是从利用中外大剧、大戏到利用民族的大众的中国传统文艺遗产的路径转向。

1942年10月，延安平剧研究院成立，毛泽东为其题字"推陈出新"，要求"以扬弃批评的态度接受平剧遗产，培养平剧艺术干部，开展平剧的改造运动；以创造戏剧上新的民族形式"③。改造平剧不仅涉及如何宣传抗战的问题，而且也涉及如何承继遗产的问题，"如何接受中国旧的艺术遗产，推陈出新，更进而发扬光大之，以创造新中国戏剧艺术"，"这不仅是一个单纯的对待平剧本身的问题，而且是新民主主义整个文艺政策，思想运动的问题"④。为工农兵服务、为无产阶级政治服务和推陈出新等方针的提出，成为批判继承民间传统文化形式的重要原则，为各根据地改造戏曲、秧歌、地方剧、民乐、木刻、民间美术等传统文艺形式，提供了理论依据，并且也成为日后新中国文艺发展的重要方针。

当然，利用和改造旧有的民间文艺形式不可能一步到位，也有一个探索和积累经验的过程。在利用旧形式的过程中，"旧瓶装新酒"式地将新内容简单套用到旧形式之中、迁就旧形式的问题并不鲜见。鲁迅艺术学院根据传统平剧《乌龙院》改编演出了《刘家村》，以《落马湖》《清风寨》改编演出了《赵家镇》《夜袭飞机场》。这几

① 刘增杰等编：《抗日战争时期延安及各抗日民主根据地文学运动资料》下册，山西人民出版社1983年版，第116页。
② 刘增杰等编：《抗日战争时期延安及各抗日民主根据地文学运动资料》下册，山西人民出版社1983年版，第66页。
③ 蒋中崎：《中国戏曲演进与变革史》，中国戏剧出版社1999年版，第503页。
④《致全国文艺界书》，《解放日报》1942年10月12日。

出新剧，都是在传统平剧的内容与形式上加以改编，加入抗日救亡的内容，即"旧瓶装新酒"，新内容与旧形式在衔接中存在明显的不协调问题。晋东南根据地各类剧团，在抗战初期"技术都很落后，组织不健全，剧本多抄袭，本身无创作"[1]。江华撰文指出，根据地文艺工作者在选择题材和塑造人物形象中，往往"用改头换面的'才子佳人''山神土地''江湖奇侠'一类的材料"，来掩饰文艺创作的贫乏。[2]艾青也指出，在改造传统秧歌舞的初期，形式比较简单，"两三个人上场，很少剧情，用叙述式的唱词来表达剧情的发展。"[3]鄂豫边区第四军分区宣传队利用花鼓戏，开展政治宣传，"借用旧的形式，注入新的内容，穿古装唱新词。如《送郎参军》一剧，化装象梁山伯与祝英台一样，看起来在舞台上是花旦和小生，唱词却是送郎参军，鼓励丈夫勇敢杀敌，严格遵守三大纪律八项注意"[4]。虽然起到了宣传效果，但在文艺作品创作上也造就了旧形式与新内容的"两张皮"，二者无法有机地融合在一起。这是从模仿到创新的必经之路，这种模仿痕迹明显的特征，在对其他传统民间文艺形式的改造中也存在。不加批判地直接生搬旧形式，甚至接受旧形式中落后、低俗的东西，导致新内容与旧形式之间存在明显冲突与不协调，有的时候新内容成了旧形式的奴隶，被它所束缚，无法达到应有的宣传动员效果。

在利用传统民间文艺形式过程中，还存在着公式化、脸谱化甚至丑化劳动人民形象的问题。凌青在反思与检讨山东抗日根据地戏剧工作时指出了这一现象，旧艺人"他们拿出来的下层人物，大都被歪曲变成小丑——极端愚蠢下贱可笑的小丑。在我们的戏里，常常有傻

---

① 刘增杰等编：《抗日战争时期延安及各抗日民主根据地文学运动资料》中册，山西人民出版社1983年版，第276页。
② 江华：《创作上的一种倾向》，《解放日报》1942年2月11日。
③ 艾青：《秧歌剧的形式》，《解放日报》1944年6月28日。
④ 鄂豫边区革命史编辑部编：《鄂豫边区抗日根据地历史资料》第4辑，1984年版，第343页。

子出现，如果傻子是只作为一个小丑的作用，而不妨害政治意义，增加趣味，自然也很好，但如果用到傻子的觉悟，进步，赞扬抗日民主根据地，参加军队抗战，组织游击队，这便令观众很自然地说道：'这是傻子说的'，'这是傻子干的'！这怎么能不破坏政治意义与教育作用呢？还有为了增加小趣味，在主人公的身上，增加一点笑料，如《红鼻子归队》，红鼻子老婆动员红鼻子归队，观众又很便当地想到，恐怕是老婆不喜欢红鼻子，才动员他归队的吧！"[①]"出现在舞台上的汉奸卖国贼，不分大小，不论男女，除怀中一面太阳旗，满脸凶恶倒霉相以外，便再也找不出丝毫的特点和个性来。"[②]鄂豫边区第四军分区宣传队排演的花鼓戏《双别窑》，使用以花旦表示进步、丑旦表示落后的隐喻手法，"描写的是两个妇女送夫参军的故事。其中一个妇女思想进步，以花旦形式演出"，而"另一个女方为丑旦（滑稽），表示思想落后拉后腿"[③]。上述问题均影响着中国共产党对于传统文化形式的有效利用与改造。

当然，改造传统民间文艺在客观上面临着一些困难，例如京剧"是用行帮制度承继下来的，这些属于舞台表演文化遗产，全部留传在旧剧演员的身上，他的教学方法，讲究'衣钵真传'，讲究'口传心授'，没有理论的记载，而我们一旦着手改革感到无从下手。"[④]秧歌改造也存在类似问题，"虽充实了些新的内容，但由于在形式上未经多少改造，有的还保留了某些旧'秧歌'中所含的封建毒素（如色

---

① 刘增杰等编：《抗日战争时期延安及各抗日民主根据地文学运动资料》下册，山西人民出版社 1983 年版，第 74—75 页。
② 刘增杰等编：《抗日战争时期延安及各抗日民主根据地文学运动资料》中册，山西人民出版社 1983 年版，第 355 页。
③ 鄂豫边区革命史编辑部编：《鄂豫边区抗日根据地历史资料》第 4 辑，1984 年版，第 343 页。
④ 张学新：《晋察冀革命戏剧运动史料》，河北省文化厅文化志编辑室 1991 年版，第 370 页。

情，神怪等），以致不完全合适的来反映今天的现实生活。"① 有些地方甚至出现了不加批判地上演、利用旧的文艺作品，复兴"封建糟粕"文化的现象。1943 年 6 月 27 日，《解放日报》发表新华社通讯《晋察冀的文化运动》，指出晋察冀边区"演大剧的偏向，去年基本上已经纠正了，但代之而起的是另一种旧剧的偏向"，"不加选择，毫无批评与改造，把含有封建迷信毒素的旧剧，在广大群众面前出演，是非常有害的。这种偏向在今天不论在部队中，在乡村中，仍然或多或少的存在着"②。晋绥三分区的旧戏班子上演旧戏，"宣传封建秩序的范本如《忠保国》《三娘教子》；鼓吹色情的范本如《吃招待》《双头驴》；讽刺并丑化穷苦人民的范本如《拜杆》《拾金》，曾经盛极一时；甚至还上演过最反动的、歪曲了历史，辱骂了农民革命、歌颂了叛徒的《三本铁公鸡》，即所谓《张嘉祥救主》"③。直至 1946 年间，"冀晋区许多地方唱旧戏，发生不少问题，有些村搞得很厉害，毫不批判毫不选择的唱旧戏，甚至于一种伤风败俗、宣传封建秩序的戏如《柜中缘》《铁公鸡》《塔子沟》《老少换妻》《大登殿》《劈灵棺》《瞎子观灯》也都演出来。"④ 冀鲁豫边区郓北农村剧团买旧戏箱演历史剧，不加选择地照搬民间戏剧内容⑤。这些情况说明传统文化在乡村扎根之深、影响之广，也说明利用和改造民间传统文艺任务之艰巨，以新的为群众所喜闻乐见的新作品取代旧作品之路还很长。

针对存在的问题，党的文艺工作机关和文艺工作者努力探索解决之道。1943 年 11 月 7 日，中共中央宣传部发出的《关于执行党的

① 沙可夫：《晋察冀新文艺运动发展的道路》，《解放日报》1944 年 7 月 24 日。
② 《晋察冀的文化运动》，《解放日报》1943 年 6 月 27 日。
③ 华纯、韩果、石丁：《晋绥剧运之前瞻》，《抗战日报》1944 年 11 月 28 日。
④ 张学新、刘宗武编：《晋察冀文学史料》，天津社会科学院出版社 1989 年版，第 335 页。
⑤ 梁小岑编：《冀鲁豫边区文艺资料选编（一）》，河南省文化厅文化志编辑室 1988 年版，第 241 页。

文艺政策的决定》，明确指示各抗日根据地停止或改造"与战争完全无关的大型话剧和宣传封建秩序的旧剧"[①]。晋绥边区三分区提出编排新秧歌剧的"三不编"方针，即"一不编迷信；二不编淫乱；三不编骂人打架"，"抛弃了那些淫荡调情、封建迷信的东西，而代之以劳动人民的战斗、生产等的现实生活"[②]。陶纯在论及山东根据地的旧艺人的团结教育问题时指出，"演平剧的要改造平剧的内容，铲除迷信不合理的部分，多演抗敌报国发扬民族气节的剧——如过五关说岳剧之类。说书的多说忠臣义士如宁武关之类。其它如玩杂耍的在玩艺之中加入一些抗战内容，抗战的调侃"[③]。

经过长期实践和经验积累，在利用和改造传统民间文艺形式、创造群众喜闻乐见的新文化方面，产生了一批脍炙人口、流传广泛的作品，其中，晋察冀边区的"穷人乐方向"与晋冀鲁豫边区的"赵树理方向"，可谓实践毛泽东延安文艺座谈会上讲话精神的典型代表。1944年底，在抗敌剧社的鼎力帮助下，晋察冀边区阜平县高街村剧团借用传统民间形式，自编自演了戏剧《穷人乐》。《穷人乐》结合社会现实，通过对旧社会与翻身后的对比，讲述了广大农民在党的领导下，摆脱地主逼租夺佃、农民卖儿卖女的悲惨境地，逐渐参与到减租减息、民主选举、军民合作、反扫荡反蚕食、修滩开荒、救灾度荒、互助合作大生产之中，反映了农民由苦难到欢乐的翻身做主人的过程。《穷人乐》获得了观众的一致好评，进而被树立为晋察冀边区文艺创作的方向。在利用旧形式方面，《穷人乐》第四场"军民合作拉荒滩"中，引入了当地民歌《莲花落》。在戏剧最后结尾处，演员唱起了采用山西民歌改编的《穷人乐》小调，并跳起了秧歌舞。"秧歌

---

① 中央档案馆编：《中共中央文件选集》第14册，中共中央党校出版社1992年版，第109页。

② 穆欣：《晋绥解放区鸟瞰》，吕梁文化教育出版社1946年版，第93—94页。

③ 刘增杰等编：《抗日战争时期延安及各抗日民主根据地文学运动资料》下册，山西人民出版社1983年版，第51页。

锣鼓热闹地敲起来，大伙跟着扭起来，儿童们拿着大谷穗等在前面扭'过小船'"，"台正中央一边一个壮年，后面是妇女，扭'过小船'，再后面是壮年老头们大扭起来，唱《穷人乐》小调，越扭越热闹，在锣鼓声中，幕急闭"①。阜平皂火峪村学习高街村的《穷人乐》方向，根据实际情形，自己编自己排，演出了《群众大合作》，全剧融合歌剧、快板、话剧、秧歌舞等传统与现代形式，反映了村社如何在反"扫荡"中解决群众困难，被敌人惨杀后如何救济，大生产中怎样开展全村大拨工、五大副业、家庭合作组等内容。②

　　赵树理在抗日战争和解放战争时期，先后创作出了《小二黑结婚》（1943年）、《李有才板话》（1943年）、《李家庄的变迁》（1946年）等小说，主要以通俗化、大众化的语言风格，以革命现实主义的方法，描绘农村复杂矛盾的现实生活。1947年7月，晋冀鲁豫边区文联召开文艺工作座谈会。会上讨论了赵树理的文艺创作问题，并取得一致意见，认为赵树理的文艺创作及其成果，是晋冀鲁豫边区实践毛泽东文艺思想的具体方向，进而形成了"赵树理方向"。在利用传统文艺形式方面，《李有才板话》运用了快板这一传统曲艺形式，节奏性强、形式工整对称，让人读起来朗朗上口，深入人心。例如，李有才编写了一段快板，来讽刺村长阎恒元长期把持村长职位的行为："村长阎恒元，一手遮住天，自从有村长，一当十几年。年年要投票，嘴说是改选，选来又选去，还是阎恒元。不如弄块板，刻个大名片，每逢该投票，大家按一按，人人省得写，年年不用换，用他百把年，管保用不烂。"③周扬评价《李有才板话》："李有才，这位农民的天才歌手，用他的快板反映了村子里的事件和人物，表达了农民对于这些事件和人物的情绪的反应"，"这些快板戳穿了阎恒元们的假面"，"在

---

① 晋察冀文艺研究会编：《晋察冀村剧团剧本选》，1984年版，第68页。
②《皂火峪村剧团演出〈群众大合作〉》，《晋察冀日报》1945年2月25日。
③ 赵树理：《三里湾李有才板话》，北岳文艺出版社2015年版，第210—211页。

他的作品上，我们可以看出和中国固有小说传统的深刻联系；他在表现方法上，特别是语言形式上吸取了中国旧小说的许多长处"①。《小二黑结婚》则结合了中国戏曲的风格，在词语上非常注重"叠音"技巧的选用。

在利用和改造传统民间文艺形式方面，最典型最成功也是影响最大的无疑是秧歌剧，其中最具代表性的是《兄妹开荒》《白毛女》等。在旧秧歌的基础上，新秧歌在舞蹈、对白、音乐、歌曲、化妆、服装、道具等方面实现了创新，还融合了其他传统艺术类型的手法与形式。对此，艾青指出陕甘宁边区所流行的秧歌剧，"是吸收了民歌、民谚、旧秧歌舞、旧秧歌剧、地方剧、话剧的成份，结合而成的形式"。"我们要研究民间舞蹈，尤其是农民的舞蹈"，"今天秧歌剧里的歌曲，主要是民间歌谣、地方小调。郿鄠调子被采用的最多，这是因为陕北老百姓很爱听郿鄠调子"②。盐阜抗日根据地积极改造地方戏——淮戏，以其作为主要形式，同时采用"秧歌舞、玩龙舟（即荡湖船）、打连响（即打钱竹）、高跷、莲花落、大鼓说书"③等传统文艺形式，丰富淮戏内涵与技巧。

这些经过革命化改造的传统民间文艺作品，蕴含着鲜明的革命价值观，与中国共产党的大政方针、中心工作、现实任务紧密相联，反映着根据地军民的抗战斗争、生产生活，实际上已经成为具有浓郁地方特色和民族特色的新文艺作品。

首先，这些作品均从历史唯物主义出发，以阶级分析和阶级斗争为标尺，凸显人民的历史主体性。中国共产党认为，一般说来，旧剧、旧戏是为统治阶级服务的，"旧剧基本上是代表封建贵族地主阶

① 周扬：《论赵树理的创作》，《解放日报》1946年8月26日。
② 艾青：《秧歌剧的形式》，《解放日报》1944年6月28日。
③ 刘增杰等编：《抗日战争时期延安及各抗日民主根据地文学运动资料》下册，山西人民出版社1983年版，第263页。

级，为封建贵族地主阶级所爱好的一种艺术形式，其全部内容是宣传忠孝节义封建秩序，传播正统思想，且极不群众化，很难令人看懂，说白唱词深奥文言"[1]。"旧剧一般地又是旧的反动的统治阶级用以欺骗麻醉劳动群众的一种阶级斗争的工具"[2]。在皮影戏"还没有为人民服务的时候，它的脚本的内容，多是替君王地主说话的"[3]。为此，在革命文化的构建过程中，以唯物史观、人民史观改造传统民间文艺，主题已从反映帝王将相、才子佳人转变到反映社会普罗大众，凸显人民群众历史创造者的主体地位，特别注意对民族精神和爱国主义题材剧目的发掘、整理、研究、改编、演出，剔除其有害的封建内容，发挥其宣传民族抗战和动员民众的社会功能。

例如，在传统京剧基础上改编的新编剧《逼上梁山》《三打祝家庄》，获得了很大成功。1944 年 1 月 9 日，毛泽东在观看了杨绍萱、齐燕铭编导、中共中央党校俱乐部演出的平剧（即京剧）《逼上梁山》后，致信杨、齐二人："历史是人民创造的，但在旧戏舞台上（在一切离开人民的旧文学旧艺术上）人民却成了渣滓，由老爷太太少爷小姐们统治着舞台，这些历史的颠倒，现在由你们再颠倒过来，恢复了历史的面目，从此旧剧开了新生面"。"郭沫若在历史话剧方面做了很好的工作，你们则在旧剧方面做了此种工作。你们这个开端将是旧剧革命的划时期的开端，我想到这一点就十分高兴，希望你们多编多演，蔚成风气，推向全国去！"[4] 在观看了《三打祝家庄》之后，毛泽东亦给予高度评价："我看了你们的戏，觉得很好，很有教育意义，继《逼上梁山》之后，此剧创造成功，巩固了平剧革命的道

① 刘增杰等编：《抗日战争时期延安及各抗日民主根据地文学运动资料》下册，山西人民出版社 1983 年版，第 118 页。
②《周扬文集》第一卷，人民文学出版社 1984 年版，第 527 页。
③ 张学新：《晋察冀革命戏剧运动史料》，河北省文化厅文化志编辑办公室 1991 年版，第 374 页。
④《毛泽东书信选集》，人民出版社 1983 年版，第 222 页。

路。"①1944 年 4 月 30 日，中共中央山东分局也指示各地文协，结合社会现实，以人民史观改造旧剧，"以新民主主义的艺术去改造群众意识，演旧剧则应改造，要有新的历史观点，要看在今天的作用"，"发扬秧歌对唱（二唱五和）来灌输阶级教育"②。

其次，中国共产党将改造传统民间文艺与现实工作紧密结合起来，注重反映民族抗战、社会现实。艾青于 1944 年撰文指出，与旧秧歌相比"今天的秧歌剧则不同。它歌颂人民，歌颂劳动，歌颂革命战争。它以军政民团结，对敌斗争；组织劳动力，改造二流子、增加生产；破除迷信，提倡卫生等为主题。在每个秧歌剧里，工农兵群众都成了主角"③。晋绥"临南二区招贤镇一带就有五十多个秧歌班子"，"以变工生产，发展种棉，选举劳英，坦白运动，反顽固斗争……等工作任务作为主题"④。在 1944 年延安春节，陕甘宁边区各业余秧歌队，"创造了一百五十种以上的节目，从秧歌剧，秧歌舞到花鼓，旱船、小车、高跷、高台等，各色齐全。这些节目都是新的内容，反映了边区的实际生活，反映了生产和战斗，劳动的主题取得了它在新艺术中应有的地位"。其中包括"写生产劳动（包括变工、劳动英雄、二流子转变、部队生产、工厂生产等）"，"军民关系（包括归队、优抗、劳军、爱民）"，"自卫防奸"，"敌后斗争"，"减租减息"等内容⑤。晋察冀边区创作的革命化文艺作品，也重在"生动而真实地反映边区民主建设事业的突飞猛进，反对敌人'扫荡'，'蚕食'，'消剿'的英勇斗争，敌人的残暴狠毒及其垂死时的丑态，沦陷区同胞的

① 中共文化部党史资料征集工作委员会、延安平剧活动史料征集组编：《延安平剧改革创业史料》，文津出版社 1989 年版，第 187 页。
② 山东省档案馆、山东社会科学院历史研究所编：《山东革命历史档案资料选编》第十一辑，山东人民出版社 1983 年版，第 398 页。
③ 艾青：《秧歌剧的形式》，《解放日报》1944 年 6 月 28 日。
④ 华纯、韩果、石丁：《晋绥剧运之前瞻》，《抗战日报》1944 年 11 月 28 日。
⑤ 刘增杰等编：《抗日战争时期延安及各抗日民主根据地文学运动资料》上册，山西人民出版社 1983 年版，第 278 页。

痛苦与希望，敌伪军的动摇，投降反正，等等"[1]。

总之，中国共产党在利用和改造民间传统文艺的过程中，以鲜明的阶级性政治旨趣，注重革命价值的塑造，注重宣传党的方针、政策，彰显工农兵的历史主体地位，并以老百姓喜闻乐见的表现形式与表现手法，以乡村社会真人真事的写实手法进行创作，成功地灌输给农民强烈的现代民族意识和爱国情感、爱憎分明的阶级情感和阶级意识、中共领导下新社会的幸福感和责任感，以及农民阶级的自信心和力量感，代表了新民主主义文化实践的新方向。

四、改造乡村社会传统习俗

中华传统文化是一个结构复杂的体系，其中既有弥足珍贵的精华，也有特定条件下积淀的糟粕；既有典籍化的系统思想、文化作品，也有代代相传的习俗习惯。对于从事农村革命的中国共产党而言，在继承和弘扬优秀传统文化的同时，还面临着与种种落后的文化现象作斗争的任务，这其中就包括反对迷信、宣传科学、团结中医、改造巫神与巫婆以及解放妇女等内容，换言之，对乡村社会习俗、传统观念中的落后、迷信因素进行批判，弘扬科学理性精神，启蒙民众，促进旧文化旧风俗的革命化改造，成为中国共产党重塑乡村社会的重要任务。

（一）反对迷信、提倡科学

数千年来，由于科学技术的不发达，科学文化知识水平的低下，导致传统乡村社会民众思想愚昧，迷信盛行。这种长期历史沿袭的迷信思想，已经深深内化于乡村文化与民众生活之中，具有广泛的

---

① 《照例的话》，《晋察冀日报》1942 年 12 月 8 日。

群众性。例如，陕甘宁边区 150 万人口中"有一百多万文盲，两千个巫神，迷信思想还在影响广大的群众"①。在冀鲁豫边区的内黄县李七吉村，有男 24 人，女 7 人，共计 31 人敬奉三皇氏（天皇、地皇、人皇），每月初十、三十日烧香、叩头；有 7 人敬的是老天爷，每月十五日时烧香、叩头②。

在战争环境下，崇信封建迷信与有神论的民众，容易被日伪军、民间秘密社团组织等势力所操纵、利用。1938 年，陕甘宁边区尤其是东北边界各县有佛教会、一心会等组织，"假借神教名义，利用人民迷信心理，进行欺骗阴谋，引诱落后群众，帮助汉奸工作。例如说'加入一心会、佛教会，日本来了能保障安居乐业，给日本当兵每月可发饷三十元，日本是保宣统皇帝登基，人民不应该参加抗战，打倒国民党，反对共产党等等'荒谬的汉奸言词"，"该佛教会、一心会等，显系巧立名目，借图掩盖，名义上为宗教团体，实际上则为汉奸集团。他们的企图乃是威吓利诱，使相信迷信的人们，脱离抗日战线，以减少抗战力量，达到他们帮助日本帝国主义灭亡中国的目的"③。彭德怀在 1941 年 11 月曾谈到，日寇在天津建立了佛教总会，开始统一华北各地的封建迷信组织，"在这个佛教总会领导之下，有各种会门及其他迷信团体，利用人民的各种宗教习惯，进行普遍的汉奸活动"④。很多不明真相的群众参加了迷信团体。

中国共产党秉持五四新文化运动以来的科学传统，坚定地反对封建迷信，倡导科学精神，为此，各抗日根据地采取了一系列反迷信

---

① 《毛泽东选集》第 3 卷，人民出版社 1991 年版，第 1011 页。
② 中共冀鲁豫边区党史工作组办公室、中共河南省委党史工作委员会编：《中共冀鲁豫边区党史资料选编（第二辑·文献部分）》中册，河南人民出版社 1988 年版，第 471 页。
③ 陕西省档案馆、陕西省社会科学院编：《陕甘宁边区政府文件选编》第 1 辑，档案出版社 1986 年版，第 82 页。
④ 河北省社会科学院历史研究所、河北省档案馆等编：《晋察冀抗日根据地史料选编》下册，河北人民出版社 1983 年版，第 136 页。

措施，坚决取缔反动迷信组织，建立科学团体、科学组织、研究机构，重视自然科学知识的普及。陕甘宁边区成立了陕甘宁边区自然研究会、自然研究院、国医研究会，晋察冀边区也成立了自然科学界协会等团体。这些团体与组织都将反对封建迷信、提倡科学思想，作为团体宗旨之一。此外，各根据地积极宣传与普及科学知识，破除迷信，扫除文盲，编写大量科学普及读物，开展各类宣传教育工作，建立村学、读报组、识字组等，努力提高根据地民众文化水平，增强对自然、社会的科学认识。

中国共产党对于借封建迷信破坏抗战的汉奸行为严惩不贷。1939年，陕甘宁边区政府颁布《陕甘宁边区抗战时期惩治汉奸条例（草案）》，明确将以宗教迷信破坏抗战者按照汉奸论罪。晋察冀边区在1940年发出的《晋察冀边区党委关于新形势下反敌探奸细斗争的方针》指出："封建迷信团体会门等组织，是敌探奸细所依靠的社会基础，我们的方针是从政治上揭破，教育其会员，号召群众反迷信"，"打击其中的真正敌探汉奸反动分子"。"对封建迷信团体：潜伏其中的日寇侦探，有确凿证据者，杀无赦"，"其中受欺骗的汉奸分子，应许其自首自新，对影响下之落后分子，则由感化教育争取。"[1]

在坚决反对封建迷信的同时，中国共产党也注意尊重当地风俗习惯、乡村社会现实以及民众的心理与思维方式。毛泽东强调"破除迷信是我们的原则，但是陕北现在还经常有庙会，很多人去参加庙会，我们的秧歌队也去。群众迷信神灵，我们不能强迫群众不迷信。"[2]1942年5月25日，安塞县县长邵清华向陕甘宁边区政府呈文，指出盲目反对迷信思想会引起民众的不满："废铁在本县亦无多，只有在庙内仍有几座铁钟，但百姓迷信甚笃，如将此钟抬走可能引起不

---

① 河北省社会科学院历史研究所、河北省档案馆等编：《晋察冀抗日根据地史料选编》上册，河北人民出版社1983年版，第450—451页。
②《毛泽东文集》第5卷，人民出版社1996年版，第24—25页。

满，但如不抬，迷信则更将盛行，而原料则会受到影响。"6月27日，林伯渠、李鼎铭回复："关于收集庙宇铁钟事，必须事先对群众解释说服，并应经过当地乡参议会的通过，不致引起不满时，才能收用，不可强行没收。"①解放战争时期，中国共产党也很注意处理宗教迷信组织的政策与策略，1948年1月，西北人民解放军前委召开扩大会议，指出"对于宗教迷信会帮等组织，在不反对我们土地改革及我军行动的原则下，应当争取他们和我们合作，或使他们站在善意中立的地位，在土地改革运动中逐渐分化他们，争取其下层群众，孤立其上层头子"②。

（二）团结中医

中医是中华传统文化中的瑰宝，是研究人体生理、病理以及疾病的诊断、防治的传统医学。中医在长期的医疗实践基础上形成的经验知识体系，主要以传统哲学的"气""阴阳""五行"学说为支撑，讲究人身体经脉的"阴阳调和"，进而发展出传统的"望、闻、问、切"的医学经验体系。

中国共产党在民族抗战的背景下，积极团结中医，发挥中医悬壶济世的积极作用，注重加强中西医的协同合作，促进根据地卫生医疗体系的建设与发展。在深处乡村社会的各根据地，中医是主要的医疗力量，他们有丰富而宝贵的医疗经验，许多中医处方、药品在治疗疾病方面具有良好功效。《解放日报》发文指出："中医有几千年的历史，直到现在，还具有广大群众基础，在治疗工作上有丰富经验，实际上也的确能治好不少病症，这就说明在中医的诊断和治疗中，尤其

---

① 陕西省档案馆、陕西省社会科学院编：《陕甘宁边区政府文件选编》第6辑，档案出版社1988年版，第234页。
② 中央档案馆编：《中共中央文件选集》第17册，中共中央党校出版社1992年版，第94—95页。

是药物方面，有许多值得研究的东西"①。

　　然而，受近代以来科学主义思潮的影响，建立在现代解剖学、病理学基础上的西医知识体系，被视为医学是否具有科学性的标准。在中西文化碰撞的大背景下，与西医治病路数迥异的中医则被认为是一套非科学的经验体系。而这直接导致中、西医之间长期存在着相互排斥、排挤的现象，也存在着究竟孰优孰劣的论争。在陕甘宁边区某些地方，中、西医之间相互轻视、歧视，毛泽东就此讲过"这两种医生历来就不大讲统一战线"②。

　　中共领导下的各根据地处在传统乡村社会中，医生缺乏，医疗设施、卫生条件差，很多民众甚至相信巫神、巫婆。在各根据地的中医行业中，又存在着种种旧制度的弊端，例如将处方视为私物，存在着"家传秘方死不授人"的传统，"教会徒弟饿死师傅"的旧理念，"个人认为个人的对，自己知道的不让别人知道"，相互之间瞧不起，以及"光为卖药赚钱的发财观念"，"眼睛向上，车接马送，看不起穷人"等等现象。③这些弊端严重阻碍了中医在根据地卫生医疗体系中积极作用的发挥。

　　为此，各根据地采取了形式多样的措施与方法，先从思想认识上消除中、西医之间的派系、观点之争，打破门户之见，要求中、西医互相帮助，互相研究学习，进而加强医生之间的合作交流。1944年5月24日，毛泽东在延安大学开学典礼上的讲话中谈到，中、西医"这两种医生要合作"，"不管是中医还是西医，作用都是要治好病。治不好病还有医术问题，不能因为治不好病就不赞成中医或者不赞成西医。能把娃娃养大，把生病的人治好，中医我们奖励，西医我们也奖励"④。晋察冀边区行政委员会指示各地"在各级干部思想上应

---

① 裴慈云：《中西医合作的几个问题》，《解放日报》1944年9月30日。
② 《毛泽东文集》第3卷，人民出版社1996年版，第154页。
③ 《完县的医药社》，《晋察冀日报》1945年2月25日。
④ 《毛泽东文集》第3卷，人民出版社1996年版，第154页。

提高用中药医治疾病的信心，克服非西药不能治病的心理"[①]。各根据地还积极改造中医，实现中医科学化，增强其科学性，规劝中医公开秘方与经验，劝他们努力学习科学，改进自己的业务，研究中医传统处方，开办中医训练班、护士司药训练班，学习各类卫生课程知识。建立医药合作社，提高医生福利，免去不脱产医生的抗战勤务。举行研讨会，交流经验，研究病理、学理，实行中西医会诊。晋绥边区三分区，"中西医有了很好的团结，互相尊重，互相学习。很多中医公开了祖传秘方，很多西医正在研究偏方和针灸书的秘密。要从里面找出科学的道理。群众为了自己治病吃药方便，在许多村里成立了医药合作社"[②]。陕甘宁边区三边、关中、鄜县、延川等地的医药研究会和医药座谈会，"发现了很多模范医生，公开了很多秘方。三边更首先实行中西医合作，开始打破了门户之见。崔岳瑞以医药破除迷信，收到了很大效果。陈凌风以自制兽疫预防针与治疫血清，扑灭七县牛瘟，巩固了群众的生产"[③]。

（三）改造巫神、巫婆

巫神、巫婆的存在，有着深刻的社会文化根源。乡村民众文化水平低，文盲率高，崇拜鬼神，迷信思想严重，"如'求神鬼保佑'、'生死在天，命里注定'、'穷干净、富邋遢'、'不脏不净、吃了没病'"[④]等观念普遍存在。民众一遇到疾病，多求助于土法、土医，相信巫神、巫婆，由此导致各根据地内巫神、巫婆大量存在。资料显

---

① 河北省社会科学院历史研究所、河北省档案馆等编：《晋察冀抗日根据地史料选编》下册，河北人民出版社 1983 年版，第 485 页。

② 穆欣：《晋绥解放区鸟瞰》，吕梁文化教育出版社 1946 年版，第 94 页。

③ 陕西省档案馆、陕西省社会科学院编：《陕甘宁边区政府文件选编》第 8 辑，档案出版社 1988 年版，第 459 页。

④ 河北省社会科学院历史研究所、河北省档案馆等编：《晋察冀抗日根据地史料选编》下册，河北人民出版社 1983 年版，第 486 页。

示，陕甘宁边区有大批的巫神，"延市东关一个乡，一百四十九户四百余人口中，就有巫神三个。如果以此类推，全边区巫神还有一个相当大的数目"①。即使到 1945 年 1 月，陕甘宁边区"只有部队、机关中有西医，农村中只有中医，好坏合计约有一千人；药品也是中医多而西医少，此外就都是巫神的势力范围"②。

巫神、巫婆利用普通民众文化知识水平不高、迷信，诈骗民众钱财，甚至经常有因贻误就医时机而丧命的事件发生。1944 年，陕甘宁边区领导人刘景范指出，边区尚有 2096 个巫神散布在农村，"他们利用迷信，欺诈群众，其伤财害命，为祸之烈，至是惊人。如延县一部分巫神的统计，每人已害死十八人，而华池一个村每人耗于迷信者每年达三斗麦子"③。"延安县共有二百余巫神，其中五十九个巫神据调查即害死二百余人；华池温台区一个行政村四十九户三百口人，每年每人迷信消耗达三斗零八合粮食，若据此推测，全边区迷信消耗则一年需粮四十五万石。"④1944 年 4 月 29 日，《解放日报》报道了巫神害人的实例："延市白家坪巫神杨汉珠伤害常家人命，使常志胜倾家荡产的消息，事实经过异常凄惨，但这仅是许许多多例子中的一个而已。"⑤在晋察冀边区，岸下村高红儿 4 个孩子全得麻疹，因为家庭迷信，崇拜巫婆，服珍珠喝符水，不信任医生，死了 3 个。等到部队医疗队登门诊视，她最后一个 13 岁的孩子，亦因误了治疗时机救治无效死亡⑥。

---

① 《开展反对巫神的斗争》，《解放日报》1944 年 4 月 29 日。
② 中共中央文献研究室、中央档案馆编：《建党以来重要文献选编（1921—1949）》第二十一册，中央文献出版社 2011 年版，第 631 页。
③ 《文教会上刘景范同志总结报告普遍发展卫生医药》，《解放日报》1944 年 11 月 19 日。
④ 《文教会上中西兽医座谈积极合作为群众服务》，《解放日报》1944 年 11 月 4 日。
⑤ 《开展反对巫神的斗争》，《解放日报》1944 年 4 月 29 日。
⑥ 北京军区后勤部党史资料征集办公室编：《晋察冀军区抗战时期后勤工作史料选编》，军事学院出版社 1985 年版，第 556 页。

为此，各根据地普遍开展群众性反巫神、反巫婆运动，取得一定成绩。通过以巫神坦白为主要形式，刚柔相济、内外结合改造巫神、巫婆。陕甘宁边区积极开展了"崔岳瑞运动"，崔岳瑞是陕甘宁边区定边县卜掌村中医、县参议员，他深入群众，调查揭露巫神、巫婆的骗人伎俩，成为边区卫生运动的模范。1944年11月16日，陕甘宁边区文教大会指示边区各地"应该在各地推行崔岳瑞运动，抓紧适当的时机（如巫神的敲诈害命，和医生的治病救人的事实），进行唤起群众自觉的反巫神运动与巫神坦白运动"[①]。根据上级指示精神，边区各地根据具体实际情况，学习崔岳瑞利用医药与具体事实耐心说服群众破除迷信的办法，学习反巫神、巫婆的经验。在改造巫神、巫婆的过程中，对于冥顽不化的巫婆、巫神，采取严厉的惩治措施，"对一些屡诫不改、杀人害命的巫婆，政府给以法律制裁"[②]。同时，注意使巫神、巫婆谋得正当职业，自食其力、自力更生，"他们之中，有一部分在生产运动中已变为老老实实的劳动者，把'三山刀'打成了锄头，宣言从此再不骗人"[③]。

当然，乡村民众信奉巫神、巫婆，是一种复杂的社会历史现象，是在乡土文化长期潜移默化中形成的。改造巫神、巫婆，需要适应民众心理、乡村社会现实，单纯地采取强迫命令的行政手段事倍功半甚至无济于事，例如，有些地方不广泛发动群众，只用政府下命令，干部没收巫神三山刀的办法，不但没有解决问题，有时还造成与群众对立的情形。因此，对于巫神、巫婆改造的长期性、复杂性需要有思想认识，不能操之过急。对此，李维汉指出，改造巫神"不是用简单打倒方法所能解决问题的，要经过群众与本人的自觉才会被消灭"，"经

---

① 中共中央文献研究室、中央档案馆编：《建党以来重要文献选编（1921—1949）》第二十一册，中央文献出版社2011年版，第632页。
② 河北省社会科学院历史研究所、河北省档案馆等编：《晋察冀抗日根据地史料选编》下册，河北人民出版社1983年版，第487页。
③ 《开展反对巫神的斗争》，《解放日报》1944年4月29日。

过群众自己的觉悟，自愿地改造他们的脑筋，自愿地挤掉封建传统，自愿地接受新民主主义文化"，"这是一件非常需要说服的工作，命令主义毫无用处。这又是一件非常需要细法的工作，形式主义也同样毫无用处"①。晋察冀边区行政委员会亦强调"反对巫婆，不能采取单纯的排斥与打击，只有有效的卫生医疗工作，能及时的解决了群众的疾疫，群众才会更快的脱离开她们"，"反巫婆的运动应侧重于广泛深入的教育，还要注意她们的生活问题，帮助她们改业"②。这样内外结合式的改造巫神、巫婆，才是可取和可行之道。

（四）解放妇女

近代以来，妇女要求自身解放，反抗家庭、社会压迫的诉求与日俱增，从闺房中走出来，打破男性主导的社会结构和家庭结构，已成为革命的重要内容。全民族抗战爆发后，中国共产党广泛动员妇女群众，积极参与民族抗战。1938 年 3 月 15 日，毛泽东提出"必须把妇女群众组织起来，必须有大批的妇女干部领导妇女工作"③。为此，中国共产党采取了形式多样的措施与方法，提高妇女社会地位，解放妇女，反对强加在妇女身上的传统陋习与封建文化糟粕。

1939 年 4 月 4 日，陕甘宁边区政府公布《陕甘宁边区抗战时期施政纲领》，其中规定："实行男女平等，提高妇女在政治上、经济上、社会上的地位，实行自愿的婚姻制度，禁止买卖婚姻与童养媳。"④ 同日公布的《陕甘宁边区婚姻条例》规定："男女婚姻照本人之

---

① 罗迈：《开展大规模的群众文教运动》，《解放日报》1944 年 11 月 20 日。
② 河北省社会科学院历史研究所、河北省档案馆等编：《晋察冀抗日根据地史料选编》下册，河北人民出版社 1983 年版，第 487 页。
③ 中共中央文献研究室编：《毛泽东年谱（1893—1949）》中卷，中央文献出版社 2013 年版，第 58 页。
④ 甘肃省社会科学院历史研究室编：《陕甘宁革命根据地史料选辑》（第一辑），甘肃人民出版社 1981 年版，第 26 页。

自由意志为原则"，"实行一夫一妻制，禁止纳妾"，"禁止包办强迫及买卖婚姻，禁止童养媳及童养婚（俗名站年汉）"[1]。晋察冀边区政府于 1941 年 7 月 7 日颁布的《晋察冀边区婚姻条例草案》中也规定"男女婚姻，须双方自由、自主、自愿，第三者不得干涉，废除一切强迫、包办、买卖等婚姻恶习，禁止蓄婢、童养媳、入赘、早婚及奶婚"，"严格实行一夫一妻制，严禁纳妾、代娶、与双挑及类似一夫多妻、或一妻多夫之各种形式"[2]。

妇女缠足陋习在农村尤其是北方农村颇为顽固，严重损害妇女身心健康，各根据地积极建立相关法律，禁止妇女裹足，违反者采取严厉的处罚措施。1938 年春，晋察冀边区政府即颁布改善人民生活法令，规定女子必须放足，30 岁以下之青年妇女已裹足的在 3 个月内必须放清，未裹足的一律不得再裹，如有不遵法令明知故犯者，依照家庭经济状况罚洋 1 至 4 元不等[3]。陕甘宁边区于 1939 年 8 月 1 日公布的《陕甘宁边区禁止妇女缠足条例》规定"凡边区妇女年在十八岁以下者，自本条例公布之日起，一律禁止缠足"，"凡边区妇女已缠足者，自本条例公布之日起，须一律解放"[4]，违反者将处以不等的徒刑。

同时，各根据地积极动员妇女，走出闺房、家庭，学习文化知识，参与到生产建设、和各种社会活动之中，取得显著成效。1938年晋察冀四专区上冬学的妇女有 17240 人，1939 年上升至 56065 人，一年之间增加三倍以上，五专区也增加了两倍半。冀中八专区 1940年冬学中妇女占 42.38%。1940 年，晋察冀边区妇救会第四次代表大

---

① 甘肃省社会科学院历史研究室编：《陕甘宁革命根据地史料选辑》（第一辑），甘肃人民出版社 1981 年版，第 40 页。
② 河北省社会科学院历史研究所、河北省档案馆等编：《晋察冀抗日根据地史料选编》下册，河北人民出版社 1983 年版，第 118 页。
③ 亚苏：《二三妇女工作意见谈》，《中国妇女》第 2 卷第 3 期，1940 年 8 月。
④ 甘肃省社会科学院历史研究室编：《陕甘宁革命根据地史料选辑》（第一辑），甘肃人民出版社 1981 年版，第 43 页。

会，评选出 100 名边区女劳动英雄，每人都发给奖品和奖状。平山县焦全英，整理荒滩 21 亩，开荒 10 亩，植树 17 棵，开渠 2 天，参加集体开荒 8 天，养猪 1 口、鸡 5 只，获得全边区妇女劳动英雄第一名。妇女角色的转变与地位的提升，促进了乡村妇女群体思想、心态与行为的变化，体现了中国共产党立志于社会革命，倾心于移风易俗的坚决态度和文化自觉。

当然，传统道德伦理和社会习俗长期浸染下的农村，妇女解放需要长时间的努力，锲而不舍的艰苦工作。以陕甘宁边区的妇女放足工作为例，早在 1939 年 10 月 12 日，陕甘宁边区民政厅在给边区政府的呈文中，即指出各地对放足工作的拖沓与不重视现象："自八月一日发给各县、区、乡训令，令饬严行放足运动，限六个月内完成全边区妇女放足任务"，然而"迄今已逾两月，中间迭经督促……然现在仅收到志丹、延市两县市单独报告，华池、新正、延长、延川、延安、甘泉、安塞等七县月终报告中简单原则之附带报告，以及延市两次、延长一次之每月报告比较统计表三份，其他各县均毫未提及，甚至根本不来报告。今距限定时间已超过三分之一，原定任务似难完成显然可见"。为此，10 月 21 日，边区政府根据这一呈报，再次令饬各县"对于此项放足工作，务须严加注意，厉行督导，以期按时完成任务，切勿疏忽"[1]。到了 1942 年 7 月 23 日，陕甘宁边区政府又发布了"切实禁止妇女缠足"的命令，强调"各地缠足之风，忽又盛行，此与政府解放妇女原则，实大有违背，亟应严加禁止，使此不良风尚，在边区境内完全绝迹"[2]。1946 年 4 月 2 日，陕甘宁边区召开的第三届边区参议会第一次大会在肯定边区政府工作成绩的同时，严厉地

---

[1] 陕西省档案馆、陕西省社会科学院编：《陕甘宁边区政府文件选编》第一辑，档案出版社 1986 年版，第 403 页。

[2] 陕西省档案馆、陕西省社会科学院编：《陕甘宁边区政府文件选编》第六辑，档案出版社 1988 年版，第 258 页。

指出禁止缠足的工作做得很不够，收效也很差。5月17日，陕甘宁边区政府在发出的命令中，亦指出了这一现象："查边区部分地区缠足恶习，仍很严重，对于妇女之健康及参加生产劳动妨害至巨"，"个别分区如延属、陇东、三边、关中一部分县分仍未彻底执行，近年来在农村缠足之现象还存在，这样继续下去，不仅妨碍妇女身体健康，而且障碍妇女生产，因此必须严禁妇女缠足"[①]。

此外，妇女走出家门，与异性共同参加劳动、学习，对于家庭结构居于主导地位的男子来说，大多难以接受。即使根据地政府出台且强制执行一系列关于女子解放、女子参加生产与学习的条例，仍然免不了受到乡民的指指点点，认为这是"伤风败俗"的事，从而给当事人以道德和舆论压力。这对妇女的行为选择与内在心态，造成了相当大的影响。这从反面证明了传统习俗、行为惯性等力量的强大与盘根错节，乡村移风易俗的路还很长。

五、保护历史文化遗产与文物古迹

中华民族在长期的社会历史发展过程中，遗留下来丰富宝贵的历史文化遗产，其中包括历史文献、古迹、古物等。这些是反映不同历史时期人们经济、政治、社会、文化活动的重要资料，是认识一定历史阶段人情风貌的重要遗产。

即使在战争环境下，中国共产党也很重视历史文化遗产的保护。1939年3月初，中共中央宣传部发出关于保护历史文化与古迹古物的通告，指出"一切历史文献以及各种古迹古物，为我民族文化之遗产，并为研究我民族各方面历史之重大材料"。各地方、各学校、各机关和一切人民团体，"亟宜珍护，如有地下发掘所得之各种古迹古

---

① 陕西省档案馆、陕西省社会科学院编：《陕甘宁边区政府文件选编》第十辑，档案出版社1991年版，第54—55页。

物，更望勿有遗失或损害，并请送至本部保存及供人研究"[①]。为了调查古物、文献及古迹的具体情况，1939 年 11 月 23 日，陕甘宁边区政府给各分区行政专员、各县县长发出训令，强调"历代古物、文献与古迹实为研究过去社会历史与文化之发展的必需参考材料"，而"我国西北一带，原系祖先发祥之地"，"边区又为西北之要地，历代所遗文物胜迹之多，自不待言。此项古物古迹，或已被发现而尚无适当保管，或保存未尽妥善，或有经发现即为私人收存，未被社会所晓，更有埋没未经发现者，当不在少数"，如果"任其弃置散失或深藏，不惟足以抱憾，实亦文化上之损失"，为此，陕甘宁边区政府"决定对边区内所有古物、文献及古迹加以整理发扬，并妥予保存"[②]，同时制定了古物、文献、名胜古迹三种调查表，指示各县开展调查。在这一时期，关于中国共产党领导下的敌后抗日根据地保护文物的事件数不胜数。例如，太岳根据地军民与日本侵略者抢夺佛教文物《赵城金藏》；晋冀鲁豫边区政府抢救保护河北景县出土的北魏时期古墓陪葬文物；等等。

抗战胜利后，中国共产党更是积极贯彻保护文物的政策。对于热河避暑山庄的文物古迹，八路军早在 1945 年 8 月第一次解放承德之时，即明确提出了保护办法，且成立相关的管理机构。1946 年冀东民主政府发文，严防盗匪，保护马兰峪清东陵。1946 年 2 月 1 日，中共中央发出《关于注意爱护古迹的指示》，强调保护各地的历史遗迹，"热河故宫围场及其他各地古迹、孔庙与铁路设备受了很多破坏，望各地负责人迅速制止并尽可能修复。凡能收回的古物须一律收回，并教育军政干部与军民群众注意爱护公共财产，禁止破坏。以后到新

---

① 《关于保存历史文献及古迹古物的通告》，《解放》第 66 期，1939 年 3 月。
② 陕西省档案馆、陕西省社会科学院编：《陕甘宁边区政府文件选编》第一辑，档案出版社 1986 年版，第 440 页。

解放区参观的人日益增多，这些方面更须注意。"[1]

山东曲阜是孔子故里。在曲阜解放后，1946 年 8 月，黎玉在华东局群工会议上强调"我们是保存文化古迹的，保存中国古粹的"，认为曲阜县委对于孔家土地问题采取谨慎处理的态度是好的，在将土地给予农民的同时，"为保护孔庙孔林等民族文化古迹之需要，农民缴纳产量百分之十五作修庙修林费用"，这"主要是为了照顾全国影响，着重在保存文化古迹，而不是祀孔"[2]。随后，人民政府发出布告，指示保护孔庙、孔林等名胜古迹。1948 年 6 月 20 日，《中共中央华东局关于管理孔庙孔林及土地的意见》，针对群众的不满和不理解问题，重申党保护文物的立场与态度，强调 15% 的土地税，不是孔府对农民的土地剥削，而是"由政府拨归专作孔庙之用"，用于"（一）管理孔林人员工资。（二）每年孔诞节祭祀费用。（三）衍圣公直系家属生活必须费用。（四）修理孔林、孔庙。（五）每年总开支后，如尚有余资可留作大修理庙林之用"。此外，"其他周、颜、曾、仲等庙宇古迹，须一律组织管理委员会妥为保存"[3]。6 月 24 日，中共中央电复华东局，同意了这一处理方针。为了妥善管理山东文物，9 月 10 日，山东省政府决定成立由吴仲超为主任的山东古代文物管理委员会，进一步加强对于山东各地重要文物的重点保护工作。

1947 年 7 月 10 日，中共中央工委发出《关于禁止毁坏古书、古迹的指示》，指出在土改中"所清出的地主家庭书籍、字画、碑帖、古董受很大损失，当成废纸贱卖。五台的古庙古物，也破坏的很厉

---

① 中央档案馆编：《中共中央文件选集》第 16 册，中共中央党校出版社 1992 年版，第 68 页。

② 山东省档案馆、山东社会科学院历史研究所编：《山东革命历史档案资料选编》第十七辑，山东人民出版社 1984 年版，第 245—246 页。

③ 山东省档案馆、山东社会科学院历史研究所编：《山东革命历史档案资料选编》第二十辑，山东人民出版社 1986 年版，第 261 页。

害。这是中国文化上的损失"。为此，指示军队"对于现有书籍及古物，如已分散的，应当尽可能设法收集凑拢"，"古庙古迹亦必须保存，禁止拆毁。已开始破坏的必须停止，将来统一处理。"①

西北人民解放军前委于1948年1月召开扩大会议，通过了《西北人民解放军前委扩大会议决定》，指示解放军"对于宗祠、庙宇、教堂、清真寺、民间医院、公共场所、名胜古迹、学校等，必须让其保存，不得破坏。"②1948年2月21日，中共中央晋察冀分局、晋察冀边区行政委员会联合发布征集与保管文物古迹通告，规定各地方当局对土地改革中发现与接受的古版书籍、抄本、经典、县志、风土志、古物、古字书、雕刻及照片、贵重图书、资料、外文书刊、图表等有历史价值与学术价值的图书、古物、美术品等，要统一保管，避免损失，对各地名胜古迹及建筑妥为保护，不得破坏。并决定筹备成立文物保管委员会，负责该项工作。

1948年3月，陕甘宁边区政府、陕甘宁晋绥联防军区司令部、中共西北中央局也发出关于保护各地文物古迹的布告，对于应保护的古迹文物进行了分类，开具清单，统一保管，"其种类为：（甲）古版书籍、宗教经典、地方志、风土志等。（乙）贵重图书资料，包括外文书刊、专科书籍及各种调查统计图表等。（丙）古代钱币、铜铁钟鼎、陶瓷器皿、古字画、碑帖、雕刻及其照版等。""凡属老区、新区的古迹名胜如碑塔、陵墓、雕刻、塑像、古树木、寺院、庙宇及其他一切有历史价值的建筑物等均须一律保护"③。同年8月5日，山东省政府发出《山东省政府关于征集保存古代文物的通令》，认为"古代

① 中央档案馆编：《中共中央文件选集》第16册，中共中央党校出版社1992年版，第479页。

② 中央档案馆编：《中共中央文件选集》第17册，中共中央党校出版社1992年版，第95页。

③ 陕西省档案馆、陕西省社会科学院编：《陕甘宁边区政府文件选编》第12辑，档案出版社1991年版，第79—80页。

文物，为我民族文化之遗产，其中不少具有历史价值、学术价值或艺术价值，如任其损毁散失，实属违背土地法大纲保护古代文物之旨"。通令指示各行署、专署和县，应成立古代文物管理委员会，以政府文教部门吸收群众团体宣教人员，并聘请地方知名人士、文化教育工作者组成，负责征集保管工作，"凡关于古代石器、陶器、甲骨文、铜器、古印、古钱、玉器、瓷器、书籍、字画、碑帖、佛经、雕刻、漆器、石碑、造象等等，及近代图书、杂志、报章、仪器、挂图、表册以及美术品之类，经征集后，由每一行政区建立一图书古物保存所，负收藏保管整理之责。""其有各寺古刹雕塑、石象、碑碣、壁画、钟鼎等类，系属笨重、不便转运者，可暂存原地保管，由古物管理委员会负责调查登记，并责成当地有关方面或群众武装团体负责保护。"①

在解放北平的过程中，1948 年 12 月 17 日，中央军委发出《充分注意保护北平工业及重要文化古迹》的指示，指出"沙河、清河、海淀、西山系重要文化古迹区，对一切原来管理人员亦是原封不动，我军只派兵保护，派人联系。"②1949 年 1 月 4 日，中央军委在《关于准备攻占北平力求避免破坏故宫等文化古迹的指示》中亦要求"力求避免破坏故宫、大学及其他著名而有重大价值的文化古迹。"③

由上可见，中国共产党在保护历史文化遗产方面的态度是明确的，措施是具体且可操作的。

小结

处在革命时期的中国共产党需要调动一切资源为革命战争服务，

---

① 山东省档案馆、山东社会科学院历史研究所编：《山东革命历史档案资料选编》第 20 辑，山东人民出版社 1986 年版，第 354—355 页。
② 《毛泽东文集》第 5 卷，人民出版社 1996 年版，第 227 页。
③ 中央档案馆编：《中共中央文件选集》第 18 册，中共中央党校出版社 1992 年版，第 36 页。

其中就包括传统文化。提炼和汲取、利用和改造一切有利于民族抗战、有利于革命的民族精神因素、传统道德理念，成为中国共产党重要的革命文化实践。实际上，中国传统文化尤其是其主体儒学的一大理念就是讲究经世致用，让传统文化服务于民族抗战、服务于民主革命，从某种程度上说，是这一传统的延续和现代转化，中国共产党自言"中国共产党人是我们民族一切文化、思想、道德的最优秀传统的继承者，把这一切优秀传统看成和自己血肉相连的东西，而且将继续加以发扬光大。"由此说来，并非虚拟。

中国传统文化是一个复杂的结构，如何在实践中利用好、改造好、传承好，需要长期探索。自抗日战争以后，中国共产党对传统文化形式尤其是民间文化形式的利用，始终是积极的，不管是传统祭祀形式，还是秧歌、花鼓、梆子等民间文艺形式，都积极用来为抗战动员、革命宣传服务，"现代的内容""传统的形式"可以说是中国共产党在农村根据地开展革命文化活动的显著特点。当然，对传统文化的利用和改造不可能仅限于形式，中国传统文化博大精深的内容尤其是经过长期积淀凝成的民族精神、道德理念、审美情趣等，同样是宝贵的财富。不过，由于复杂的历史和现实原因，由于残酷的战争环境，由于各派政治力量在传统文化问题上的博弈，中国共产党对于传统文化尤其是儒学、佛教等在价值追求、道德伦理方面的思想，则始终保持高度的警惕和清醒，一方面，大力弘扬忠心报国、舍生取义等价值理念，自立自强、"艰难困苦玉汝于成"等民族精神；另一方面，对于抽象地、笼统地倡导"忠孝仁爱信义和平""礼义廉耻"所谓的"四维八德"则保持科学的批判态度，立场鲜明地反对复古主义，对于利用儒家、佛教中一些消极思想成分以达至美化侵略、维护反动统治的图谋，则立场坚定地加以揭露和批判。

不仅如此，对于根据地民间文化习俗中的落后、迷信成分亦采取鲜明的批判、斗争立场，当然，改造乡村文化非一朝一夕之功，传统乡土文化既是表象于外的行为、语言，又是蕴含于内的生活习惯、价值，可谓根深蒂固。经过长期沉淀，乡土文化早已积累为特定的文化因子，内化为农民自身的习惯、生活，短期内很难达到消灭的目的。新民主主义文化政策在扎根乡村社会的下潜过程中，必然与传统的乡土社会发生扺抗与融合相纠葛的现象。因此，利用、传承、改造传统文化，在理想与现实之间、愿景与实践之间必然存在张力和落差，不可能一帆风顺、一蹴而就，其进程必须与乡村社会民众习俗、行为、心理的逐步调试相适应。因此，中国共产党在试图勾连传统与现代，消除传统与现代、价值与形式、精英文化与大众文化之间的紧张的过程中，逐步认识并采取了富有弹性的灵活政策，实事求是，循序渐进，以努力促成革命意识形态与传统乡土文化互动、共建的发展格局。

下编

新中国新时期新时代

第六章 除旧布新：在社会主义探索中认识和对待传统文化

　　从 1949 年至 1978 年，这是中国共产党历史上的社会主义革命和建设时期。中国共产党领导中国人民实现从新民主主义到社会主义的转变，进行社会主义革命，推进社会主义建设，为实现中华民族伟大复兴奠定根本政治前提和制度基础。因此，在一穷二白的基本国情和美苏冷战的外部环境之下，文化工作（包括传承传统文化在内）并未成为一个显著的重大社会议程。但是，从培养科学人才和熟练工人的层面，从普及政治理论和扫除文盲的层面，从研制"两弹一星"高端技术的层面，从移风易俗和社会变革的层面，中国人的精神面貌发生显著变化。这为认识和对待传统文化提供了不同以往的时代条件，除旧布新成为时代特点，并在实质意义上开启中华传统文化的现代发展进程。从 1949 年中华人民共和国成立到 1953 年社会主义过渡时期总路线公布，中国共产党延续和发展了新民主主义的传统文化观及其实践，依托革命战争和社会改造，荡涤了旧社会的污泥浊水和文化糟粕，以戏剧改革为抓手探索传统戏剧的改革理论与实践，为转化和发展中华传统文化创造了必要条件；从 1953 年社会主义改造到 1957 年整风运动，中国共产党清除资产阶级思想对认识传统文化问题的影响，在文化发展上形成"百花齐放、百家争鸣"方针；此后随着"左"倾错误的发展，否定传统文化的倾向越来越激烈。这一时期，中国共产党在探索社会主义建设的进程中思索传统文化问题，既有成就和经验，也有失误和教训，为改革开放新时期传承发展中华优秀传统文化积累了重要基础。

一、新中国成立初期中共认识和改造传统文化

从 1949 年到 1953 年，中国共产党主要运用新民主主义理论认识对待中华传统文化，在实践规模、改造力度和影响范围上均有发展。在认识对待中华传统文化的问题上，中国共产党从整体上继续强调发展新文化、清理文化糟粕，从普及新文化的角度利用那些为人民群众喜闻乐见的"旧文化"形式，更加注重从经济建设的角度重视劳动人民在农业、林业、建筑、科技等领域的智慧创造，更加注重在世界舞台上展示中国形象，要求发掘那些有益于培养民族自信心和爱国主义情感的民族文化精髓。这一时期人们主要使用"旧文化""封建文化""封建主义文化""传统"等概念，并未正式使用"传统文化"概念。相对于五四时期和延安时期，"传统文化"的合理价值再次扩大。在更广泛的社会层面，新民主主义革命产生了移风易俗的作用。

（一）发掘中华传统文化的积极因素

1949 年 9 月，新民主主义文化理论依托《中国人民政治协商会议共同纲领》而成为具有国家意志的文化政策。这一纲领明确规定："中华人民共和国的文化教育为新民主主义的，即民族的、科学的、大众的文化教育。人民政府的文化教育工作，应以提高人民文化水平、培养国家建设人才、肃清封建的、买办的、法西斯主义的思想、发展为人民服务的思想为主要任务"[①]。它规定了国民公德、国民教育、新闻出版、文学艺术、自然科学等方面的政策，指明新民主主义文化革命的对象，把发展新民主主义的新文化作为目标。由此，它也

[①]《中国人民政治协商会议共同纲领》,《人民日报》1949 年 9 月 30 日。

表明了中国共产党认识对待传统文化的出发点是希望从中发掘有益于新文化的因素，"对于'五四运动'以来中国人民自己创造出来的进步的文化，应加以发扬"，"对于中国古代文化的遗产，应采取严肃的批判态度，排斥其封建的反动的方面，吸取其中带有民主性、革命性的因素"①。

陆定一指出："二千多年的封建统治和近百年来帝国主义对华的奴役，使这个具有最悠久历史文化的国家，变成了文化上愚昧与落后的国家，人民的智慧与创造才能遭受悲惨的窒息，优秀的文化传统不能发展。"②这种"封建社会""封建文化"的定性，包含着对中国古代文化价值的总体判断。虽然这种判断一直延续在革命文化的发展进程中，但中国共产党基于经验教训的总结，强调采取辩证分析和批判扬弃的基本立场，避免在历史认识上发生虚无主义倾向，避免在统一战线上发生关门主义倾向。这一时期，中国共产党人对五四新文化运动处理传统文化问题的片面性进行了反思，"'五四'时期也发生过否定一切的偏向，就是没有在否定其基本的东西的同时，批判地接受其好的一面；没有在否定其整体的同时，批判地接受其局部可用的东西"，"到了今天，经过三十年的历史发展，我们已经有了分析批判的能力和经验，可以避免发生当时那种缺点"③。

具体而言，中国共产党人从内容与形式两个层面看待"旧文化"对于新文化发展的积极价值。在内容层面，发掘与弘扬"旧文化"的民主性精华，展示劳动人民反抗外来侵略、反抗封建压迫的斗争意识，"我国历史上有一些很宝贵的传统，其中最基本的就是革命的传统。比如，奴隶反对奴隶主，农民反对封建主，我们民族抵抗外来侵略，这些革命传统，都是很宝贵的。这方面的优良传统我们应该发

① 《建国以来周恩来文稿》第1册，中央文献出版社2008年版，第299、300页。
② 《陆定一文集》，人民出版社1992年版，第415页。
③ 《周恩来文化文选》，中央文献出版社1998年版，第379、380页。

扬";"甚至封建王朝里边也有一些有进步作用的东西，有的帝王也做过促进历史发展的事情，我们也不能采取非历史主义的观点一律抹煞"①。周扬还列举"孟姜女哭长城"的故事来说明人民的反抗，"把民间流行的一切故事、歌谣、戏剧等等搜集起来，用马列主义、阶级观点、历史观点，加以分析研究。决定哪些是好的，哪些是有用的"，"我们希望有很多人来研究反映劳动人民生活的民间文艺"②。在形式层面，利用与发展那些为人民群众喜闻乐见的艺术形式和文化形态，"凡是在群众中有基础的旧文艺，都应当重视它的改造。这种改造，首先和主要的是内容的改造，但是伴随这种内容的改造而来的，对于旧形式也必须有适当的与逐步的改造，然后才能达到内容和形式的和谐与统一"③。

如果说对"旧文化"进行内容与形式的区别对待，是为了适应广大人民群众的接受程度，从而增强新文化的普及效果；那么对"旧文化"进行生产力与生产关系、经济基础和上层建筑的区别对待，则是为了确立新文化的根脉，表明中国文化在发展生产力、科技发明和劳动生产上的连续性。在中国共产党看来，"人民"是历史的创造者，自然也是文化的创造者和传承者。在"旧文化"中，既要打倒作为统治者的地主阶级封建文化，又要尊崇那些反映劳动人民的生产、生活和情感心理的文化，"历史是人民创造的，但在旧戏舞台上（在一切离开人民的旧文学旧艺术上）人民却成了渣滓，由老爷太太少爷小姐们统治着舞台，这种历史的颠倒，现在由你们再颠倒过来，恢复了历史的面目"④。这一政治判断延伸到文化领域和历史深处，"中国的文艺遗产，只有没有脱离人民生活，没有脱离人民言语的那一部分，是

---

① 《周恩来文化文选》，中央文献出版社 1998 年版，第 795 页。
② 《周扬文集》第 2 卷，人民文学出版社 1984 年版，第 16—17 页。
③ 《建国以来周恩来文稿》第 1 册，中央文献出版社 2008 年版，第 82 页。
④ 《毛泽东书信选集》，中央文献出版社 2003 年版，第 199 页。

永远有价值有生命的精华。周秦以来的民间歌谣，五代的词，元代的曲，明朝的小说，这里面正有不少的这种精华的结晶"，"今天是人民的世纪，一切价值是应该恢复正统的时候。一切应该以人民为本位，合乎这个本位的便是善，便是美，便是真，不合乎这个本位的便是恶，便是丑，便是伪"①。如此，历史中国的代表不再是地主阶级及其儒学，而是勤劳、勇敢、智慧的劳动人民及其劳动生产生活创造。

由此而言，新民主主义文化之民主性特征投射到中国文化遗产领域之后，则转变为人民性特征，也即反映人民生产生活和反抗封建压迫的文化要素。在现实层面，新民主主义文化之民主性特征是指反抗封建主义和专制独裁，反映了由专制独裁的旧社会进入民主平等的新社会的革命觉悟。然而，进入历史领域，能够直接体现这种革命觉悟程度的民主性要素是很少的，"它们不一定都采取《水浒》《打渔杀家》一样的方式，拿起刀枪来搞人民革命，有很多是采取比较曲折的形式来反抗封建统治，反抗封建制度，反抗封建道德，表现了人民的愿望"②。因此，就"旧文化"来说，民主性特点更多地体现为人民性特点，也即是反映劳动场景、贴合人民生活、表达人民情感的文化艺术，"我们民族的文学艺术，经过数千年来无数天才的祖先们的努力，创造了自己独特的，卓越的，表现了人民的心理和风习的，因而为人民所习惯和喜爱的风格。没有高度的技巧，是创造不出这种风格来的"③。这一努力反映了中国共产党对中国文化史的深刻认识。依托这一逻辑，中国共产党着重建立了关于中华民族劳动传统、科学传统、医学传统的叙事。

劳动创造人，劳动创造世界。1949 年 9 月 21 日，毛泽东在中国人民政治协商会议上宣告中国人从此站立起来了，强调指出"中国人

---

① 郭沫若：《走向人民文艺》，《人民日报》1946 年 9 月 15 日。
②《周扬文集》第 2 卷，人民文学出版社 1984 年版，第 157 页。
③《周扬文集》第 2 卷，人民文学出版社 1984 年版，第 256 页。

从来就是一个伟大的勇敢的勤劳的民族，只是在近代是落伍了。这种落伍，完全是被外国帝国主义和本国反动政府所压迫和剥削的结果"①。这一论点把中国的古今之变联系起来，把劳动生产作为叙述中华民族发展、壮大、挫折和奋起历史进程的逻辑线索，从物质财富和精神财富创造者的高度提升了人民群众的主人翁地位。在当时，唯物史观的学习教育方兴未艾，"经过社会发展史——历史唯物主义的学习中，较有系统地建立起几个马克思主义的基本观点：一、劳动创造世界的思想；二，阶级斗争的思想；三，马克思主义的国家学说"②。譬如，艾思奇在其《社会发展史讲授提纲》叙述了从猿到人、劳动创造世界、人类社会演进等内容，指出"以孔子为代表的儒家思想，就是代表地主阶级利益的思想"，"要人严守'忠君'、'孝亲'的教义（'孝亲'的教义就是要把父母看作君主一样的身份），把人生的目的限制在'报君恩'和'报父母之恩'上面"，是一种"中国封建社会的支配的观念形态"，而在鸦片战争以来，"进步阶级的先进代表，就以极大的努力，向国内国外学习和探求能够解决实际革命问题（包括理论和策略）的进步的思想"，只有马克思主义"夺取了孔子的席位"，反映出无产阶级"照顾大局、重视纪律、重视原则、集体主义的思想"，"有着伟大的动员、组织和改造的作用"③。

中国具有历史悠久、成就斐然的科学传统。近代以来，欧美国家的自然科学知识体系传入中国，五四新文化运动更是把"科学"作为口号之一，因此很多人认为中国并无科学传统，甚至将之视为中国文化的缺点。新民主主义文化之科学性要求也是把科学作为中国新文化的特征之一。1950 年 6 月 8 日，周恩来在全国高等教育会议

---

① 《毛泽东文集》第 5 卷，人民出版社 1996 年版，第 343—344 页。
② 艾思奇：《从头学起——学习马列主义的初步方法》，《学习》第 1 卷第 1 期，1949 年 9 月。
③ 艾思奇：《社会发展史讲授提纲》，华北大学 1949 年 7 月印，第 35—44 页。

上驳斥这一观点，"有一种说法，中国过去没有科学。这种说法是不对的"，"不论自然界或人类社会，任何事物的存在和发展，必然有它自己的客观规律。问题在于人们能不能科学地说明它。近代自然科学是从西方开始的。科学地说明人类社会发展的规律，是从马克思开始的。但是，并不能说在这以前就完全没有科学"，"拿中国来说，我们的国家存在了几千年，人口发展到四亿七千五百万，能够抵抗敌人的侵略，战胜各种自然灾害，这表明我们民族过去是掌握了一些客观事物的规律的，因而是有科学的。问题是我们没有很好地去发掘它，研究它"①。这在当时的自然科学界引发思考和讨论。譬如，1951年2月，民盟召开自然科学工作者座谈会，华罗庚、裴文中、杨钟健、张景钺、胡先骕、周培源、黄子卿等科学家回顾了古代中国在数学、天文学、农学、化学、生物学、机械、医学、建筑学等方面的创造②。

中国产生发展了以中医、中药、中医学理论为内容的医学传统。1950年8月，毛泽东为第一届全国卫生会议题词："团结新老中西各部分医药卫生工作人员，组成巩固的统一战线，为开展伟大的人民卫生工作而奋斗"③。这次会议还产生"中医科学化"和"西医中国化"的讨论和分歧，体现出两种医学体系的碰撞交汇。中国共产党的目标是在医疗服务上尽快满足人民需要，在医学发展上实现中西医的融合发展。其中，毛泽东的观点发挥了关键作用。在他看来，中医是中国文化遗产，"我们中国如果说有东西贡献全世界，我看中医是一项"；而传承和提高这一遗产的科学程度，首要前提是正确认识中医，"中医是在农业与手工业的基础上产生出来的"，"必须批判地接受，把其积极的一面吸收过来加以发挥，使它科学化；另一面，对不合理的要

① 《周恩来文化文选》，中央文献出版社1998年版，第386、387页。
② 罗自梅：《伟大的遗产，无限光明的发展前途——记民盟召开的自然科学工作者座谈会》，《人民日报》1951年2月22日。
③ 中共中央文献研究室编：《毛泽东年谱（1949—1976）》第1卷，中央文献出版社2013年版，第182、183页。

研究，分析批判。中医的金、木、水、火、土是不合理的，西医说大脑、小脑、细胞、细菌是科学的。什么是科学？有系统的、正确的知识，这才是科学"①。"团结中西医""中西医结合"为提升当时中国的医疗服务供给和探索中国医学发展提供了指引。

从挖掘、呈现中华民族优秀文化元素的角度培育爱国主义，还是继续反抗帝国主义的需要。新民主主义文化之民族性的特征，就是要求批判继承本民族文化，反抗帝国主义文化侵略和肃清崇洋媚外的买办文化。"中国人民从此站立起来了"的惊世巨变，足以证明中国人民热爱自由、敢于斗争、勤劳智慧的美德传统，"问题在于我们究竟相信不相信我们的祖先。假如说我们的祖先不全是混蛋，假如说我们的祖先都有过为民主自由奋斗的历史，假如我们认识了这些血泪斑斑的事迹，明了了我们祖先为反对内外压迫者付出了光辉的代价，那我们就应该为我们的祖先而骄傲，我们就该敬爱他们尊崇他们"。这种崇敬当然是民族自信心的恢复，"在一百多年的帝国主义的压迫下，有些中国人不知不觉地丧失了民族自信心，无形中形成了民族自卑感，以为外国都是好的，中国的全不好。这实在是一个非常严重的思想上的问题"②。随着抗美援朝战争的发生，已经推翻的帝国主义大山再次威胁到中国人民的自由独立，而它更是促成了强大的爱国主义氛围，要求"坚决地站在抗美援朝、保家卫国的爱国立场上"③。这也形成了更加积极正面的传统文化评价，"不少文艺工作者和青年们盲目崇拜西洋，轻视民族文学艺术传统，轻视民间形式，轻视群众的爱好和趣味，这也正是一种失掉民族自信心与缺乏群众观点的表现"④。

---

① 中共中央文献研究室编：《毛泽东年谱（1949—1976）》第2卷，中央文献出版社2013年版，第205、206页。
②《周扬文集》第2卷，人民文学出版社1984年版，第16页。
③ 毛泽东：《坚决站在抗美援朝保家卫国的爱国立场上》，《人民日报》1950年12月3日。
④《周扬文集》第2卷，人民文学出版社1984年版，第60页。

进入 1949 年，中国共产党把"一边倒"作为外交方针之一。尽管如此，中国共产党面向世界社会主义阵营，所强调的是"国际主义基础的爱国主义"。它从民族问题的阶级本质这一逻辑出发，把民族观区别为"资产阶级的民族主义"和"无产阶级国际主义的民族观"，强调前者在一定的历史阶段具有合理性，但由于资产阶级对阶级利益最大化的追求而最终沦为资产阶级实行对内压迫和对外侵略政策的工具；而后者基于本国民众和全人类共同的根本利益，是无产阶级实现对内阶级解放和对外民族平等的道路；因而真正的纯正的爱国主义是国际主义在民族解放进程中的表现，是对本国语言文字、优秀传统的热爱[①]。

由上可见，面向社会主义阵营而产生的民族自尊心和面向资本主义阵营而产生的民族自信心推动爱国主义的高涨，而随之产生的是对祖国文化传统的深入挖掘和正面评价。1951 年 1 月 1 日，《人民日报》刊发社论《在伟大爱国主义旗帜下巩固我们的伟大祖国》。该文指出："我们反对拒绝学习外国和轻视其他民族的国粹主义者和民族主义者，反对妄自尊大，但是也反对妄自菲薄。按照客观的事实，中国的悠久历史和悠久文化，不但使四亿七千五百万人团结为一个伟大国家，而且是东方的悠久历史和悠久文化的中心，而且曾经并继续以自己的重要贡献影响全世界。"[②] 这样的诉求出现于各个文化生产领域。譬如，1951 年 3 月 11 日，《人民日报》刊发了点评各地报纸之爱国主义专栏的文章。它指出，"从今年一月开始，加强对人民群众的爱国主义教育在全国各地的报纸上成了共同的主题"，"目前各报所采取的宣传爱国主义的方法之一，是增加一种以唤起爱国主义为目的的小专栏。继本报《我们伟大的祖国》和上海大公报的《中国的世界第一》两个专栏之后，全国各地有许多报纸已辟了同样性质的专栏"，

---

① 刘少奇：《论国际主义与民族主义》，《人民日报》1948 年 11 月 7 日。
②《在伟大爱国主义旗帜下巩固我们的伟大祖国》，《人民日报》1951 年 1 月 1 日。

在肯定成绩的同时也指出缺点，"缺少创造性的尝试和原文转载，造成了这种小专栏的严重的一般化现象，到处是关于指南针、火药、印刷术的发明这一类常见的记载，没有真正用力去发掘实际上到处都存在的更多的材料，特别是没有与当地的地方风光和人民生活联系起来"①。

用世界眼光审视中华民族的过去与现在，一个古老文明正在焕发新芽、舒展根脉。一方面，在爱国主义情绪高涨的情况下，中华民族的优良传统和丰富创造呈现出来。譬如，梁思成在《我国伟大的建筑传统与遗产》一文中概述了中国建筑发展历史、理论方法和建造技艺，"我们的建筑有着种种优良的传统，我们对于这些要深深理解，向过去虚心学习。我们要巩固我们传统的优点，加以发扬光大，在将来创造中灵活运用，基本保存我们的特征"②。郑振铎之《敦煌文物展览的意义》《关于〈永乐大典〉》分别介绍了敦煌文物和《永乐大典》的历史价值和丰富内涵，揭示了中华文明之连续性的特质③。另一方面，中国共产党人掌握了最科学、最锐利的思想理论体系——马克思列宁主义，用以认识和解读中华民族的优良伟统及丰富创造。"自从中国人学会了马克思列宁主义以后，中国人在精神上就由被动转入主动"，因而能够团结和教育人民、批判和战胜敌人④。所以，中华民族在面对外来文化时保持了战略定力和有效策略，"对于外国文化，既不笼统排斥，应尽量吸收进步的外国文化，尤其是苏联的社会主义文化，以作新民主主义文化的借镜；也不盲目崇拜，应以中国人民的实际需要为基础，批判地接受一般的外国文化"⑤。可以说，这两方面的

---

① 《谈宣传爱国主义的小专栏》，《人民日报》1951 年 3 月 11 日。
② 梁思成：《我国伟大的建筑传统与遗产》，《人民日报》1951 年 2 月 19 日。
③ 郑振铎：《敦煌文物展览的意义》，《人民日报》1951 年 4 月 15 日；郑振铎：《关于〈永乐大典〉》，《人民日报》1951 年 8 月 13 日。
④ 《毛泽东选集》第 4 卷，人民出版社 1991 年版，第 1516 页。
⑤ 《建国以来周恩来文稿》第 1 册，中央文献出版社 2008 年版，第 300 页。

碰撞与结合，将造就中华传统文化的新生。周恩来指出："我们要学习世界上先进的文化，但是我们要根据自己民族文化的特点，用我们民族的形式，进一步创造我们民族的灿烂文化。"[1]

（二）社会革命的移风易俗作用

从农村到城市，革命战争摧毁了封建半封建的政治经济秩序，全面瓦解了封建主义观念及其价值体系的政治基础和制度载体。在日常生活中，文化风俗、价值观念基本上是围绕政治经济关系而生发传播，以至于形成制度化形态的文化生活和习焉不察的人伦日用。从1947年9月通过的《中国土地法大纲》、1949年9月通过的《中国人民政治协商会议共同纲领》到1950年6月通过的《中华人民共和国土地改革法》，均把土地问题作为瓦解封建政治经济秩序的核心问题，要求废除地主阶级封建土地所有制，实行农民土地所有制。在此基础上，改造那些附着在封建土地所有制上的文化教育医疗机构，"征收祠堂、庙宇、寺院、教堂、学校和团体在农村中的土地及其他公地。但对依靠上述土地收入以为维持费用的学校、孤儿院、养老院、医院等事业，应由当地人民政府另筹解决经费的妥善办法"，"农村中的僧、尼、道士、教士及阿訇，有劳动力，愿意从事农业生产而无其他职业维持生活者，应分给与农民同样的一份土地和其他生产资料"。其中，还要求妥善处置文化遗产，"名胜古迹，应妥为保护。被接收的有历史价值或学术价值的特殊的图书、古物、美术品等，应开具清单，呈交各地高级政府处理"。[2] 不过，一些地区仍然出现了破坏文化遗产的行为，中共中央也多次纠正，"近查个别地区在土改中没收地主财产时，对地主所藏图书，不仅未加保护，且任意拆散，甚至焚

---

① 《周恩来文化文选》，中央文献出版社1998年版，第796页。

② 参见《中国土地法大纲（1947年9月13日）》，《人民日报》1947年12月28日；《中华人民共和国土地改革法（1950年6月28日）》，《人民日报》1950年6月30日。

毁。这是一种严重现象，必须立即加以制止"①。

基于保护文物古迹、整理文化遗产的需要，中国共产党着手建立博物馆等文化机构。在农村土地改革和城市接管文教机关的过程中，中国共产党注意颁布保护文物的措施，妥善接管原有的图书馆、博物馆等文化机构。1949 年 1 月 16 日，毛泽东针对解放北平问题指出"此次攻城，必须做出精密计划，力求避免破坏故宫、大学及其他著名而有重大价值的文化古迹"②。另外一方面，则是禁止盗运文物出境。1949 年 3 月 16 日，北平军管会文化接管委员会召开文化界座谈会，提出文化古迹是属于人民的宝贵文化遗产，应注意保护、禁止走私，同时应建设好博物院，服务文化研究，"使人民从故宫的一切看到历史事实，给人民以反封建与反帝的教育"③。中华人民共和国成立以后，1949 年 11 月 1 日，中央人民政府成立文化部，下设文化部文物局，主管文物、博物馆事业，局长为郑振铎。中央人民政府政务院先后颁布了《禁止珍贵文物图书出口暂行办法（1950 年 5 月 24 日）》《古文化遗址及古墓葬之调查发掘暂行办法（1950 年 5 月 24 日）》《关于保护古文物建筑的指示（1950 年 7 月 6 日）》等一系列法令法规。

在解放战争中，文艺工作者就明确了"夺取封建文化阵地"的目标。土地改革带来文化翻身，"翻身的农民，随着知识的进步，文化的提高，他们不能再满足那些陈旧的封建文化"，"跟着这样的需要，各地委、县委的报纸、画报创刊了；各区村的黑板报、墙报、广播台建立了；各地的农村剧团，音乐训练班，艺人训练班成立了。这

---

① 中央档案馆、中共中央文献研究室编：《中共中央文件选集》第 5 册，人民出版社 2013 年版，第 189 页。
② 中共中央文献研究室编：《毛泽东年谱（1893—1949）》下卷，中央文献出版社 2013 年版，第 440 页。
③ 柏：《郭沫若等四十余人座谈文物保管使用一致痛斥国民党盗运古物》，《人民日报》1949 年 3 月 17 日。

些新生的文化团体，新出的小报、画刊、黑板报，正象征着解放区农村文艺的进步，提高，新民主主义文化的繁荣"①。其中，最具有社会文化重构意义是诉苦、"翻心"②、批斗会等类似活动，"随着地主阶级政治的垮台，经济的垮台，这在上面建筑的封建文化也跟着垮台了"，"祠堂，过去地主借着死人灵牌统治农民的地方，都变成了公审地主、斗争恶霸的会场"③。这些革命实践要解决的一个基本问题就是"谁养活了谁"，"地主的钱，不是从他娘胎里带来的，而是从我们农民手里抢去的。要不是我们农民种田，试问地主吃什么？穿什么？西北风都喝不上"，"究竟谁养活谁呢？我们就不难答复：是农民养活地主，不是地主养活农民"④。可以说，"新中国成立前后农民'翻身'与'翻身感'的生成对乡村原有的社会结构和社会文化产生极大的冲击，新的社会结构和社会文化开始形成"⑤。

与之同向，中国共产党在城市和乡村扫荡了"会道门"，进一步净化社会生活和风气。"会道门"是会门和道门的合称，是中国封建社会末期战乱、灾荒和匪患的产物，利用宗教外衣和迷信心理而裹挟民众、诈骗钱财和从事政治投机活动，"就其实质而论，会道门并不反对整个封建剥削制度，它与地主恶霸、土匪勾结一气，是封建主义在旧中国农村的重要社会基础"⑥。1949年8月，毛泽东就指出"国民党表面上是被打倒了，但实际上还没有被完全打倒。他们组织一

① 王亚平：《扩大农村文艺写作运动》，《人民日报》1947年12月20日。
② 伴随着土改运动的展开，"翻身"与"翻心"不仅进入到文艺创作的主题当中，也成为文艺工作者下乡的工作重心。所谓"翻心"，指的是在与地主经济相关的地权分配问题之外，经济"翻身"背后的政治"翻身"和农民革命主体性的问题。
③ 李蕤：《从土地改革前线归来》，《人民日报》1951年5月20日。
④ 周农编：《怎样进行土地改革》，通俗文化出版社1950年版，第3、4页。
⑤ 王志强：《新中国成立前后农民"翻身"与"翻身感"研究述评》，《中共党史研究》2020年第2期。
⑥ 邵雍编著：《中国近代会道门史》，合肥工业大学出版社2010年版，第3页。

贯道等会道门，在安徽、河南一带就有十万人"①。中华人民共和国成立后，随着镇压反革命运动、肃清土匪等群众运动的开展，对会道门也采取坚决取缔的措施，"一贯道及其他类似的秘密迷信团体中的首要分子和组织者，多数是地主及汉奸反动分子"②。毛泽东多次批转山西、察哈尔、北京等地取缔"一贯道"的经验报告，要求在充分准备的基础上采取果断措施，孤立惩办道首、安置被骗群众，归还钱财并戳穿迷信骗局，"一贯道在全国有几百万被欺骗的落后群众，各省凡有大批一贯道存在的地方，党对这个问题的处理必须采取慎重和适当的态度"③。这种强力举措在短时间内荡涤了旧社会毒瘤和社会迷信文化。不过，真正扫除迷信、安顿民众，最终还是要依靠社会政治经济的进步。

附着在旧社会剥削制度上的烟馆、妓院随之消逝。毒品泛滥作为旧中国的社会毒瘤，危害巨大。1949 年 11 月 21 日，北京市第二届人民代表大会通过由市妇联筹委会主任张晓梅宣读的封闭妓院的决议，强调"妓院乃旧统治者和剥削者摧残妇女精神与肉体，侮辱妇女人格的兽性的野蛮制度的残余"，"妓院老板、领家和高利贷者乃极端野蛮狠毒之封建余孽"④。关停妓院，或采取充分准备、突然袭击、全部封闭、一律收审的北京经验，或采取严格限制、加强管束、自我教育、逐步取缔的武汉经验，而失足妇女则在妇女生产教养院进行治病、学习文化和掌握劳动技能，观看反映旧社会妇女悲惨生活的《血泪仇》《白毛女》《日出》《烟花女儿翻身记》《千年冰河开了冻》等电影、话剧，运用各种形式组织学员参加控诉斗争大会，组织学员学习文化和生产技能以提高就业能力。1950 年 2 月，政务院下达《关于

---

① 《毛泽东文集》第 5 卷，人民出版社 1996 年版，第 327 页。
② 《建国以来刘少奇文稿》第 2 册，中央文献出版社 2005 年版，第 483 页。
③ 《毛泽东年谱》第 1 卷，中央文献出版社 2013 年版，第 310 页。
④ 北京市档案馆编：《北平解放》下卷，中国档案出版社 2009 年版，第 772 页。

严禁鸦片烟毒的通令》，要求各级政府设立禁毒禁烟委员会，限期禁绝鸦片，而各级政府发动群众揭发检举，关闭烟馆、惩办首恶、帮助戒毒。到 1952 年底，为害中国一个多世纪的毒品泛滥现象得到根除。这些举措对于洗涤社会风俗、振奋社会正气具有重大作用。此外，中国共产党推动各行业的民主改革，废除封建剥削制度，建立劳动光荣、公平分配、民主管理的职业新风。大力开展工农教育，进行扫盲运动。坚持宗教信仰自由政策，慎重对待，推进宗教革新运动。

家庭是社会的基本单元，家庭文明是社会文明的基础之一，而婚姻关系是家庭生活的基本纽带，婚姻风俗影响着家庭文明和社会文明。中华人民共和国建立后，中央人民政府法治委员会、全国民主妇联负责《婚姻法》起草完善工作。经过征询意见，《中华人民共和国婚姻法》于 1950 年 4 月讨论通过，由 4 月 16 日的《人民日报》全文刊登，并于 5 月 1 日正式颁布实施。5 月 1 日，中共中央发出通知要求全党一致拥护和遵守《婚姻法》，"正确地实行《婚姻法》，不仅将使中国男女群众——尤其是妇女群众，从几千年野蛮落后的旧婚姻制度下解放出来，而且可以建立新的婚姻制度、新的家庭关系、新的社会生活和新的社会道德，以促进新民主主义中国的政治建设、经济建设、文化建设和国防建设的发展"[1]。《婚姻法》充分表达了新社会的家庭文明观，试图从法律上调节家庭关系和社会结构，从而确立新的社会生活和文化风俗。具体体现在：一是反对封建婚姻制度，明确废除包办强迫、男尊女卑、漠视子女利益的封建婚姻制度，禁止重婚、纳妾、童养媳、干涉寡妇婚姻自由、借婚姻关系问题索取财物等；二是保证结婚、离婚自由，如规定男女双方自愿离婚的，准予离婚，男女一方坚决要求离婚的，经区人民政府和司法机关调解无效时，亦准予离婚；三是保障男女平等，如规定夫妻双方均有选择职业、参加工

---

[1] 中央档案馆、中共中央文献研究室编：《中共中央文件选集》第 3 册，人民出版社 2013 年版，第 3 页。

作和社会活动的自由，对于家庭财产享有平等的所有权与处理权，等等；四是保护女方及其子女的权益，如离婚时照顾女方的原则，确保离婚后子女的权益不收侵害，等等①。不过，当时社会的婚姻家庭现实情况与《婚姻法》差距悬殊。1951年7月29日，中共中央发出《关于贯彻婚姻法的指示》，指出"全国多数地方除《婚姻法》公布后一个时期内曾进行过宣传和检查外，以后即松懈搁置下来"②。

1952年11月26日，中共中央又发出《关于贯彻婚姻法的指示》，决定"在全国范围内（少数民族地区除外），展开一个大规模的宣传《婚姻法》和检查《婚姻法》执行情况的群众运动，以根本摧垮封建主义的婚姻制度，树立男女平等、婚姻自由的新民主主义的婚姻制度"③。该指示分析了两年来《婚姻法》贯彻的缺点与症结，认为"封建的思想意识形态给予人们的影响，并不是随着封建的政治制度和封建的经济基础的消灭而一下子都消灭掉，而是在群众中、政府工作人员中，甚至在一些党员干部中，都还存在着程度不同的重男轻女的封建残余思想"；同时也指出婚姻制度改革不同于土地改革，是人民内部的事情，关键在于克服封建思想，"这就需要有长期耐心的工作，而不能采取粗暴急躁的态度和阶级斗争的方法"，把1953年3月作为宣传贯彻《婚姻法》的运动月。1953年2月1日，政务院发出《关于贯彻婚姻法的指示》。2月19日，中共中央下发关于贯彻婚姻法运动月工作方针的补充通知，作出检查范围仅限于干部及司法人员，对一般人民群众进行婚姻宣传的规定，集中开展活动的主要目的在于普遍地宣传、检查《婚姻法》的执行情况，从根本上摧毁包办强迫、男尊女卑的封建主义婚姻制度，树立男女权利平等、婚姻自由的

---

① 《中华人民共和国婚姻法》，《人民日报》1950年4月16日。
② 中央档案馆、中共中央文献研究室编：《中共中央文件选集》第6册，人民出版社2013年版，第369页。
③ 中央档案馆、中共中央文献研究室编：《中共中央文件选集》第10册，人民出版社2013年版，第326页。

新民主主义婚姻制度，建立民主和睦、团结生产的新式家庭[①]。1953年1月至2月，各级贯彻婚姻法运动委员会在全国各农村、工矿、街道进行了2726个典型试验，训练了347万余名基层干部和大批宣传员、人民群众积极分子。开展《婚姻法》宣传月的试点工作。为配合宣传运动月，中国共产党发布贯彻《婚姻法》宣传提纲，印发了2000多万份宣传品，利用了报纸、刊物、画报、连环画和报告、座谈、广播、说唱、戏剧、幻灯、电影等形式进行宣传。到5月活动基本结束时，全国70%以上的地区得以开展。[②]

运用群众运动方式改造传统社会文化风俗，可以说是中国共产党对待传统文化的一个重要实践特征。中国传统社会文化风俗，久远悠长以至形成深刻的行为习惯和思想理念，同时又广泛存在巨量人口之中，治理难度极大。在这种状况下，运动型治理几乎成了近代中国变革的常态现象。这种方式也并非简单的大轰大嗡，亦有其内在要求。1953年11月11日，政务院第193次政务会议就总结了贯彻《婚姻法》运动的基本经验。这包括：婚姻问题上的封建思想和封建意识既严重又普遍，必须充分估计难度、认真准备；婚姻制度的变革属于人民内部的思想改造，不属于对敌斗争的性质，必须采取思想教育的方式；"向人民群众宣传婚姻法，必须结合他们的切身利益，从他们现有水平出发，适应着他们思想发展的规律，循循善诱，逐步提高，才能达到预期的目的"；"人民群众的思想规律一般是：开始时对贯彻婚姻法存有顾虑和误解，进而希望了解婚姻法的内容，最后要求解决婚姻和家庭方面的具体问题"，"运动中的另一个重要经验是贯彻婚

---

① 《中国共产党中央委员会关于贯彻婚姻法运动月工作的补充通知》，《人民日报》1953年2月19日。

② 刘景范：《中央贯彻婚姻法运动委员会关于贯彻婚姻法运动的总结报告（1953年11月11日）》，《党的文献》2010年第3期。

姻法必须紧密结合生产"①。对于深厚的传统风俗和巨大的治理规模来说，运动型治理的优点是能够大力撕开社会变革的口子，把现代的思想价值观念播撒下去，短时间内形成巨大的社会影响，而且治理成本相对较低。它对于转变家庭生活观念、适应社会现代化工业化要求具有重要价值。同时，也有些不容忽视的局限，如在一定时间和空间内造成高压态势。当然，贯彻《婚姻法》运动仅仅是一个开端，不能要求它解决所有问题，而国家工业化的开启、政治经济的发展将推动社会生活和文化风俗的前进。

（三）中国传统戏剧的新生

1951 年 3 月，第一届全国文化行政会议将中央文化部所属各局合并改组为电影、艺术和社会文化事业三个管理局，要求健全省市县文教行政机构，文教厅、局应根据不同情况分设电影、艺术、社会文化三处（科）或单设文化艺术一处（科），并由正副厅、局长中一人专责领导；专署与县，则在文教科内指定或增设一至三人专做文化、艺术工作②。在 1951 年的文化艺术工作计划中，突出了戏剧改革的新认识，要求"中央与有条件的大行政区建立戏曲研究院"，加强了对地方戏剧的研究和整理，"审定与修改旧有京剧剧本五十种。评剧、越剧及其他地方戏剧本各三十种"，"搜集、整理、研究各地民间戏剧、音乐材料，加以录音或刊印"，"继续举办艺人的训练教育工作，争取在两年内做到全国各地主要戏曲艺人都受到一定时间的训练"③。这种对地方戏剧、民间艺术的重视呼应了中国共产党关于人民是历史

---

① 刘景范:《中央贯彻婚姻法运动委员会关于贯彻婚姻法运动的总结报告（1953 年 11 月 11 日）》,《党的文献》2010 年第 3 期。
②《文化工作文件资料汇编（1949—1959）》（一），中华人民共和国文化部办公厅 1982 年印，第 9 页。
③《中央人民政府文化部一九五零年全国文化艺术工作报告与一九五一年计划要点》,《人民日报》1951 年 5 月 8 日。

主体、劳动创造世界等观点，"全国戏曲形式的种类是极多的，各种地方戏都带有各地方的语言、音乐和风俗的特色，对各种地方戏、民间小戏和曲艺应普遍地加以发掘、研究和改造，使之在新的基础上得到发展"①。

1951 年 5 月 5 日，《人民日报》发表署名周恩来的《中央人民政府政务院关于戏曲改革工作的指示》。这篇社论总结了自 1948 年 11 月《有计划有步骤地进行旧剧改革工作》发表以来戏剧改革的基本经验，尤其是反映了 1950 年 11 月全国戏曲工作会议的认识成果，其内容可以概括为"改人、改戏、改制"三个层面。一是依靠戏曲艺人进行戏剧改革，但要对艺人进行政治思想、业务能力的培训。它强调"一般地不应当依靠行政命令与禁演的办法"，文教机关行政人员提供支持，不能蛮干，政策必须符合广大艺人的思想觉悟程度，需要禁演的剧目"应由中央文化部统一处理，各地不得擅自禁演"。戏剧改革重在剧本审定和创作。在价值追求上，"宣传反抗侵略、反抗压迫、爱祖国、爱自由、爱劳动、表扬人民正义及其善良性格的戏曲应予以鼓励和推广，反之，凡鼓吹封建奴隶道德、鼓吹野蛮恐怖或猥亵淫毒行为、丑化与侮辱劳动人民的戏曲应加以反对"。策略步骤是"由最容易着手和最容易获得多数艺人同意的范围开始，然后逐步推广"，工作重点是"以主要力量审定流行最广的旧有剧目"，"对旧有的或经过修改的好的剧目，应作为民族传统的剧目加以肯定，并继续发扬其中一切健康、进步、美丽的因素"。其中，尤为"鼓励各种戏曲形式的自由竞赛，促成戏曲艺术的'百花齐放'"。这里，增加了对地方戏剧优点的认识，"地方戏尤其是民间小戏，形式较简单活泼，容易反映现代生活，并且也容易为群众接受"。依靠艺人群众的自觉自愿，改革"旧戏班社中的某些不合理制度，如旧徒弟制、养女制、'经励

---

① 《周扬文集》第 2 卷，人民文学出版社 1984 年版，第 62 页。

科'制度等"，"各省市应以条件较好的旧有剧团、剧场为基础，在企业化的原则下，采取公营、公私合营或私营公助的方式，建立示范性的剧团、剧场，有计划地、经常地演出新剧目，改进剧场管理，作为推进当地戏曲改革工作的据点"①。

虽然中国共产党在禁戏问题上表现出审慎的政策取向，但是"禁戏"本身并不能真正解决意识形态问题。从新民主主义的价值追求来看，一些戏剧如《杀子报》《探阴山》《九更天》《滑油山》《大劈棺》《全部钟馗》《黄氏女游阴》《活捉王魁》《阴魂奇案》《僵尸复仇记》《小老妈》《引狼入室》等"坏戏"被明令禁演。其中，1951年6月，文化部通令禁演《大劈棺》，指出"《大劈棺》一剧，系反对夫死改嫁，含有严重封建毒素和迷信、色情、野蛮形象的剧本"，要求把剧本交由中国戏曲研究修改，艺人进行学习改造②。戏剧改革固然能够对剧本和艺人进行价值重塑，但是作为戏剧观众的普通群众的思想意识在短时间内并未发生显著改变，审美意识和娱乐偏好依然持续。从实际情况来看，由于当时存在大量的私营或公私合营的剧团，且中国地域广大、人口稠密，因而一些含有"各种野蛮的、恐怖的、猥亵的、奴化的、侮辱自己民族的、反爱国主义的成份"的戏剧仍然能够上演。譬如，1951年10月，文化部指出湖南省衡阳公私营剧团"纷纷上演宣扬封建、迷信、神怪及舞台形象恐怖的旧连台本戏"，要求采取措施纠正，检讨"迎合观众落后趣味和单纯营利思想"③。

这一时期，剧本修改的一个集中体现就是纯洁戏曲舞台上的角色形象。这一任务也是1950年11月全国戏曲工作会议提出的。在

---

① 周恩来:《中央人民政府政务院关于戏曲改革工作的指示》,《人民日报》1951年5月7日。
②《戏剧工作文献资料汇编》,吉林省文化厅1985年印,第27页。
③《中央文化部检查并纠正衡阳市公私营剧团排演封建迷信、神怪的旧连台戏（1951年10月5日）》,载《戏剧工作文献资料汇编》,吉林省文化厅1985年印,第28、29页。

1951 年初，各地文教机构、戏曲组织纷纷聚焦这一问题，或召开座谈会，或依托戏曲报刊发文讨论，"一般认为现在戏曲舞台上存在着许多丑恶的、残酷的、不健康与不合理的形象和动作，这些丑恶的形象是封建社会的产物，是由于封建统治阶级与帮闲文人有意地歪曲与丑化劳动人民而形成的。它会玷污中国戏曲的完美，影响观众的心理健康"[①]。譬如，马少波在《清除戏曲舞台上的病态和丑恶形象》一文中列举了"小脚""淫荡猥亵""迷信恐怖""酷刑凶杀""走尸"等16 种病态丑恶的角色形象，指出其违反妇女解放、男女平等、科学意识、反对迷信、人格平等、自尊自信、民族气节、爱国主义等意识形态原则[②]。同时，戏剧艺人的政治学习和思想改造扩展开来，主要采用学习班、座谈会等学习形式，学习新民主主义革命理论、学习毛泽东关于文艺问题的指示以及学习戏剧文艺政策。到 1951 年底，马彦祥指出："全国戏曲工作会议时估计，三十万的艺人中，经过学习的约为百分之十一"，"总起来看，今年经过学习的艺人数目比去年至少当增加三倍"[③]。

在制度改造上，提升了戏曲艺人的经济地位和组织正规化程度。以往戏剧界的组织形态往往以人身依附关系为纽带，或为组织相对严密的科班制度，或为时聚时散的草台班子，其中又包含着师徒制、包银制等制度，老板、班主和师父在利润分配上处于优势地位。因而，以民主权利、合理分配为目标的制度改革能够得到艺人尤其是中下层艺人的欢迎。在管理上，废除剧院老板和剧团老板的制度；在经济上，对于演员待遇，一般都是采取了民主评定的方式来解决，把包银制改为薪金制或底薪批分制，同时也注意避免平均主义倾向，合理地保持演员之间待遇差额。在各地，戏剧组织的民主改革表现不同。在

① 《关于戏曲舞台形象的讨论》，《人民戏剧》第 3 卷第 1 期，1951 年。
② 马少波：《清除戏曲舞台上的病态和丑恶形象》，《人民日报》1951 年 9 月 27 日。
③ 马彦祥：《一九五一年的戏曲改革工作和存在的问题》，《人民戏剧》第 3 卷第 8 期，1951 年。

北京，"七行七科制度"取消，采取新型正规剧团的组织管理方式，引进了导演制度等新制度。在山西，"从极端散漫一年一跳班的旧戏班子，改造成为比较有组织、有制度固定性的剧团，这是一件很艰巨的工作！而我们现在在晋南、晋中各地却有了这样比较固定的历史剧团"①。在西安，"剧社只有很少数的是科班制度，大多数的剧社剧团都是固定的团体，工作和学习都是集体"②。

尽管"改戏、改人、改制"全面展开，封建毒素与民主精华的标准也得以明确，但是故事情节大多是历史题材，因而不容易反映现实政治和时代精神，且在历史人物评价上也存在不小争论。各地戏剧以往处于自发、惯性的生存状态，对故事情节和价值标准的取舍往往考虑当地观众需要，因而很多价值评价都是多样的、弹性的。譬如，"在中南讨论了岳飞，有的人说岳飞抗金，是有利于广大人民的，应当予以歌颂，有的人则说岳飞抗金是为了迎二圣回朝，是为了巩固统治阶级的地位"；"西南讨论了荆轲，他在'易水曲'剧中是作为一个英雄人物被表扬的，有的人则认为他的刺秦王完全是为了报燕太子丹的私恩"；等等③。这里可以看到丰富多样的各地戏剧和单一价值标准之间的紧张关系。如果按照历史的观点来评价历史人物，就会使得以历史故事为内核的旧戏剧无法对接时代精神和现实政治。而当时的文艺观点和政治生态，又不允许脱离政治、脱离新民主主义革命文化价值观的行为。这种合力导致上演剧目的贫乏和单一化，出现所谓"翻开报纸不用看，梁祝西厢白蛇传"的现象。

在这种状况下，曾在延安平剧院时期领导平剧改革的杨绍萱为了反映现实政治斗争，把一系列时代意见植入到历史剧或神话剧之中。譬如，在《新天河配》中，杨绍萱把牛郎织女描绘成因偷吃蟠

---

① 易风：《山西戏改工作中的点滴意见（山西通讯）》，《人民戏剧》第 1 卷第 5 期。
② 黎汝杰：《解放后的西安剧运（西安通讯）》，《人民戏剧》第 1 卷第 4 期。
③ 马彦祥：《一九五一年的戏曲改革工作和存在的问题》，《人民戏剧》第 8 期，1951 年。

桃、消极劳动而被贬入凡间的神仙，在人间积极改造后重返天庭，借剧中人物之口表达反对迷信、热爱劳动、拥护和平的政治意见，鹊桥也变成和平鸽与鸥枭的斗争。再如，在《新大名府》中，杨绍萱使用诸如统一战线、阶级斗争等话语。这些改编剧明显破坏了神话故事情节和历史语境。1951年8月31日，艾青在《人民日报》发文品评各种版本的牛郎织女故事戏剧，就杨绍萱的《新天河配》提出批评，"他们以为联系实际，只是把每个时期的中心任务，像贴标语似的放到作品里去，完全不管那个作品写的是什么时间、地点、事件"①。对此，杨绍萱强力回击，接连三次致信《人民日报》，认为艾青的文章是对抗美援朝不满，危及"无产阶级文艺运动领导权的问题"，是"为艺术而艺术"，是一种资敌行为②。11月3日，《人民日报》发表了这篇文章，并附上了上述三封信件。在当时批判《武训传》"反人民、反历史、反现实主义"的背景下，杨绍萱的上述创作观念被视为"反历史主义"倾向。马少波、阿甲、光未然、何其芳等人纷纷撰文批判其乱扣帽子、乱打棍子的错误作风。

从平剧改革的示范典型到"反历史主义"创作倾向的代表人物，杨绍萱经历了巨大的起落，而其中未有变化的一条主线就是文艺服务于政治。事实上，虽然杨绍萱在植入时代意见时略显机械，但是各地戏剧改革实践中都存在类似问题，甚至更加直接、简单。毕竟历史剧和神话剧有其历史语境或典型情节，使其反映现实生活和配合政治斗争存在难度。进入1952年，在这个延安文艺座谈会10周年的历史时刻，周扬在《人民日报》发文全面阐述毛泽东文艺思想，着重介绍了如何在文艺创作中贯彻政治要求。他指出，"文艺工作上仍然应当进行这两条战线的斗争，这就是，一方面反对文艺脱离政治的倾向，另

---

① 艾青：《谈〈牛郎织女〉》，《人民日报》1951年8月31日。
② 杨绍萱：《论"为文学而文学、为艺术而艺术"的危害性——评艾青的〈谈牛郎织女〉》，《人民日报》1951年11月3日。

一方面也反对概念化、公式化的倾向"，"文艺的任务是真实地深刻地描写生活，揭露生活中的矛盾，创造各种人物，显示前进人物的力量。只有真实的、生动的人物才能吸引读者观众，打动人们的心灵，使他们接受作品中的思想"，"概念化，公式化的作者的失败的根源，就在他们的创作总是从抽象的政治概念出发，而不从实际的人民生活出发"，"人民要求既有充实政治内容，又有适当艺术形式的作品，思想性和艺术性统一的作品。这样的作品的形式又必须是大众化的"[①]。可以说，以周扬为代表的中国共产党文艺工作者既吸取了苏区或左翼文化运动的"左"倾教训，也学习了延安时期成功利用民间艺术形式和改造传统文艺的有益经验，因而能够感知文艺与政治的微妙平衡。对于广大戏剧艺人来说，从电影界批判《武训传》到戏剧界批判杨绍萱，深刻感受到文艺与政治关系对个体政治命运的影响。

围绕戏剧创作如何服务政治的问题，周扬于1952年6月11日到中央戏剧学院作了一个报告。周扬从斯大林的民族观谈继承与发展民族戏剧遗产问题。一是戏剧如何实现语言创新，"民族的语言是人民大众的语言，是大多数人的语言"，"它既不是方言、行话，也不是少数知识分子讲的话"，由此"我们应该找的，是合乎人民群众语言习惯的，反映新生活的，能自如的表现人民的情感和思想的那些话，那些字眼"。二是戏剧如何表现民族心理，"大多数人民的、经过历史上每个时代的劳动人民的，在长期阶级统治之下所形成的心理状况，也就是形成的思想，形成的感情"，"中国的旧戏里虽然现在还存在一些封建的、肮脏的、丑恶的东西，但是它所以获得群众的喜爱，是因为从它里面可以找到许多合理的因素。群众为什么喜欢杨家将、薛仁贵、包公、为什么喜欢梁山伯、祝英台，为什么喜欢《白蛇传》，这里面都有个道理，因为他们代表了民族的心理，人民的心理"。三是

[①] 周扬：《毛泽东同志〈在延安文艺座谈会上的讲话〉发表十周年》，《人民日报》1952年5月26日。

戏剧如何符合民族的风俗习惯，"新风俗是从旧风俗的基础上逐渐产生的。在我们的作品中，如《新事新办》，送嫁妆是旧风俗，在这个基础上改成送耕牛，老百姓很喜欢，因为它保留了旧风俗的一部分"，"风俗要改，但要慢慢的改，不能一刀斩断似的一下子就要改掉"。从整个报告来看，"百花齐放、推陈出新"方针的落脚点是"新"，百花齐放与推陈出新是新陈代谢过程的两面，"如常香玉的豫剧，现在已不仅是河南梆子，并且吸收了河南坠子、秦腔、河北梆子，甚至新歌剧；袁雪芬的越剧也在吸收；评剧也在吸收。这样一来它们流行的区域就广泛起来"①。

从 1952 年 7 月开始，筹备和参加全国戏曲观摩演出大会成为戏剧改革的工作重心。文化部根据《关于戏曲改革工作的指示》中关于举行全国戏剧竞赛公演的要求，于 1952 年 7 月 26 日发出通知，要求选择具有思想性和艺术性并体现剧种特点的剧目参加观摩表演；派出田汉、沙可夫、马彦祥、张庚等专家到各地指导遴选工作；并于 1952 年 8 月 1 日成立第一届全国戏曲观摩演出大会筹备委员会。筹备委员会由马彦祥任秘书长、王亚平任副秘书长，由田汉、沙可夫、老舍、梅兰芳、吴雪、张光年、罗合如、曹禺、李纶、张庚、欧阳予倩等 18 人组成。为了鼓励竞赛和表扬先进，大会设置的评奖委员会由沈雁冰任主任委员，周扬、丁西林、田汉、梅兰芳、欧阳予倩、沙可夫任副主任委员，其成员包括各级文化行政主管与部门有关负责人、文艺界专家及具有代表性的演员共 52 人，分为政策组、剧目组、表演组、研究组，设置荣誉奖、剧本奖、演出奖、演员奖、奖状 5 个层级。10 月 6 日，第一届全国戏曲观摩演出大会开幕，汇聚了豫剧、河北梆子、评剧、江淮剧、越剧、秦腔、京剧、湘剧、粤剧、川剧、郡鄂、曲剧、晋剧、江西花鼓戏、桂剧、沪剧、滇剧、楚剧、汉剧、

---

① 《周扬文集》第 2 卷，人民文学出版社 1984 年版，第 156、157、158、159、160、162 页。

华南花鼓戏、蒲剧、昆曲、闽剧等 23 个剧种的代表性剧目。^① 正如梅兰芳所说，"这次演出集中了各大行政区主要的剧种，集中了有代表性的新旧剧目，集中了优秀杰出的演员，的确是中国戏曲史上空前未有的盛事，也是中国戏曲将有更高度发展的一个标志"^②。

这次大会通过各个剧种的代表性戏剧具体地展示了如何转化改造传统戏剧。首先，在原则上要贯彻现实主义、历史主义的要求，而其结合点是寻找、呈现和发扬历史语境中的现实主义特点，"戏剧遗产中的现实主义，主要表现在它描写了封建社会的历史真实，揭露了封建社会的内部矛盾"。就此而言，具体分为三种情况：一是以浪漫主义形式表达现实生活中的反抗行为，如"化蝶"这种形式，"在浪漫的色彩仍然蕴藏了现实主义的核心"。尽管这种神话剧是一种不切实际的幻想，但能够鼓舞人们反抗封建专制；因而与那种愚弄人民、恐吓人民的迷信是不同的。二是以简练有力的艺术手法表达历史背景、人物性格和主题主线，"像川剧'五台会兄'、闽剧'钗头凤'，都是在短短的一折戏里（前者剧本约四千字、后者约三千字），刻画了人物性格及其复杂的精神状态，完成了主题的要求"。三是通过发掘人民性、结合当时人民群众的思想感情来表达现实主义，"这次大会上演的旧有剧目中，有许多是经过很少的修改，就马上点石成金的，如川剧的《秋江》改了老艄公的敲竹杠；湘剧《醉打山门》改了鲁智深的喝酒不付钱；京剧《甘露寺》改了乔玄的贪图财礼；湖南花鼓戏《刘海砍樵》改掉了色情的部分，就立刻使人物性格变成更加完整可爱起来"。^③ 在这次大会上，一些改编或新编的戏曲获得广泛

① 王喆：《第一届全国戏曲观摩演出大会研究》，中国艺术研究院硕士学位论文，2019 年。
② 梅兰芳：《全国戏曲运动胜利发展的标志》，《人民日报》1952 年 10 月 6 日。
③ 中国艺术研究院戏曲研究所《戏曲研究》编辑部、吉林省戏剧创作评论室评论辅导部编：《戏剧工作文献资料汇编（续编）》，吉林省文化厅 1985 年印，第 146、147、148、155 页。

认可并成为该剧种的代表作，如豫剧《新花木兰》、河北梆子《打金枝》、越剧《梁山伯与祝英台》《白蛇传》、秦腔《游龟山》、粤剧《凤仪亭》、昆曲《思凡》、京剧《玉堂春》《将相和》《雁荡山》，等等。

全国戏曲观摩演出大会的闭幕式于 1952 年 11 月 14 日举行，由文化部长沈雁冰主持，文化部副部长周扬作了题为《改革和发展民族戏曲艺术》的总结报告。周扬认为，全国戏曲观摩演出大会的意义和任务就是"向优良的遗产学习，向优秀的技术学习，向戏曲改革的正确经验学习"，使"全国各种戏曲之间开始建立起一种新的关系；一种在友谊的自由的竞赛中互相吸收，互相发展的关系"。戏剧改革必须坚持"正确地发扬民族戏曲艺术的优良传统"，"一方面反对对遗产任意否定、随便窜改的粗暴作风，另一方面也反对对遗产不加批判、不肯改革的保守观念"。因此，对待传统剧种和剧目，既要在内容上贯彻新的价值追求，展示旧社会人民群众的生活、美德和抗争，又要在技术上融合吸收，从而"在民族戏曲传统的基础上，创造民族新戏曲"。[1]当晚，周恩来出席闭幕典礼，从四个方面阐述了戏曲改革理论。一是正确处理地方戏和京戏的关系。京戏和地方戏各有各的好处，不必非此即彼，都需要繁荣发展，必须正确贯彻"百花齐放、推陈出新"方针。二是正确处理普及与提高的关系。地方戏和京戏也有各自的缺点，需要交流学习、融合创新，"不但对内互相学，对外也要学。但是，要在我们自己的基础上来学，学的东西要符合自己的条件"。三是正确处理政治标准和艺术标准的关系，政治标准不是抹杀一切原有的一切内容，"积极的需要把它保留下来，消极的则需要把它改革或剔除"，艺术标准是保持剧种自身内在的统一性，避免四不像、大杂烩。四是正确处理团结和改造的关系。"我们在什么原则下团结呢？就是要改造，为工农兵服务"，"我们必须经过长期的改造，

---

[1]《周扬文集》第 2 卷，人民文学出版社 1984 年版，第 164、165、168、173、178 页。

去肃清这种存在我们脑子里的封建残余。这种改造，需要较长的时间，不要求急"，"全国的艺人同志，不管是年老的年轻的，都要使自己的艺术专业化，要有专技"。[①]

1952 年 11 月 16 日，《人民日报》刊发文章《正确地对待祖国的戏曲遗产》，全面总结戏剧改革的理论认识和实践经验。在理论认识上，明确戏剧遗产的丰富性、人民性和现实主义三个优点，"我们的戏曲艺术绝大部分是由人民所创造，和人民有悠久的密切的联系，具有强烈的人民性和现实主义精神"。所谓"人民性"，也就是在内容上表达反对封建统治的民主性意识、心理和诉求，在形式上使用广大群众喜闻乐见的表达方式，"许多传统的优秀剧目，表现了在封建制度重压下人民的生活和斗争，人民的思想、感情、愿望和要求；并且采取了人民喜闻乐见的艺术形式"。所谓"现实主义精神"，也就是面向人民群众的生活实际、表现社会阶级矛盾和进步方向，"在艺术方法上它们经常是密切地结合生活，善于抓住生活中的矛盾和冲突，对封建社会的人情世态的描绘，往往达到异常细致准确的程度；同时采取十分简练的手法和合理的艺术夸张，生动地表现出我国劳动人民勤劳、勇敢、智慧、善良的性格，正面地或者曲折地反映了被压迫的人民和压迫者之间的不可调和的矛盾"。在政策目标上，明确戏剧改革不仅要继承和完善那些具有人民性和现实主义精神的剧目，修改或禁止那些维护封建统治、鼓吹退让妥协、含有色情迷信成分的戏剧，而且要"在民族戏曲的基础上创造为人民喜闻乐见的、表现力更强的新戏曲"。[②]

在总结经验、展示成果的同时，文艺工作者对戏剧改革实践的一些缺点偏向进行了反思。这首先是继续批判"反历史主义"倾向，"我们反对旧有戏曲中对历史的歪曲，同时也要反对反历史主义者冒

[①]《周恩来文化文选》，中央文献出版社 1998 年版，第 117、119、123、124 页。
[②]《正确地对待祖国的戏曲遗产》，《人民日报》1952 年 11 月 16 日。

充马列主义而对历史进行新的歪曲。这是我们为新的历史剧的创造
而必须进行的一个思想斗争的工作"①。再就是政策执行的偏差或者
没有落实政策，"不经任何请示而随便采用禁演和各种变相禁演的办
法"，"听凭主观的一知半解，对群众中流传已久的历史故事、民间传
说，采取轻举妄动的态度，随意窜改，因而经常发生反历史主义和反
艺术的错误，破坏了历史的真实和艺术的完整"，"以粗暴的官僚主义
态度对待艺人"②。全国戏曲观摩演出大会证实了运用历史主义原则利
用传统剧中的现实主义要素的可行性，并直接呈现为一批为观众所喜
爱、体现新社会风尚的历史剧、神话剧。但是，仍然面临着一个问题
就是适合表现历史故事或神话故事的传统剧种如何反映新社会的人民
生活。相对于京戏，地方戏的灵活性更大，"地方戏曲表现现代生活
题材，是完全可能的，并已收到初步的成效"；同时有需要继续探索，
"反映现代生活的戏曲创作的主要缺点，是相当普遍地存在着概念化
的倾向。那些作品往往不是客观的真实反映，而包含很多主观的编
造；不是集中地刻划人物，而是无味地背诵现成的教训，因此缺乏感
动人的力量"③。

二、社会主义曲折发展与中华传统文化改造

(一) "百花齐放、百家争鸣"与中华传统文化的价值

从 1953 年至 1957 年，中国共产党在文化领域批判资产阶级思
想学说，彰显马克思主义对认识对待中华传统文化的科学性，形成
"百花齐放、百家争鸣"等理念。这一过程始自批判《武训传》电影，

---

① 《周扬文集》第 2 卷，人民文学出版社 1984 年版，第 178 页。
② 《正确地对待祖国的戏曲遗产》，《人民日报》1952 年 11 月 16 日。
③ 《正确地对待祖国的戏曲遗产》，《人民日报》1952 年 11 月 16 日。

经过批判梁漱溟思想和批判俞平伯《红楼梦》研究，在批判胡适资产阶级思想时达到高潮，并以批判胡风资产阶级文艺思想作为结束。其中，贯穿的一个主题就是这些资产阶级思想代言人缺乏正确对待传统文化的思想武器，甚至抹杀传统文化对于新文化的积极意义。它具体表现为两个方面，一是批判资产阶级思想学说在认识对待中华传统文化上存在世界主义或复古主义的局限性，但批判方式存在粗暴和简单化的倾向；二是运用马克思主义基本观点深刻剖析中华传统文化，彰显其科学性，但存在着机械套用的缺点。虽然思想批判运动和知识分子改造存在一些缺憾，但是它从社会主义文化建设的角度对中华传统文化的合理价值和转化路径进行了有益探索。

随着社会主义过渡时期总路线的酝酿和提出，文化界明确了建设社会主义文化的任务。1953 年 12 月，文化部指出今后文学艺术的方针任务是"积极发展适合人民需要的文学艺术创作，以社会主义的精神教育广大人民，鼓舞群众努力参加国家建设工作，并逐步满足群众日益增长的文化要求"[1]。在中国共产党的社会形态演进视野中，被视为封建社会文化的中华传统文化与社会主义文化的差距很大，封建社会文化和资本主义社会文化都是以私有制为经济基础的，行为习惯和价值理念具有内在联系，而社会主义文化是以公有制为基础。周扬指出"新民主主义是取消地主的，官僚资产阶级和帝国主义在中国的私有财产，不是取消社会的私有制；而社会主义是取消社会私有制"，"社会主义精神是要培养人民的共产主义世界观与人生观，培养人民爱国主义与国际主义思想，培养人有一种集体主义思想去克服个人主义思想。因为民主主义还有个人主义成分，有私有制的个人主义思想"[2]。可以说，由于社会发展阶段和所有制结构的差距，在新民主主

---

[1]《文化工作文件资料汇编（1949—1959）》（一），中华人民共和国文化部办公厅 1982 年印，第 18 页。
[2]《周扬文集》第 2 卷，人民文学出版社 1984 年版，第 211 页。

义文化视野具有一定合理价值的中华传统文化，一旦进入更高的社会主义文化视野，其合理价值趋于下降。

其一，中国共产党领导社会主义改造，强调树立社会主义意识形态，但并未降低对中华传统文化的评价。一方面，基于革命战争年代的经验教训，中国共产党人已经能够相对成熟地把握马克思主义的立场、观点和方法，因而也能沉稳、冷静和理性地处理社会主义文化和传统文化的关系。有文章就指出"恩格斯曾经阐释过，作为意识形态的上层建筑，不能由新的经济基础中完全创造出来。作为无产阶级革命文化中重要组成部分的革命文学，决不是凭空产生，而是在一定的社会条件和一定的文化基础上建设起来"[①]。另一方面，学习和宣传"社会主义现实主义"对正确评估传统文化产生积极影响。"社会主义现实主义"是当时苏联社会主义文化建设推崇的创作理念与方法，引起新中国文化界人士的多次探讨和介绍。周扬指出"什么是社会主义现实主义呢？简单的说就是艺术所要求的真实性和用社会主义教育人民相结合。过去伟大的艺术作品都是忠实地反映真实的生活的，但它没有社会主义。用社会主义精神教育人民，反对人民思想中的非社会主义东西，批判群众思想中的资产阶级、小资产阶级，甚至封建阶级的东西"[②]。这里，他肯定了以往封建社会、资本主义社会的现实主义，因为这种现实主义能够批判当时的社会及其统治阶级；而这就可以支援当下对"非社会主义东西"的批判，"社会主义的新文化、新艺术必须建立在民族文化传统的基础上。新文化是新政治、新经济的反映，这是主要方面，但同时它是从中国几千年旧文化发展来的，必须看重、继承自己民族文化的优良传统，决不可轻视"[③]。

就这一时期来看，中国共产党能够正确对待苏联文化建设的经

① 梁希彦：《我们应该怎样对待文化遗产》，《文史哲》1955 年第 1 期。
②《周扬文集》第 2 卷，人民文学出版社 1984 年版，第 287 页。
③《周扬文集》第 2 卷，人民文学出版社 1984 年版，第 290 页。

验教训。新中国成立后，文化部办公厅曾创办《文化资料》，系统介绍苏联社会主义文化建设理论、制度和组织，因而能够看到苏联在对待传统文化上的有益经验，并能够得到苏联文化界人士的直接帮助。譬如，1952 年 11 月，苏联艺术工作团在中国参加"中苏友好月"，举办多次文学艺术座谈会。苏联文化部部长亚历山大洛夫在其《苏联文化建设的若干问题》一文中指出："列宁当年曾经再三说明，只有用历代所创造的成果、经验和文化作基础，才能够建成新社会——社会主义社会"①。苏联社会主义文化建设理论及其历史经验引起重视和思考。中国共产党也能够结合中国情况运用苏联经验，避免其教训。1954 年 7 月 31 日，毛泽东对《苏联纠正反世界主义斗争的某些偏向》一文作出批示，要求重视和汲取苏联在对待传统遗产和世界科技成就上的错误教训。该文出自中宣部编印的《宣教动态》，叙述了苏联纠正全盘否定历史文化遗产和世界最新科技成果的片面政策②。

其二，中国共产党批判对待中华传统文化的世界主义和复古主义倾向，揭示其局限性，但批判方式存在简单化的粗暴作风。自五四新文化运动以来，马克思主义、自由主义和保守主义都强调"反传统"和新文化，但也有差别。自由主义者主张欧美文化是世界潮流，注重融入世界，容易忽略民族性；而保守主义者强调用中华传统文化解救欧美过分注重物质文明的弊病，注重保守民族文化，容易忽略世界性。五四时期，梁漱溟凭借《东西方文化及其哲学》名噪一时，引领了当时"东方文化优越性"的思想，尊崇东方文化的保守复古倾向一直有所发展，复古主义、整理国故、国粹主义一直有所表现。1953年 9 月，围绕工农关系、经济建设等问题，梁漱溟与毛泽东之间发生

---

① 《苏联文化建设的若干问题》，《文化资料》（十六），中央人民政府文化部办公厅 1954 年印，第 3 页。
② 中共中央文献研究室编：《毛泽东年谱（1949—1976）》第 2 卷，中央文献出版社 2013 年版，第 264、265 页。

激烈争论，而随着毛泽东的回应，批判梁漱溟思想迅速展开。其中，就涉及对梁漱溟文化观的批评。从社会主义过渡时期开始，梁漱溟的文化思想特别是对待传统文化的态度被判定为"封建复古主义"，被视为帝国主义、买办阶级和资产阶级的同盟者。有文章指出："封建势力的代言人的梁漱溟先生则公开歌颂已经死亡的封建主义文化，提倡'东方固有文化'，在标榜拥护'民族文化传统'和反对西方资本主义'文明'的幌子下，宣扬封建伦理道德和宗教的神秘主义思想体系，偷运帝国主义奴化思想的毒素"①。

相形之下，毛泽东和中共中央的关注重点是清理资产阶级思想学说，为五四运动以来资产阶级新文化和无产阶级新文化的竞争画上一个句号。1954年，李希凡、蓝翎对著名红学家俞平伯的红楼梦研究提出商讨，并在《文史哲》和《光明日报》分别发表《关于〈红楼梦简论〉及其他》《评〈红楼梦研究〉》。这件事情引起毛泽东关注。他于1954年10月16日致信刘少奇、周恩来等28人，附上李希凡、蓝翎的文章，在信中强调"这是三十多年以来向所谓《红楼梦》研究权威作家的错误观点的第一次认真的开火"，认为要从阶级斗争和社会革命的角度看待《红楼梦》，要批判资产阶级唯心论、实用主义、相对主义等错误观点，"这个反对在古典文学领域毒害青年三十余年的胡适派资产阶级唯心论的斗争，也许可以开展起来了"②。这就引发了全面清理资产阶级思想的批判运动，在哲学上批判胡适的主观唯心主义经验论，在历史观上批判其世界主义、轻视民族传统等问题，"由批评俞平伯'红楼梦'研究中的错误立场、观点、方法展开的胡适思想批判，是最近一阶段的思想斗争中最重要的中心环节"，"以实用主义、主观唯心论为其基础的胡适反动思想，是最集中地反映着和

---

① 朱伯崑：《批判梁漱溟先生的文化观》，《哲学研究》1955年第3期。
② 中共中央文献研究室编：《毛泽东年谱（1949—1976）》第2卷，中央文献出版社2013年版，第297、298页。

服务于帝国主义和中国封建买办阶级的利益"①。这些批判固然有助于确立马克思主义指导地位，但采用思想批判运动方式并不利于培育充满活力的学术民主环境，"知识分子在连续不断的思想批判运动中自觉或不自觉地、主动或被迫地接受了这种学术政治化的取向，并逐步学会了这种取向下特有的单向度思维方式，即先有结论后搜求证据、攻其一点不及其余、用简单明了的判断或'标签'解决复杂的学术艺术问题"②。

其三，运用马克思主义认识对待中华传统文化，呈现出深刻性和整体性，但也存在机械套用的简单化倾向。比较来看，运用马克思主义分析中华传统文化，能够超出民族主义、自由主义、个体主义、世界主义等思想理论的局限性，具有深刻性和整体性。民族主义理论有利于民族认同，但也容易带来文化排外倾向和民族文化优越论；自由主义个体主义有利于个体思想觉醒，但容易造成民族认同感降低；世界主义有利于培养开放意识和世界视野，但容易带来全盘西化和民族虚无主义倾向。在这个意义上，马克思主义能够从社会形态演进上科学剖析文化发展规律，强调人民是历史创造者，把生产力、科学技术和劳动人民文化作为文化主流，批判已经不适应社会发展的统治阶级文化。因而，能够把人民作为民族文化的创造主体，保持对先进科技、生产力和现代文化的开放，同时批判欧美资本主义文化，避免所谓"全盘西化"倾向。周扬就指出"我们决不能容忍资产阶级学者、作家用唯心论的观点来曲解和贬低我们祖国文学遗产的真正价值以及对这些遗产采取诽谤的虚无主义的立场"，"要建设新的、社会主义的文学艺术，就必须对于我们民族的文学艺术遗产给以正确的评价，接受其中一切有用的、优良的传统，在新的基础上加以发展。批判地接

---

① 李泽厚：《全国广泛展开批判资产阶级唯心主义、宣传马克思主义唯物主义的斗争》，《哲学研究》1955 年第 1 期。
② 杨凤城：《中国共产党与当代中国文化发展研究》，中共党史出版社 2013 年版，第 32 页。

受旧的遗产，这就是我们建设新的文化的出发点"①。

应当看到，一旦在学术讨论和思想论辩中开展政治斗争，不可避免地产生一些机械套用和非此即彼的片面做法。这表现为以政治宣判的方式把资产阶级思想学说一概归为错误思想，对其进步性估计不足，对其和马克思主义的内在联系承认不够，而是凸显所谓资产阶级思想学说的片面性，"在对待祖国文化遗产所抱的态度问题上，存在两种反马克思主义倾向：一种是对待祖国遗产的民族虚无主义、世界主义的态度，另一种是民族复古主义、国粹主义的态度"②。思想批判和思想改造运动，使人们了解"资产阶级思想学说"的局限性，但在敌与我、唯心主义与唯物主义、反马克思主义与马克思主义等一系列非此即彼的对立和选择中，机械套用马克思主义的现象和片面裁剪其他思想学说的现象同步产生，而政治意识形态成为解释和裁断思想文化问题的主导性依据。这种机械套用做法，把马克思主义武断地简化为一些原理、范畴和观念，不利于科学地对待马克思主义。当然，这也容易带来轻视和简化人类思想文化传统的倾向，弱化其合理和时代价值，容易使思想文化发展失去生机活力。

进入 1956 年，社会主义改造加速完成，中国共产党满怀信心地迎接社会主义建设。1956 年 1 月，周恩来提出"发扬文化遗产，总结现有经验"，尤其是发扬"农业、中医、手工艺、商业、艺术"等领域的经验和智慧，积极推动实施文字改革方案③。1956 年 2 月，中共中央在《关于知识分子问题的指示》中，提出"有计划地整理我国科学文化的历史遗产，接受和发挥其中的精华"④。1956 年 4 月，

---

① 《周扬文集》第 2 卷，人民文学出版社 1984 年版，第 307、308 页。
② 杨勇志：《为了建设社会主义文化必须批判地接受祖国文化遗产》，《哲学研究》1956 年第 1 期。
③ 《建国以来周恩来文稿》第 13 册，中央文献出版社 2018 年版，第 55 页。
④ 中共中央文献研究室编：《建国以来重要文献选编》第 8 册，中央文献出版社 1994 年版，第 145 页。

昆戏《十五贯》演出成功，被誉为"一出戏救活了一个剧种"。围绕戏剧改革、发展传统文化的探讨，随之展开。譬如，欧阳予倩认为《十五贯》剧本的故事合理、主题清晰、人物鲜明、表演简练，"干干净净八场戏，不蔓不支，我以为异常好"，作为宝贵艺术遗产的昆曲艺术必须发扬优点，通过吸收其他剧种的优点，在曲调、唱词、剧本、唱法等方面实现融合创新，才能保存发展[①]。这也引起中共中央领导人的关注。4月17日，周恩来在观看演出后发表了讲话，称赞其"有丰富的人民性和相当高的艺术性"，又在5月17日关于《十五贯》的座谈会上发表讲话，总结戏剧改革的经验。周恩来指出，《十五贯》完整地践行了"百花齐放、推陈出新"的戏剧改革方针，对传统剧目的修改符合历史主义的要求，"改得恰当，没有把不符合历史的思想和现代词句硬加进去"，"昆曲和其他剧种都要保持和发扬自己的特点，也要把别人的长处吸收过来"；同时具有政治教育意义，"正义的线贯串在人民身上"，"《十五贯》的思想性很强，反对主观主义，也反对官僚主义。封建时代的官僚主义是很坏的，主观主义也草菅人命"，"《十五贯》为进一步贯彻执行'百花齐放，推陈出新'的方针树立了良好榜样"[②]。

这推动了中国共产党对发展中华传统文化问题的积极探索。1956年4月25日，毛泽东在中共中央政治局扩大会议上发表《论十大关系》的讲话。他指出："我们的方针是，一切民族、一切国家的长处都要学，政治、经济、科学、技术、文学、艺术的一切真正好的东西都要学。但是，必须有分析有批判地学。"[③]4月27日，陆定一在会议发言中列举了苏联文化界的一些错误政策。他认为"在物理学方面，

---

① 欧阳予倩：《谈昆剧"十五贯"和"长生殿"的演出》，《人民日报》1956年4月16日。
②《周恩来选集》下卷，人民出版社1984年版，第192—199页。
③ 中共中央文献研究室编：《毛泽东年谱（1949—1976）》第2卷，中央文献出版社2013年版，第568页。

不能说牛顿的物理学是封建的，爱因斯坦的物理学是资本主义的，这种说法是没有道理的"，"文艺在苏联共产党内是干涉最多的一个部门，无数的清规戒律"，主张"对于学术性质、艺术性质、技术性质的问题要让它自由，要把政治思想问题同学术性质的、艺术性质的、技术性质的问题分开来"①。4月28日，毛泽东针对上述讨论指出："艺术问题上的百花齐放，学术问题上的百家争鸣，我看这个应该成为我们的方针。'百花齐放'是群众中提出来的，人们要我题词，我就写了'百花齐放，推陈出新'。'百家争鸣'，这是两千年以前的事，春秋战国时代，百家争鸣。讲学术，这种学术可以讲，那种学术也可以讲，不要拿一种学术压倒一切。"②

这就形成了指导文学艺术和科学研究的"双百"方针。"百花齐放、百家争鸣"方针也反映在中国共产党认识对待传统文化这一问题上的新进展。1956年5月26日，陆定一应郭沫若之邀，在中南海怀仁堂向知识界作了《百花齐放，百家争鸣》报告，回答"接受些什么遗产和怎样接受遗产"这一问题。一方面，要重视在历史发展中具有进步性的文化，坚持历史主义的眼光，"如果要从现在的观点看来十全十美的东西，才作为遗产来接受，那么，就没有什么东西可以接受的了。相反，如果无批判地接受文化遗产，这便成了'国粹主义'了"。另一方面，"对我国的文化遗产，我们提议采取这样的方针：要细心地选择、保护和发展它的一切有益成分，同时要老老实实地批判它的错误和缺点"，"我们要有民族自尊心，我们决不能做民族虚无主义者。我们反对所谓'全盘西化'的错误主张。但这决不是说我们应该自大，拒绝学习外国的好东西"。③

---

① 《陆定一文集》，人民出版社1992年版，第494、497页。
② 中共中央文献研究室编：《毛泽东年谱（1949—1976）》第2卷，中央文献出版社2013年版，第570—571页。
③ 陆定一：《百花齐放，百家争鸣》，《人民日报》1956年6月13日。

在运用"双百"方针的进程中，一些关于中华传统文化的新观点逐步出现，形成"古为今用、洋为中用"的方针。对于文化与政治之间关系的新认识，促使中国共产党人从更加广阔的角度看待中国与外国、东方与西方、过去与现在，从现象层面的差异、政治层面的对抗深入到文明层面的共通。1956 年 5 月 28 日，陆定一指出贯彻"双百"方针，"很重要一条是要反对清规戒律。文艺只要为工农兵服务、为人民大众服务这条基本原理就够了，其他的都可以不要。比如社会主义现实主义很好，但不一定要求每个作家都掌握它"①。1956 年 8 月 24 日，毛泽东同音乐工作者谈话时就反复强调不同文明各有具体形态，但具有共同的基本原理。他指出，文化发展固然要立足中国、体现民族特点、发展民族形式，但也要明白"艺术的基本原理有其共同性，但表现形式要多样化，要有民族形式和民族风格"，"基本原理，西洋的也要学"，"中国的和外国的，两边都要学好。半瓶醋是不行的，要使两个半瓶醋变成两个一瓶醋。这不是什么'中学为体，西学为用'。'学'是指基本理论，这是中外一致的，不应该分中西"②。就传统文化与新文化的关系而言，不再仅从新与旧、精华与糟粕的角度立论，而是从更有正面积极意义的角度，确立社会主义文化在旧时代的发展脉络。周扬就指出，"传统是条河流，河流怎么能够断呢？而且这河流，越到后来越大，旁的地方的水吸收进来了"，"传统很难下定义，传统有好坏，大体来说就是人类在各个时代共同生活当中，劳动和斗争的果实"，"社会主义文化传统是民主主义的文化，资本主义时代的，封建主义时代的、奴隶社会中的所有好的文化都是我们的传统"③。

当然，这并不意味着片面地推崇中华传统文化，而是充分调动

①《陆定一文集》，人民出版社 1992 年版，第 526 页。
②《毛泽东文集》第 7 卷，人民出版社 1999 年版，第 76、81、82 页。
③《周扬文集》第 2 卷，人民文学出版社 1984 年版，第 443、445、448 页。

其中的有益成分服务于社会主义文化建设。面对国家工业化的艰巨任务和科技革命的迅猛发展，中国共产党的关注点是巩固和发展社会主义，是在现有条件下调动一切积极因素服务人民群众的文化需要，促进社会主义文化繁荣和科技进步。1956年9月，刘少奇在中共八大上强调："在我们对于封建主义和资本主义的思想体系进行批判的时候，我们对于旧时代有益于人民的文化遗产，必须谨慎地加以继承"[1]。1956年9月27日，毛泽东在接见外宾时，就指出中国虽然有悠久的文化传统，但是"帝国主义是不怕我们的几千年文化的。古董当然是要保护的，但我们更需要现代的科学和文化"[2]。中共八大通过的政治决议指出："为了保证科学和艺术的繁荣，必须坚持'百花齐放、百家争鸣'的方针。用行政的办法对科学和艺术实行强制和专断，是错误的。对于封建主义和资本主义，必须继续进行批判。但是，对于中国过去的和外国的一切有益的文化知识，必须加以继承和吸收，并且必须利用现代的科学文化来整理我国的优秀文化遗产，努力创造社会主义的民族的新文化。"[3] 可以说，中国共产党认识对待中华传统文化的出发点和落脚点，始终是发展新文化。

（二）"大跃进"运动与国民经济恢复时期的传统文化认识

自1958年至1966年，形成革命导向与建设导向交替摇摆的历史轨迹。在文化方面，"大跃进"运动意图通过群众运动和阶级斗争实现文化跃进，集中体现为"新民歌运动"，但其惨痛教训使得中国共产党加深了对传统文化转化实践规律的认识。1962年9月，中共

---

[1] 中央档案馆、中共中央文献研究室编：《中共中央文件选集》第24册，人民出版社2013年版，第91—92页。

[2] 中共中央文献研究室编：《毛泽东年谱（1949—1976）》第2卷，中央文献出版社2013年版，第640页。

[3] 中共中央文献研究室编：《建国以来重要文献选编》第9册，中央文献出版社1994年版，第348页。

八届十中全会再次强调阶级斗争形势的尖锐化，认为社会主义过渡时期远未结束，无产阶级与资产阶级矛盾尚未解决，形成了思想文化领域的大批判运动。这种摇摆反复也成为中国共产党认识对待传统文化进程的特点。

在探索社会主义建设的进程中，中国共产党的愿景是迅速改变中国的落后面貌，"随着经济建设的高潮的到来，不可避免地将出现一个文化建设的高潮。中国人被认为不文明的时代已经过去了，我们将以一个具有高度文化的民族出现于世界"①。1956 年，中共八大指出："为了实现我国的文化革命，必须用极大的努力有计划地、逐步地扫除文盲和普及小学义务教育，并且在职工和机关工作人员中进行适合需要的文化教育和技术、业务教育。在这个问题上，急躁冒进或者消极保守都是消极错误的"②。1957 年 1 月 14 日，毛泽东约见袁水拍、臧克家，明确提出："中国诗的出路，第一条是民歌，第二条是古典。民间的歌谣发展，过去每一时代的诗歌形式，都是从民间吸收来的。要调查研究，要造成一种形式"③。这种对民歌文艺形式的重视，不仅是对传统文化创新的强烈追求，也反映毛泽东对广泛动员组织群众、大干快上发展生产力的新要求。在 1957 年冬到 1958 年春，广大农村形成了组织起来、兴修水利的建设高潮，涌现出很多抒发豪情、赞美英雄、歌颂人民、憧憬未来的新民歌。

在毛泽东看来，运用群众运动实现生产大跃进是中国探索社会主义道路的重要表现，而文化必须作为动员群众、教育人民、服务生产的工具。1958 年 3 月，在成都中央工作会议期间，毛泽东强调不要搞老古董，要求发展新民歌，"搜集点民歌，各个阶层的人，青

---

① 《毛泽东文集》第 5 卷，人民出版社 1996 年版，第 345 页。
② 中共中央文献研究室编：《建国以来重要文献选编》第 9 册，中央文献出版社 1994 年版，第 348 页。
③ 中共中央文献研究室编：《毛泽东年谱（1949—1976）》第 3 卷，中央文献出版社 2013 年版，第 63 页。

年，小孩都有许多民歌"，"中国诗的出路：第一条，民歌，第二条，古典。在这个基础上，两者结婚能产生出第三个新东西来，形式是民歌的，内容应当是现实主义与浪漫主义的对立统一"①。这既反映了毛泽东关于传统文化的认识特点，着力挖掘传统文化的人民性和创造新的人民文艺形式，同时又是出于动员广大群众参与社会主义建设的需要。1958 年 4 月 14 日，《人民日报》发表《大规模地搜集全国民歌》的社论，要求搜集与整理那些"促进生产力的诗歌，是鼓舞人民、团结人民的诗歌"。1958 年 4 月 15 日，毛泽东批阅河南封丘县委介绍农业社的报告时，提出"这个事实标志着社会主义的经济革命（生产关系方面尚未完成改造的部分）、政治革命、思想革命、技术革命、文化革命正在向前奋进"②。1958 年 5 月，中共八大二次会议通过了社会主义建设总路线，号召破除迷信、大干快上，试图依托群众运动和阶级斗争实现工农业跃进和文化跃进。

从 1958 年 4 月开始，全国文联及各省、市、自治区和各地、县党委都纷纷发出有关组织创作和采集"新民歌"的通知，要求成立编选征集的组织机构，掀起了搜集创作民歌的高潮。这就形成"新民歌运动"。但就成果来看，存在一些片面化、简单化问题。一是创作搜集新民歌的数量盲目拔高，严重违反诗歌创作的基本规律。这一时期，《人民日报》报道了安徽、山东搜集民歌的成绩，短短几个月已达几万首。二是在鼓足干劲方面片面鼓吹群众力量，在破除迷信过程中推翻知识权威和科学常识，在鼓吹主观能动性的过程中片面强调"人定胜天"。这种盲目"放卫星"、人人能作诗歌的情况引起毛泽东的反思，而"新民歌运动"随之转折落幕。1959 年 3 月，毛泽东直接批评了"新民歌运动"的缺点，"文化、教育、体育事业只能一年

① 《建国以来毛泽东文稿》第 7 册，中央文献出版社 1992 年版，第 124 页。
② 中共中央文献研究室编：《毛泽东年谱（1949—1976）》第 3 卷，中央文献出版社 2013 年版，第 337 页。

一年地发展。写诗也只能一年一年地发展。写诗不能每人都写，要有诗意，才能写诗。有诗意的人才能写诗，你让我在郑州写诗，我的诗跑到九霄云外去了。无诗意，怎样写诗呢？你不是冤枉人家吗？叫每个人都要写诗，几亿农民要写多少诗，那怎么行？这违反辩证法。辩证法是一步步地发展，质变要有一个过程，怎么会有今年内每人要写多少诗呢？放体育卫星、诗歌卫星，通通取消。遍地放，就没有卫星了"①。虽然"新民歌运动"延续了利用民间文艺发展新文艺的思路，但在动员大众的过程中滑向民粹主义泥淖，未能有效吸收民间文艺的优点，也不能使之提高进而产生新的文艺形式。

在认识对待中华传统文化方面，"文化跃进"也有一系列表现。其一，在关于"厚今薄古"的讨论中滑向批判崇古倾向，以致于批判和否认传统文化的合理价值。从"厚古薄今"转向"厚今薄古"，是近代中国历史观转变的基本表现，也是马克思主义历史学的一个基本特征，"两千多年来，中国的旧学界是沉浸在崇古的空气中的，言必称唐虞三代、尧舜禹汤文武周公孔子，请问究竟出了多少了不起的人才？'厚古薄今'的方向是应该老早转换了"②。当然，这一问题也不是针对历史研究，而是反映了社会进化原理对文化优劣标准的重塑，"我们提的厚今薄古。毛主席说，好像钢板有厚薄之分一样，两种都还有用。厚今薄古不是'非古'，不是不要古"③。不过，在当时的环境下，包括历史学界、哲学界、考古界在内的哲学社会科学并不具备辩证处理古今关系的余地，而是把"厚今薄古"作为教学科研的方针，一边倒地批判崇古倾向，"必须兴无灭资，彻底克服资产阶级个人主义思想，改变旧的世界观和人生观，才能在教学上真正贯彻厚今

---

① 转引自陈晋：《文人毛泽东》，上海人民出版社 2005 年版，第 454—455 页。
② 郭沫若：《关于厚今薄古问题》，《人民日报》1958 年 6 月 11 日。
③《陆定一文集》，人民出版社 1992 年版，第 606 页。

薄古的方针"，"厚今薄古就要重视研究毛泽东同志的著作"①。其二，在文化艺术和科学研究出现大轰大嗡的群众运动，"文化革命是全体劳动人民的文化翻身运动"，"文化革命同技术革命一样，同整个社会主义建设事业和任何革命事业一样，必须走群众路线。在文化革命运动中，首先要调动全党的积极性，要全党来干。中央办，地方也办，要把中央力量和地方力量充分结合起来"②。

在纠正"大跃进"运动"左"的错误过程中，对利用传统文化来建设社会主义文化形成一些新认识。首先，包括文艺在内的文化生产必须通过自己的方式来服务社会主义政治，"文艺是要通过它的特点来为政治服务的。不通过文艺特点，也可以服务，但服务得不好。比如标语口号式的文学，可以服务而作用不大"③。其次，在古今关系上，重新强调辩证方法，同时要求通过具体创作来实现古为今用。周恩来就指出，"毛主席说，我们应当厚今薄古。我们相信一代胜过一代。历史的发展总是今胜于古，但是古代总有一些好的东西值得继承"，"不论学习古代的东西还是学习外国的东西，都是为了今天的创造，都要把它们溶化在我们的创作中"④。这就重新强调了传统文化对于新文化的基础和土壤作用。1960年12月24日，毛泽东指出："中国几千年的文化，主要是封建时代的文化，但并不全是封建主义的东西，有人民的东西，有反封建的东西。要把封建主义的东西和非封建主义的东西区别开来。封建主义的东西也不全是坏的。我们要注意区别封建主义发生、发展和灭亡不同时期的东西。当封建主义还处在发生和发展的时候，它有很多东西还是不错的。反封建主义的文化也不是全部可以无批判地利用的。封建时代的民间作品，也多少都还带有

① 《挖出了厚古薄今的老根》，《人民日报》1958年4月28日；《上海史学界座谈厚今薄古问题厚今薄古就要重视研究毛泽东著作》，《人民日报》1958年5月16日。
② 《文化革命开始了》，《人民日报》1958年6月9日。
③ 《周扬文集》第3卷，人民文学出版社1990年版，第348页。
④ 《周恩来选集》下卷，人民出版社1984年版，第343、344页。

封建统治阶级的影响。我们应当善于进行分析，应当批判地利用封建主义的文化，而不能不批判地加以利用。反封建主义的文化当然要比封建主义的好，但也要有批判、有区别地加以利用。"①

1962年4月30日，中共中央批转文化部党组、全国文联党组《关于当前文学艺术工作若干问题的意见（草案）》，全面总结了新中国成立以来文化工作的基本经验。其中第三条，专门论述了如何批判地继承民族文化遗产和吸收外国文化的问题。首先，它明确继承和发展中华传统文化是社会主义文化建设工作的重要组成部分。继承和发展中华传统文化必须采取"双百"方针，"在整理遗产和继承传统的问题上，我们既反对粗暴，也反对保守，鼓励实事求是的科学的研究和恰当的、适合传统艺术特点的革新"。中国共产党更加具体地阐述了如何运用马克思主义历史观点来认识和对待中华传统文化，"一方面，要根据当时的历史条件，检查它们在历史上的意义和作用，不能要求古代的作品具有现代的思想内容；另一方面，又要根据当前的历史条件，注意这些作品对于今天的人民群众所起的作用和影响"。进入实践层面，"文学艺术工作者，首先应该认真学习祖国优秀的文学艺术遗产和传统，从中吸取前人留下的艺术宝藏和艺术经验"。对此，在学懂弄通的过程中继承，并使之得到发展提高，"必须更有计划地、全面地整理文学艺术遗产，并且有选择地在群众中加以传播；以增强人民的爱国主义和民族自豪感，丰富人民的精神生活和智慧，满足人民艺术欣赏和文化娱乐的需要"。其中的重点是民间文化艺术的整理、继承和发展，一是全面规划、尽快记录和保存，二是组织力量向老艺人学习，"鼓励他们把全部艺术经验和技能传授给下一代，并且要帮助他们整理、总结创作经验和表演经验。对他们的生活要加以

---

① 中共中央文献研究室编:《毛泽东年谱 1949—1976》第4卷，中央文献出版社 2013年版，第501页。

照顾"。①

　　这一时期，中国共产党在调整文化政策与理论的同时，引导学术界积极推进中华传统文化的研究。1962年，广东、山东、吉林等地举办了规模不等的孔子研讨会，讨论了孔子思想核心、孔子政治立场与阶级属性、孔子与"六经"关系等问题，在政治之外更加广阔的领域看待孔子的文化贡献，注意吸收孔子在教育、音乐、美学、体育等方面的思想精华，注意甄别和搜集史料，把各个时代或者各个学派的孔子学说加以分别，防止混为一谈；等等②。其中，山东省历史学会和山东省历史研究所主办的孔子学术研讨会于1962年11月6日至12日召开，汇聚了孔子研究的专家学者，讨论了如何运用阶级分析法、如何继承发展孔子思想等问题。冯友兰认为孔子思想既有其阶级性的一面，也有超越阶级的视野，"孔子讲爱人是超阶级的爱，思想上有，不过不能实行罢了"，"在春秋末期，封建地主阶级的利益跟其他反奴隶制的阶级利益也有一致的地方，所以孔子提出爱人，不能说完全是虚伪的"③。总的来看，这些研讨的亮点是肯定了孔子作为教育家、史学家和哲学家的贡献，对其思想体系中的有益部分作了提取。类似的研讨会，如围绕王夫之哲学、史学、政治思想等问题而举办的学术研讨会，大多涉及同类主题。除了政策层面的缓和与调整，学术界也反思了研究方法问题。有学者提出，在运用马克思主义基本观点和分析方法探讨历史、文化遗产问题时，要防止把"把古人思想现代化"，防止按照当今政治意识形态要求把孔子脸谱化，"如果按照把古人思想说成无产阶级思想的人们的办法，在故纸堆里寻章摘句，搜索现代思想的古例，或者更望文生义，用现代思想向古人身上硬套，其

---

① 中央档案馆、中共中央文献研究室编：《中共中央文件选集》第39册，人民出版社2013年版，第382、383页。
②《一年来我国学术界关于孔子评价问题的探讨》，《历史研究》1962年第6期。
③《在山东举行的孔子学术讨论会》，《哲学研究》1963年第1期。

结果必然要取消古为今用的方针"①。还有学者提出，"古为今用"是一个包含继承、消化和发展提高的辩证运动过程，不能将其庸俗化和简单化，"拿马克思主义的体系，硬挂到古人脖子下，说无产阶级科学中所有的东西，如此这般地在古人那里早就有了，等等。似乎这样一来，就算完满地完成'古为今用'的任务"②。

国民经济调整没有从根本上触动"三面红旗"（总路线、"大跃进"和人民公社），更没有正确解决当时主要矛盾问题，也就没有从革命导向与建设导向的摇摆中脱离出来。1962 年 9 月，中共八届十中全会指出："在无产阶级革命和无产阶级专政的整个历史时期，在由资本主义过渡到共产主义的整个历史时期（这个时期需要几十年甚至更多时间）存在着无产阶级和资产阶级的斗争，存在着社会主义和资本主义这两条道路的斗争。"③ 尤其要指出，这种对于阶级矛盾长期化、尖锐化的判断首先是在文化领域表现出来，并扭转了中国共产党认识对待传统文化的正常进程。1962 年 11 月 22 日，中共中央批转文化部党组《关于改进和加强剧目工作的报告》，要求注重创作反映社会主义革命和建设的剧目，发挥戏剧在社会主义、爱国主义和阶级斗争方面的教育作用，"强调了继承传统，又忽视了革新"④。1962 年12 月 21 日，毛泽东召集华东各省市委第一书记谈话，了解传达贯彻中共八届十中全会的情况，提出要保护公有制，逐步改正责任田，解决思想问题，"对修正主义有办法没有？要有一些人专门研究。宣传部门应多读点书，也包括看戏，有些坏戏也要去看。有害的戏少，好戏也少，两头小、中间大。帝王将相、才子佳人多起来了，有点西风

① 春龙：《必须反对把古人思想现代化》，《文史哲》1963 年第 4 期。
② 庞朴：《也谈古为今用中的简单化》，《文史哲》1963 年第 3 期。
③ 中共中央文献研究室编：《建国以来重要文献选编》第 15 册，中央文献出版社1997 年版，第 653 页。
④ 中央档案馆、中共中央文献研究室编：《中共中央文件选集》第 41 册，人民出版社 2013 年版，第 347、348 页。

压倒东风，东风要占优势"①。这意味着毛泽东认为在文化领域的阶级斗争中，无产阶级已经处于劣势，阶级斗争处于尖锐化状态，甚至将其视为修正主义复辟的重要表现。

这些判断再次干扰认识对待中华传统文化的进程。自 1963 年开始，文艺界讨伐昆曲《李慧娘》及廖沫沙的《有鬼无害论》，指责该剧宣扬封建迷信，李慧娘的反抗是影射攻击党的领导和社会主义；接着批判周谷城的"时代精神汇合论"是脱离阶级分析的历史唯心论；批判邵荃麟的"写中间人物论"和"现实主义深化论"是资产阶级的主张，抽调了革命性的现实主义。在阶级斗争尖锐化的思维视野中，以往认识对待传统文化的方式实质上是"只讲继承，不讲批判，只要前人曾赞赏过的东西，就认为是好的，只要在艺术技巧上有一点可取的，便不看他们的思想性而大加吹捧，甚至把我国古代文学中的糟粕也奉为至宝"，忘记了"在阶级社会里，文学艺术是阶级斗争的武器"②。应当指出，这些文化批判已经从批判党外旧艺人、资产阶级文艺工作者转移到批判党内的文化工作者，从批判古代中国和外国的文化产品转移到批判新中国成立以来中国共产党领导创作的文化产品，似乎进一步"验证"了阶级斗争尖锐化的假象。

以往通过利用传统文化因素建设社会主义新文化的方式遭到政治否定，产生强烈的反传统意识。1963 年 3 月，中共中央批转文化部党组《关于停演"鬼戏"的请示报告》，要求"大抓戏剧改革工作"。该报告指出，新中国成立以来的戏剧改革已经禁演了有严重毒素的"鬼戏""迷信戏"，保留或改造了"一些思想内容比较好、表演艺术又较有特色的剧目（如《焚香记》《钟馗嫁妹》《伐子都》等）"，

---

① 中共中央文献研究室编：《毛泽东年谱（1949—1976）》第 5 卷，中央文献出版社 2013 年版，第 177 页。

② 公盾：《不能把糟粕当作精华——谈评价我国文学遗产的一个问题》，《红旗》1963 年第 1 期。

"即使有的'鬼戏'有它的好的一面，对于缺乏科学知识、还有浓厚的迷信思想的广大群众来说，还是存在着助长迷信的副作用。这是和当前我们要加强群众的社会主义教育、克服各种落后思想和落后习惯的任务相抵触的"①。这个报告也反映了广大群众特别是农民群体在文化需求上有着强烈的历史惯性，"近几年来，城乡人民中拜佛，以至盖庙宇、塑菩萨等迷信活动又有所滋长。不少地区农村中的一些干部和群众，还以迎神、还愿等名目，邀请剧团大演'目莲戏'和其他'鬼戏'"。不过，这些现象引起的不是对传统文化改造长期性和复杂性的理性认识，而是对阶级斗争尖锐化和迫切改造传统的焦虑。1963年11月，毛泽东对《戏剧报》和文化部接连进行了两次批评，"《戏剧报》尽宣传牛鬼蛇神。文化部不管文化，封建的、帝王将相的、才子佳人的东西很多，文化部不管。文化方面特别是戏剧大量是封建落后的东西，社会主义的东西很少，在舞台上无非是帝王将相、才子佳人。文化部是管文化的，应当注意这方面的问题，要好好检查一下，认真改正，如不改变，就改名'帝王将相部'、'才子佳人部'，或者'外国死人部'"②。

这种批评一再升级，形成对整个文化工作和文化队伍的否定，而认识对待传统文化的工作也随之遭到否定。1964年6月27日，毛泽东阅读了中宣部关于全国文联和各协会整风情况的报告，针对文艺创作脱离政治、文艺批评缺乏战斗性、文艺队伍缺乏思想建设的情况，作出严厉批评，"这些协会和他们所掌握的刊物的大多数（据说有少数几个好的），十五年来，基本上（不是一切人）不执行党的政策，做官当老爷，不去接近工农兵，不去反映社会主义的革命和建

---

① 中央档案馆、中共中央文献研究室编：《中共中央文件选集》第41册，人民出版社2013年版，第605页。
② 中共中央文献研究室编：《毛泽东年谱（1949—1976）》第5卷，中央文献出版社2013年版，第285页。

设，最近几年，竟然跌到了修正主义的边缘"①。这一时期，毛泽东对教育工作也作出严厉批评。这种整体性的政治论断，很快演变为对新中国成立以来文化教育工作的否定，而以往被视为成功利用传统文化要素或改革传统文化的典型作品也遭到否定。在这种政治意识形态之下，一切文化作品都要放在阶级斗争放大镜下进行衡量，从政治斗争层面加以解读和评价。譬如，1965 年 11 月 10 日上海《文汇报》发表姚文元的《评新编历史剧〈海瑞罢官〉》，将剧中"退田""平冤狱"情节同"单干风""翻案风"联系起来，视作党内阶级斗争的反映。毛泽东称赞了姚文元的文章，认为"点了名"，要害问题是"罢官"，把《海瑞罢官》同 1959 年批判彭德怀的党内政治斗争直接联系起来。由此，中国共产党认识对待传统文化的探索被完全扭转，一些合理认识和实践成果遭到否定。

（三）"左"倾思潮的激烈反传统倾向

从 1966 年至 1976 年，中国共产党探索社会主义道路的实践遭遇严重挫折，发生"文化大革命"这样的全局性错误。由于错误高估中国社会的修正主义复辟危险，毛泽东深感以往各种斗争未能解决这种黑暗面，决心通过"文化大革命"来公开地、全面地、自下而上地扫荡"走资本主义道路当权派"。这就完全否定了新中国成立十七年以来文化战线的探索与成绩，使"左"倾观念进一步极端化，并在群众运动和阶级斗争中激化出极左思潮。"激烈反传统"成为"文化大革命"时期"左"的思潮的基本特征，试图挣脱传统而跃入理想社会，表现为"破四旧"运动、"批林批孔"运动、"评法批儒"等事件，而文化彻底沦为政治意识形态的工具。尽管政治运动此起彼伏、山呼海啸，但是守护历史文化遗产的努力不绝如缕，一直在进行。

---

① 中共中央文献研究室编：《毛泽东年谱（1949—1976）》第 5 卷，中央文献出版社 2013 年版，第 368 页。

激烈反传统倾向是"左"倾思潮的基本特征之一。它首先强调对传统进行彻底决裂，进而创造一个理想社会，"无产阶级文化革命，是要彻底破除几千年来一切剥削阶级所造成的毒害人民的旧思想、旧文化、旧风俗、旧习惯，在广大人民群众中，创造和形成崭新的无产阶级的新思想、新文化、新风俗、新习惯"①。由此，激烈反传统倾向的内核是所谓的"斗私批修"，重点是否定资本主义思想文化，也把传统文化视为剥削阶级的封建主义思想文化加以否定。1966 年 8 月，中共八届十一中全会通过《中国共产党中央委员会关于无产阶级文化大革命的决定》，指出"无产阶级同过去几千年来一切剥削阶级遗留下来的旧思想、旧文化、旧风俗、旧习惯的斗争，需要经历很长很长的时期"②。在阶级斗争绝对化的思维下，丰富的文化传统被简化为一个"私"字，"旧文化、旧思想的本质是什么呢？我们可以用很多不同的语言来表达，叫旧文化，旧思想，毒草，牛鬼蛇神，反动权威，旧学术，旧道德，旧艺术，旧法律，旧教育制度，旧世界观等等，这些东西，最本质的旧，旧是旧在一点上，旧在一个私有制上"③。

一旦付诸实践，所谓的"破四旧、立四新"变成了"破四旧"运动，"破"字当头。对于急于展示大无畏革命气概的红卫兵来说，旧思想与旧文化摸不着看不见，而只能把风俗、习惯以及文物古迹等物质形态的"旧文化"作为攻击目标。"破四旧"运动从北京开始，经过报刊舆论的渲染，迅速扩散，主要表现为以下几个方面④。一是

---

① 《横扫一切牛鬼蛇神》，《人民日报》1966 年 6 月 1 日。
② 《文化大革命研究资料》上册，中国人民解放军国防大学党史党建政工教研室 1988 年印，第 72、75 页。
③ 《文化大革命研究资料》上册，中国人民解放军国防大学党史党建政工教研室 1988 年印，第 146 页。
④ 《无产阶级文化大革命浪潮席卷首都街道 "红卫兵" 猛烈冲击资产阶级的风俗习惯》，《人民日报》1966 年 8 月 23 日；《上海天津革命小将和商业职工向剥削阶级 "四旧" 发动总攻击》，《人民日报》1966 年 8 月 25 日；《各地革命小将向一切剥削阶级的旧思想旧文化旧风俗旧习惯发动总攻击》，《人民日报》1966 年 8 月 26 日。

改造社会风俗和生活习惯。"破四旧"运动要求改造社会风俗，对婚丧嫁娶和礼仪风俗进行全面改造，否定传统节日或将其改造成为革命节日，等等。同时，强迫给商店、街道、建筑等公共生活设施改名称，而私人生活也完全政治化，服装、发型甚至生活语言都要进行"革命化"。二是毁坏文物、图书、字画、建筑古迹。在北京，红卫兵先是在恣意抄家和冲击党政机关学校的过程中，搜刮金银财产、封禁烧毁图书字画和打砸抢文物；然后破坏颐和园佛香阁等文物古迹和国家财产，甚至驱逐和迫害所谓"地、富、反、坏、右"分子及其家属①。"破四旧"运动不仅没有实现"大破大立"，而且造成文化荒漠，使封建文化糟粕沉渣泛起。"破四旧"运动造成狂热的领袖崇拜和现代迷信，主要表现为把领袖崇拜仪式化、神秘化，要求向毛主席像行礼、早请示晚汇报、饭前读语录、跳忠字舞、唱语录歌、搞"红海洋"、做巨型塑像，等等。

乘着"文化大革命"狂潮，"样板戏"获得强力推广。在政治层面，"样板戏"作为无产阶级文艺典范的面目出现，并建立在对新中国成立以来戏剧改革成绩的否定基础之上。凭借路线斗争的声势而获得了最权威的《人民日报》《解放军报》和《红旗》杂志的全面宣传。1967年5月8日，《红旗》杂志发表的社论指出"《智取威虎山》、《海港》、《红灯记》、《沙家浜》、《奇袭白虎团》等京剧样板戏的出现，就是最可宝贵的收获。它们不仅是京剧的优秀样板，而且是无产阶级的优秀样板，也是无产阶级文化大革命各个阵地上的'斗批改'的优秀样板"②。在当时，除了被赋予的政治意义和革命光环之外，"样板戏"在传统戏剧艺术和现代革命题材的结合上提供了一种示范。事实上，虽然传统戏剧特别是京剧不适合表达现代题材的观念一度占据主

---

① 《当代中国》丛书编辑部：《当代中国的北京》上册，中国社会科学出版社1989年版，第168页。

② 社论：《欢呼京剧革命的伟大胜利》，《红旗》1967年第6期。

流，但是传统戏剧和现代题材的结合探索一直在进行。

在强力推广"样板戏"的进程中，不仅出现简单化、粗劣化移植现象，而且出现"一切为样板戏让路"的文化专制主义。这首先表现为"样板戏"的高度政治化，把是否上演"样板戏"作为政治问题，以至于其他类型的戏剧或艺术无法正常创作或演出。它要求一切艺术创作都要政治化，严重忽视了艺术作品的娱乐、审美和生活功能，"提出塑造无产阶级英雄形象是社会主义文艺的根本任务"，"就从根本上划清了我们的文艺运动同历史上一切剥削阶级的文艺运动的界限"[①]。其次，要求京剧和地方戏剧学习"样板戏"。《人民日报》《文汇报》多次发表社论文章，要求地方戏剧学习样板戏，将其视为地方戏剧的革命，而越剧、沪剧、淮剧、锡剧等地方戏曲具有自身艺术特点和地域特色，但也被要求学习和移植"样板戏"。最为严重的是，把"样板戏"创作理论作为普遍化文艺理论，用以指导文化艺术工作。在"文化大革命"开始后，江青把指导京剧现代戏的实践经验加以提升，上升为社会主义文学艺术的指导原则，而张春桥、姚文元、王洪文等不遗余力地加以鼓吹，强调"样板戏"是具有中国民族风格的崭新无产阶级艺术。江青提出的"三突出"原则也被视为无产阶级文艺创作的根本原则，而所谓"三突出"原则就是"在所有人物中突出正面人物来；在正面人物中突出主要英雄人物来；在主要英雄人物中突出最主要的即中心人物来"[②]。这就把京剧现代戏的一些创作经验加以拔高和推广，不仅忽略了地方戏剧的自身特点和发展要求，而且严重干扰了其他艺术种类的正常发展。

应该说样板戏在作词、唱腔、表演和程式等方面推进了京剧的发展，适应了表达现代革命故事情节的需要，有着很高的艺术水准，

---

① 初澜：《京剧革命十年》，《红旗》1974 年第 7 期。
② 于会泳：《让文艺舞台永远成为宣传毛泽东思想的阵地》，《文汇报》1968 年 5 月 23 日。

但是它要求独占文艺舞台。

在京剧现代戏的探索发展中，毛泽东既有支持鼓励，也对一些现象提出批评。1969 年 9 月，毛泽东在杭州期间，多次观看文艺演出，并询问浙江文艺界的情况。当越剧演员反映"现在越剧改革，改得京不京、越不越，歌剧又不像歌剧"时，他指出"各个地方剧种要有自己的特色，不然，要那么多的地方戏干什么？"，"我不赞成把越剧改成不像越剧"，并表示"革命样板戏"并非江青创造，"戏原来就有，经过加工提高，是文艺工作者的劳动成果"[1]。1972 年 7 月 30 日，在接见上海京剧团演员、现代京剧《龙江颂》女主角的扮演者李炳淑时，提出能够普遍流行的戏还是《龙江颂》《沙家浜》，指出"现在剧太少，只有几个京剧，话剧也没有，歌剧也没有"[2]。1975 年 7 月，在接见邓小平时，毛泽东又指出："样板戏太少，而且稍微有点差错就挨批。百花齐放都没有了。别人不能提意见，不好。怕写文章，怕写戏。没有小说，没有诗歌"[3]。

在对待历史文化遗产方面，把"古为今用"原则降低为实用主义。1971 年九一三事件后，鼓吹极左思想的林彪集团土崩瓦解，引发人们对"文化大革命"的怀疑和不解。在毛泽东的支持下，周恩来纠正一些错误政策，把"批林整风"和批判极左思潮结合起来，推动各领域恢复正确政策。虽然江青、张春桥等人积极参加"批林整风"，但反对批判极左思潮。1972 年 12 月 17 日，毛泽东召集周恩来、张春桥、姚文元等开会，明确指出"林彪路线的实质是极右，修正主

---

[1] 中共中央文献研究室编：《毛泽东年谱（1949—1976）》第 6 卷，中央文献出版社 2013 年版，第 267 页。

[2] 中共中央文献研究室编：《毛泽东年谱（1949—1976）》第 6 卷，中央文献出版社 2013 年版，第 444 页。

[3] 中共中央文献研究室编：《毛泽东年谱（1949—1976）》第 6 卷，中央文献出版社 2013 年版，第 595 页。

义，分裂，阴谋诡计，叛党叛国"①。这个判断的依据，除了林彪一伙"叛党叛国"行径之外，还因为林彪尊崇孔子材料的发现。1973 年 7 月 4 日，毛泽东同张春桥、王洪文谈话，从郭沫若的《十批判书》切入，指出"郭老不仅是尊孔，而且还反法，尊孔反法。国民党也是一样啊！林彪也是啊！我赞成郭老的历史分期，奴隶制以春秋战国之间为界。但是不能大骂秦始皇"②。这就把批判极左思潮转变为"批林批孔"运动。

"批林批孔"运动把孔子打扮成开历史倒车的复辟保守典型，使历史虚无主义泛滥。尽管林彪与孔子思想的关联比较勉强，但是为了证明林彪团伙的极右错误，必须首先证明林彪欣赏的孔子是一个复辟保守的右倾分子。为了适应这种政治需要，首先判定孔子站在奴隶主贵族的立场，维护奴隶主阶级的统治，疯狂地反对新兴的封建势力，接着认定孔子思想是一种右倾保守思想，更是中国共产党党内右倾机会主义的重要来源，"党内历次右倾机会主义的头子，也都是尊孔的"③。同时，把法家树立为进步力量，强调儒法斗争贯穿中国历史，延续到中国共产党内部④。这些认识不仅违反中国历史基本事实，而且也不符合中国共产党历史事实，完全是主观臆想的历史虚无主义。随着"批林批孔"运动发展为"评法批儒"运动，"影射史学"大行其道。1973 年 8 月的中共十大召开之后，江青、张春桥、姚文元和王洪文勾结，为了夺取更高权力，不惜捏造史实，用儒法斗争来裁决中国思想学说发展史和历史人物，把周公、吕不韦、霍光等历史人物归结为主张复辟保守的儒家，影射攻击周恩来总理。

---

① 中共中央文献研究室编：《毛泽东年谱（1949—1976）》第 6 卷，中央文献出版社 2013 年版，第 458 页。
② 中共中央文献研究室编：《毛泽东年谱（1949—1976）》第 6 卷，中央文献出版社 2013 年版，第 485 页。
③ 劲云戈：《右倾机会主义和孔子思想》，《红旗》1973 年第 11 期。
④ 梁效：《研究儒法斗争的历史经验》，《人民日报》1974 年 10 月 13 日。

这些荒诞的"影射史学"行为，也遭到毛泽东的批评。在得知"评法批儒"运动大力吹捧秦始皇后，毛泽东指出："秦始皇作为一个历史人物来评论，要一分为二。他在历史的发展过程中起了进步作用，要肯定，但他在统一六国后，丧失进取的方面，志得意满，耽于佚乐，求神仙，修宫室，残酷地压迫人民，到处游走，消磨岁月，无聊得很。陈胜、吴广揭竿而起，反对秦的暴政，完全是正义的"①。不过，没有改变对待文化特别是传统文化的思维方式，便不能避免类似事件的发生。1975年8月14日，毛泽东在谈话时，对《水浒》作出一段评论，"《水浒》这部书，好就好在投降。做反面教材，使人民都知道投降派。《水浒》只反贪官，不反皇帝。屏晁盖于一百零八人之外。宋江投降，搞修正主义，把晁的聚义厅改为忠义堂，让人招安了。宋江同高俅的斗争，是地主阶级内部这一派反对那一派的斗争。宋江投降了，就去打方腊。这支农民起义队伍的领袖不好，投降。李逵、吴用、阮小二、阮小五、阮小七是好的，不愿意投降"②。此后，姚文元请示毛泽东开展对《水浒》的评论，并在向《人民日报》负责人传达毛泽东指示时，强调要批判宋江投降延伸到党的历史，批判党史上的投降派。这就又掀起评《水浒》运动，把影射攻击的矛头指向周恩来总理和接替他主持日常工作的邓小平。1975年9月21日，毛泽东严厉批评了江青等人的做法。

守护历史文化遗产的努力贯穿整个"文化大革命"全过程。在北京兴起"破四旧"狂潮的过程中，周恩来及时发出指示和采取措施，保护了故宫、雍和宫、北海等文物古迹。随着"破四旧"运动扩散到各地，周恩来尽最大努力保护了浙江灵隐寺、山西五台山古

---

① 中共中央文献研究室编:《毛泽东年谱（1949—1976）》第6卷，中央文献出版社2013年版，第587页。

② 中共中央文献研究室编:《毛泽东年谱（1949—1976）》第6卷，中央文献出版社2013年版，第603页。

寺、湖北武当山金顶、杭州文澜阁等一批重要古代建筑和文物。在得知红卫兵正在破坏曲阜"三孔"并已经造成重大损失时，周恩来痛心疾首，立即下达保护文物古迹的命令。对于红卫兵即将破坏敦煌莫高窟的报告，周恩来要求甘肃省立即保护，停止对外开放，不得冲击敦煌莫高窟。在思想层面，周恩来多次批评极左思潮，"要有点辩证法，不要一听封建主义、资本主义就气炸了，那叫形而上学、片面性"，"创造也要有基础。要古为今用，推陈出新。新的出不来，旧的又不能用，怎么办？芭蕾舞是洋的，能说是我们创造的吗？我们编的芭蕾舞剧，基础是原来的，内容却是新的，形式又有了改造，这就叫做洋为中用"[①]。在地方，有些干部群众对地方文物古迹也进行了保护。为了进一步保护文物古迹、图书资料，中共中央和国务院制定了相关规章条例。1967年3月，中共中央、中央军委、中央文革小组发出《关于保护国家财产、节约闹革命的通知》，要求各地对文物图书加强管理和保护。1967年5月，中央发出《关于在无产阶级文化大革命中保护文物图书的几点意见》，"要保留历代劳动人民所创造的文化的精华，从而在新的基础上创造出为过去一切时代都望尘莫及的极其辉煌灿烂的新文化"。该文件规定，革命遗址和纪念建筑要维持原状，用作宣传毛泽东思想的阵地；古建筑、石窟寺、石刻及雕塑壁画加以保护，用以阶级教育和控诉帝国主义罪恶；古文化遗址和古墓葬加以保护，防止盗挖，地下文物一概属于国家财产；查抄物资要集中清理、妥善保管；此外，还规定不得随意焚烧图书、销毁文物，保护各地博物馆、图书馆、文管会、文物工作队（组）、文化馆、文物商店、古籍书店。

有领导、有秩序地进行文化遗址发掘和文化古迹保护。1968年12月21日，周恩来针对北京地下铁路施工要求拆迁古观象台的方

---

① 《周恩来选集》下卷，人民出版社1984年版，第467、468页。

案，提出"这个天文台不要拆，看绕过成不成，有什么困难，写个报告来，并附上设计方案图"。1969年10月，山西侯马在施工中发掘出东周奴隶殉葬墓。10月11日，周恩来修改了批示意见，指出"也可考虑，如地形许可，保留一二座有代表性的奴隶殉葬墓现场不变，以利进行生动的阶级教育"。1972年11月30日，针对长沙汉墓尸体解剖问题，周恩来批示，"请约有关同志和专家再议一次。如同意，即请提出一个工作小组名单，协助湖南医学院进行报告中所提的或适应的各项安排和调度"。[1]1973年，国家文物局下发《关于进一步加强保护古窑址的通知》和《关于进一步加强考古发掘工作的管理的通知》，强调了古窑址的保护和考古发掘工作的科学性与规范性。1974年8月，国务院下发《关于加强文物保护工作的通知》，批评了文物保护工作的问题，要求严格落实1961年《文物保护管理暂行条例》。1974年3月，广东省博物馆在西沙群岛进行文物调查，发现一大批反映唐宋以来中国开发南海诸岛的历史文物资料。1974年3月，陕西省临潼县发现秦始皇陵兵马俑。经过有组织的系统发掘，陆续有重大考古发现，引起世界轰动。1975年8月，国务院决定建立"秦始皇兵马俑博物馆"。这一时期，由于一系列考古发现和文化遗址，相关研究工作取得重要成果，引起世界关注。《考古学报》《文物》《考古》于1972年复刊，《文史哲》《历史研究》相继复刊。1975年，中国科学院成立"国外中国学研究室"，加强了关于中国文明史的国际交流工作。

三、运用马克思主义构建中华传统文化观的经验与特点

在探索社会主义建设的进程中认识和对待中华传统文化是一个

---

[1]《周恩来关于文物保护的一组文献》，《党的文献》1998年第1期。

重大理论命题和实践课题。既需要回答"什么是社会主义、怎样建设社会主义"这一元问题，又需要面对中华传统文化复杂性，需要回答中华传统文化的历史价值和时代价值，并找到具体的实践路径和制度安排。这一进程既有凯歌行进，产生重要成果、实践经验和理论认识；也有严重挫折，付出了沉重代价。从整个过程来看，在实现民族独立和人民解放的基础上，中国人民逐步摆脱了愚昧无知的状态，不断提高思想文化素质，而中华传统文化的整理、利用和保护进入一个组织化、系统化的状态，特别是在文物古迹保护、文化遗址发掘、文化转化利用、历史研究等方面取得长足进步。在表层剧烈变动的政治意识形态之下，中国共产党从根本上塑造了认识对待传统文化的基本方式，从价值追求、认识工具和表达方式等方面汲取文化要素，以此作为社会主义新文化的根基，而中华文化史也呈现出整体的前进的昂扬姿态，使得整个民族焕发出蓬勃的精神面貌。

（一）生产力发展、人民性原则与中华传统文化的创造主体

鸦片战争以来，在现实世界的挫败之下，人们回望历史、言及文化，或看到死气沉沉的中国文化而加以鞭挞，或把儒学视为中华文化正统并加以捍卫，或者从民族情感的角度而拒绝工业生产方式。这些传统文化观带着各种各样的片面性，无法把"古今之变、东西之别"理解为一个连续发展过程。这也成为中国人接受马克思主义的重要因素之一。马克思主义把生产力与生产关系的矛盾运动视为人类社会演进的动力，而生产力作为人类改造自然的能力尤为得到重视，是人类文明程度的最高体现。人民群众是社会生产的主要参与者，是创造历史的主体，而英雄人物只是加快或迟滞这一进程。透过这样的视角，人们能够不再纠缠统治阶级提倡的已经丧失生命力的儒学价值观，而是能够从更加基础、更加长程的角度看到中华文化的活力之源，能够汲取精神动力和智慧结晶，汇聚融合成为民族向心力和自信

心。马克思主义提供了一个连接古今之变、融通东西之别的视角，使人们能够在认识和改造自然这样最基本的层面上理解中华文化的演变与前途，从而能够产生最具包容性的价值追求契合点。

这首先表现为对古代中国农业生产文化的整理、继承和讴歌。一是在价值追求上寻找唯物主义、社会革命和人的解放的契合点。中华文明史在其开创阶段就表现出对人类认识和改造自然能力的崇拜，如燧人氏发明钻木取火与结绳记事、伏羲氏观天文画八卦、炎帝神农氏尝百草创医学制农具，等等。在神话传说中，也充满着战天斗地、追求美好生活的抗争精神。由此，在讴歌创造、发展生产和改善生活的进程中，中华文明发生发展并长期引领世界文明发展。这种价值追求鼓舞着一代又一代的人民不断推进探索，形成发达的农业生产知识体系，并以此为基础产生丰富多彩的中华文化。二是在认识自然和改善生产方面继承、整理和发展古代中国农业生产技术知识，提升和改进当代中国的农业生产力。学术界整理和研究了《齐民要术》《梦溪笔谈》《农政全书》《天工开物》等著作，认识到这些著作不仅具有历史价值，反映了中国人民在认识和改造自然方面的成就；而且具有时代价值和经济价值，有助于了解中国各地的土壤、水利、气候、种植技术等问题。譬如，有学者指出："《齐民要术》的内容，非常丰富，农、林、牧、副、渔各方面，全都有详细的叙述。它可以说反映了公元六世纪四十年代至五十年代封建经济总的生产水平"[1]。除了农学著作和农业种植，以农谚为载体的生产经验也得到重视和整理[2]。这一时期整理和展示古代中国农业生产文化的典范是1958年建设的全国农业展览馆。作为1958年经国务院批准兴建的首都十大建筑之一，

---

[1] 王仲荦：《有关〈齐民要术〉的几个问题》，《文史哲》1961年第1期。
[2] 例如，《养猪谚语》，《前线》1960年第2期；王兴儒：《向老农虚心求教》，《前线》1961年第9期；贻尘：《从京郊的农谚谈谈今年的七月雨》，《前线》1962年第15期；等等。

全国农业展览馆完整地展示了中国农业生产从产生、发展直到中华人民共和国的全部过程和辉煌成就，揭示了中华民族勤劳、勇敢、智慧的优秀品质。

在此基础上，整理、研究古代中国的手工业、商业和市民生活。依托远超同时期其他民族的先进的农业生产能力，手工业和商业同样具有深厚悠远的发展历史和发明创造。翻阅这一时期的学术刊物，可以发现学人对古代中国的丝绸、瓷器、茶叶、棉布、造纸、铜器、铁器、造船等产业进行了充分研究讨论，涉及技术革新、生产工具、行业规范、经济关系、贸易流程、货币形态等内容，并在此基础上研讨了城市民众的日常生活[①]。譬如，有学者就指出："历史进入北宋阶段，我国封建的社会经济已经发展到高度的水平，矿冶、农业、造纸、制盐、由硫酸铜取铜、烧瓷器、制茶、织锦和印染、制指南针及海外贸易，都得到普遍和显著的提高。特别由于手工业和海外贸易在经济生活中的比重日益增大，繁荣了颇多的工业城市和通常口岸，从而滋长了'市民阶层'"[②]。在叙述这些智慧创造时，格外强调劳动人民的作用，"在探索'唐窑'成就的原因时，虽曾提到劳动人民的作用以及生产力的发展，但这只是些装潢。在论述中，我们并没有明确指出劳动群众生产技能的提高及其不间断的再生产，乃是生产力所借以发展的基本因素，相反地却抹煞了这一根本之点"[③]。除了整理历史演进和实践成就，一些手工业技艺经过整合转化成为新中国工业生产力的有益因子，成为具有中国特点和世界市场的产品，在这个意义上甚至出

[①] 例如，陈诗启：《明代的工匠制度》，《历史研究》1955年第6期；史宏达：《试论宋元明三代棉纺织生产工具发展的历史过程》，《历史研究》1957年第4期；卢南乔：《古代杰出的民间工艺家——鲁·公输班》，《文史哲》1958年第12期；方辑：《明代的海运和造船工业》，《文史哲》1957年第5期；童书业：《西周春秋时代的手工业与商业》，《文史哲》1958年第1期；等等。

[②] 胡道静：《沈括的科学成就的历史环境及其政治倾向》，《文史哲》1956年第2期。

[③] 史学通：《评"中国瓷器史论丛"》，《历史研究》1959年第4期。

现"向传统学习"的号召①。

关于中国科学技术史的研究，充分反映了古代中国人民在科学文化发展上的杰出贡献。一是研究生产工具发明创造历史。《中国生产工具发达简史》（荆三林，山东人民出版社 1955 年）、《耒耜的起源及其发展》（孙常叙，上海人民出版社 1959 年）等著作系统梳理了中国生产工具的演变历史，涉及农业、手工业、运输业等领域。二是研究古代中国科学的发生发展历史。《中国古代天文学简史》（陈遵妫，上海人民出版社 1955 年）、《中国古代数学的成就》（严敦杰，中华全国科学技术普及协会 1956 年）、《中国古代金属化学及金丹术》（王琎、章鸿钊等，中国科学图书仪器公司 1955 年）、《中国化学史论文集》（袁翰青，生活·读书·新知三联书店 1956 年）等著作反映了古代中国人在科学现象发现与研究方面的成就。三是研究中国重大科技发明的历史。《火药的发明和西传》（冯家昇，华东人民出版社出版 1954 年）、《中国伟大的发明——瓷器》（傅振伦，生活·读书·新知三联书店 1955 年）、《中国印刷术的发明及其影响》（张秀民，人民出版社 1958 年）探究了中国在火药、瓷器、印刷术等方面的卓越探索和技术运用。此外，在机械制造方面，也有诸多研究和讨论，较有代表性的成果是《中国机械工程发明史（第一编）》（刘仙洲，科学出版社 1962 年）。该书绪论指出，在中国科学技术发明史上要反对妄自尊大和民族自卑感，"我们应当根据现有的科学技术知识，实事求是地，依据充分地证明，把我国历代劳动人民的发明创造分别的整理出来。有就是有，没有就是没有。早就是早，晚就是晚"②。

其中，尤为得到关注的是矿藏冶炼的传统技艺和知识。这当然

---

① 例如，颜斌、王述：《"一得阁"访问小记》，《前线》1961 年第 17 期；《发扬手工业的传统技艺》，《前线》1962 年第 15 期；吴焯：《向传统学习，向生活学习——记北京象牙雕刻老艺人杨士惠》，《前线》1962 年第 19 期；等等。

② 刘仙洲：《中国机械工程发明史》第 1 编，科学出版社 1962 年版，第 1 页。

与新中国成立初期工业战线对原材料和冶炼技术的迫切需要密切相关，同时也与中国历史分期争论有关，铜、铁、钢等金属被视为判断生产力水平和社会性质的关键指标。围绕矿藏识别和地理分布，学界梳理了古籍文献中关于煤、石油、铁等矿物的记载，分析了古代中国人民在运用这些矿产资源上的探索和创造①。围绕金属冶炼技术和历史，学界进行了细致梳理和科学分析。除了青铜冶炼之外，冶铁技术历史得到重视。春秋战国时期，冶炼生铁技术逐步成熟并推广，而后鼓风技术、燃料不断革新，从生铁发展为熟铁，普及到兵器和农具，并出现较为系统的冶炼作坊，实现从采矿、熔炼、溶剂、冶炼、锻造一体化的生产流程②。在炼钢技术上，学界探讨了"自然钢""百炼钢""灌钢法"等技艺方法，分析了当时劳动人民的智慧创造。有文章指出，中国在炼钢技术长期处于领先地位，特别是南北朝时期就发明"灌钢法"，"我国早在一千四五百年前就发明了一种半流体状态的比较快速的炼钢法，利用生铁熔点低，使生铁液灌入熟铁中，不但能使发生氧化作用，把渣滓较快的除去，而且能使炭分较快的渗入，炼成品质较好的钢。在那个时候，欧洲的冶铁炉还不会生产生铁"③。

此外，古代中国的医学遗产也得到重视。近代以来，西医不断树立科学权威，而中医作为中国传统医学时常被片面否定，甚至被视为巫术迷信。中国共产党历来重视发展中医，特别是新中国成立以来提出一系列发展中医的政策措施，如提倡中西医结合、规范中医准入经营、整理中医药方；等等。新中国成立后，毛泽东对中医发展提出的一个重要思想是用科学思维和方法整理中医学，在科学化中提高中

---

① 例如，王仲荦：《古代中国人民使用煤的历史》，《文史哲》1956 年第 12 期；鲁歌：《关于中国古代最早记载石油的问题》，《文史哲》1957 年第 2 期；谭家骅：《谈"猛火油"》，《文史哲》1957 年第 2 期；等等。
② 王苏、刑琳、王刘：《我国在钢铁冶炼工业上的伟大创造》，《文物》1959 年第 1 期。
③ 杨宽：《论南北朝时期炼钢技术上的重要发明》，《历史研究》1956 年第 4 期。

医学水平。他多次指出，"中医在几千年前就用了新的技术，如'体育'、'按摩'等，里面虽有些唯心的东西，但我们可以将其中好的提炼出来"，"对中医的'汤头'不能单从化学上研究，要与临床上的研究结合起来，才能提高中医"，"中医的经验要有西医参加整理，单靠中医本身是很难整理的"，"西医要跟中医学习，具备两套本领，以便中西医结合，有统一的中国新医学、新药学"①。1955 年 12 月 19 日，中医研究院成立，专门负责组织、指导医学界学习、整理和提高祖国医学遗产，"组织著名的中医集体钻研中医的学理和提供临床经验，同时组织西医同中医合作，从事中医中药知识的学习和研究，搜集和整理民间的秘方、单方，吸收其中一切合理的有效用的部分并加以提高"，"按照现代先进医学的要求，切实纠正以往中医研究工作中的缺点"②。这些探索和政策是连续发展、持续深入的。1962 年 10 月 12 日，中共中央同意并批转《卫生部党组关于改进祖国医学遗产的研究和继承工作的意见》，围绕用现代科学方法研究祖国医学遗产、中医师徒制、中西医综合疗法等问题提出一系列正确原则和实施方案③。

在呈现生产力发展与科学技术成就的进程中，人民群众作为中华传统文化的创造主体得以彰显。在周恩来看来，"人民性"是审视中华传统文化的基本原则，劳动人民是物质财富和精神财富的创造者，"人类历史都是贯串着这样一个人民性，即真正代表人类的是劳动人民"④。从这个角度来看，劳动人民是中华传统文化的创造主体，"一个民族和国家，其所以能够存在，总有它一些长处。尽管以往的社会制度一再改变，但人民是永生的，不同时代不同民族的人民总

---

① 中共中央文献研究室编：《毛泽东年谱（1949—1976）》第 2 卷，中央文献出版社 2013 年版，第 259、365 页。
②《加强中医研究工作的重要步骤》，《人民日报》1955 年 12 月 20 日。
③ 中央档案馆、中共中央文献研究室编：《中共中央文件选集》第 41 册，人民出版社 2013 年版，第 182—191 页。
④《周恩来文化文选》，中央文献出版社 1998 年版，第 140 页。

是有自己的优秀的东西"①。文学家、艺术家、思想家和史学家只是直接地或曲折地反映了人民的生活，同时又与统治阶级有所妥协。譬如，"中国教育史有人民性的一面。孔子的有教无类，孟子的民贵君轻，葡子的人定胜天，屈原的批判君恶，司马迁的颂扬反抗，王充、范续、柳宗元、张载、王夫之的古代唯物论，关汉卿、施耐庵、吴承恩、曹雪芹的民主文学，孙中山的民主革命，诸人情况不同，许多人并无教育专著，然而上举那些，不能不影响对人民的教育"②。基于这样的视野，不仅否定了以往统治阶级的价值追求和合法性，而且彰显了人民群众的主体作用，显现了历史发展的动力。周扬指出："传统对于一个民族影响之深之大之必要，在过去我们不懂传统和人民的联系、道德上的联系，世世代代影响人民的精神状态，中国人民的很多好处和我们的传统不能说没关系。"③

（二）生产关系变革、进步性原则与中华传统文化的评价标准

面对中国封建统治阶级倡导的儒学价值观及其评价体系，中国共产党依托马克思主义创造新的评价体系。这首先体现为改变儒学价值观对生产力、科学技术的忽略倾向，突出生产力发展和人民性原则，把劳动人民作为中华传统文化的创造主体。对于统治阶级历史人物及其文化创造的评价标准是考量其在生产关系变革、社会进步和人民生活上的历史作用。积极践行这一标准的代表人物是毛泽东。在评价曹操时，他批评了《三国演义》的做法，"罗贯中不是继承司马迁的传统，而是继承朱熹的传统"，"曹操结束了汉末豪族混战的局面，恢复了黄河南北两岸的广大平原，对于后来西晋的统一铺平了道

---

① 《周恩来选集》下卷，人民出版社1984年版，第197页。
② 《陆定一文集》下卷，人民出版社1992年版，第587页。
③ 《周扬文集》第2卷，人民文学出版社1990年版，第450页。

路"①。在评价秦始皇时，他指出"孔夫子是讲空话的，秦始皇是第一个把中国统一的人物。他不但政治上统一中国，而且统一了中国的文字、中国的各种制度如度量衡等，有些制度后来一直沿用下来。中国过去的封建君主还没有第二个人可以超过他的。可是他被人骂了几千年，骂他的就是两条：杀多了人，杀了四百六十个知识分子；烧了一些书"②。这里，考量孔子、秦始皇和曹操对中国政治经济变革和人民生活生产的作用，毛泽东提出了评价历史人物的标准。在认识评价传统文化上，这一标准细化出一些具体原则，如是否有利于揭露社会矛盾和改善人民生活（现实主义原则）、是否有利于创造新的生产关系（进步革命原则）、是否有利于传承发展文化或唯物主义发展；等等。

从政治意识形态层面看，揭露社会矛盾与改善人民生活是革命文化价值观的体现，而这样一种现实主义原则对于认识中国文化的发展动力和实践成就具有积极作用。在中华传统文化中，固然有许多鼓吹统治阶级、粉饰歌舞升平的作品，但真正具有生命力和影响力的作品常常是反映社会心理和人民生活的作品，也有很多具有批判精神的现实主义作品。《诗经》就被视为现实主义作品的源头，"诗经的现实性与人民性是很强的，特别是国风，它真正表达了我国初期封建社会中劳动人民的思想和感情，它揭发了当时社会的黑暗"，"历代优秀的诗人，从屈原、曹植、李白、杜甫、白居易、陆游到黄遵宪止，基本上都继承和发扬了诗经的光荣的现实主义的传统精神"③。在史学层面，秉笔直书、实事求是、不溢美不隐恶也成为现实主义在历史学领域的体现，其开创者是敢于抗争统治阶级强权的司马迁，"司马迁不

---

① 中共中央文献研究室编：《毛泽东年谱（1949—1976）》第 3 卷，中央文献出版社 2013 年版，第 596 页。
② 中共中央文献研究室编：《毛泽东年谱（1949—1976）》第 5 卷，中央文献出版社 2013 年版，第 366 页。
③ 邓潭洲：《诗经的现实性和人民性》，《文史哲》1955 年第 10 期。

是没有原属阶级立场，而终于没被阶级利益限制住"①。类似的案例还有很多，如吴敬梓的《儒林外史》，等等。正如周扬所总结，"我们文学上的现实主义的传统，从《诗经》《楚辞》到鲁迅的作品，绵延两千多年之久，始终放射着不朽的光辉。我们民族的戏曲、绘画和音乐都有自己悠久的、优良的现实主义的传统。我们向民族遗产学习，主要就是学习它们勇于揭露生活真实的现实主义精神和艺术技巧"②。当然，这种认识也离不开阶级分析法，比如分析屈原，"他勇敢地以人民诗歌为师的精神，勇敢揭露统治者罪恶的精神，使他成为中国文学史上古典现实主义的杰出代表之一。不过他的思想本质确实拥护楚国封建领主的统治的"③。为了恰当地运用这种方法，文化界推进了史料搜集、史实考证和作品解读，而这种严谨治学真正起到了整理传承文化遗产的作用。

　　除了确立现实主义传统之外，文化界还注重在传统文化中寻求推动生产关系变革的"先进力量"。注重生产关系变革也是革命文化的投射，而它又包括统治阶级和被统治阶级两个基本方面。譬如，周扬提出要写"历史的先进力量"，一是农民起义，"农民起义都是历史前进的力量，推动历史前进的"；一是统治阶级内部的有识之士，"秦始皇，因为修筑了万里长城，使得中国避免了被北部那些更落后的民族的侵扰，秦始皇把文字统一使得我们今天还有好处。我们五万万多人的民族（包括各种民族），如果没有文字的统一，困难今天要大得多，这些人物是值得我们来写的"，"因为他们把人类走向共产主义的距离缩短了，如果没有他们，人类走向共产主义会更增加麻烦，时间也会更长"④。关于农民起义历史的研究与书写，这里不再赘述。即

① 卢南乔：《司马迁在祖国文化遗产上的伟大贡献与成就》，《文史哲》1956年第1期。
②《周扬文集》第2卷，人民文学出版社1984年版，第255页。
③ 陆侃如：《我们为什么纪念屈原》，《文史哲》1953年第3期。
④《周扬文集》第2卷，人民文学出版社1984年版，第215、216页。

便是被视为封建主义的体现统治阶级价值观的那些文化要素，也具有现实价值，"中国人民长期在封建社会里积累的政治哲学、伦理哲学、君臣父子之道等，尽管都是封建的东西，但我们还是可以从这里面学到一些东西的，比如说，从《群英会》里就可以学得打仗的知识"①。对于统治阶级历史人物及其文化创造的评价，除了大有为的皇帝，还涉及一些推动历史进步的名臣，譬如王安石变法、张居正改革，等等。周扬指出："封建统治者内部也有一些比较清醒的人受封建思想影响比较少，他们能动摇封建统治，这就是推动社会前进。正面人物、反面人物除了要看他在社会生活中起的作用是推动社会前进还是阻碍社会前进。"②

　　相较之下，社会变革阶段的生产关系与思想学说最为时人关注。其中，最具代表性的是春秋战国时期的诸子百家学说和明末清初体现资本主义萌芽要求的思想家群体。文化界对于诸子百家学说的评判，除了政治意识形态层面的阶级定性讨论之外，还从社会变革与文化创造的角度加以考察。一是奴隶社会向封建社会过渡对思想学说的影响。譬如，有学者在考察墨家学说发展与消逝后，提出"他们站在劳动的自由人民立场发言，是一个有生命有基础的学派。但其中许多人变质了，变成了贵族的附庸，不属于劳动人民的学派了。他们脱离了自己的阶级，所以也就没有发展前途"③。二是社会大变革时期对文化传统的整理与提高。有文章指出孔子把中国远古时代的典籍整理形成"六经"，同时有所发展，"其中意义较大影响较深的有两个，一个是大一统的思想，另一个是民为贵的思想"④。三是战国七雄重视文化以至形成百家争鸣，而学术民主又促成学说融合。有文章指出荀子思

---

① 《周扬文集》第 2 卷，人民文学出版社 1990 年版，第 398 页。
② 《周扬文集》第 2 卷，人民文学出版社 1990 年版，第 382 页。
③ 杨向奎：《墨子的思想与墨者集团》，《文史哲》1958 年第 3 期。
④ 李景春：《孔子对中国古代文化的整理、传授和发展》，《文史哲》1961 年第 3 期。

想是春秋战国时期学术思想的批判性总结，他"在发展儒家中吸取了百家，又在吸取百家中批判了百家，这就是荀子的思想，既丰富又复杂，所以荀子是集了儒家的大成，又集了百家的大成"①。至于明末清初的思想家群体，虽然学界着眼于资本主义萌芽和社会变革，探讨了李贽、王夫之、顾炎武、黄宗羲等人思想学说，但也在这种探讨中深刻认识了当时的政治经济状况和社会文化生活。

　　总的来看，注重生产关系变革和社会进步为理解中华传统文化演变提供了一个积极向上的视野，唤起了传统文化中关于勇于变革、追求公平、造福百姓、抗争强权等要素。在这里，我们可以看到这样一个特点，博大精深的中华传统文化与宏大科学的马克思主义产生复杂精细的相互作用，并在这种结合中获取了具有生命力的整体感，得以发挥其时代价值。周扬多次指出："在我们的历史文学作品中所要表现和赞扬的，应当只是那些推动了历史前进的，对今天的人民还有鼓舞和教育作用的人物，例如历代农民革命的领袖，为国家的独立和统一而舍身奋斗的民族英雄，以及以自己在科学或艺术上的创造对人民作了贡献的伟大的科学家、艺术家们，因为正是这些可尊敬的祖先们的努力，加速了人民获得最后解放的时间的到来，他们正是各个历史时代的先进人物。我们对待历史人物既不能丑化，也不应美化。历史是不容许歪曲的。这就是为什么我们必须严肃地批判文艺创作中的反历史主义的倾向的原因。"② 这种对于生产关系变革、社会进步和历史主义的综合要求，为社会主义革命建设确立悠远但同样振奋的变革传统。应当指出，有些探讨存在着机械使用阶级分析法或套用唯物主义与唯心主义的现象，但它毕竟把一些基本的价值追求注入到中华传统文化的整理发展实践中，因而使传统文化以一种新的面目出现在人们的印象之中。

---

① 李德永:《荀子的思想》,《文史哲》1957 年第 1 期。
②《周扬文集》第 2 卷，人民文学出版社 1984 年版，第 253、254 页。

（三）社会形态演进、科学性原则与中华文化史的叙事

新中国成立后，中国共产党依托学术机构、学科建设等方式建立庞大的马克思主义历史学队伍，并通过思想改造、思想批判等方式确立马克思主义的指导权威，使运用马克思主义整理编撰中国历史的行动更加系统化、组织化，从根本上塑造了人们的中国历史观。当然，这也塑造了认识中华传统文化的历史知识基础和宏观历史结构。其一，编撰中国历史通史著作，使悠远绵长、纷繁复杂的中国历史成为一个流动的整体，并指向社会主义和共产主义社会。从这一时期的通史著述来看，共同点是把阶级斗争作为阶级社会阶段的演进动力，注重通过经济活动、生产工具和社会交往反映社会性质，在叙述线索上体现原始社会、奴隶社会、封建社会、资本主义社会和社会主义社会的发展趋向。譬如，1954年，尚钺教授主编的《中国历史纲要》由人民出版社出版。在围绕《中国历史纲要》的讨论中，向达教授就指出，"纲要对人民的逐渐成长注意得太不够了"，"自秦汉以后以至于今日，经过两千多年，社会的形态逐渐变化，中国人民也逐渐成长起来。所以太平天国起义应不同于李自成领导的起义"，"研究历史的人必须把这些弄清楚，不然就会成为循环论者"[1]。其二，从长时段、整体史观察中国社会变革的关键节点，围绕中国古代史分期问题、中国封建土地所有制形式问题、中国封建社会农民战争问题、中国资本主义萌芽问题、汉民族形成问题展开充分研讨。尽管这是由政治意识形态主导的历史研究，且充满分歧和争论，但学术界在参与讨论的过程中仍然深入研究了古代中国政治、经济和文化状况，使得这些富有政治色彩的研究又夹杂着不少扎实新颖的学术发现。其结果是，一些基本的历史意识沉淀下来，成为人们言说历史、想象传统的基本话语

---

[1]《"中国历史纲要"讨论会记录》，《历史研究》1957年第4期。

和思维方式，比如中国历史是从低级阶段向高级阶段演进、思想文化建基于生产力水平、人民群众是创造历史的主体，等等。

从文化层面看，围绕中国社会形态演进而形成的整体图景，其首要特点是聚焦中华文明的早期阶段。新中国成立后，保护文物、遗址的法规逐步健全，扭转了民国时期文化偷盗走私的局面。1950 年 5 月 24 日，政务院就颁行《古文化遗址及古墓葬之调查发掘暂行办法》与《禁止珍贵文物图书出口暂行办法》，之后又颁行了《文物保护单位管理暂行办法（1963 年）》《古遗址、古墓葬调查、发掘暂行管理办法（1964 年）》等规章制度。同时，加强了对古遗址的发现发掘和保护工作，特别是新旧石器时代遗址，如江苏淮安青莲岗遗址（"青莲岗文化"）、山西襄汾县丁村（"丁村文化"）、山东泰安大汶口新遗址（"大汶口文化"）等等。在这一过程中，中国考古学结合新发现遗址和证据，增强了对新旧石器时代的科学研究，产生了《中国石器时代的文化》（裴文中，中国青年出版社 1954 年）《旧石器时代文化》（贾兰坡，科学出版社 1957 年）《中国新石器时代》（尹达，生活·读书·新知三联书店 1955 年）等著作，刷新了国际学界关于中国早期文明发展的认识。譬如，尹达就提出新资料证明国外学者安特生对于中国新石器时代分期问题的界定是错误的，"应当用科学的方法，综合大量的关于我国新石器时代的新资料，早日建立起我国新石器时代分期的标准来"[1]。这些新旧石器时代遗址的考古发现为研究夏商周文化提供了启发。譬如，裴文中的《中国石器时代的文化》论述了中国早期文化发生发展和流变的历程。他认为"龙山文化"已属新石器时代晚期，而河南安阳的"小屯文化"属于殷代文化，二者之间是一个过渡阶段，是传说中的夏代文化，是"原始的中国文化"。在新石器时代，地方性文化经受了一次统一影响，"原始的中国文化"是又一

---

[1] 尹达：《论中国新石器时代的分期问题——关于安特生中国新石器时代分期理论的分析》，《考古学报》1955 年第 9 期。

次的统一，而汉代文化是再一次的统一，吸纳融合了春秋战国以来各地方文化成果，是古代中国最成熟、最繁荣和最强大的文化。

在整体上描述中国社会形态演进历史的同时，学术界注重中国思想文化史的叙事编撰和哲学批判。革命战争年代，中国共产党对古代中国历史人物思想的评述主要集中在孔子和儒学，在政治层面上将其视为封建主义思想加以批判；随着新中国成立后马克思主义指导地位的确立，评述范围扩大到整个中国历史和各个思想学派，但重心依然在孔子和儒学。1950年2月，蔡尚思之《中国传统思想总批判》由棠棣出版社出版。他在此书中依靠扎实的考据批判了儒家思想服务封建专制的本质，对近代以来的梁漱溟、冯友兰、钱穆等人的儒学研究提出批判。经过新中国成立初期的社会发展史教育，列宁关于哲学的党性、阶级性的观点以及哲学史领域唯物主义与唯心主义斗争的判断，转化成为学术界探讨中国哲学史、思想史和文化史的基本方式。譬如，侯外庐等主编的《中国思想通史（修订版）》于1957年出版，改变了以往以正统儒学代表人物为主线书写哲学史与学术的方式，体现马克思主义关于哲学党性的分析方式，放在唯物主义与唯心主义的框架中判断思想家的基本倾向，突出了一些历来不受重视的"异端"思想家，如王充、王符、仲长统、范缜等。这类整体的思想史、哲学史通史著作，如杨荣国之《中国古代思想史》（人民出版社，1954年）、杨向奎之《中国古代社会与古代思想研究》（上海人民出版社，1962、1964年）、张岱年之《中国唯物主义思想简史》（中国青年出版社，1957年），等等，虽然用理论框架裁剪历史人物的丰富思想，存在着把古人思想简单化、甚至当代化的问题，但对于梳理和凸显中国文化中的唯物主义发展脉络具有积极意义。

不仅如此，学术界还加强了中外文化交流史、中西交通史研究。除了早期中华文明内部的交流、扩散与发展情况的研究，学界对各个朝代的文化交往作了探讨。陈竺同之《两汉和西域等地的经济文化交流》（上海人民出版社，1957 年）梳理了西汉和东汉时期中国和西域、印度在农作物、手工业、音乐美术等方面的交流。向达之《唐代长安与西域文明》（生活·读书·新知三联书店，1957 年）论述了唐朝时期长安与西域诸国在佛教、商业、音乐美术雕刻等方面的文化交流。1961 年，向达整理的《两种海道针经》和《郑和航海图》由中华书局出版，对于研究明清时期中国的航海技术、地理学和对外贸易具有重要价值。其中，关于中印文化交流研究的成果较多，如常任侠之《中印艺术因缘》（上海出版公司，1955 年）、贺昌群之《古代西域交通与法显印度巡礼》（湖北人民出版社，1956 年）季羡林之《中印文化关系史论丛》（人民出版社，1957 年），等等。此外，齐思和之《中国和拜占廷帝国的关系》（上海人民出版社，1956 年）探究了公元二至十四世纪两国之间通商通使的历史，展现了互相影响、双向交流的过程，改变了以往认为中国单向输出蚕丝给拜占庭帝国的认识。这些研究对于全面认识中华传统文化开放包容、发展壮大的历史具有支撑作用。

透过上述研究，可以看到在整理编撰中国历史通史和中国文化史的实践中贯彻着科学性原则，体现着中国共产党对科学文化的价值追求。这种科学的价值追求自然是五四运动以来新文化的典型特征，但它更是马克思主义的价值追求，"科学越是毫无顾忌和大公无私，它就越符合工人的利益和愿望"。当然，这也是中国共产党领导中国工业化和赶超科技发展的政治意识形态需要。在传统文化认识上，这种科学性原则首先是对社会形态演进规律的尊崇，把中国历史与中国文化按照社会形态演进进行塑造，突出了科学、生产力、生产关系变革的作用，在中华传统文化中确立中国人民发明创造和提升生产力的科学传统，彰显古代中国人的智慧创造。此外，把科学精神注入到中华传统文化之中，大力纠正长时期以来忽略探索自然、轻视科技的人文传统，改变以往空讲心性的唯心主义倾向。当然，这也包括运用科学方法整理文化遗产，"我们应当用科学的方法来研究本国艺术创作的经验，从中找出它的特殊规律和方法。把我国艺术创作的丰富经验科学化、系统化，正是我们的文艺家不可推卸的责任"①。

小结

进入社会主义革命和建设时期，中国共产党不仅从理论上探索社会主义文化和中华传统文化的关系，而且依托社会主义现代化实践，从实质上推动中华传统文化的现代转型。关于社会主义文化和中华传统文化关系的理论探索，取得了重要成果，比如"百花齐放、百家争鸣""古为今用"；等等。这为推动中华优秀传统文化进入社会主义文化提供了思想方法。在实践中，中国共产党注重从人民立场、生产智慧、思想方法、物质技术等层面积极吸收和运用中华传统文化，尤其是农耕文化、手工业技术，使之成为社会主义工业化的一个重要资源。在这样一个剧烈变革的时期，中国共产党更多地强调了中华传统文化的历史性，特别是从社会主义革命的高度对封建主义意识形态展开猛烈批评。其间，理论探索和政策实践亦存在失误，甚至是挫折。总的来看，由于社会主义工业建设、文化教育普及以及社会主义思想教育，中华传统文化的现代转型呈现显著变革的特点，使古与今有了越发清晰的界限。

---

① 《周扬文集》第 2 卷，人民文学出版社 1984 年版，第 480 页。

第七章　拨乱反正：还传统文化的历史与知识价值

"文化大革命"时期，传统文化被"四人帮"视作一种与社会主义不相容甚至对立的文化形态——"剥削阶级所造成的毒害人民的旧思想、旧文化、旧风俗、旧习惯"而遭到批判。改革开放后，面对传统文化遭受的巨大破坏，中国共产党从物质层面保护文物、整理古籍，学术层面扭转"政治化"研究方向、支持科学性研究，思想层面批判"封建糟粕"、发掘反"自由化"价值三个维度，开启了还原传统文化历史地位的进程。

一、保护传统文化物态载体

中国数千年历史发展过程中形成的典籍、文物等物质形态，既是中国传统文化绵延传承的载体，同时也是传统文化的重要组成部分。新中国成立前尤其在战争环境下，大批国宝流失海外或被损毁。抗日战争时期，为保护国宝，中国典籍文物还经历了一次大规模的迁移。新中国的成立，标志着战争动荡局面的结束，曾经在战争中流离失所的文物得以安定下来，中国共产党在稳定的社会政治环境下确立了文物保护的方针。

但"文化大革命"中，"四人帮"却从所谓的"阶级属性"出发，破坏既有政策：将典籍文物的保护批评成"只讲历史、科学、艺术价值，没有阶级性"；指责文物出国展览是以古压今，搞历史文物工作是复古思潮①；甚至直接发动对文物的破坏，仅以山东一省为例，"文化大革命"期间共拆除古建筑 70 余处，挖掘古墓 2800 余座，销毁古籍 2400 卷（册）、珍贵书画 3200 余幅，砸毁石刻 2000 余块、石窟造像 540 余尊，80 余处古遗址被夷为平地，文物丢失、被盗 6100 余件②。粉碎"四人帮"后，文物的巨大损毁现象或者说必须加以保护的紧迫性，首先呈现出来。因此，中国共产党在传统文化领域的拨乱反正，首先和最明显的体现，就是"抢救性"地保护典籍文物等传统文化物态载体。

（一）文物保护立法

"文化大革命"结束后，国务院批转的第一个有关文化政策的文件，就是国家文物局 1977 年 2 月 8 日呈报的《关于在农业学大寨运动中加强文物保护管理的报告》。报告提出要贯彻执行"重点保护，重点发掘，既对基本建设有利，又对文物保护有利"的方针，要求"文物部门和生产建设部门密切协作，在一些重要古遗址、古墓群地区进行兴修水利、平整土地，应因地制宜，区别对待，把文物保护、发掘规划纳入到当地农田基本建设的全面规划当中去。"③同年，文物局还组织下发《关于对不准出口的文物实行征购收购或登记发还的办法》《关于在当前农田基本建设高潮中，认真贯彻执行国务院 13 号文件，加强文物保护工作的通知》等文件，均旨在加强对文物的甄别和流通管控。

1978 年十一届三中全会提出"有法可依，有法必依，执法必严，

---

① 谢辰生口述、姚远撰写：《谢辰生口述——新中国文物事业重大决策纪事》，生活·读书·新知三联书店 2018 年版，第 102、138 页。
② 国家文物局党史办公室编：《中华人民共和国文物博物馆事业纪事（1949—1999）》（上），文物出版社 2002 年版，第 365 页。
③ 国家文物局编：《中国文化遗产事业法规文件汇编（1949—2009）》（上），文物出版社 2009 年版，第 72—73 页。

违法必究"的工作方针后，中国共产党开始从法制即文物保护的立法工作着手，建立文物保护法规体系，以加强对文物的保护。1979 年 7 月，《中华人民共和国刑法》颁布。作为新中国第一部刑法，对"违反保护文物法规，盗运珍贵文物出口的"，"故意破坏国家保护的珍贵文物、名胜古迹的"，作出了判罚规定①。从此，破坏文物的行为被定性为犯罪，并首次有了法律上的判罚依据，对"文化大革命"中那种任意破坏文物的行为形成了震慑。1980 年 4 月，公安部、文化部、国家文物局三部门又联合发出《关于加强文物安全保卫工作的通知》，要求严厉打击文物盗窃行为。1980 年 5 月，国家文物局、国家基本建设委员会上报的《关于加强古建筑和文物古迹保护管理工作的请示报告》得到国务院同意批复。报告提出了几点意见，一是加强各地政府对文物保护工作的领导；二是在调研基础上，按照有关规定具体落实文物保护措施；三是各地政府要将文物保护纳入生产和建设的总体规划，通盘安排；四是对重要古建筑坚持原地保存原则；五是大力开展文物保护宣传工作②。

　　同年，文物保护专门法规的制定工作也提上日程。5 月 26 日，胡耀邦主持中央书记处第 23 次会议讨论文物工作，针对"文化大革命"对文物工作造成的破坏，会议指出"文物保护、管理方面的问题相当多"，文物部门"一定要以责任在身，当仁不让的精神做好工作，要知难而进，不要知难而退"③，对文物部门和文物工作者提出了要求。6 月 27 日至 7 月 6 日，国家文物局召开全国文物工作会议，传达中央书记处对文物、图书馆工作的指示。中央书记处书记、国务院

---

① 《中华人民共和国刑法》（1979 年 7 月 1 日第五届全国人民代表大会第二次会议通过），第 173 条、174 条。
② 国家文物局编：《中国文化遗产事业法规文件汇编（1949—2009）》（上），文物出版社 2009 年版，第 104—107 页。
③ 国家文物局党史办公室编：《中华人民共和国文物博物馆事业纪事（1949—1999）》（上），文物出版社 2002 年版，第 369 页。

副总理王任重讲话强调说，"文物工作是一项非常重要的工作，做好这项工作同实现四化有密切关系。对普及科学文化和历史知识，提高民族自尊心、自信心，提高我国的国际地位，都是很有意义的。"此外，会议还对《中华人民共和国文物保护法》草案提出修改意见。会议认为，今后文物工作的重点和任务是加强法制，严格文物保管制度，打击文物破坏活动[①]。

1982 年 11 月，文物保护工作的首部专门法律《中华人民共和国文物保护法》颁布实施，使新中国文物保护工作进入一个新的历史阶段。同年 12 月，新修订通过的《中华人民共和国宪法》，也以国家根本大法形式，对文物工作提出要求："国家保护名胜古迹、珍贵文物和其他重要历史文化遗产。"从此，新中国文物保护工作有了国家法律的依据。

此后，围绕贯彻落实《中华人民共和国文物保护法》，中央相关部门又召开一系列相关会议，并颁布众多相关规定。1984 年 4 月，中共中央宣传部与文化部联合召开全国文物工作会议，提出以中共中央和国务院名义发布文件，督促《文物保护法》的落实。7 月，中央书记处第 143 次会议又专门研究文物工作，提出起草《关于进一步加强文物工作的决定》。10 月，又由中共中央宣传部和国家文化部联合召开全国文物工作座谈会，集思广益，归纳出 12 个有关文物工作的问题。会后，将讨论的意见上报中央书记处。1985 年 11 月 25日，中共中央总书记胡耀邦主持召开书记处会议，再次讨论《关于进一步加强文物工作的决定》这个文件，并决定由其本人牵头组成文件修改小组，对文件作进一步修改和补充。经过几个月的反复修改，文件由胡耀邦最后定稿。1987 年 11 月，《关于进一步加强文物工作的通知》以国务院名义下发。文件指出"文物是中华民族历史发展的见

---

① 段永林主编：《中华人民共和国大事典（1949—1989）》，吉林人民出版社 1991 年版，第 572 页。

证"，"蕴藏着各族人民的创造、智慧和崇高的爱国主义精神，对世世代代的中华儿女都有着强大的凝聚力和激励作用"。文件在系统总结新中国成立以来文物工作历程的基础上，指出当前文物工作的方针是，"加强保护，改善管理，搞好改革，充分发挥文物的作用，继承和发扬民族优秀的文化传统，为社会主义服务，为人民服务，为建设具有中国特色的社会主义作出贡献。"①

此间，针对日益猖獗的文物走私、盗掘古墓等现象，党和国家领导人还多次作出批示，要求打击文物犯罪。1987 年 3 月，国家主席李先念批示说，"文物被盗这样严重，有关部门应高度重视并采取有力措施加以制止，对罪大恶极的盗窃犯应该依法严厉打击。"总理赵紫阳也批示："请国办找有关单位研究，分析情况，并拟定有力措施提国务院常务会议议定。"②1987 年 5 月，国务院下发《关于打击盗掘和走私文物活动的通告》。公安部等相关部门联合采取专项整治行动，破获大量盗掘文物、非法走私案件，有效遏制了文物犯罪行为。

除了高度重视文物保护法规体系的建立、完善，党和政府在具体的文化遗迹保护、人才培养等方面，也做了大量工作。1982 年胡耀邦视察曲阜，作出"孔庙大成殿内孔子像要按原样恢复起来"③的重要指示，为此事"先后由省府拨款四十八万五千元，黄金四十八两，并成立了恢复工程办公室专司其事。"④从全国范围来看，从粉碎"四人帮"到 1983 年，国家直接拨款维修重要文物保护单位 450 处左

---

① 国家文物局编：《中国文化遗产事业法规文件汇编（1949—2009）》（上），文物出版社 2009 年版，第 220—226 页。
② 谢辰生口述、姚远撰写：《谢辰生口述——新中国文物事业重大决策纪事》，生活·读书·新知三联书店 2018 年版，第 204—205 页。
③ 中国共产党曲阜市委党史研究室：《中国共产党曲阜市历史大事记（1919.5—1996.12）》，中央党史出版社 1998 年版，第 342 页。
④ 曲阜师院孔子研究所：《孔子研究及活动信息第一辑》，曲阜师院孔子研究所 1985 年编印，第 17 页。转引自程丽燕：《改革开放以来的儒学"复兴"现象研究——曲阜一角透视》，曲阜师范大学硕士学位论文，2011 年。

右，其中全国重点文物保护单位 104 处。在队伍建设方面，1980 年至 1983 年的三年中，从中央到地方，分别举办了以方针政策、基础知识和各种专业为内容的各种类型训练班和研究班，参加培训的共达 13350 人次[①]。

（二）典籍文献整理出版

"文化大革命"甫一结束，1977 年 6 月文物局即向中央呈报《关于成立古文字整理研究机构的请示报告》。由于受"左"倾思维影响，此时依然强调典籍研究服务政治斗争的意义，如报告指出，保护新疆吐鲁番出土的文书"对研究我国古代新疆地区的历史和驳斥苏修反华谬论有重要意义"，"不仅仅是一项学术研究工作，而是一场现实的政治斗争"。但更重要的是，报告指出了典籍载体的失传、湮没危机。报告说，"一些竹简、文书，在出土时字迹非常清晰，现在已经出现字迹模糊的现象。在这种紧迫的情况下，如不立即采取断然措施，抓紧时间，及时整理，将来工作更加困难，甚至会造成无法弥补的损失，对子孙后代都难以交代。"因此，文物局提议增设直属机构开展对古文字的整理研究[②]。

李先念对此作出批示，不仅同意在文物局建立古文献研究室，而且指出"真正懂得这门知识的人越来越少，建议将他们集中起来使用，生活上应当适当地照顾，并请他们传、帮、带，尽快培养出一批专业人员来。对那些有钻研精神、对这门知识又很热情的青年人，有关院校要积极培训，真正做到后继有人。为了搞好对文物的保存，必要时国家可拨点经费，给予必要的支持。"[③] 在中央批示的支持下，

① 谢辰生：《新中国文物保护工作 50 年》，《当代中国史研究》2002 年第 3 期。
② 谢辰生口述、姚远撰写：《谢辰生口述——新中国文物事业重大决策纪事》，生活·读书·新知三联书店 2018 年版，第 140—142 页。
③ 谢辰生口述、姚远撰写：《谢辰生口述——新中国文物事业重大决策纪事》，生活·读书·新知三联书店 2018 年版，第 139—142 页。

1978 年 1 月国家文物局古文献研究室成立，致力于整理和研究中国出土的古代文献资料，并编辑出版《出土文献研究》和《文物天地》杂志。

中共十一届三中全会后，古籍文献工作得到了党中央领导人的高度肯定和重视。1981 年 9 月，中央书记处讨论了整理我国古籍的问题，并以中共中央名义下发《关于整理我国古籍的指示》。文件指出，今后"应当加强大学的文科教育，并从小学开始，就让学生读点古文。"在机构设置和人才培养上，文件指出：中央决定由李一氓主持，并由中华书局、文化部、教育部、社会科学院、国家出版局等单位负责同志参加，组成古籍整理出版规划小组，直属国务院；有基础、有条件的某些大学，可以成立古籍研究所，有的大学文科中的古籍专业（如北京大学中文系的古典文献专业）要适当扩大规模。此外，文件还从领导班子组建，古籍整理出版规划，孤本、善本的保护抢救，经费支持等方面提出详细的指导意见①。

中共中央的指示为古籍文献工作提供了政策依据。1981 年 12 月，国务院下发《关于恢复古籍整理出版规划小组的通知》。全国古籍整理出版规划领导小组前身是 1958 年成立的国务院科学规划委员会古籍整理出版规划小组。小组成立不久，就起草了新中国第一部古籍整理出版重点规划——《整理和出版古籍计划草案》。"文化大革命"时期古籍整理出版规划小组工作无法正常开展。《通知》下发后，古籍整理出版规划小组开始恢复工作并着手制定 1982 年到 1990 年的九年工作规划。1982 年 7 月，《古籍整理出版规划（1982—1990）》呈送国务院审批，计划九年内共整理或出版各类古籍 3100 余种。教育部也从人才培养角度，提出一系列规划举措。1982 年 12 月，教育部发出《关于开展古籍整理研究，培养整理人才的意见》，指出：一、加

---

① 新闻出版总署出版管理司编：《图书音像电子出版物出版管理手册》，中国法制出版社 2013 年版，第 296—297 页。

强大学的文科教育，并从小学开始，让学生读点古文。各有关学校要做出相应安排。二、高等院校的现有研究机构，要根据精干的原则和实际需要，适当扩大并新建一些。三、要充分发挥专家的作用，为他们配备助手。抓紧培养新生力量，争取在10年内培养研究生1500人，本科生600人。四、教育部成立古籍整理研究领导小组，各有关高校要建立相应的领导班子。五、教育部设立高等学校古籍整理研究补助基金①。1983年，全国高校古籍整理研究工作委员会（以下简称"古委会"）成立，古委会的工作任务是：接受教育部委托，负责组织、协调全国高校的古籍整理研究和人才培养工作，分配财政部指拨的高校古籍整理研究人才培养和科研项目专款，并监督检查该项专款的使用情况。从此，我国高校的古籍整理研究与人才培养工作走上了有领导、有组织、出人才、出成果的健康发展道路。

1984年开始，古籍整理出版工作走上正轨，并取得良好成绩。其中，陆续出版的《中华大藏经》全106册，囊括4100余种23000卷佛教经典，堪称古籍整理的大制作。1985年整理出版的《大唐西域记校注》，不仅成为研究我国唐代社会史和中外交通史的重要史料，而且还被南亚诸国广泛用来弥补本国历史的空白。此后陆续出版的《大中华文库》，是我国历史上首次系统全面地向世界推出的中国古籍整理和翻译的巨大文化工程，既是弘扬中华优秀传统文化的基础工程，也是对世界文化发展的重大贡献，意义深远。同时，《两汉全书》《全唐五代诗》《全宋诗》《全宋文》《全元戏曲》《全明诗》《全明文》《清文海》的编纂或出版，表明除少数朝代外，自汉至明的历代诗文均已大致搜罗完备，清代则有了大型文章选本。而全新整理本《十三经注疏》的出版，标志着对中华文化的基本资料库"十三经"的整理与研究已远远超过清代阮刻旧本，达到一个新的高度。抢救性质的重

---

① 刘光主编：《新中国高等教育大事记（1949—1987）》，东北师范大学出版社1990年版，第409页。

大项目如《永乐大典》《俄藏敦煌文献》《法藏敦煌西域文献》等书的搜集和出版，属于总结一代文献性质的新编总集或资料汇编如《敦煌文献合集》《中华律令集成》《中国兵书集成》《古本小说集成》《吐鲁番出土文书》《清人别集总目》等，也都是古籍整理史上前无古人的新成果[①]。

相对于"文化大革命"时林彪、江青反革命集团对文化物态载体的激烈破坏，改革开放后中国共产党对典籍文物采取保护和开发利用政策，具有拨乱反正的重要象征性意义，因此本文对这个转变过程详加阐释。此后，文物保护和典籍文献整理出版都在正规道路上前进，没有大的转变，作为制度化和技术层面的一项工作，后文对此不再做详细论说。

二、支持和引导传统文化学术研究

"文化大革命"时期，"四人帮"及其写作班子发表了大量有关传统文化的文章，但这些文章却将中国绚丽多彩的文化发展史扭曲为"儒法斗争"史。他们通过在实际中自比为法家，强调在整个封建社会中，始终存在着尊儒反法和尊法反儒的斗争，这种斗争一直影响到现在，为其打击政敌、篡党夺权服务。也即是说，有关传统文化的研究，在"文化大革命"中被"古为今用"地政治化为现实斗争工具。所以，"文化大革命"结束后，中国共产党在传统文化领域拨乱反正的另一表现，就是还原传统文化研究的历史性、科学性，并通过"半介入"方式支持学术研究发展。

[①] 李学昌主编:《中华人民共和国事典（1949—2009）》，上海世界图书出版公司2009年版，第415页。

（一）还原传统文化学术研究的科学属性

1977 年 8 月，中国共产党第十一次全国代表大会召开，中央领导人在政治报告中对"文化大革命"时期的"评法批儒"运动，作出"古为帮用""影射史学"的政治定性，并认为其本质是随心所欲地伪造历史。

既然认识到"评法批儒"的本质及对中国传统文化历史真实性的严重破坏，中国共产党开始着手清算这种错误。1977 年邓小平复出后多次提出要重新编写历史教材，而编写历史教材就必然会涉及儒法关系的定性问题。由于编者意见不一，谁也不敢擅作主张，所以教育部将一份《关于中学历史教材中几个原则性问题的请示报告》送抵中央，建议"教材在春秋战国时期，要讲百家争鸣的内容，在讲述过程中，可以按历史事实，讲到儒家和法家的斗争。战国以后，地主阶级内部人物在思想上的斗争，不作儒法斗争处理。"[1]1978 年 3 月 9 日，邓小平审阅教育部《请示报告》，作出"拟原则同意"的批示[2]。

就事实而言，儒家与法家在历史上确实存在过"斗争"，比如汉昭帝时召开的盐铁会议上，桑弘羊与贤良、文学之士的争论，可以看作儒家与法家的"斗争"，但这种"斗争"却并非"四人帮"所言的"斗争"。因为"四人帮"设定的"儒法斗争"讨论，是建立在破坏传统文化历史真实性的基础上，如为了论证儒法斗争一直持续到现在，"四人帮"说南北朝时期的崇佛与反佛也是儒法斗争的重要内容；为了推行"儒法斗争"模式，其任意扩充法家代表人物数量，将公认的儒家代表人物荀子、具有明显道家倾向的王充、明末清初的大儒王夫

---

① 王学典主编:《二十世纪中国史学编年（1950—2000）》（上），商务印书馆 2014 年版，第 398 页。

② 中共中央文献研究室编:《邓小平年谱（1975—1997）》（上），中央文献出版社 2004 年版，第 276 页。

之等，都硬归到法家队伍。所以，教育部报告对历史事实的重申以及邓小平批示的重要意义，就在于恢复被"四人帮"破坏的儒家、法家及以之为代表的传统文化的历史真实性，即中国历史上真实的儒家、法家与其他诸子，是文化学说间"百家争鸣"关系，而绝非你死我活的政治斗争关系。也正由此，中国传统文化的最重要代表——孔子及其开创的儒家学说，在历史教科书中的评价，开始由政治谩骂渐渐转变为科学理性的认可。

众所周知，"文化大革命"中孔子遭到了激烈的批判。不仅传承儒家文化的四书、五经被视为"害人经"而付之一炬；而且孔林、孔府、孔庙也被视为封建势力的象征遭到巨大损毁；甚至曲阜这个城市被视为"四旧"的发源地，"是封建主义、资本主义、修正主义的老巢"，因此必须"彻底捣毁，砸他个稀巴烂！"[1] 在教科书中，"文化大革命"前孔子尚被称为教育家，等到"批林批孔"时孔子却被描述成"十足的开历史倒车的复辟狂""虚伪奸诈的政治骗子""凶狠残暴的大恶霸""吸吮人民血汗的寄生虫""'摇唇鼓舌'的反动政客""罪大恶极的'盗丘'"等[2]。可以说，孔子及其思想的历史地位降到了历史极低点。

庞朴曾指出，"文化大革命"时对一个文化学说或人物思想的分析，"往往是只突出思想同阶级斗争的关系，不大注意别的社会实践的作用；只惯于把各种形态的意识都看成是社会现象，不甚理会它们首先更是一种认识现象。因而在评价时，喜欢着眼于一个学说、一个原理以至一个命题的政治意义，不惜贬低甚至无视其科学意义。"[3] 在

① 北京师范大学毛泽东思想红卫兵井冈山战斗团：《下定决心 不怕牺牲 排除万难 去争取胜利——井冈山红卫兵战士满怀革命豪情在天安门宣示》，《讨孔战报》1966年11月10日。转引自程丽燕：《改革开放以来的儒学"复兴"现象研究——曲阜一角透视》，曲阜师范大学硕士学位论文，2011年。
② 参见大连红旗造船厂工人业余哲学社会科学研究所、辽宁省中小学教材编写组编：《辽宁省中学试用课本·中国历史·古代部分》，辽宁人民出版社1975年版。
③ 庞朴：《评三年来的孔子评价》，《人民日报》1980年1月29日。

此，庞朴从"功能主义"角度指出了文化的两种面相：一种是"政治意义上表现为社会现象的意识形态"，即文化的意识形态性，上文所提到的"文化大革命"中对孔子的贬斥，就是从意识形态的政治批判角度来认识和评价孔子的；文化的另一种面相是"科学意义上的认识现象"，通俗地理解就是文化所具有的科学知识性，而且科学知识性应该是文化的"首先"面相。但由于在"文化大革命"中突出孔子及其思想的意识形态性并作对立化地批判，因此科学知识性被抹煞了。①

"文化大革命"结束后，中国共产党逐渐转变了对孔子、儒学的认识和评价。但鉴于毛泽东亲自发动"批孔"运动的事实，所以运动结束之初党在评价孔子时还比较谨慎②，甚至依然沿袭"文化大革命"时的认识逻辑，即孔子是反动、落后的代表，并把"尊孔"的帽子反戴在"四人帮"头上。

虽然中国共产党很难于短时间内在政治层面突破"文化大革命"时的人物思想评价体系，但拨乱反正的历程毕竟已经开启。1977年8月，邓小平在其复出后不久召开的科学和教育工作座谈会上，发表《关于科学和教育工作的几点意见》的讲话。他特别提到，科学教育工作"它本身就是实事求是、老老实实的学问，是不允许弄虚作假的"③。这是针对"文化大革命"时期学风不正的问题而言的，强调了学问或学术研究的科学性，加之前文提到的教育部《请示报告》对历史事实的重申，所以，"文化大革命"后教育、科研领域首先出现了自由、宽松的研讨氛围，同时对孔子的认识评价也在学术角度首先取

① 庞朴:《评三年来的孔子评价》,《人民日报》1980年1月29日。
② 1977年8月党的十一大报告并没有否定"批孔"，只是认为"'四人帮'背着毛主席，也不经中央政治局讨论，批林批孔又夹着批走后门，三箭齐发，搞突然袭击，破坏毛主席关于批林批孔的战略部署"。所以，9月教育部发布的《关于坚决清除"四人帮"在中小学教材中的流毒和影响的通知》指出，"批林批孔"问题在教材中有反映的，"应按照毛主席关于批林批孔的指示修改"。
③《邓小平文选》第2卷，人民出版社1994年版，第57页。

得了突破。

1978年3月，"文化大革命"后的第一版全国通用初中历史教科书中，对孔子的描述出现细微变化，虽然标题依然是"孔子的反动思想"[①]，但内容中"孔老二"等侮辱性称呼却取消了。不久之后，学界和理论界掀起一场关于真理标准问题的讨论。在此氛围中，对孔子教育思想的评价开始发生变化。7月18日《光明日报》刊发《孔子教育思想试评》一文，文章肯定了孔子的教育思想和教学方法，认为其中有不少合乎人类认识规律的合理因素，所以决不能完全否定，应当进行"一分为二"地具体分析、批判继承。与此同时，文章依然认为孔子的政治思想是反动和保守的。但此后不久，8月12日《光明日报》又发表《孔子思想的再评价》一文，提出对孔子的政治思想也不能全盘否定、要全面看待的观点。文章指出，孔子政治思想核心的"仁"，改变了把奴隶当作会说话的工具的概念，在思想发展史上是一个进步。文章提出用"扬弃"的办法对待孔子学说中的消极方面和积极方面，"不能以一个方面否定另一个方面，不能拿一种作用抹煞另一作用"。文章还评价说，"孔子思想及其影响，无疑是中国过去文化中的重要成分，是建设无产阶级文化时不能置之不顾的历史遗产。"文章发表后旋即引起海内外普遍关注，成为全面重评孔子的标志之一。

可以说，经过真理标准问题大讨论的洗礼，人们的思想获得了巨大解放，而思想解放的效果也迅即体现在对孔子的认识评价中。1978年12月党的十一届三中全会召开，月底出版的第二版历史教材[②]与3月第一版教材相比，对孔子的评价出现重大变化：标题上，

---

① 参见中小学通用教材历史编写组编：《全日制十年制学校初中课本（试用本）·中国历史·第一册》，人民教育出版社1978年3月第1版。

② 参见中小学通用教材历史编写组编：《全日制十年制学校初中课本（试用本）·中国历史·第一册》，人民教育出版社1978年12月第2版。

第一版的"孔子的反动思想",变为第二版的"孔子的思想","反动"二字取消。内容上,对孔子思想核心"仁"的认识,由第一版的"是为维护奴隶制度的政治目的服务的",转变为肯定"仁"也有"要求统治者爱惜民力,不要过度压迫人民"的含义在内。而且,第二版历史教材不再指摘孔子开创的儒家学派是"一套挽救正在崩溃的奴隶制的反动主张"。到1979年12月第三版教材时,介绍孔子的标题又变为"思想家、教育家孔子",而且在指出孔子思想缺陷时,非学术的情绪化副词也消失了,如第二版教材中说孔子"极力赞美西周的奴隶制度,对封建变革的现实表现,表示强烈不满",第三版教材中则删去了"极力""强烈"等副词①。

总体而言,相较于1978年3月第一版教材对孔子以否定为主的评价,1978年12月底出版的第二版教材和1979年12月出版的第三版教材,对孔子的评价转变为了以肯定为主。而且,"文化大革命"后中国共产党将"三孔"的修复工作也提上日程。1979年经胡耀邦批准,山东省和曲阜县开始着手修复"三孔"②。同时中央政府也在1977年至1980年间"拨款111万元"③。这些或细微或明显的变化标志着中国共产党对孔子不再作"反动阶级"的政治定性,而且对孔子的态度也由"文化大革命"时期的意识形态批判转向实事求是地科学评价。

对于"文化大革命"后孔子之形象和评价所经历的这一渐变过程,庞朴以1978年夏季为界划分为两个阶段:前一个阶段叫作"对于孔子毋庸评价的评价阶段"。第二个阶段则从阻力最小的科研角度

---

① 参见中小学通用教材历史编写组编:《全日制十年制学校初中课本(试用本)·中国历史·第一册》,人民教育出版社1979年12月第3版。

② 傅鸿泉:《谷牧与中国孔子基金会》,中国孔子网,2014年9月10日。http://www.chinakongzi.org/zt/thirty/twbd/201409/t20140910_42754.htm。

③ 山东省曲阜市地方史志编纂委员会:《曲阜市志》,齐鲁书社1993年版,第634页。

评价孔子的教育活动开始，最显著的表现是历史教材中对孔子的评价，发生了从"孔子的反动思想"到"孔子的思想"再到"思想家、教育家孔子"的转变，不仅恢复了孔子应有的文化地位，更重要的是"敢于重新提出学术上的是非，把孔子作为一个历史人物来研究。"[①]而前后两个阶段的变化表明，经过真理标准问题讨论和十一届三中全会的思想解放，中国共产党不再将孔子及以之为代表的传统文化视作一种与阶级斗争相关的"意识形态"，而是首先把它看作一种可以作学术探讨的"科学知识"。

（二）以不干预的包容态度支持传统文化学术研究

随着"儒法斗争"研究范式的打破以及实事求是的科学研究态度的重新确立，改革开放后在自由宽松的学术氛围下，传统文化学术研究的繁盛局面开始到来。

1980 年 4 月胡乔木在谈史学工作问题时曾指出，我们过去对中国历史文化发展的研究很薄弱，"我们现在也没有一部科学的文化史。文化史一般都是在通史里面，大概说到哪一个或几个朝代后，就有那么一个章节来介绍一下这个时期的文化。但是，按照现代的科学水平来要求，这恐怕还不能说是文化史，顶多能说是文化史的一些简单的介绍或材料。"[②]确如胡乔木所言，至 1982 年时，全国以文化史命名的研究机构，只有中国社科院近代史所和复旦大学历史系的两个规模很小的研究室、教研室；开设过中国文化史课程的，亦只有北京大学和复旦大学两所高校，且都是专题研究性质；出版物方面，学术专著只有一本，教科书和专门刊物则无；全国学术刊物很少发表有关中国文化史的论文；大学中国通史课程中关于文化的部分，也几乎略而

---

① 庞朴：《评三年来的孔子评价》，《人民日报》1980 年 1 月 29 日。
②《胡乔木文集》第 3 卷，人民出版社 2012 年，第 127 页。

不讲①。

这种研究薄弱的状况大约从 1981 年开始发生转变，是年底召开的"全国宋明理学讨论会"和"中外哲学史比较讨论会"，成为"文化大革命"结束以来规模最大的学术讨论会，大批学者甚至海外学者与会，会议讨论了理学的性质、特点，理学与民族精神，理学的再评价等问题。多位中国学者开始强调，儒家思想是中国民族精神文化的主流，宋明理学是代表民族精神的自觉。这种观点与"文化大革命"时期对传统文化采取的批判、否定立场截然不同，被视为"封建糟粕"的儒学开始被部分肯定，同时官方对此次讨论及学者的观点也没有干涉。其后，复旦大学 1982 年 6 月和 12 月举行了两次"中国文化史研究学者座谈会"，这是新中国成立以来第一次举行关于中国文化史研究的专题性学术会议。与会学者对如何评价中国传统文化的历史地位形成比较一致的意见，即中国在历史上曾经创造和拥有可与希腊、罗马媲美或齐驱的居于世界先头的文化，虽然后来中国文化落后了，但也只是在一些领域，而在其他一些领域仍然保持着世界先进水平。对于该如何对待中国传统文化，学者们认为，既不应盲目肯定，也不能一味否定，而应取同情了解之态度，从中汲取精神资源。此后，在不断升温的"文化热"潮流推动下，有关传统文化的学术讨论会相继召开。

与此同时，西方自然科学和人文科学的涌入也影响到有关传统文化研究的主题和方法。以系统论、控制论、信息论为内容的学术思潮，主张以自然科学的客观性强化学术研究的科学性；"回到乾嘉去"思潮，倡导"考据"式研究方法的中立和客观；还有"走向未来"丛书编委会、"文化：中国与世界"编委会，着重西方科学思想方法和人文主义学术著作的译介、普及；等等。在这些思潮影响下，学界有

---

① 吴修艺:《中国文化热》，上海人民出版社 1988 年版，第 2 页。

关历史文化研究的主题发生变化，相较于之前关于传统文化的讨论更多是知识界围绕中国文化史研究的"坐而论道"，1984年后关于传统文化研究的出发点开始转向现实，如传统文化与现代化、东西文化比较、传统文化现代转型等，即怎样透过中国传统文化来认识当今中国现实社会，而且迅速成为全社会关注的热点问题。

显然，上述学术研究潮流的变化，对于执政的中国共产党而言是必然要关注且引导的。不过，由于"四人帮"在传统文化问题上造成的恶劣影响殷鉴不远，党的十一届三中全会后高调重申"百花齐放，百家争鸣"的学术研究和艺术创作方针，明确反对以行政手段干预学术艺术争鸣，所以，在七十年代末和八十年代上半期，中国共产党基本上是以不干预的包容态度看待传统文化学术研究，有时党政领导人以个人名义作出批示或通过担任研究机构领导职务的方式，支持和引导传统文化研究，中国文化书院和孔子基金会便是其中的典型。

中国文化书院和孔子基金会都成立于1984年下半年，并都得到党和国家领导人的支持和认可。中国文化书院在筹备成立时，以冯友兰名义致信中共中央总书记胡耀邦，信文"系统地申明了当时国际国内文化发展趋势、改革开放与弘扬中国文化的关系、创办中国文化书院的意义等等"。胡耀邦批示，"我同意这件事，请胡启立、何东昌、彭珮云酌情处理。"[1] 有了领导人的批示，相关部门很快给予支持，12月书院宣布成立。孔子基金会的成立过程也有类似之处，1983年夏，政协主席邓颖超视察山东，有关方面向其提议成立孔子基金会，邓颖超表示赞同。之后，山东省委于1984年9月向中央请示该问题，中共中央办公厅批复山东省委："中央同意以民间名义成立孔子基金会

---

[1] 张岱年、季羡林、周一良、汤一介等著，李中华、王守常编：《文化的回顾与展望》，北京大学出版社1994年版，第19、54页。

和谷牧同志任名誉会长、匡亚明同志任会长"①，这使得孔子基金会具有了"半官方半民间"色彩。9月26日，基金会第一次会议召开、宣告成立。

在宗旨上，二者都主张加强对传统文化的研究和保护。中国文化书院成立后便提出三项宗旨：一、继承并弘扬中国传统文化，大力推行中国文化的教学科研活动，如讲习班，函授班；二、为中国文化走向世界，与世界各国学术进行广泛的对话，制定与海外学者互访与交流计划；三、开展中外文化比较研究。书院由梁漱溟任院务委员会主席，冯友兰为名誉院长，汤一介为院长，张岱年为学术委员会主席。可以说，中国文化书院聚集了当时国内最顶尖的传统文化研究学者，并被认为是八十年代"文化热"中"唯一提出以中国文化为本位的全国性文化团体"②。而孔子基金会在第一次会议召开时便提出，其成立的主要目的是保护好"三孔"并加强对孔子思想的研究。1986年，基金会创办《孔子研究》期刊。1987年至1989年，基金会连续举办三次以孔子为主题、有关中国传统文化的国际学术讨论会。三次会议的举办，极大提升了中国传统文化学术研究的国际影响力，标志着关于中国传统文化的研究从中国走向了世界。

对于两者的日常运行和活动，中国共产党并不直接干预。中国文化书院成立后便举办了一系列讲习班、学术讨论会。1985年3月，书院举办第一期"中国传统文化讲习班"，被海外推为"中国最后的儒家"的梁漱溟作第一讲，这是1953年其受到毛泽东批评后的第一次公开演讲，备受各方关注。《光明日报》《人民日报》，甚至美国《美中交流通讯》、新加坡《新明日报》等媒体都做了报道。对于梁漱

---

① 傅鸿泉：《谷牧与中国孔子基金会》，中国孔子网，2014年9月10日。http://www.chinakongzi.org/zt/thirty/twbd/201409/t20140910_42754.htm
② 陈越光：《八十年代的中国文化书院》，生活·读书·新知三联书店2018年版，第7页。

溟的现身、表达的观点，以及讲座举办地选择中国青年政治学院（中央团校），党和政府方面都没有过多评涉。此后，书院又陆续举办三期与传统文化相关的大型讲习班，而且在书院举办许多规模较大的国际学术研讨会，甚至在和外国机构合办并由外国机构资助召开学术讨论会时，都不需要党政机关审批。这种不干预，实质上就是一种支持。孔子基金会的运行也同样如此。1985 年 6 月，中共中央书记处书记、国务委员、孔子基金会名誉会长谷牧指出，党对基金会的领导主要是帮助解决问题，并表态说，基金会的《公告》《章程》等方案，只要不违宪，不违反四项基本原则，即可由专家审定通过[①]。而且，在 1986 年 3 月基金会创办《孔子研究》期刊时，谷牧撰写发刊词指出，"提倡用辩证唯物主义与历史唯物主义的科学方法进行学术研究，但这个园地也不排除用其他方法得出的有价值的研究成果。"[②] "这篇发刊词在当时堪称儒学研究领域思想解放的宣言书，振聋发聩，影响极大。"[③] 而说到对孔子或儒学研究方法多样性的提倡，就不得不提当时学界对现代"新儒学"或"新儒家"的研究。

现在所说的"新儒学"概念，最早出现于 1941 年贺麟发表的《儒家思想的新开展》一文，作者说，"根据对于中国现代的文化动向和思想趋势的观察，我敢断言，广义的新儒家思想的发展或儒家思想的新开展，就是中国现代思潮的主潮。"这篇文章被看作现代新儒家的宣言书和代表作[④]。而在此之前，梁漱溟在二十年代初撰写的《东西文化及其哲学》中就提出，"世界未来文化就是中国文化的复兴"；对西洋人，"应当导他们于至好至美的孔子路上来"。因此，方克立

---

① 傅鸿泉：《谷牧与中国孔子基金会》，中国孔子网，2014 年 9 月 10 日。http://www.chinakongzi.org/zt/thirty/twbd/201409/t20140910_42754.htm
② 谷牧：《〈孔子研究〉发刊词》，《孔子研究》1986 年第 1 期。
③ 孔颜：《中国孔子基金会"十三五"学术规划暨〈孔子研究〉创刊 30 周年座谈会会议综述》，《孔子研究》2016 年第 3 期。
④ 李宗桂：《"现代新儒家"辨义》，《学习与探索》1988 年第 5 期。

将现代新儒学定义为产生于二十世纪二十年代、以接续儒家"道统"为己任、以服膺宋明儒学为主要特征、力图用儒家学说融合会通西学以谋求现代化的一个学术思想流派。因为宋明儒学区别于先秦儒学已在历史上被称为"新儒学",所以二十世纪以复兴儒学为追求的这个流派,就被称为现代或当代新儒家[1]。除了梁漱溟、贺麟,早期现代新儒家代表人物还有冯友兰、熊十力等[2]。冯友兰以程朱道学为宗,鼓吹"新理学",公开声明他是"接着"讲宋明理学,而不是"照着"讲宋明理学,其代表作为《新理学》《新原道》等"贞元六书"。熊十力曾师从欧阳竟无学习法相唯识之学,之后由佛归儒,创立"新唯识论"哲学体系。新中国成立后,现代新儒家思想在国内失去传播市场。但五十年代以后,第二代现代新儒家开始在港台地区得到发展,代表人物有唐君毅、牟宗三、徐复观、方东美等,他们系统提出了所谓由旧"内圣"(儒家心性之学)开出新"外王"(民主与科学),或"返本开新"(返传统儒学之本,开民主科学之新)的纲领主张。而且,经过几十年的研究、传播,现代新儒学成为带有一定国际性的学术思潮。八十年代后,以杜维明为代表的新一代现代新儒家代表人物多次回国讲学,活跃于中国学术界,他们的某些理论观点如儒学"创造转化"[3]

---

[1] 方克立:《要重视对现代新儒家的研究》,《天津社会科学》1986年第5期。

[2] 刘述先分现代新儒家为"三代四群"。第一代第一群:梁漱溟(1893—1988),熊十力(1885—1968),马一浮(1883—1967),张君劢(1887—1969)。第一代第二群:冯友兰(1883—1990),贺麟(1902—1992),钱穆(1895—1990),方东美(1899—1977)。第二代第三群:唐君毅(1909—1978),牟宗三(1909—1995),徐复观(1903—1982)。第三代第四群:余英时(1930—),刘述先(1934—2016),成中英(1935—),杜维明(1940—)。(刘述先:《儒家哲学研究》,上海古籍出版社2010年版,第258页。)

[3] 如杜维明说,"在今天,开挖传统中的'无尽藏',使传统文化发生创造转化,进而面向现实,走入世界,是每一个知识分子的历史使命。而当代新儒家,便进行着这样的工作"。转引自李宗桂:《"现代新儒家"辨义》,《学习与探索》1988年第5期。

"儒学第三期发展"①等，也逐渐被大陆一些学者所认知和接受。

正是在这样的历史和学术背景下，大陆学界开始加强了对现代新儒家的研究和了解。1986年11月，由天津南开大学方克立教授和广州中山大学李锦全教授牵头组织的"现代新儒家思潮研究"课题，被列入国家哲学社会科学"七五"规划重点项目，计划在"七五"和"八五"十年内，完成一套《现代新儒家学案》和《现代新儒家研究丛书》二十册、《现代新儒家研究论集》五册②。1987年9月，召开了首次全国现代新儒家思潮学术讨论会。有学者提出，现代新儒学不一定是与马克思主义对抗的，从整个思想史和中华民族文化史角度来看，似乎是并行不悖的③。

当然，除了中国文化书院、孔子基金会对传统文化大体持维护和肯定态度，此时学界或社会上也存在一些对传统文化的不同声音。如"走向未来"丛书编委会和"文化：中国与世界"编委会，对传统文化则主要持批判态度；还有其他研究指出，传统文化是一个封闭性的自足系统，与宗法封建社会有着相互适应的紧密联系等。

对上述不同观点和行为，中国共产党大体持包容态度。之所以

---

① 杜维明对"儒学第三期"发展有一个大致的设想。他认为，儒学有无第三期发展的可能，"取决于它能否对西方文化的挑战有一个创见性的回应"。对西方文化的回应，除了中国哲学的重建外，可以从三个层次来理解。第一是超越的层次，即儒家能否对以基督教为代表的宗教传统提出的问题——对超越性的理解、对身心性命之学，有创建性的回应？第二是社会政治经济层次，儒学是否能够和马克思主义进行深入的对话，并在其中找到结合点？第三是深度的心理学层次，儒学完全从"修身、齐家、治国、平天下"这样一个通道来掌握人性，对人性阴暗面的理解比较肤浅，因此还需要打通与心理学如弗洛伊德学说、存在主义等的联系。"儒学第三期的发展，大概至少也得一百年后才能得出某些比较明显的迹象"。参见薛涌：《文化价值与社会变迁——访哈佛大学教授杜维明》，《读书》1985年第10期。
② 顾伟康：《深入开展对现代新儒家的研究——"现代新儒家思潮研究"学术讨论会记要》，《社会科学》1987年第11期。
③ 罗义俊：《首次全国现代新儒家思潮学术讨论会在安徽宣州举行》，《哲学研究》1987年第11期。

如此，是因为传统文化学术研究在此时具有独特的服务政治的价值功能。虽然"文化从属于政治"的口号不再提倡，但并不意味着文化与政治不再相关。胡乔木就指出，学术研究满足政治需要的正确理解是向社会和政治提供新的科学研究成果，社会和政治则利用这种成果作为自己活动的向导①。而中国文化书院、孔子基金会及其他学术流派对传统文化学理性的或支持或批判，都有助于中国共产党思考如何实现传统文化的现代转型。此外，传统文化学术研究还具有特殊的统战意义。1985年谷牧在谈孔子基金会问题时指出，"中国重视孔子研究，新加坡等一些国家对我们的印象就会改变"，因此"要同国际上有关的研究孔子的机构建立广泛的联系"。他还指出，"孔子不光是我们的，也是台湾的"，"过去台湾说我们把孔子都批了，现在我们尊重、保护古老文化传统，我们在政治上就主动了"，因此通过传统文化的国际间交流"来开展友邻国家间的友好活动，搞统战工作"，"对开展台湾的工作有好处，可促进祖国统一"②。

整体而言，八十年代的"文化热"及对传统文化的总体性研究反思，正如有学者所指出的，"其本义是为了推动中国的现代化建设，为现代化扫清文化障碍。从根本上而言，它在目标追求上与执政党并没有本质冲突，甚至是殊途同归。"③所以，中国共产党对传统文化学术研究持"不干预"的包容支持态度。而正是这种态度，有力促进了有关传统文化学术研究的兴盛。

---

① 《胡乔木文集》第3卷，人民出版社2012年版，第127页。
② 傅鸿泉：《谷牧与中国孔子基金会》，中国孔子网，2014年9月10日。http://www.chinakongzi.org/zt/thirty/twbd/201409/t20140910_42754.htm
③ 杨凤城：《中国共产党与当代中国文化发展研究》，中共党史出版社2013年版，第136页。

三、反封建与反"自由化"下对传统文化的省思

自二十世纪二十年代尤其是中国社会性质问题论战以来，"中国古代社会是封建社会、中国古代文化是封建文化"，就已逐步成为社会的主流认识。不可否认，中国古代社会的确存在数千年的宗法传统，这种文化传统与专制主义确实存在千丝万缕的联系。但如果因此将中国文化一概地称之为"封建文化"，却存在极大片面性。目前，已有学者对中国古代社会是"封建社会"的观点提出了质疑，认为这是一种对马克思阶级社会演化理论存在误解的"泛封建观"，实际上"周秦以下中国社会形态决非'封建社会'"[①]。这种探讨对我们重新认识中国古代社会性质以及产生于此的文化，具有重要启发意义。但这种流行已久、甚至可以说是已经固化的认识，却对此后处理传统文化与当代社会的关系，产生了深远影响。"文化大革命"后，中国共产党在反思"文化大革命"时就认为，"四人帮"在本质上是封建主义的，因此确立了"反封建"的历史任务；同时认为"文化大革命"的发生与中国浓厚的文化传统有着一定的关系，因此在对待传统文化时表现出某种谨慎和犹疑心态。而八十年代中后期随着自由化思潮愈行愈显，中国共产党对传统文化的认识开始发生突破性的转变：在对传统文化中的"封建糟粕"保持警惕的同时，开始挖掘传统文化蕴含的反"自由化"的爱国主义、民族主义价值。

（一）剥离、批判"封建糟粕"

"文化大革命"结束后，把"四人帮"和封建主义联系起来进行揭露和批判构成一大特色。1976 年 12 月，《历史研究》第 6 期发表《评"四人帮"的封建专制主义》的文章，首段第一句就指出，"四人

---

① 冯天瑜:《中国文化近代转型管窥》，商务印书馆 2010 年版，第 388 页。

帮""以所谓批儒评法为名狂热地鼓吹封建专制主义"。1977 年 5 月，胡耀邦也指出，"林彪、康生、江青这些人搞的是封建专制主义那一套"①。但其实，此时党内高层对这个问题的看法却并不一致。1977 年 8 月，中央党校理论动态组报送高层领导人一篇题为《"四人帮"的覆灭与思想解放运动的任务》的文章，主旨为反封建主义，但因领导层观点不一而被压放。《人民日报》在反封建问题上也受到过很大压力，曾有人出面干预说，"目前不要单独提反封建主义，还是提反对封建思想残余和资产阶级、小资产阶级思想。"原因是认为，"现在民主革命胜利已经那么多年了，宣传战线的任务成了反封建，不合乎实际。"②

而且，此时党内对"四人帮"到底是封建主义专政还是资产阶级专政的定性认识，也模棱两可。1977 年 6 月《红旗》杂志发表的《现代复辟派和古代变革史——"四人帮"是怎样利用批儒评法进行反党阴谋活动的》文章，一方面认为"四人帮"是"以封建主义的面貌来改造我们的党和国家"，"是一种带有浓厚封建性的法西斯专政"；另一方面却又指出"四人帮"他们所要搞的是资产阶级专政。7 月，华国锋在十届三中全会上讲话也指出，"四人帮"妄图使我们的无产阶级专政变为资产阶级法西斯专政，使社会主义的中国重新沦为半殖民地半封建的国家。这种对"四人帮"既是"资产阶级专政"又带有"封建主义面貌"的模糊表述，体现出一种认识上的矛盾。

而随着 1978 年 12 月十一届三中全会以后思想解放的深入，中国共产党对"四人帮"的定性有了统一而明确的认识，即"四人帮"是封建主义性质。在此之前，1978 年 3 月邓力群就曾在中国社会科学院发表讲话说，"用资本主义和资产阶级的一般特点来解释'四人

---

① 盛平主编：《胡耀邦思想年谱（1975—1989）》（上），香港泰德时代出版有限公司 2007 年版，第 40 页。
② 余焕椿：《李维汉痛定思痛疾呼反封建》，《炎黄春秋》2003 年第 3 期。

帮'的出现和他们的活动,还不能说明全部的问题"。他认为林彪、"四人帮""绝大多数是封建主义的"[1]。1978年底,邓小平开始批判林彪、"四人帮"的封建主义。他在中央工作会议上指出,林彪、"四人帮"十多年来大搞禁区,"制造迷信"[2],之后又多次强调说林彪、"四人帮"对人民实行的是"封建法西斯专政"。

另外,除了明确"四人帮"的封建主义属性,1979年5月中央批准下发的《总政治部关于建议撤销一九六六年二月部队文艺工作座谈会纪要的请示》(以下简称《请示》),以及9月叶剑英发表的《在庆祝中华人民共和国成立三十周年大会上的讲话》,还明确指出了"四人帮"在思想意识形态层面的封建文化专制主义表现,及对中国文化发展造成的极大破坏。《请示》指出,林彪、江青炮制的《部队文艺工作座谈会纪要》贯穿的"是一种反马克思主义的、反科学反民主的封建文化专制主义思想",他们"在'破除迷信'和'彻底革命'旗号下,排斥一切中外古典文学的优秀遗产","推行反动的文化虚无主义和封建蒙昧主义"[3]。叶剑英的讲话也指出,"四人帮""任意消灭历史文化遗产和破坏社会主义文化。他们的文化专制主义和文化虚无主义,使我国的社会主义文化、教育、科学事业倒退了许多年。"[4]

既然明确了"四人帮"的封建主义性质,并指出了其在思想层面推行的是封建文化专制主义,由此中国共产党开始系统思考反封建主义的问题。1980年5月,李维汉向邓小平建议"补上反对封建主义思想这一课",邓小平表示赞成[5]。随后6月27日,邓小平在谈对

---

① 《邓力群文集》第1卷,当代中国出版社1998年版,第93—95页。
② 《邓小平文选》第2卷,人民出版社1994年版,第141页。
③ 中共中央文献研究室编:《三中全会以来重要文献选编》(上),人民出版社1982年版,第150页。
④ 中共中央文献研究室编:《三中全会以来重要文献选编》(上),人民出版社1982年版,第225页。
⑤ 中共中央文献研究室编:《邓小平年谱(1975—1997)》(上),中央文献出版社2004年版,第638页。

历史决议稿的意见时指出，"封建主义残余影响的问题要讲一讲"①。8月18日邓小平在中央政治局扩大会议上作《关于党和国家领导制度的改革》的报告，指出"现在应该明确提出继续肃清思想政治方面的封建主义残余影响的任务"②。应该说，此时邓小平所说的"思想政治方面的封建主义残余影响"，主要指的是"文化大革命"中的一系列不正常的制度表现和社会现象，如行政体制中存在的官僚主义、权力过分集中、家长制、干部领导职务终身制和形形色色的特权现象；社会关系中残存的宗法观念、等级观念；经济领域中的某些"官工""官商""官农"式的体制和作风，片面强调经济工作中的地区、部门的行政划分和管辖，以至画地为牢、以邻为壑；文化领域中的专制主义作风、不承认科学和教育对于社会主义的极大重要性、不承认没有科学和教育就不可能建设社会主义；对外关系中的闭关锁国、夜郎自大；尤其是"文化大革命"中的一人当官、鸡犬升天，任人唯亲、任人唯派，利用职权在进城、就业、提干方面非法照顾家属亲友的宗法观念的表现；等等。邓小平认为这些都同封建主义影响有关，因此提出了"切实改革并完善党和国家的制度"的要求。

在系统性批判封建主义同时，邓小平还提出"要划清文化遗产中民主性精华同封建性糟粕的界限"的要求。众所周知，毛泽东在民主革命时期就提出了"民主性精华"与"封建性糟粕"的传统文化"二分法"，而且在1960年又再次指出，"中国几千年的文化，主要是封建时代的文化，但并不全是封建主义的东西，有人民的东西，有反封建的东西。要把封建主义的东西和非封建主义的东西区别开来。"③因此，邓小平重申"二分法"，标志着在传统文化评价问题上重新回

---

① 中共中央文献研究室编：《邓小平年谱（1975—1997）》（上），中央文献出版社2004年版，第650页。
②《邓小平文选》第2卷，人民出版社1994年版，第335页。
③《毛泽东文集》第8卷，人民出版社1999年版，第225页。

到了毛泽东正确思想的轨道上来。除此之外，党内知名学者匡亚明在分析孔子思想时还提出了"三分法"，即凡是孔子思想中直接维护封建统治者利益的东西，必须加以批判抛弃；凡是在一定程度上带有远见智慧或这种智慧萌芽的东西，要认真加以清理，使之古为今用；凡是至今仍保有生命力而且具有现实意义的东西，则应积极继承和发扬。蔡尚思则认为如果有"三分法"那就可以有"十分法"，因此他并不认同"三分法"，而是认为应从思想文化的"主次"角度来分析①。

其实，作为评价文化的方法，不管"二分法""三分法"还是"主次法"，都有一定的不足，因为文化不可能如硬币一般清晰地展露出自己的"正反"面。但这种"多分法"的重要现实意义在于，否定了"文化大革命"时"四人帮"不加分辨地将传统文化斥为"四旧"而予以批判的"全盘否定法"。可以看到，此时中央领导人在认识、评价传统文化时，也大多以"二分法"为指导。如陈云在谈典籍文物的保护问题时以《四库全书》为例指出，虽然其在内容上是封建的，但它同时具有历史资料的价值，因此现在是"国宝"②。胡乔木说，一些人由于受"文化大革命""左"的影响，"对封建社会遗留下来的东西表现出一种深恶痛绝的感情，这是可以理解的。但是，几千年之久的历史，难道什么都不值得我们继承了吗？总有些东西应当作为我们的财富继承下来"③，这也同样表达了不能因为"封建"定性而全盘否定传统文化的思想，也即是说，"文化大革命"后通过剥离、批判传统文化中的封建糟粕，肯定其中蕴含的"精华"一面，为传统文化的

---

① 蔡尚思：《也谈实事求是地评价孔子——与匡亚明同志商榷》，《文汇报》1987年3月10日。
②《陈云同志关于评弹的谈话和通信（增订本）》，中央文献出版社1997年版，第88页。
③《胡乔木文集》第3卷，人民出版社2012年版，第117、113页。

存续提供了价值合法性①。

另外，还有一个关于中国共产党反封建的问题要予以辨析、说明。邓小平在当时讲话中，出于防止反封建"扩大化"的考虑，在方式、方法上指出，"必须明确，不要搞什么反封建主义的政治运动和宣传运动，不要对什么人搞过去那种政治批判，更不能把斗争矛头对着干部和群众。"对此，有学者认为，邓小平的这个表达，尤其是关于在肃清封建主义残余影响的同时，"决不能丝毫放松和忽视对资产阶级思想和小资产阶级思想的批判"的论述，标志着中国共产党将反封建议题，转变为了反对资产阶级自由化②。

事实上，中国共产党并没有放弃或转换反封建议题。相反，邓小平这番表述背后有着深刻的政治考量。邓小平深知改革开放后的安定团结局面来之不易，因此维护社会大局稳定是他考虑一切问题的出发点，比如在认识和评论"资产阶级自由化"时就是如此。他认为，资产阶级自由化搞得这一套"无非是大鸣、大放、大字报，出非法刊物，实际上是一种动乱，是'文化大革命'遗留下来的做法"；如果"搞资产阶级自由化，我们内部就成了一个乱的社会，不是一个安定的社会，什么建设都搞不成了。"③也即是说，社会稳定是当时中国最大的政治，一切问题包括反封建也必须在这个前提下进行。而反对资产阶级自由化以稳定社会局面，正有利于持续推进反封建。

另外，就反封建的方式方法而言，如果采用"文化大革命"时群众运动或大批判的方式，一阵风、一哄而上，表面上轰轰烈烈，但结果却可能适得其反，这是经历过"文化大革命"动乱的邓小平所深

---

① 虽然精华与糟粕的二分法，中国共产党一直沿用至今。但1989年之后，中国共产党主要地是从民族生存发展的角度来为传统文化提供合法性依据。而且在方法论上，党的十八大以来还在"取其精华、去其糟粕"的基础上，提出了"创造性转化创新性发展"的新理论。

② 闾小波、赖静萍：《从反封建到发扬优秀传统文化——二十世纪八十年代以来中国共产党的历史认知》，《学术研究》2011年第9期。

③《邓小平文选》第3卷，人民出版社1993年版，第123—125页。

知的一个道理。因此，他提出用制度建设和思想教育这种更持久、更平和的方式来反封建。事实上，反封建任务通过中国共产党此后一系列不间断的体制机制改革、民主法治建设和社会主义精神文明建设而化于日常，至今没有终止。中国共产党对反封建与反"自由化"的关系认识，并不是截然对立或"有彼无我"。

(二) 肯定和发掘传统文化思想价值

二十世纪八十年代伴随思想的解放，资产阶级自由化思潮亦出现。中国共产党在反封建的同时，对之亦密切关注和警惕。当八十年代中后期"自由化"愈行愈显，某种意义上可以说反"自由化"的紧迫形势明显大于反封建时，中国共产党开始将重点转向反"自由化"，并在此过程中实现了对传统文化认识评价的突破性转变。

"自由化"或曰"资产阶级自由化"主要表现为政治上怀疑和否定社会主义和党的领导。邓小平在1985年就曾指出资产阶级自由化的本质是，"崇拜西方资本主义国家的'民主'、'自由'，否定社会主义"[①]。作为一种思潮，"自由化"常常涉及对历史和文化的认知，一般而言，由怀疑和否定现实，延展至否定历史、否定文化传统，或者聚焦并夸大历史与文化中存在的消极面、阴暗面，是其显见的逻辑。如政论片《河殇》评价说，中国传统文化（尤其是其中的儒家思想）在走向衰败之中，不断摧残自己的精华，杀死自己内部有生命力的因素，窒息这个民族一代又一代精英。还有人宣称，"必须彻底埋葬孔孟之道"，只有"在孔孟之道的废墟上"才能"建立现代中国文化"[②]。

其实，这种认识并非始自二十世纪八十年代，而是在二十年代前后就已产生。自五四新文化运动以来，对传统文化持激烈的否定和

---

① 《邓小平文选》第3卷，人民出版社1993年版，第123页。
② 转引自王学典：《怀念八十年代》，广东人民出版社2015年版，第8页。

批判态度，一直是知识界的主流。认为儒学为代表的传统文化是农业文明的产物，而西方文化是工业文明的产物；儒学维护的是传统的封建宗法制度，西学则高扬现代的科学、民主、自由等价值理念，这种认识可谓根深蒂固于近现代中国。改革开放后，在八十年代的"文化热"中，"中西文化比较""传统文化现代化"等类似主题的学术讨论再度兴起。而所有这些讨论，归结为一个问题就是，"在西方文化的强烈冲击下，现代中国人究竟能不能继续保持原有的文化认同？还是必须向西方文化认同？"[①] 很显然，"自由化"思潮对此问题的回答基本上是"全盘西化"。

这种情况说明，中国共产党在反对资产阶级自由化的斗争中，必然也必须在对待传统文化问题上有明确的与时俱进的态度，如何对待传统文化的问题已经不仅仅是文化问题而是同时具有了政治意义。1987 年 2 月，胡乔木在首都新闻界座谈会上发表讲话，指出"有些人提出'全盘西化'，这实际上是否定社会主义、否定中国革命、否定中国文化、否定中华民族的口号"[②]。中宣部负责人也曾一针见血地指出，资产阶级自由化"从对现实的否定，到否定人民共和国四十年的历史，到否定我们党近七十年的历史，一直到否定中国五千年的文明史、否定整个中华民族。他们否定历史也是为了否定现实，即否定我们党领导下的社会主义制度。"[③] 也就是说，此时中国共产党已经意识到，随着资产阶级自由化将否定现实存在与否定历史文化相关联，对传统文化的态度将直接关乎现实社会政治稳定。进一步言之，维护、肯定传统文化的存在和价值，就是维护、巩固现实社会党的领导和社会主义制度。

---

① 中国民主同盟中央委员会、中华炎黄文化研究会编：《费孝通论文化与文化自觉》，群言出版社 2005 年版，第 473 页。
②《胡乔木文集》第 2 卷，人民出版社 2012 年版，第 687 页。
③《王忍之文集》，红旗出版社 2016 年版，第 329 页。

　　而要肯定传统文化的价值，有一个前提就是必须首先厘清传统文化与封建主义的关系，这是深刻影响中国共产党对传统文化态度的重要因素。前文已提到，邓小平在 1980 年就曾指出要划清文化遗产中民主性精华同封建性糟粕的界限。1985 年 11 月胡乔木也说，"不能把中国传统文化一概说成封建主义的。有些文化是有阶级背景，有些则不受或不直接受阶级利益支配。"[①] 1986 年 9 月他再次强调说 "中国的历史和文化不能简单地同封建主义画等号"[②]。而且，在当年中共十二届六中全会通过的《中共中央关于社会主义精神文明建设指导方针的决议》（以下简称《决议》）中，出现了一个不同以往的表述，首次提出了 "文明复兴" 的口号。

　　《决议》所使用的 "复兴" 一词，《辞海》中有 "衰微后使其重新兴盛起来" 的意思。胡乔木对此阐释说，"复兴中国文明决不是为了复兴中国封建主义或是复兴有些人所说的 '酱缸文化'"。"复兴中国文明" 的口号是完全正确的，"中国曾经有过光辉的文明，我们现在的任务就是在新的条件下复兴中国文明。我们的改革、开放正是服务于这个伟大目的的。"[③] 因此，"文明复兴" 的表述不仅明确了历史与现实的不可分割、一脉相承；而且表达了现实对历史所背负的神圣使命。复兴伟大中国文明目标的提出，标志着中国共产党突破了过去因反封建考量而对传统文化评价的 "束缚"，开始以更客观、历史、全面、正向的视角认识和评价传统文化。以 1986 年为界，这种变化对比特别明显。

　　如中学历史教材对孔子的评价，虽然如前文所述从十一届三中全会以来就改变了 "文化大革命" 中的彻底否定立场，但依然留有 "尾巴"，认为 "孔子的思想，后来在封建社会被统治阶级改造和利

① 《胡乔木传》编写组编：《胡乔木谈中国共产党党史（修订本）》，人民出版社 2015 年版，第 230 页。
② 《胡乔木文集》第 2 卷，人民出版社 2012 年版，第 676 页。
③ 《胡乔木文集》第 2 卷，人民出版社 2012 年版，第 676 页。

用，成为维护封建制度和统治人民的精神工具。"①1986年12月出版的历史教材，则在书中直接删除了"精神工具"的提法，表述为"他的学说后来成为我国两千多年封建文化的正统思想，对后世影响极大"，并且评价孔子为"大思想家、大教育家"，较之前"思想家、教育家"的定性，加了一个"大"字②。1987年9月，中国开始举办第一届"儒学国际学术讨论会"，谷牧在致辞中表达了对以孔子、儒学为代表的中国传统文化的继承、肯定态度，他说："历史证明，任何一个民族，特别是像中国这样具有悠久文化传统的民族，是不可能割断历史，凭空接受外来文化的"。"即使近代史上那些主张彻底否定中国传统文化思想，实行所谓'全盘西化'的人，也没有摆脱中国传统文化思想的影响，而是在中国传统文化思想的支配下，按照自己的口味去选择外来文化。所谓'全盘西化'从来只是一种幻想而已"。"要使中国进步，唯一正确的做法是从现实需要出发，批判地继承包括儒家思想在内的中国传统文化思想的优秀部分，同时批判地吸收外来文化中的合理因素，并使之有机融合。"③

在整体肯定传统文化的基础上，中国共产党开始注意发挥它反资产阶级自由化的价值。资产阶级自由化的危害，在当时除了全盘否定中国传统文化，还造成一个严重的社会现象或问题，就是一些人对资本主义国家盲目迷信、崇拜，"觉得中国处处不如外国"④，进而丧失对国家的热爱和对社会主义建设事业的信心。中国共产党意识到，要消除或抵御资产阶级自由化的这种影响，必须加强爱国主义教育，而中国传统历史文化中蕴含着丰富的爱国主义素材，加强对民众尤其是学生的中国数千年历史文化的宣传教育，可以提升他们对国家、民

---

① 中小学通用教材历史编写组编：《全日制十年制学校初中课本（试用本）中国历史第一册》，人民教育出版社1978年12月第2版。
② 臧嵘、王宏志编：《初级中学课本中国历史第一册》，人民教育出版社1986年12月第2版。
③ 谷牧：《在儒学国际学术讨论会上的致词》，《孔子研究》1987年第4期。
④《邓力群文集》第3卷，当代中国出版社1998年版，第116页。

族的自豪感、自尊心、自信心。

1986年9月，胡乔木在全国中小学教材审定委员会成立大会上发表的《加强爱国主义思想教育》的讲话中说，要把各级各类学校的爱国主义教育看作当前教育工作中的一项重要任务。而爱国主义教育，主要应该取材于中国的历史和文化。他提议在语文教材中，选取中华民族历史上的文言精品，"对中小学生进行思想品德教育。不但小学生、中学生和有关的文科大学生，其他大学生同样需要了解我们民族的历史，了解我们民族有什么值得骄傲的东西，……保存了一些什么优秀的科学哲学文化道德传统，留下一些什么文艺珍宝，……曾经怎样为世界各国所称道艳羡，……这些问题单靠政治课和时事政策报告是不能完全解决的。"①

1988年12月，中共中央下发的《关于改革和加强中小学德育工作的通知》要求，把爱国主义教育放在突出位置，必须"使学生从小了解中华民族的光辉历史和革命传统"。同年，教育部发布的《九年制义务教育全日制初级中学历史教学大纲（初审稿）》也指出："爱国主义传统是中华民族的珍贵历史遗产，是使我们的国家兴旺发达的巨大力量。我国历史悠久，文化遗产丰富多彩，优秀历史人物辈出，对世界文明产生了深远的影响。这些都有助于激发学生的爱国热情和民族自豪感。中国古代历史的教学应当着重向学生进行这方面的教育。"②

此后，在党和国家领导人的讲话或文件中，"爱国主义"与"传统文化"经常被连带提及，而且爱国主义作为传统文化的思想精华之一，其地位和重要性与日俱增③。从这个意义上也可以说，正是由

① 《胡乔木文集》第2卷，人民出版社2012年版，第675—678页。
② 课程教材研究所编：《二十世纪中国中小学课程标准·教学大纲汇编》（历史卷），人民教育出版社2001年版，第510—538页。
③ 如1989年的《中国共产党第十三届中央委员会第四次全体会议公报》、江泽民《在庆祝中华人民共和国成立四十周年大会上的讲话》《中共中央关于进一步治理整顿和深化改革的决定》等，都特别强调要加强"爱国主义、集体主义、社会主义"的思想教育，而且"爱国主义"在三者中居于首位。

于资产阶级自由化造成一系列重大社会、思想问题，肯定传统文化的价值与维护现实社会稳定的关系才愈加密切。伴随资产阶级自由化在 1989 年春夏达至高潮，在当年 10 月召开的孔子诞辰 2540 周年纪念暨国际学术讨论会上，中国共产党也以更明确的态度传达出对传统文化的支持和肯定。讨论会由中共中央政治局委员、国务院副总理吴学谦主持开幕式，全国政协副主席、孔子基金会名誉会长谷牧致开幕词，全国政协副主席胡绳等出席，参加活动的党和国家领导人数量之多、规格之高为新中国成立后之最。谷牧在致辞中明确指出传统文化对建设社会主义新文化具有重要意义。

中共中央总书记江泽民接见了部分与会学者和嘉宾，并发表重要讲话。他一方面指出以孔子、儒家为代表的中国传统文化中有精华、有糟粕，要吸取精华，去其糟粕。另一方面，他特别强调传统文化中蕴含的优良传统对于教育下一代、提振民族精神、加强民族气节的重要意义。这是改革开放后中共中央总书记首次公开发表对传统文化价值的肯定性评价，也由此成为中国共产党对传统文化态度转变具有标志意义的事件 ①。

---

① 杨凤城在《中国共产党对待传统文化的历史考察》(《教学与研究》2014 年第 9 期) 中指出，以李瑞环 1990 年发表的《关于弘扬民族优秀文化的若干问题》为标志，"中共主要领导人评价传统文化尤其是儒学的立场或侧重点发生了微妙的变化"。确实，以"传统文化"为专门议题、形成文件并收录，"这在中共历史上、在中共中央最高领导层还是第一次"。但事实上，从 1986 年《中共中央关于社会主义精神文明建设指导方针的决议》提出"文明复兴"口号、中共领导层对资产阶级自由化全盘否定传统文化态度的批判，以及为抵御自由化思潮提出挖掘传统文化中爱国主义价值的一系列建议和举措，都表明中国共产党对传统文化的态度在彼时已发生重大转变，只是随着资产阶级自由化在 1989 年夏达至高潮，中国共产党对传统文化的态度才更加明确，并在 1990 年时由李瑞环专门发表对传统文化问题的肯定性讲话。因此，可以说，中国共产党对传统文化态度的转变不是一蹴而就的，而是一个连续的、渐进明确的过程。

小结

纵观改革开放后至 1989 年中国共产党在对待中国传统文化问题上保护其物态载体、支持学术研究、挖掘思想价值的渐进历程，可以发现党在这一时期所面临的反封建与反"自由化"的双重历史任务，是影响这个过程的最重要因素。

"文化大革命"结束之初，中国共产党的思想聚焦点是批判"四人帮"，并且很快将其与封建主义联系起来展开深挖，接着，这一思路扩展到对整个"文化大革命"的反思。在反封建的历史主题下，中国共产党对传统文化的态度比较谨慎，一方面，摈弃"文化大革命"时期对待传统文化的虚无主义和实用主义，尤其是对中国传统文化主体——儒学的谩骂和全面否定态度，还传统文化的客观历史存在意义；另一方面对传统文化内含的价值追求、道德理念等又保持着审慎和警惕，不作具体的实质性的评价或判断。

由于文物典籍等物态载体遭到"文化大革命"破坏的毁灭性后果显现最直接最显著，且相较于上层建筑的思想文化，典籍文物的意识形态属性较弱，保护文物为一个正常国家正常社会的常识性行为，所以中国共产党首先对传统文化物态载体采取了保护措施。方法是对典籍文物做了载体与内容的剥离、分层处理，即在否定其封建主义内容的基础上，肯定其资料介质属性。这也从一定意义说明了为什么"文化大革命"结束后初期党的高层领导人讲话或文件中多以文化遗产、典籍、文献等指代传统文化，对其价值的认识也主要局限于物态载体作为传播介质所具有的丰富文化生活、增加经济收入等功能。

进入八十年代后，学界对"文化大革命"的反思深入到对传统文化内因的深层剖析，同时经济体制改革也要求在观念上进一步解放思想、破除僵化思维，由此呈现出政治、经济、文化三领域都要求继续反封建的局面。而学界对传统文化中封建主义糟粕的学理性批判、清理，正可以呼应社会各界需求，以及为执政党对传统文化与现代化问题的思考发挥智囊、向导作用。有学者就曾指出，对中国传统文化的反思"将从根本上铲掉'文化大革命'的思想文化基础，使人们的思想彻底得到解放。"① 另外，传统文化的学术交流还有一定的统战效果。因此，对于学界的传统文化研究，中国共产党表现出包容和支持的态度。

但八十年代中期尤其是 1986 年之后，"自由化"思想开始演变为一种社会性思潮，并"直接地公开地反对四项基本原则，鼓吹实行资本主义的经济制度和政治制度，鼓吹全盘西化。"② 此时反"自由化"的任务，开始明显大于反封建。而正是这种反"自由化"的紧迫形势，使维护传统文化存续与维护党的领导的关系得以密切，传统文化中蕴含的反"自由化"的爱国主义因素得以发掘。此后，为应对西方的"和平演变"，弘扬传统文化具有了政治上的重要意义，成为中国共产党"振奋民族精神，提高民族自尊心和自信心，发扬爱国主义精神，顶住一切外来压力的一个重要条件。"③

---

① 吴修艺:《中国文化热》，上海人民出版社 1988 年版，第 136 页。
②《王忍之文集》，红旗出版社 2016 年版，第 329 页。
③ 中共中央文献研究室编:《十三大以来重要文献选编》(中)，人民出版社 1991 年版，第 853 页。

第八章　继承弘扬："民族"属性阐释与"走出去"

如果说从"文化大革命"结束至八十年代末，在认识和对待传统文化问题上，中国共产党的主要任务是"拨乱反正"，即拨"文化大革命"的认识与行为之乱，回归常态，与此同时，警惕源自"资产阶级自由化"对传统文化的另一种全盘否定。进入九十年代后，随着改革开放的拓展与深化，随着经济社会的发展与进步，中国共产党在对待传统文化问题上必须有与时俱进的新认识新态度。这里，有两个重要背景需要注意，一是随着中国全方位开放的不断拓展，面对西方各种思想和文化潮流的涌入，如何在多元思想的交织、碰撞中保持中国和中国人的"文化认同""民族认同"，成为中国共产党面临的一个重要时代课题；二是伴随中国融入世界程度的加深和国际地位的提升，如何让西方世界更好理解中国的外交政策、中国的政治制度设计，以及在对外交流中增强文化竞争力，也成为一个迫切需要解决的课题。在这样的政治文化背景下，传统文化"民族性"对于增强中华民族凝聚力向心力的重要意义、对于阐释中国特色社会主义制度合理性的重要意义以及提升中国文化软实力的重要意义，日趋凸显。也正由此，进入二十世纪九十年代之后，中国共产党开始突出强调传统文化的"民族"属性和意义，并在对外交往中推动传统文化"走出去"，构建起具有中国特色的对外话语体系。

一、传统文化的"民族性"价值定位

世界上每一个民族或国家，都有其独具特色的文化。"民族性"是文化的最基本和最重要属性。二十世纪二三十年代以来，国人在中西文化比较中形成一种认识，即认为中国传统文化与西方文化之间没有民族或地域差异，有的只是时代发展落后与先进之间的差距，这种认识较长时间内左右着国人对待中西文化的态度。二十世纪八十年代末以来，面对"自由化"和民族文化虚无主义对传统文化的否定，中国共产党开始加强对传统文化"民族"属性及意义的强调。

（一）阐释传统文化的"民族"属性及意义

中西文化之间，到底是民族地域不同，还是时代发展先后差异，这是一百多年来困扰中国文化发展的重要问题。改革开放以来，中国共产党逐步调整了以往过于机械的阶级认知标准，并以"为人民服务、为社会主义服务"为衡量标准，引导传统文化服务于社会主义现代化建设。中国传统文化中一些糟粕因素确实不利于现代民主和科学的发展，但如果像自由化思潮那般整体否定传统文化，认为"不能从中国传统文化的内部来寻找所谓的精华"，只能"用世界的（西方的）现代文化代替中国的传统文化"[①]，那么，其后果将不仅意味着中华文化的断裂，而且，政治上必然导致否定中国共产党的领导和社会主义制度。

正是由于资产阶级自由化"全盘西化"的主张，促使中国共产党必须对中西文化差异这个问题作出科学回应。在思考和探索过程中，传统文化的民族属性得以凸显——即中西文化之间最主要的是民

---

① 钟文主编:《反"和平演变"干部导读》，延边大学出版社 1992 年版，第 475 页。

族地域性差异，而非时代发展落后与先进的差异，两者之间更无高低优劣之别。这种认识和态度转变的一个重要标志，是中共中央政治局常委李瑞环 1990 年 1 月作的《关于弘扬民族优秀文化的若干问题》的讲话。

李瑞环在讲话中阐述道，虽然当今世界各国家和民族之间的交往越来越多，文化交流和互鉴也越来越频繁，"但从总体上来说，一个国家的文化，仍然具有鲜明的民族特色"。不同的文化形式之所以体现出不同的民族风格，是因为不同的民族有着不同的语言，不同的历史发展，不同的地理环境，不同的经济和社会发展形式。而且，文化的民族特征是高度保守的，"许多古典的东西，甚至可以保持几百年、几千年，后人还是继承它、喜欢它。这是人类发展历史长河中一个带规律性的共同现象。"对于民族特色文化的重要性，李瑞环指出，它不仅"是民族生活、劳动、斗争和人民智慧的结晶，是民族的创造，是吸收人类文明的成果，又是对于人类文明的贡献"，而且"它构成了维系民族成员的心理纽带，是民族生命的重要组成部分"。由此，李瑞环强调，"在深刻的社会变革过程中，在急剧的现代化过程中，文化的内容和形式必然会有许多新的变化，但是绝不能忽视民族特色和民族文化的研究。丢掉民族的优秀文化遗产，不仅是民族自身的悲剧，也是人类的损失。"[1]

这是李瑞环从普遍意义上强调每个民族都有自己独具特色的文化，进而肯定中国传统文化的民族属性，接下来的问题是，到底什么是中国传统文化以及它具有哪些民族特点？对此，李瑞环阐释说，中华民族的传统文化，既包括汉民族的文化，也包括各少数民族的文化，是一个丰富博大的有机整体。它具有三个方面的显著特点：一是源远流长。因为中国是世界上经济和文化发展最早的国家之一，有

---

[1] 中共中央文献研究室编：《十三大以来重要文献选编》（中），人民出版社 1991 年 10 月版，第 853—854 页。

五千年的文字记载历史。在文化成就的许多方面，它不仅是最早的，而且远远领先于世界。二是博大精深。中华民族的传统文化内容极其丰富，在许多领域，都达到了当时世界水平的顶峰。三是影响深远。中华民族的传统文化是随着中华民族的发展而发展起来的，它对于中华民族的形成、繁衍、统一、稳定和自立于世界民族之林，都起了不可替代的巨大作用，具有超越时代的深远影响。在当今世界，凡是炎黄子孙，不管走到什么地方，只要他良知未泯，都不能不为辉煌灿烂的中华民族文化而感到骄傲。这是中国共产党历史上党的领导人首次对传统文化的内容、特质、意义作出系统的整体性概括和归纳。

为什么随着自由化思潮的侵袭，尤其在1989年政治风波后，中国共产党对传统文化的认识与此前相比会发生一个强调民族属性和价值的转变？显然，这不能简单归结为词语的选择和偏好，因为"文化价值转换同时也体现在词语和概念的转换之中"[1]。1990年2月，江泽民在会见台湾"中国统一联盟"访问团时曾特别提到"中华民族"这个词，说这个词"比我们过去常讲的'炎黄子孙'的概括性更强，它包括了我们国家的各个民族。"[2]确实，"中华"或"中华民族"概念具有特殊的内涵。1907年章太炎在《中华民国解》中曾对"中国"与"中华"两个概念作区分说，"中国云者，以中外别地域之远近也。中华云者，以华夷别文化之高下也。即此以言，在中华之名词，不仅非一地域之国名，亦且非一血统之种名，乃为一文化之族名。"[3]这个阐释揭示了"中华民族"与其固有文化之间的特殊关联，即"中华民族"因其特殊和优秀的民族文化而区别于他族。另外，就"中华民族"概念的形成、传播而言，它伴随近代国族存亡危机而来，含有文

---

① 方维规：《概念的历史分量》，北京大学出版社2018年版，第14页。
② 中共中央文献研究室编：《江泽民思想年编（1989—2008）》，中央文献出版社2010版，第22页。
③《章太炎全集》第4卷，上海人民出版社2014年版，第252页。

化辉煌的"民族自信"、近代屈辱的"民族自卑"、救亡图存的"民族自强"三种情愫在内，即具有特殊的文化心理学意义。虽然人们日常感受不强烈，但在自由化思潮全盘否定传统文化的特殊背景下，将"中华民族"与"传统文化"概念关联并强化，三种情愫就会像发生化学反应一样产生巨大的民族主义、爱国主义力量。因此，江泽民在此次讲话中还特别突出了民族文化之于民族认同和团结统一的重要意义，他说"民族文化已经融化在我们的血脉中，随时随地影响着我们的感情"，海峡两岸是同一个根脉①。

此后，党的文件或领导人讲话在谈及"传统文化"时，都会与"民族"或"中华民族"相关联，以突出传统文化的民族属性和意义。如 1991 年 7 月，江泽民在庆祝中国共产党成立七十周年大会的讲话中指出，"中华民族是有悠久历史和优秀文化的伟大民族"，建设中国特色社会主义文化不能割断历史，必须继承发扬"民族优秀传统文化"，对"民族传统文化"要取其精华、去其糟粕②。由此，"民族"与"文化"或者说"中华民族"与"传统文化"构成为一个不可分割的有机整体。1992 年 10 月，党的十四大修订通过的《中国共产党章程》，在"总纲"中提出"弘扬民族优秀传统文化"的要求，以党内根本大法的形式明确了对传统文化民族属性的认识，以及中国共产党对传统文化所肩负的"弘扬"使命。

发现并突出强调传统文化的民族属性，其重要意义正如王学典所言，在于"为'传统'和'传统文化'的存在与持续开辟了最广阔的前景，提供了根本上的合法性"，并"直接关乎今天中华民族伟大复兴的'中国梦'的提出和实现"③。此后，中国共产党一直延续民族

① 中共中央文献研究室编：《江泽民思想年编（1989—2008）》，中央文献出版社 2010 年版，第 22 页。
② 中共中央文献研究室编：《十三大以来重要文献选编》（下），人民出版社 1993 年版，第 1645 页。
③ 王学典：《怀念八十年代》，广东人民出版社 2015 年版，第 13 页。

认知视角，进入新世纪后以胡锦涛同志为总书记的党中央高度肯定中国优秀传统文化是"建设中华民族共有精神家园的重要支撑"，十八大以来以习近平同志为核心的党中央高度肯定中华优秀传统文化是"中华民族最基本的文化基因"。

（二）确立弘扬传统文化的政策

在传统文化民族属性和意义认识基础上，李瑞环的《关于弘扬民族优秀文化的若干问题》的讲话，还在如何具体对待传统文化方面作出了要求。因为这是新中国成立乃至中国共产党成立以来，党的高层领导发表的首个专门关于传统文化问题的讲话，既有对过去历史经验的总结，又有对现实和未来的规划，因此有必要对其主要内容作一番简单介绍。

首先，在宏观态度层面，明确了"继承和发扬光大"的责任要求。早在民主革命时期毛泽东就曾指出，"我们是马克思主义的历史主义者，我们不应当割断历史。从孔夫子到孙中山，我们应当给以总结，承继这一份珍贵的遗产。"[1]但新中国成立后，一段时期内由于受"左"倾思想干扰，并没有很好地执行这个要求。比如机械地将"古""今"对立，过于"厚今薄古"。"文化大革命"爆发后，中国传统道德被斥为封建主义、资本主义、修正主义的腐朽文化而继续遭到批判。应该说，对中国传统道德尤其是"三纲五常"的批判，确实有助于解放人们的思想，但自"五四"以来的反传统道德思潮忽视了道德传统的超时代、超阶级的普遍性意涵，过度强调其消极影响，从而造成中国传统道德与新社会的紧张关系，使丰厚的传统道德文化无法发挥其应有的社会价值。

与此前主要批判传统文化的封建性不同，李瑞环的讲话着重强

---

① 《毛泽东选集》第 2 卷，人民出版社 1991 年版，第 533—534 页。

调了传统文化的继承性、借鉴性。他承认，中华民族的传统文化有其狭隘和保守的一面，诸如一些封建思想，曾经是导致我国社会长期停滞的根源之一；但与此同时，传统文化也具有相对稳定性，体现在它的许多方面并不是为某一个阶级、某一个时代所独有和利用，既应该看到文化遗产的阶级性、时代性，又要重视它的继承性和借鉴性，历史上形成的许多治国理政的宝贵经验，一旦赋予新意便可成为社会主义精神文明的组成部分。因此，在宏观整体态度上，李瑞环提出要"大力弘扬灿烂辉煌的中华民族文化"，这不仅转变了过去对传统文化所秉持的基本上是批判的态度，而且以党中央领导人的名义明确提出了弘扬传统文化的要求。须知，此前中国共产党对待传统文化的态度，在表述上主要是"批判、继承"，很少甚或从未提及弘扬。由"继承"到"弘扬"，词语变化的背后隐含着对传统文化价值认识的巨大转变。

其次，在中观认识层面，李瑞环提出要处理好继承与发展、社会主义文化与传统文化、固有文化与外来文化等几对矛盾关系。一、对继承与发展的关系处理。既不能一股脑地把过去所有的传统，不分良莠、一概继承，搞成复古主义，导致食古不化；也不能以现在的标准一味苛求历史，搞成历史虚无主义。林彪、"四人帮"将民族文化遗产斥为"四旧"，资产阶级自由化思潮也诋毁民族传统文化，主张"全盘西化"，这些教训都应当牢牢记取。二、对社会主义文化与传统文化的关系处理。新中国成立后开启了社会主义新文化的建设历程，但中国传统"旧文化"与社会主义"新文化"的关系，在一段时期内一直没有处理好，甚至"文化大革命"期间还出现把传统文化与社会主义文化对立起来的现象，导致新中国文化建设历程出现曲折。改革开放后，中国共产党汲取历史教训，对传统文化与社会主义文化关系作出科学界定，"建设有中国特色的社会主义新文化，一定要植根于中华民族文化的深厚土壤，深入地研究中国的历史文化，弘扬中华民族文化的优秀传统。"① 三、对中国固有文化与外来文化的关系处理。"文化大革命"时期搞闭关锁国的封闭主义，将学习、引进西方科学技术批判为"崇洋媚外"，一定程度上导致中国科学文化发展严重落后于世界发达国家。而改革开放后，国内又出现一股盲目崇拜西方文化、否定自身固有文化的潮流。因此如何妥善处理好本国固有文化与外来文化的关系，成为事关中国社会文化发展的重要问题。李瑞环在讲话中，首次对弘扬民族优秀传统文化与借鉴外来文化的辩证关系作了阐释。一方面，李瑞环指出，现在国际间文化交流日益频繁，再搞盲目排外、闭国锁国不仅不可能，而且反而会延缓本民族文化的发展进程，只有"积极借鉴和吸收外来文化中一切对我有用的东西"，才是正确的选择。李瑞环以中国汉、唐时既是吸收外来文化最积极最有气魄的时代，同时也是民族主体意识高扬、民族文化蓬勃发展的时代为例指出，"在社会主义条件下，在改革开放的今天，我们吸收外来文化的气魄应该更大一些，更要有世界眼光。"② 另一方面，李瑞环强调，吸收借鉴外来文化的目的是"洋为中用"，即丰富和发展我国的民族文化，而不是用它来取代本民族的文化。只有文化的民族基础深厚了，吸收外来文化的能力才会增强。

最后，在微观实践层面，讲话也提出一些具有可操作性的具体要求。比如，讲话提出可以根据需要和可能，有计划有步骤地把各种现代科技手段运用于民族传统文化的展示中，以丰富和提高民族艺术的表现能力。再如讲话提出，要造成重视民族文化的舆论环境，各宣传单位和文化机关，要切实加强民族文化的宣传普及工作，报纸、电台、电视台和有关刊物、出版部门要采取开辟专栏、举办专题讲座和

---

① 中共中央文献研究室编:《社会主义精神文明建设文献选编》，中央文献出版社1996年版，第367页。

② 中共中央文献研究室编:《十三大以来重要文献选编》（中），人民出版社1991年版，第861页。

各种笔会，以及出版专著、辞典和系列丛书等多种方式，用历史唯物主义观点帮助人们正确地认识我们民族文化的优秀传统；要充分利用如春节、端午节、中秋节，以及藏历新年、泼水节、古尔邦节等具有浓重民族特色的节日，开展弘扬民族文化的活动。另外，李瑞环还提出，要像经济建设一样，制定继承和发展传统文化的总体规划，比如对传统剧目的挖掘、整理、改编和革新，古籍的整理、出版和发行等等，都要根据实际需要和力所能及的原则，制定出具体的实施目标，确保按期完成；还要制定相应的经济政策，如合理调剂使用现有的文化投资、在税收方面采取倾斜政策、研究和改进现有分配政策等，给予弘扬民族文化工作以必要的人力、财力、物力支持，等等。

总之，李瑞环的讲话，是中国共产党历史上第一个专门地、全面系统地阐述对传统文化态度和政策的文件，既有宏观的理论阐发，也有微观具体、涉及到方方面面的实践要求。此后，中国共产党弘扬中华优秀传统文化的一系列举措和政策陆续出台，进入新世纪后，以胡锦涛同志为总书记的党中央又在继承的基础上提出"建设优秀传统文化传承体系"的要求，党的十八大以来，以习近平同志为核心的党中央制定了《关于实施中华优秀传统文化传承发展工程的意见》，持续不断地推动传统文化在当代社会的转型发展。

（三）"夏商周断代"和"中华文明探源"工程

强调文化的民族属性，必须要对本民族的文明源起、民族发展与文化发展的关系等问题作出科学合理的阐释。而且，文明源起的早晚与发达程度，常常关乎一个民族的自尊心和自信心。常令中国人引以为傲的是，中华民族具有五千年源远流长的文明发展史，而且是世界上唯一没有中断、延续至今的文明。但实际上，过去较长一段时期内，中国人对自己的文明如何起源、何时形成、经历了怎样的过程、为什么会形成这些特点等问题并不清楚。而这个情况经常会使国人在对外文化交流中处于一种"尴尬"境地（比如自我称赞中国文明具有五千年历史，但当国际友人询问有何证据时，却往往拿不出）。二十世纪九十年代以来，为了厘清中华民族的文明起源与早期发展问题，在党和政府支持下，学界相继启动了夏商周断代工程和中华文明探源工程。

在相关科学研究成果发表之前，近代以来曾有一个持续时间较长和影响较广的观点，认为中国的民族和文明来源于西方。较早提出这个观点的是法国学者拉克伯里，1894 年他在其著作《中国上古文明的西方起源》一书中认为，中华文明的始祖黄帝来自古巴比伦的巴克族。此后，该观点经日本学者转述而进入中国。中国民族和文明"西来说"初入中国，就引起了学界关注和讨论，既有反对者，也有支持者。反对者如夏曾佑在其著作《中国古代史》中说，"最近西历一千八百七十余年后，法、德、美各国人，数次在巴比伦故墟掘地所发见之证据观之，则古巴比伦人与欧洲人之文化相去近，而与吾族之文化相去远，恐非同种也"①；支持者如缪凤林在《中国民族西来辨》中说，当时"一般讲述历史、编纂地理者，大率奉为圭臬，间有一二持反对论调者，亦未能动人观听。盖西来说之成定论也久矣。"②但不管是支持者还是反对者，都无法对"西来说"进行证实或证伪。因为中国古代典籍对中华文明始祖——黄帝、炎帝，以及尧、舜、禹的记述，都属于"神话传说"范畴，无法运用于中国文明起源与发展问题的科学研究中，因此，有学者对中国是否拥有五千年的文明史也提出了怀疑。

面对中华民族和文明起源于西方的假说以及各种质疑，中国学者却"在此前很长一段时间里拿不出有力的证据来解答"，"这不

---

① 夏曾佑:《中国古代史》，生活·读书·新知三联书店 1955 年版，第 29 页。
② 缪凤林:《中国民族西来辨》,《学衡》第 37 期，1925 年 1 月。

能不说是一件令人汗颜的事情"①。而随着新中国成立尤其是改革开放以来中国考古事业的发展，如仰韶晚期（3000BC）、大汶口晚期（2800BC—2400BC）、龙山文化遗迹（2800BC—2000BC）和二里头夏代文化的重大发现，以及自然科学如现代物理学（最知名的是碳–14测量技术）、天文学、计算机等相结合地运用于考古，为解决这个"遗憾"提供了重要物质和技术支撑。

　　但要开展对中华文明起源问题的研究，必须首先对夏商周三代的年代框架进行完善。因为只有三代界限清晰，才能由近及远开展上溯式研究。因此，在"中华文明探源工程"之前，首先开启实施的是"夏商周断代工程"。夏商周三代的相关记录，频见于中国历史文化典籍，但三代的明确纪年最早却只能上溯至"共和元年"（公元前841年）。尽管自西汉刘歆开始，几千年来众多学者都想试图推定共和元年以前的年代，但由于学者们"各自为战"，加上资料有限、技术不发达，所以一直没有突破，而且由于缺乏考古遗存的佐证，有学者甚至认为"春秋以前无信史"。

　　随着二十世纪二十年代中国考古学的诞生以及几十年的发掘研究，"新的考古资料对西周之前乃至夏王朝历史有了一个轮廓性的记录"②。因此，1996年启动的"夏商周断代工程"设定了四个目标：一、西周共和元年以前从周武王到周厉王，确定比较准确的年代。二、商代后期从商王武丁到帝辛，确定比较准确的年代。三、商代前期从商汤到小乙，提出比较详细的年代框架。四、对夏代提出基本的年代框架。自启动以来，这项史无前例的宏大学术工程就在国内外引起巨大反响。著名考古学家苏秉琦感慨"龙的传人在寻自己的文化之根"。

---

① 王巍：《追寻中华文明的源头——就"中华文明探源工程"答河北学刊主编提问》，《河北学刊》2008年第5期。

② 王巍：《追寻中华文明的源头——就"中华文明探源工程"答河北学刊主编提问》，《河北学刊》2008年第5期。

与此同时，国外学术界也非常关心，美国的《中国古代通讯》作为欧美国家研究中国古代的最主要期刊，对这一工程作了详细报道；还有些外国学者寄来关于武王克商年代研究的最新成果供我国有关专家参考等。[①]

经过200余位多学科专家历时五年的联合攻关，2000年工程结项。11月9日《夏商周年表》正式公布。这份年表把我国有科学依据的历史纪年由西周晚期的共和元年，即公元前841年向前延伸了1200多年。工程定夏代始年约为公元前2070年；夏商分界约为公元前1600年；盘庚迁殷约为公元前1300年；商周分界为公元前1046年。"这些作为夏商周年代学研究的阶段性成果，解决了一批我国历史纪年中长期未定的疑难问题，为继续探索中华文明起源，揭示五千年文明史起承转合的发展脉络，给后代留下一份完整的文明编年史打下了基础。"[②]

"夏商周断代工程"告一段落后，经过两年（2002—2003年）的预研究，迄今为止中国规模最大的多学科参与研究人文科学重大问题的国家工程——"中华文明探源工程"在2004年正式启动。第一阶段（2004—2005年）的主要任务是，对中原地区在公元前2500年至公元前1500年之间的文明形态开展研究；第二阶段（2006—2008年）的研究上限向前延伸至公元前3500年，空间范围由中原地区扩展到文明起步更早的黄河上中下游和长江中下游及西辽河流域；第三阶段（2006—2015年）重点围绕中华文明起源与早期发展综合研究、中华文明探源工程中现代科学技术应用与支撑研究、文物保护与展示关键技术研究开展工作。2016年整体工程完成结项，考古调查及发掘实例说明，在距今5800年前后，黄河、长江中下游以及西辽河

---

① 王兆麟：《中华文明溯源的"夏商周断代工程"》，《炎黄春秋》2001年第5期。
② 周溯源：《夏商周历史纪年研究的重大突破——访首席科学家、专家组组长李学勤》，《求是》2001年第2期。

等区域出现了文明起源迹象；距今5300年以来中华大地各地区陆续进入了文明阶段；距今3800年前后中原地区形成了更为成熟的文明形态，并向四方辐射文化影响力，成为中华文明总进程的核心与引领者。也即是说，自1996年启动"夏商周断代工程"以来，至2016年完成"中华文明探源工程"，经过近20年的研究，中国人终于对自己民族五千年的文明起源和早期发展历程有了科学的认知——即中华民族和中华文明不是西方民族和文明的后代。中华民族和中华文明在自己的土地上独立成长起来，并呈现出多元多点出现、最后融汇为一体的发展特点。

对于以上两个工程的启动实施及相关研究成果，一些学者尤其是西方学者却表示了怀疑，原因是他们认为这些研究背后有政府背景、政治意图。应该承认，工程在启动和进行之时，确实有党和政府的参与。如工程的最初设想即来源于国务委员兼国家科委主任宋健于九十年代访问埃及、以色列时得到的启发。这些古国根据古代象形文字和楔形文字关于天象的记载，借助天文学记录进行研究，推断出远古时的准确纪年。那我们是否也可以依据考古、天文、典籍等资料和手段来推断制定中国自己的古代年表呢？1995年9月29日，宋健召集相关学者进行座谈，提出了"夏商周断代工程"这一重大科研课题①。会后，他将这次座谈情况上报给中共中央政治局委员、国务委员李铁映②。12月，李铁映与宋健在国务院召开会议，决定成立"夏商周断代工程"领导小组，成员由七个国家相关部委的负责人组成。领导小组负责统一协调、审批经费、定期听取汇报、布置工作等。重大问题报国务院，国务院一年听取一次汇报③。而且，"江泽民总书记

---

① 王兆麟：《中华文明溯源的"夏商周断代工程"》，《炎黄春秋》2001年第5期。
② 席泽宗：《解决上古纪年的重大措施："夏商周断代工程"正式启动》，《自然科学史研究》1996年第3期。
③ 江林昌：《"夏商周断代工程"进展略记》，《寻根》2000年第6期。

和李鹏总理对此事都十分重视"①。这些都体现出党和政府对工程项目的支持。

另外，还有极少数人认为工程"是出于民族主义的目的，有意拉长历史"②。由于中国在上古史研究方面与埃及、两河流域存在很大差距，甚至一些个人和团体自己编纂三代纪年③。1998 年 1 月，李铁映和宋健在听取工程的进展汇报时也说，"追寻中华古文明，是每个中国人的历史任务，是我们这代人的责任，是我们党和政府要努力解决的问题；我们不能使祖先所创造的文明史处于一处模糊状态之中，应该给世人一个清楚的回答。"④

实际上，西方学者对两个工程成果的怀疑，或者是出于自身经验的局限（西方科研体制不同于中国），或者是出于意识形态偏见。因为科研项目是否有政府或政治背景，与项目所得结论是否科学，并不具有逻辑上的必然关系。并非没有政府支持的科研项目，所得结论就是科学的；而有政府支持的科研项目所得结论就是"政治意志"，因而不科学、不可信。事实上，国际上很多重大科研项目尤其是攻关项目，都有其本国政府的支持。中国的文明探源问题同样如此，因为涉及历史学、考古学、文献学、天文学、古文字学、古地理学、科技测年等多个学科门类和专业，需要大规模资金的持续性支持和众多科研团队的稳定性合作，所以必须要有党和政府的支持、整合。但政治力量参与，并不是对具体科研项目和结论强加"政治意志"，而是帮助解决问题。如北京大学考古专家李伯谦在参加"夏商周断代工程"时曾有过顾虑，因为"文化大革命"中北大、清华两校有过被"御

---

① 席泽宗：《解决上古纪年的重大措施："夏商周断代工程"正式启动》，《自然科学史研究》1996 年第 3 期。
② 周溯源：《我们有信心完成"夏商周断代工程"——访首席科学家、专家组组长李学勤》，《求是》1998 年第 7 期。
③ 宋健：《超越疑古 走出迷茫》，《光明日报》1996 年 5 月 21 日。
④ 江林昌：《试谈夏商周断代工程的深远意义》，《民族艺术》1998 年第 3 期。

用"的历史，所以李伯谦"心里总有些不踏实"。1997年他见到李铁映时便坦率地表达了这个想法，"我们这些人都是书生，也担心被你们'御用'呀"。李铁映回答说，"怎么能和'梁效'扯在一块儿呢？领导小组只是为你们找经费、打通关系，解决你们解决不了的困难。研究是你们专家的事，绝不会干预你们的研究，你们完全可以放心搞研究，不要有任何顾虑。"① 首席专家李学勤也说，"党和国家领导人并未要求我们这些从事'夏商周断代工程'的科研人员，人为地把我国历史纪年往上拉，往前推，相反，一再强调要实事求是，严格按科学态度办事，是长则长，是短则短"。因此，面对一些西方学者的质疑，只要我们的研究成果经得起科学和历史检验，就可以"说服那些善意的担心者，回敬那些恶意的攻击者"②。

总之，二十世纪九十年代开始酝酿、启动的"夏商周断代工程"和"中华文明探源工程"，正如李铁映所说，"不仅具有史学意义，而且具有重大的政治意义和现实意义。"③ 在学术上，工程研究团队累计发表数百篇学术论文和出版数十部学术专著，培养了一大批相关专业的硕士、博士研究生及博士后，推动了中国考古事业的发展，并探索出一条多学科联合研究的道路。在社会上，最新研究成果呈现于新修订的历史教科书中，有利于增强青少年学生的民族自信心和自豪感。在国际上，不仅可以对中国的文明古国形象提供充分有力的证据说明，而且可以为有关人类古代文明的研究提供技术、方法参考。

---

① 李伯谦:《参加"夏商周断代工程"夏代年代学研究课题有感》,《中国史研究动态》2020年第4期。
② 周溯源:《我们有信心完成"夏商周断代工程"——访首席科学家、专家组组长李学勤》,《求是》1998年第7期。
③ 席泽宗:《解决上古纪年的重大措施:"夏商周断代工程"正式启动》,《自然科学史研究》1996年第3期。

二、助推社会主义文化建设

如何认识传统文化与社会主义文化的关系，是影响社会主义文化建设的一个重要问题。"文化大革命"时期将社会主义文化与中国传统文化视作两种对立的文化形态。改革开放尤其是九十年代以来，在强调传统文化民族属性的基础上，传统文化开始真正融入社会主义文化建设事业布局中，其中一个重要表现，就是通过开发传统文化蕴含的民族情感，助推社会尤其是青少年的爱国主义精神培育，同时通过一系列文化建设工程，助力文化发展繁荣。

（一）助推爱国主义教育

历史文化认同，是民族认同的重要基础。帝国主义国家在对其他国家进行政治、经济、军事侵略时，往往配合采用文化侵略政策，通过灌输其价值观，在心理上瓦解被侵略国家民众的民族意识。日本侵华战争时期就是如此，日军在中国占领区禁止中小学生学习中国历史；把日语学习列为大中小学的主课，企图以"欲灭其国先灭其史"的伎俩和改变民族语言文字的手段彻底摧毁中国文化。

面对文化侵略，世界上多数国家都将爱国主义作为本国教育事业的宗旨，而教育素材之一就是本国的历史文化。二十世纪九十年代以来，面对以美国为首的西方国家对中国实施"和平演变"并把希望寄托在"社会主义国家的第三代、第四代身上"的政策，中国共产党采取的一个重要应对举措，就是在思想政治教育中加强对青少年的中国历史和传统文化的教育。

早在八十年代中后期，当自由化思潮导致否定本民族文化和全盘西化的主张时，中国共产党即已注意到传统文化之于社会主义社会政权、制度稳定的重要作用，但当时关注这个问题的，主要是党的宣传部门负责人，而随着 1989 年夏"自由化"达到高潮，情况发生了转变——党的最高领导层开始高频次地强调传统文化蕴含的反"自由化"的爱国主义价值。

1989 年政治风波平息后不久，1990 年 1 月，负责意识形态工作的中共中央政治局常委李瑞环在全国文化艺术工作情况交流座谈会上发表讲话，就特别强调了对青少年加强民族传统文化教育的重要性。他指出："弘扬民族文化，树立和增强民族自尊心、自信心和自豪感，是一个长期的具有战略意义的任务。这项工作必须从幼儿园和小学抓起，实行学校、家庭、社会相结合，对儿童和青少年分阶段依次递进地进行民族历史和民族文化的教育"。由此，他提出三个方面的具体要求，第一，要编写各种有关民族传统文化的读物。他说，我国有很多表现优秀历史人物和优秀道德品质的传说故事，要把这些人物和故事编成各种引人入胜、生动活泼的通俗读物，向青少年进行中华民族悠久历史和灿烂文化的教育。同时教育部门还要修订大中小学生使用的语文、历史、地理、政治等科目的课本，加重对民族优秀传统文化的教学内容。第二，为中小学生创造具有鲜明民族特色的生活、成长环境，使青少年从小就在民族文化环境和氛围之中耳濡目染，受到熏陶和教育。第三，组织青少年积极开展民族文化活动，如组织学生开展民族文化知识竞赛，进行以历史题材为主的作文比赛和民族艺术评比，观摩民族艺术表演，参加有民族特色的节日庆典活动，参观游览名胜古迹，等等。"总之，要通过各种渠道和各种教育活动，提高青少年的民族主体意识和民族文化修养，使他们不仅具有这方面的知识和技能，更重要的是，让他们继承和发扬中华民族传统的优良道德品格，塑造与形成当代中国的民族精神。"[1]

此后，1991 年 10 月杨尚昆《在纪念辛亥革命八十周年大会上的

---

[1] 中共中央文献研究室编：《十三大以来重要文献选编》（中），人民出版社 1991 年版，第 871—872 页。

讲话》中，阐明了"传统文化"与"爱国主义"间的关系，即"中华民族绵延五千年的文明史，培育了深厚的爱国主义传统。"① 1992 年9 月，中共中央通过的《关于加强和改进宣传思想工作，更好地为经济建设和改革开放服务的意见》强调，"要把坚持对人民的爱国主义、集体主义、社会主义教育同进行中华民族优秀的思想文化传统、优良的社会公德教育有机地结合和统一起来。"② 1994 年 8 月，首个专门关于爱国主义的文件——《爱国主义教育实施纲要》颁布。《纲要》提出："中华民族在创造灿烂中华文明的过程中，形成了具有强大生命力的传统文化，其内容博大精深，不仅包括了哲学、社会科学、文学艺术、科学技术等方面的成就，而且蕴含着崇高的民族精神、民族气节和优良道德；不仅孕育了无数杰出的政治家、思想家、文艺家、科学家、教育家、军事家，而且留下了丰富的文物史迹、经典著作，这笔丰厚的文化遗产是进行爱国主义教育的宝贵资源。"③ 再次强调了中华民族悠久历史和传统文化在爱国主义教育中的重要意义和价值。

进入 21 世纪后，中国加入世界贸易组织，开始更全面地融入经济全球化进程，而各种思想文化也随着网络普及和国际间政治经济交流以更大的规模、更快的速度涌入中国。面对多元文化的冲击，党的十六大以来以胡锦涛同志为总书记的党中央，更加注重培养青少年的爱国主义精神及中华优秀传统文化在爱国精神塑造中的价值意义。2004 年 5 月和 2005 年 1 月，胡锦涛相继在"加强和改进未成年人思想道德建设工作会议""加强和改进大学生思想政治教育工作会议"上发表讲话，这是党的历史上首次召开专门有关青少年思想政治道德

---

① 中共中央文献研究室编:《十三大以来重要文献选编》（下），人民出版社 1993 年版，第 1717 页。
② 中共中央文献研究室编:《十三大以来重要文献选编》（下），人民出版社 1993 年版，第 2177 页。
③ 中共中央文献研究室编:《十四大以来重要文献选编》（上），人民出版社 1996 年版，第 922—923 页。

工作的会议，同时还以中共中央、国务院名义印发了指导意见。

那么，如何加强和改进青少年的思想政治工作呢？除了马克思列宁主义、毛泽东思想、中国特色社会主义理论的指导之外，领导人讲话和中央文件都强调了中华优秀传统文化的重要价值，如我国人民在长期历史实践中孕育的"天下兴亡，匹夫有责"的理想抱负、"苟利国家生死以，岂因祸福避趋之"的爱国情操、"先天下之忧而忧，后天下之乐而乐"的崇高志向、"富贵不能淫，贫贱不能移，威武不能屈"的浩然正气、"厚德载物，达济天下"的广阔胸襟、"舍生取义，见义勇为"的英雄气概、"公正无私，戒奢节俭，防微杜渐"的修身之道等传统美德，要通过多种方式，搞得"丰富多彩、生动活泼、扎实有效"。① 同时，还要把历史上形成的以爱国主义为核心的团结统一、爱好和平、勤劳勇敢、自强不息的伟大民族精神，与以改革创新为核心的时代精神相结合，贯穿于青少年教育的全过程和各个方面，"使他们从小树立民族自尊心、自信心、自豪感，具备民族认同、民族志气、民族气节。"② 此外，胡锦涛还特别强调，要建立健全与社会主义市场经济相适应、与社会主义法律规范相协调、与中华民族传统美德相承接的社会主义思想道德体系。

由此可以看出，二十世纪九十年代尤其是进入新世纪以来，爱国主义成为中国共产党在意识形态领域最为关注的一个问题，并高频出现于领导人讲话和中央文件中。而爱国主义又往往多与"青少年"和"传统文化"两个词汇并列提及，其逻辑关系是：要抵御自由化思潮对青少年学生的侵蚀，必须加强爱国主义教育；而要进行爱国主义教育又必须加强对中国传统文化的教育和普及。这个关系认识的最直接体现，是历史教材中对传统文化内容的呈现与此前相比有了很大改

---

① 中共中央文献研究室编：《十六大以来重要文献选编》（中），中央文献出版社2006年版，第639页。

② 中共中央文献研究室编：《十六大以来重要文献选编》（中），中央文献出版社2006年版，第81页。

变和完善。

1991 年 8 月，教育部在原有历史教学大纲的基础上增发了一个《中小学加强中国近代、现代史及国情教育的总体纲要（初稿）》。"目的要求"之一是，从小学至高中阶段，按照总体设计、分学段实施的原则，"使学生了解我国古代的文化成就，激发民族自尊心、自信心、自豪感，树立坚定的热爱祖国、热爱中华民族的思想"。而且，"总体纲要"首次从"中华文明起源早""科学技术长期处于世界前列""光耀千古的文坛""民族特色浓郁的艺术""博大精深的中华哲学、史学、教育和传统美德""辉煌的军事学成就""对外文化交往源远流长"七个方面，对历史教材要讲述的传统文化内容作了详细阐释，明确规定为"教育要点"之一。同时对小学、初中、高中阶段讲述中国古代文化的内容作出规定，使学生们从小就知道中国是世界上人类起源最早的国家之一、是世界上的文明古国之一，并且中国古代文明发展水平一直处于世界领先地位，使学生认识到，中华民族是蕴含无限智慧的伟大民族，具有强大的向心力和凝聚力，以此激发学生的民族自信心和自豪感，继承和发扬爱国主义的优良传统[1]。

事实上，制定和颁布"总体纲要"的一个重要促动因素是中共中央对如何有效抵制资产阶级自由化思潮的考量。早在 1989 年十三届四中全会上，江泽民就指出，青少年容易接受资本主义制度的宣传和迷惑。1991 年 3 月，江泽民在给李铁映和何东昌的信中，再次指出"许多不了解历史的人，往往以为实行资本主义制度，照搬西方议会民主，就可以使人们一下子过上发达资本主义国家的生活。"[2] 之所以会产生这样的错误认识，一方面是青少年对资本主义的生产生活

---

① 课程教材研究所编：《二十世纪中国中小学课程标准·教学大纲汇编（历史卷）》，人民教育出版社 2001 年版，第 611—617 页。
② 中华人民共和国教育部、中共中央文献研究室编：《毛泽东 邓小平 江泽民论教育》，中央文献出版社 2002 年版，第 216 页。

方式不了解，他们不知道资本原始积累时期剥削了多少劳动人民的血汗。另一方面是不少青年学生不了解中国的历史和现实，不了解中国改革的长期性、复杂性、艰巨性，幻想把西方文明（主要是物质文明）在一夜之间搬到中国。因此，江泽民在信中提出，要加强对大中小学生的中国历史及国情教育，提高他们的民族自尊心、自信心，"防止崇洋媚外思想的抬头"，而"国情教育"就包括对中国五千年创造的灿烂文化的教育[①]。

　　为了落实江泽民的指示要求，教育部制定了上述文件，而文件的出台，也表明了中国共产党对运用传统文化所蕴含的爱国主义精神抵御自由化侵袭的高度重视。同时，为了补充和加强当时中小学历史教学大纲的"思想政治性"，国家教委还制定了《中小学历史学科思想政治教育纲要（试用）》。"纲要"规定按照"灿烂的古代文化""近代的屈辱与斗争""共和国的光辉历程"为顺序来讲述历史。在心理学意义上，这样的三部曲设计，可以通过历史的变化、对比，给受众学生造成"V"型的情感波动，进而调动或激发学生的"文化复兴""民族复兴"意识。正如"纲要"所明确指出的，这样设计的目的，旨在通过"灿烂的古代文化"部分，增强学生的民族自尊心、自信心和自豪感；通过"近代的屈辱与斗争"部分，教育学生认识帝国主义侵略和掠夺的本质，继承和发扬反帝爱国的光荣传统，树立"帝国主义亡我之心不死"和反"和平演变"意识；通过"共和国的光辉历程"部分，培养学生热爱中国共产党、热爱社会主义的情感，增强学生建设社会主义祖国的使命感和紧迫感。另外，要特别说明的是，"纲要"对中国古代史的描写以"文化发展史"代替"阶级斗争史"（此前历史教科书主要以地主和农民的阶级矛盾发展为线索展开叙写），展现了历史教材的一种新的古代史叙事方式。

[①] 佚名：《进行中国近代史现代史及国情教育》，《人民日报》1991年6月1日。

此后，党和政府发布的一系列教育法规文件，如 1993 年 2 月发布的《中国教育改革和发展纲要》、1995 年 9 月颁布实施的《中华人民共和国教育法》、1998 年通过的《教育部面向二十一世纪教育振兴行动计划》、1999 年通过的《中共中央、国务院关于深化教育改革全面推进素质教育的决定》、2001 年通过的《国务院关于基础教育改革与发展的决定》、2010 年 7 月下发的《国家中长期教育改革和发展规划纲要（2010—2020）》等，也都要求在教材和学校教育中反映中华优秀传统文化的成果，作为青少年爱国主义教育的重要组成部分。

（二）助力社会主义文化发展繁荣

进入改革开放新时期后，中国共产党以"为人民服务、为社会主义服务"为方向，规范传统文化在社会主义建设事业中的价值存在。但由于对传统文化整体秉持一种谨慎态度，所以对其价值的认识，总体而言还是具体的、常识性的、表层的。比如，因为历史文化作品能丰富人民精神生活，所以王任重建议"出版我国古代的一些好作品，出版描写在历史上起过进步作用的人物的书"①。再比如，传统文化在计划经济体制下无法发挥的旅游经济效益，开始得到挖掘。邓小平曾多次提出要加强文物古迹的旅游开发。邓力群也指出，外国旅游者到中国，"很可能大多数对我们作为文化古国这么一种状况有兴趣"，尤其是兵马俑、长城、敦煌等有很大吸引力，"旅游开展起来，不仅可以提高我们作为文明古国、文物大国的地位，而且可以增加收入，其中一部分可以用于文物的保护、维修。"②但在实践过程中，由于缺乏经验，由于过分强调经济效益，文物的保护工作也受到影响。在当年各个行业均鼓励改革、鼓励大胆闯大胆试的氛围下，在当年国家财力有限、于百废待兴中供给文物保护经费不足等因素作用

---

① 《王任重文集》（下），中央文献出版社 1999 年版，第 105 页。
② 《邓力群文集》第 2 卷，当代中国出版社 1998 年版，第 545 页。

下，1980 年 5 月，中央书记处会议在讨论文物工作时，出现"以文物养文物"的提法，意在将文物事业变为文物产业，参考其他行业增加经济创收。在此背景下，一些地方和单位举措失当，如曲阜孔庙办起了接待外宾的旅馆，还有人计划把故宫改造为旅馆并变卖故宫的珍宝①，这些行为或想法虽然被制止或没有实施，但却引出了文物工作重点以"保护"还是"利用"为主的讨论。总之，改革开放初期，中国共产党对传统文化价值的发掘主要还是聚焦于表层尤其是经济价值等具体而微的方面，对于传统文化在中国特色社会主义文化事业总体布局中的地位，还没有深刻认识。

　　八十年代中后期，随着自由化思潮的泛起，党开始突出传统文化在社会主义文化建设事业中的重要位置。1989 年 10 月，谷牧在孔子诞辰 2540 周年纪念暨国际学术讨论会上的致辞中，明确指出了传统文化对建设社会主义新文化的重要意义，他说："在对待传统文化和外来文化问题上，无疑应当以本民族的文化为主体"，"须要继承、改造我们原有的民族传统文化"，社会主义新文化应当首先是民族的。②

　　进入九十年代以后，以江泽民同志为核心的党中央高度重视传统文化对维护社会主义文化"民族独立性"的重要意义。1994 年 12 月，江泽民在纪念梅兰芳、周信芳诞辰一百周年座谈会上发表讲话，他说，如果我们不"坚持继承和发展自己的民族艺术"，在中国文化艺术领域丧失独立性，那么，"最终就会成为外国特别是西方文化的附庸，这是非常危险的"。③如何坚持自己文化发展的独立性呢？江

① 谢辰生口述、姚远撰写：《谢辰生口述——新中国文物事业重大决策纪事》，生活·读书·新知三联书店 2018 年版，第 178—179 页。
② 傅鸿泉：《谷牧与中国孔子基金会》，中国孔子网，2014 年 9 月 10 日。http://www.chinakongzi.org/zt/thirty/twbd/201409/t20140910_42754.htm
③ 中共中央文献研究室编：《江泽民思想年编（1989—2008）》，中央文献出版社 2010 年版，第 182 页。

泽民指出，必须深深植根于自己的土地，从自己人民的需要出发，从中国五千年灿烂历史文化传统中汲取养分。1996年12月，江泽民在《发展和繁荣社会主义文艺》的讲话中，进一步阐发了社会主义文化发展所要依凭的传统文化根源，就是中华民族在历史发展中形成的诗经、楚辞、唐诗、宋词、元曲、明清小说，以及屈原、李白、杜甫、关汉卿、曹雪芹等文化名人。这些无比丰厚的精神遗产以及民族文化的优秀传统，"是中国社会主义文艺的巨大宝藏"①。

以上论述，表明了中国共产党对传统文化服务于社会主义文化建设意义的认识。但作为两种不同的文化形态，传统文化与社会主义文化之间究竟是一种什么关系？这个问题则需要得到进一步的解答。应该说，对这个问题的回答，在一定意义上既决定着传统文化的存续，也影响着社会主义文化的发展、繁荣。"文化大革命"时期"左"的观念和实践认定传统文化与社会主义文化是两个对立的体系，致使传统文化遭到了粗暴否定、批判，社会主义文化也出现严重扭曲和误区。改革开放后随着党对传统文化价值认识的转变，1997年党的十五大政治报告指出，有中国特色社会主义的文化"渊源于中华民族五千年文明史"②，对传统文化与社会主义文化的关系作出了明确阐释，即二者之间不仅不对立，而且还有着深厚的"渊源"与"延续"关系。在此，我们可以通过《四库全书》的续修问题为"渊源"与"延续"关系的做一注脚。

中国自古就有盛世修典的传统，而且编修典籍在中国历史上不仅是一项文化工程，更具有政治象征意义。《四库全书》编修于清朝乾隆年间，清朝满族统治者作为周边的少数民族入主中原，自开国以

来就面临社会民众和士大夫阶层对其发起的道统合法性质疑。由此，清朝乾隆皇帝编修的基本涵括到那时为止的各学科领域、各学术流派重要著述的百科性丛书——《四库全书》，不仅具有文化弘扬意义，同时也在政治上宣示了对中华文化正统的继承。

近代以来，陆续有学者提出续修《四库全书》的动议，或囿于人力财力、或囿于动荡时局，都未能如愿。改革开放以来我国社会政治稳定，文化学术繁荣，具备了对《四库全书》进行续修的条件。1987年，有学者向中华书局和古籍整理出版规划小组写信，提议续修《四库全书》，中华书局总编办公室把信件呈送相关领导审阅，但最终"并无下文"。原因之一就是"认识问题"，当时有人觉得"好像我们社会主义国家，不能去续修封建社会纂修其名、删窜其实的《四库全书》。"①

九十年代后，随着人们思想的更加解放，以及对传统文化与社会主义文化关系认识的转变，当《四库全书》续修工作再次被提出时，在党政机关、专家学者及出版单位的支持下，终于得以启动。《续修四库全书》工程有两方面的重要贡献，一是收录了《四库全书》遗漏、禁毁的但有学术和历史价值的图书，体现出当代学人对中国历史上所形成的文化传统的尊重；二是收录了乾隆中期至辛亥革命以前我国在学术方面的代表性著作，1911年以前的重要典籍大致齐备，体现出当代学人对中国传统文化的继承和尊重。

2002年5月，《续修四库全书》出版座谈会在人民大会堂召开，中共中央政治局常委、全国政协主席李瑞环出席并讲话。他称赞说，《续修四库全书》"是一项了不起的工程，对保存、研究和弘扬中华民族的传统文化，必将产生重大的影响。"②此外，九十年代以来启动的

① 王绍曾：《编印〈四库善本丛书〉和续修〈四库全书〉刍议》，《文史哲》1993年第1期。
② 李瑞环：《学习历史 服务现实——在〈续修四库全书〉出版座谈会上的讲话》，《中国图书评论》2002年第8期。

其他重要文化工程，如《四库全书存目丛书》、《四库禁毁书丛刊》、《儒藏》（有四川大学版本和北京大学版本之别）、国家清史纂修工程等，都得到了党和政府的大力支持。

党的十六大以来以胡锦涛同志为总书记的党中央，在支持原有传统文化发展项目的基础上，继续扶持体现民族特色的重大文化工程和艺术院团，加强对重要文化遗产和优秀民间艺术的保护，推动中国特色社会主义文化事业更加发展、繁荣。

如策划实施"国家舞台艺术精品工程"。该工程是文化部、财政部从 2002 年开始联合实施的重点文化建设工程，主要是遴选和扶持代表中国舞台艺术最高水准的舞台艺术精品。在 2002 年文化部、财政部联合下发的《国家舞台艺术精品工程实施方案》中，京剧、昆曲、地方戏曲、皮影戏、民族音乐作品、杂技、曲艺、木偶等中国传统文化的表现形式成为项目规划的重点。在 2002—2007 年的五年间，国家财政投资 2 个亿，推出了 50 部代表我国舞台艺术发展最高水平的精品剧目。如由中国京剧院、西藏藏剧团联合演出的《文成公主》，将藏戏与京剧有机结合，是一次全新的艺术形式探索。而且，工程的实施促进了艺术创作面向市场、面向群众，实现了社会效益、经济效益的双丰收。又如昆曲《公孙子都》积极走进大专院校，共演出 271 场，演出收入 793 万元[①]。工程自开始实施至 2012 年的 10 年间，相继推出了 100 部精品剧目，资助了 200 多部优秀舞台作品，涌现出京剧《廉吏于成龙》、川剧《金子》、豫剧《程婴救孤》、眉户戏《迟开的玫瑰》、越剧《梁山伯与祝英台》等一批体现出中国传统文化与时代精神相结合、代表我国舞台艺术发展最高水平的精品剧目[②]。

如"民族精神史诗"出版工程。该工程是党的十六大后中共中

[①] 刘琼:《国家舞台艺术精品工程授牌》,《人民日报》2008 年 2 月 23 日。
[②] 佚名:《国家舞台艺术精品工程 10 年推出百部精品》,《光明日报》2013 年 1 月 6 日。

央宣传部组织实施的重点出版工程，目的是用丰富多彩的出版物，多层次、多角度地对中华民族的文化精神进行完整、权威的阐释。出版工程的基本思路和选题框架是以中华民族历史、文化、人物和故事为主线，形成历史普及读物、祖国山河、中华伟人、经典诗文诵读、红色经典导读等十几个系列。该工程被列为 2005 年中宣部 30 项重点工作之一，初步规划出版图书 250 种左右。同年 5 月出版发行的历史普及系列 15 卷本《话说中国》丛书，用讲故事的形式将专家研究成果大众化，通过图与文的精彩组合立体化展现了中华民族五千年历史；2007 年出版的《文字中国》，阐释了世界上唯一一种没有中断、一直延续下来的文字——中国汉字的发展历史和渊源；2010 年出版的《文史中国》丛书，从多视角多侧面展示了博大精深的中国传统文化。

另外，作为传统文化重要代表的传统戏剧，也是十六大以来文化领域改革与发展的重点之一。2005 年，文化部对全国京剧院团进行评估，确定了 11 家国家级剧团，17 家省级重点剧团；2006 年，国务院批准并于 6 月公布了文化部确定的第一批国家非物质文化遗产名录，共 518 项，其中传统戏剧 92 项；2007 年，全国重点京剧院团保护和扶持规划出台，国家 5 年投入 5000 万元用于新剧目创作、人才培养计划、公益性演出等方面的扶持。2009 年文化部又出台了昆曲艺术抢救、保护和扶持工程，旨在加强这一传统艺术的传承和发展。[1]

三、传统文化"走出去"的外交价值展现

二十世纪九十年代以来，随着中西之间国际交流交往的增多，面对西方世界对中国政治制度、社会制度、外交政策等的不理解乃至

---

[1] 转引自何秀雯：《传统戏剧交流在中国文化外交中的作用》，复旦大学硕士学位论文，2010 年。

不信任，中国不断向西方传达这样一种观点：中国的历史文化传统对中国现行制度的选择具有重要影响、中国独立自主的和平外交政策渊源于中国的历史文化传统，要与中国打交道，需要从历史文化的角度来认知中国、理解中国。

（一）阐发中国现实制度与历史文化传统的相关性

人类自有意识地进行政治活动以来，就形成了一系列的政治制度或模式。良好政治制度能够有效地进行资源整合以解决与自然的生存斗争问题和社会的持续发展问题。由于人类的生存环境不一、历史文化各异，由此形成了各种各样、各具特色的政治制度或模式。

不同社会制度之间应该相互尊重和理解。中华人民共和国成立后逐步走上社会主义道路，建立了人民民主专政的国家政权，但以美国为首的西方资本主义国家，却对中国共产党领导的社会主义政权采取敌视态度和敌对政策。二十世纪五十年代中期，时任美国国务卿杜勒斯首先提出了"和平演变"战略（早期称"和平解放"战略）。"和平演变"的主要内涵是，以所谓和平的方式，采取经济、政治、思想文化交流等非武力的手段，向社会主义国家渗透资产阶级自由化思想，达到颠覆社会主义国家的政权和制度并和平过渡到资本主义制度的目的。自"和平演变"战略确立以来，美国的历任总统自艾森豪威尔开始到卡特、布什，历任国务卿自杜勒斯开始到布热津斯基、舒尔茨，都始终如一地贯彻这个战略。但由于特殊的历史原因，中西方之间尤其是中美之间长期没有建立外交关系，缺乏公开的经贸和文化交流沟通，所以美国的"和平演变"策略对中国而言一直没有取得明显效果。

随着改革开放后中国打开大门并与美国建立正式外交关系，中美之间、中西之间的交流交往随之增多。但一段时期内，由于过于关注双方的经济交流而忽视西方世界对中国进行的思想渗透，在国际大气候和中国自己的小气候影响下，导致了 1989 年政治风波的发生。1989 年政治风波给中国共产党提出迫切需要解决的时代课题，即怎样在继续并不断加强与西方世界的经济、政治、文化往来的同时，又能抵御西方的自由化思想渗透？怎样在坚持社会主义原则立场不动摇、敢于斗争的同时，让西方尤其是其政界学界理解和尊重当代中国的制度选择？这两个问题是密切关联在一起的，不过，前者主要属于内政，后者则作用于对外交往，但无论内政外交，将中国传承数千年的文化作为"国情"或"特色"之一，强调"一个国家采取什么样的发展模式和社会制度，取决于这个国家的历史传统、经济发展和文化教育水平"[①]，以此来阐发中国现行制度体制的合理性、适用性，则是统一的。于此，我们主要考察对外交往。

　　1989 年 12 月，江泽民在会见英国客人时指出，"各国的政治制度同该国的历史文化传统和经济发展水平密切相关"，"中华民族有着自己的优良传统，重视民族气节，决不会屈从于任何外来压力"[②]。江泽民的讲话，一方面阐释了中国现行制度的历史文化基础，另一方面以中国传统文化中的民族气节表明了中国决不会在外来压力下改变现行制度的态度。1993 年 11 月，江泽民在同美国总统克林顿会晤时指出，世界各国因所处自然环境不同、社会发展经历不同，形成了多样的生活方式、价值观念、宗教信仰和文化传统，而"各国人民根据各自国情，选择符合本国实际情况的社会制度和发展模式，制定行之有效的法律和政策，是合情合理的，应该受到尊重。"[③]进入新世纪之后，以胡锦涛为总书记的党中央，在国际交往中继续强调，各国的社会制度或模式虽然存在差异，但这不应该成为各国交流的障碍，更不

---

① 中共中央文献研究室编：《江泽民思想年编（1989—2008）》，中央文献出版社 2010 年版，第 69 页。
②《江泽民文选》第 1 卷，人民出版社 2006 年版，第 81—82 页。
③《江泽民文选》第 1 卷，人民出版社 2006 年版，第 331 页。

能成为敌视和对抗的理由。

改革开放以来，以美国为首的西方国家还打出"人权"和"法治"的幌子，指责中国侵害人权、缺乏法治，其目的之一是抹黑中国，服务于颠覆社会主义国家政权的目标。对此，中国共产党也从历史和文化传统的角度，对这些指责进行了回应。

关于"人权"问题。自二十世纪七十年代以来，美国正式提出"人权外交"政策。所谓"人权外交"是指美国政府以维护人权为名，运用政治、经济乃至军事等各种手段，在世界上推行符合其价值观念的社会制度。他们把凡是不符合西方价值观的东西都说成是人权问题，例如，把我国的社会制度、政治体制、公安司法制度、人口政策、民族政策、宗教政策等等，都攻击为人权问题。①

但实际上，"人权"在很大程度上只是个幌子。西方世界在界定"人权"问题时往往采用双重标准，就充分揭示了其"人权"的虚伪本质。而且，美国为了维护它的霸权主义和强权政治的战略目的，经常变通地运用"人权"这面旗帜。如美国曾经连续数次在日内瓦联合国人权委员会上提出人权反华提案，但 1991 年为了军事打击伊拉克而在联合国寻求中国的支持，所以唯有这个年份美国没有提人权反华提案。次年，当它不再需要中国时又接着老调重弹②。当然，最重要的是，"人权"不应该只作为空泛的政治理念，而应该是符合历史、现实与人民需求的具体而真实的行动。"八九政治风波"后，面对美国的无理指责和制裁，中国在 1991 年首次发布的《中国人权状况》白皮书中就明确指出，"由于各国的历史背景、社会制度、文化传统、经济发展的状况有巨大差异，因而对人权的认识往往并不一致，对人

---

① 吴健、周文琪:《美国对华战略演变史研究》，中共中央党校出版社 1999 年版，第 84 页。
② 徐显明、曲相霏:《评美国人权的政治化、工具化和意识形态化》，《东岳论丛》1999 年第 3 期。

权的实施也各有不同。""因此，观察一个国家的人权状况，不能割断该国的历史，不能脱离该国的国情"。

九十年代以来党和国家领导人在向西方国家阐释"人权"问题时的一个重要维度，就是中国的历史文化传统。首先，中国的传统文化中蕴含着众多"爱人"思想。江泽民指出："重视人的尊严和价值是中华民族的传统美德。我国古代先哲提出的'天地之间，莫贵于人'、'仁者莫大于爱人'的思想，在社会中有着深厚的影响"。胡锦涛也指出，中华文明历来注重以民为本，尊重人的尊严和价值，早在千百年前就提出了"民为邦本、本固邦宁"的思想；我们今天坚持以人为本，就是坚持发展为了人民、发展依靠人民、发展成果由人民共享，最终实现人的全面发展。其次，中国的"人权"受特殊历史和文化影响有其特殊性。中国数千年农业社会的最大矛盾，是人口和土地的冲突，或者直白地说是"粮食问题""吃饭问题"。由此，中国历史上形成了"国以民为本，民以粮为本""衣食足而知荣辱，仓廪实而知礼节"的文化认识，并且这个历史事实和文化认知也决定了中国历代统治者以及新中国的人民政权，都必须以人民的"吃饭生存"为第一要义。正如江泽民所说，"中国是一个有十二亿多人口的国家，这一国情决定了在中国生存权和发展权是最基本、最重要的人权。不首先解决温饱问题，其他一切权利都难以实现。"①

关于"法治"问题。以美国为首的西方国家经常指责、诬蔑中国缺乏"法治"传统。事实上，中国很早就有了自成体系的成文法。如战国时期，魏国李悝在总结春秋以来各国制定成文法经验的基础上，制定了我国历史上第一部比较系统完整的成文法典——《法经》。唐初以隋朝《开皇律》为蓝本编撰《武德律》，此后又制定《贞观律》。唐高宗永徽二年在《贞观律》基础上修订而成《永徽律疏》，又

①《江泽民文选》第 2 卷，人民出版社 2006 年版，第 52、55—56 页。

称《唐律疏议》，对法律原则和制度做了解释说明，标志着中华法系的完备。而且，法学家将中华法系与欧洲大陆法系、英美法系、伊斯兰法系、印度法系并称为"世界五大法系"。

与其他四大法系主要脱胎于宗教或深受宗教影响不同，中国法律没有宗教印记，相反却深受主要讲求道德、伦理的传统文化的影响。

与西方以"契约"界定"个人权利"，以"法律"来"定分止争"不同，中国传统社会和文化更强调个人对家庭、宗族等他人的"义务"，并用"道德"来强化和协调"义务关系"，而作为辅助手段的法律最好是"备而不用"。由此，中国形成了"儒法合流""德法一体"的治理传统，某种意义上甚至可以说，中国古代的道德就是法律、法律就是道德。因此，江泽民在1997年2月关于社会主义民主法治问题的讲话中指出："我国历史上历来就有德刑相辅、儒法并用的思想，从中可以得到有益的启发"[1]。同年10月，他在美中协会举办的午餐会上发表讲话，指出"二千多年前，中国就有'民为邦本'、'缘法而治'的朴素的民主、法制思想。今天，这些思想被赋予了新的时代内容"[2]。2001年1月江泽民又进而提出依法治国与以德治国相结合的思想，强调中国传统道德对法治的支撑作用。党的十六大以来以胡锦涛同志为总书记的党中央，继续贯彻"依法治国"与"以德治国"相结合。十八大以来以习近平同志为核心的党中央，对法律和道德的关系作出了更深入的阐发，要求更好地发挥道德浸润人心的作用。从世界范围来看，只有中国提出过"以德治国"的口号，这也从另一角度证明了中国传统文化和道德在国家政治制度建构中的独特价值。

---

① 《江泽民文选》第1卷，人民出版社2006年版，第643页。
② 中共中央文献研究室编：《十五大以来重要文献选编》（上），人民出版社2000年版，第63页。

总之，九十年代以来，面对西方国家对中国社会主义制度、"人权""法治"等问题的无理攻击、指责，党和国家领导人在对外交往中通过解释中国历史文化传统对中国现实的影响，来说明中国所选择的社会制度、法律制度及"人权"，是有历史文化根据和符合中国国情的。

(二) 对外交流中的"文化名片"

虽然说中国自改革开放以来不断融入世界，改善与世界各国的关系，但总体而言国际环境对中国并不友好，尤其是西方国家一直对中国持疑虑甚至恐惧态度。这种态度的形成有一定的历史原因。历史上北匈奴、西突厥西迁以及蒙古军队的西征，曾给西方造成一种"黄种人对于白种人是威胁"的误解和恐惧，至 19 世纪时形成一种极端民族主义的理论——"黄祸论"，主张白种人联合起来对付黄种人。鸦片战争以来，随着中国国力的衰落，西方列强又转而大肆污蔑中华民族是"劣等民族"。二战后中国加入以苏联为首的社会主义阵营，以美国为首的西方资本主义阵营出于意识形态斗争需要，不断丑化甚至妖魔化中国。而中国在"文化大革命"中"左"的言论和做法又加深了国际社会对中国的疑虑和恐惧。二十世纪八九十年代以来，随着中国重返世界舞台，西方世界又兴起一股"文明冲突"的论调，认为中国儒家文明与西方基督教文明是两种截然对立的文明，二者之间的冲突不可避免，要求西方世界有足够的警戒性。与"文明冲突"的认识相关联的还有"中国威胁论"，把中国的崛起视为对亚太乃至世界和平的威胁，公然把中国列为"新崛起的霸权国家"。

总之，一方面由于西方世界长期的不全面、不客观的认知积累，使其对中国一直持有偏见；另一方面，在面对西方各国政府和主流媒体的攻击时，由于中国没有重视外部世界的反应，忽视国家形象建构的重要性，导致西方对中国的错误偏见一直延续。因此，随着中国与西方国家的文化和经贸往来增多，如何改变他们以往对中国的错误认知，成为中国共产党面临的一个重要课题。在具体实践中，中国传统文化在其中发挥了独特的释疑解惑作用。

首先，党和国家领导人在对外交往中倡导国际社会从中国传统文化的角度理解中国、认识中国。江泽民在对外交往中指出，"要了解中国，可以有很多视角。现实中国是历史中国的发展。中国是一个有五千年文明历史的国家，从历史文化来了解和认识中国，是一个重要的视角"。那历史文化中的中国，是什么样的呢？江泽民阐释说，第一，是一个有"团结统一"精神的中国。从很早开始，中国各族人民就建立起了紧密的联系，在共同的生活中形成了一致的文化认同——中华文化。这种共同的文化成为维系民族团结的牢固纽带。虽然中国历经王朝变更、战争分裂，但追求国家统一，一直是不同历史时期各族人民群众的共同愿景。"团结统一，深深印在中国人的民族意识中"。第二，是一个有"独立自主"精神的中国。中国的文明文化绵延传承五千年，始终没有中断。虽然近代以来屡遭欺凌，但中国人民经过百折不挠的努力又重新站了起来，原因之一就是中国的民族文化中有着坚不可摧的追求独立自主的力量。第三，是一个有"爱好和平"精神的中国。中国奉行独立自主的和平外交政策，这渊源于中国传统文化对"天下大同""和谐万邦"的追求。中国自古就讲求睦邻友好，如主张"亲仁善邻，国之宝也"，秉承"强不执弱、富不侮贫"的精神，这塑造了中华民族热爱和平的文化基因。第四，是一个有"自强不息"精神的中国。中国古老的哲学著作《周易》记载说，"天行健，君子以自强不息"，阐发了一种刚劲、坚强的意志品格。这种意志品格成为中国人民和中华民族数千年艰苦奋斗、自强不息的精神写照，更成为改革开放时代中国人民创新变革、奋发进取的精神力量。江泽民总结说："中国在自己发展的历史长河中形成的这些优良历史文化传统，随着时代变迁和社会进步获得扬弃和发展，对今天中国人的价值观念、生活方式和中国的发展道路，具有深刻的影响。"①
胡锦涛也强调，中国传统文化对中国当下的现实行为和精神思考具有
深远的影响，他说："一个民族的文化，往往凝聚着这个民族对世界
和生命的历史认知和现实感受，也往往积淀着这个民族最深层的精神
追求和行为准则"②。他同样倡导西方国家从中华文明历史流变的角度
来更全面、更深入地了解中国。

其次，党和国家领导人在对外交往中倡导文明的多样共生和不
同文明的互尊互鉴。第一，文明多样性"是人类社会的基本特征"。
人类社会从茹毛饮血发展到当代信息社会，形成了 200 多个国家和地
区、2500 多个民族。不同的国家地区或者不同的民族，有着不同的
文明或文化发展形态。第二，不同文明之间应该和平共处。不同的文
明有历史长短之分，但却没有高低优劣之别。因此不同文明之间应该
平等对话，多一些尊重和理解、少一些偏见和傲慢。第三，不同文明
之间应该交流互鉴。文明互鉴是人类社会发展的动力。各种文明都以
其独特的方式为人类社会发展作出了贡献，因此各种不同文明应该在
求同存异、竞争比较中取长补短，共同发展进步。

在此认识基础上，十六大以来以胡锦涛同志为总书记的党中央
提出了构建"和谐世界"的倡议。中国自古就有"和为贵"的思想，
主张"君子和而不同""万物并育而不相害，道并行而不相悖"，追求
"和睦""和合"，就此，胡锦涛指出"今天中国提出构建和谐社会，
就是汲取了古人的'和谐'智慧"；至于构建"和谐世界"，胡锦涛提
出，世界各国应该秉持包容开放的精神，在"尊重文明、宗教、价值
观的多样性，尊重各国选择社会制度和发展模式的自主权，推动不同
文明友好相处、平等对话、发展繁荣"的基础上，共同构建"和谐世

---

① 《江泽民文选》第 2 卷，人民出版社 2006 年版，第 58—65 页。
② 中共中央文献研究室编：《十六大以来重要文献选编》（下），中央文献出版社
　2008 年版，第 431—432 页。

界"①，而且文明兼收并蓄是"和谐世界"的最重要特征。

最后，倡导通过文化交流，增进相互了解和友谊。通过历史梳理可以发现，这一时期党和国家领导人在外出访问或接待来访外宾时，促进经济与文化的双向交流是两个最重要的言谈主题或领域。因此，九十年代之后尤其是进入新世纪以来，中国共产党在对外交往中，不断推动传统文化走出去。

中国的春节就是一个例子。春节，是中国最重要的传统节日，具有几千年的历史传承。每逢春节，奔波于各地的游子无论远近都会赶回故乡与亲人团聚、共同守岁，这其中蕴含着迫切的乡情、浓郁的亲情、长久的友情；每逢春节，各地还会举办具有地方特色的文化活动，比如贴春联、贴年画、赏花灯、舞龙舞狮、扭秧歌、逛庙会等等。可以说，春节是中国人的文化及精神追求在一个时期内的最生动、最传神的表现。作为中华民族的传统节日，近十几年来春节开始成为世界各国共同的节日。每逢中国欢庆春节的时候，世界许多国家也都会举行盛大庆祝仪式，一些国家的元首、政要还会向当地的华人华侨拜年。而华人华侨举办的各种文化活动诸如武术、书画展览等等，也引起了大量外国友人的关注和兴趣。

以电影、戏剧为例，自2001年《卧虎藏龙》获得奥斯卡金像奖最佳外语片后，中国文化元素开始进入好莱坞。随后，好莱坞接连从中国文化中取材，制作了《花木兰》《功夫熊猫》等影片，不仅取得了良好的票房，而且促进了中国文化的世界性传播。

国家开始推动传统戏剧大踏步走出去，参与到对外交流的行列中。无论是文化部等政府部门，还是中国对外文化集团公司、中国国际文化交流中心、国家京剧院等非政府机构，纷纷主动承办和参与大型国际文化艺术节及重大国际文化活动，通过大规模的宣传介绍，向

---

① 中共中央文献研究室编:《十六大以来重要文献选编》（中），中央文献出版社2006年版，第850页。

国外推广中国传统戏剧，如 2007 年温家宝总理访问日本期间，文化交流成为重要内容，苏州昆剧院在日本东京国立剧场表演了昆剧《牡丹亭·惊梦》，受到全场观众热烈欢迎。在 2005 年中哥建交 25 周年、2006 年中埃建交 50 周年、2007 年中韩建交 15 周年、2009 年中朝建交 60 周年，以及 2003—2005 中法文化年、2005 美国中国文化节、2007 年俄罗斯中国文化节等活动当中，中国戏剧艺术表演成为当时外交活动的亮点和特色之一，既受到了当地观众的热烈欢迎，也对促进国家之间的文化交流起到了重要作用。随着中国传统戏剧在海外演出市场份额的提高，剧目的日益丰富，传统戏剧已经初步得到了国外观众的接受和认可。

　　另外，中国还通过成立海外中国文化中心和孔子学院来加强同世界各国间的沟通和了解。海外中国文化中心，是中国政府在国外建立的以推介中华文化、促进中外文化交流为主要任务的文化中心，开展文化活动、教学培训和信息服务。截至 2012 年 11 月，已建成运营 10 个海外中国文化中心，在建 9 个，并与多个国家签署建立中心的协定、备忘录或声明。孔子学院，是向世界推广汉语、增进世界各国对中国了解的非营利性教育机构，于 2004 年成立，总部设在北京。孔子学院以汉语教学为核心任务，通过中外双方教育机构合作办学，满足世界各个国家和地区人民对汉语学习的需要，同时开展中医、武术、电影等多种文化活动，已经成为综合性对外文化交流平台。2004 年 11 月 21 日，全球第一所孔子学院在韩国首都挂牌。截至 2012 年底，全球已有 410 所孔子学院、540 个孔子学堂，分布在 108 个国家和地区，注册学员（攻读学位）50 多万人[①]。总之，二十世纪九十年代尤其是新世纪以来，在国家的大力支持推动下，中国

---

① 李长春：《文化强国之路：文化体制改革的探索与实践》（上），人民出版社 2013 年版，第 26—27 页。

传统文化不断走出国门、走向世界，越来越成为展示中国形象的一张亮丽名片。

小结

世纪之交的二十年左右，即二十世纪九十年代和进入新世纪的第一个十年，是中国经济社会发生迅速而深刻的变化时期，经过八十年代的探索、观望，进两步、退一步，已经集聚起来的改革能量终于在市场经济大潮中喷薄而出并造就了举世瞩目的发展成就。1992年至1996年、2002年至2006年，中国经济曾出现两个腾飞期，年均增长超过10%。截至2012年底中国经济总量达到51.9万亿元人民币，而改革开放启动之际的1978年只有3679亿元人民币。伴随经济的快速发展，中国的经济体制和社会结构发生了深刻变化。在社会主义市场经济和全方位对外开放的进程中社会阶层的多样化、利益的复杂化、价值追求和审美的多元化迅速发展且日趋显著。一个国家和民族的存续与发展离不开经济基础，也离不开精神纽带、文化家园、思想认同、价值追求的最大公约数，如果经济发展了，而人心散了、民族凝聚力消失了，那么这样的发展是失败的。

事实上，中国共产党在世纪之交的二十年间对待传统文化的态度无一不和全方位对外开放、加快融入经济全球化体系密切联系在一起。正因为全方位对外开放、加快融入经济全球化，中国在获取资金、技术、现代管理经验以实现跨越式发展的同时，也长期面临西方发达国家在政治上文化上的"和平演变"与"西化"挑战，如何在经济发展的同时、在物质现代化趋同的同时，坚持社会主义制度、保持中华民族的独立性、延续中华文明，构成中华传统文化出场的重要时代背景，这是一方面；另一方面，也因为全方位对外开放、迅速融入全球化经济体系，中国需要世界的进一步了解和理解，需要世界尤其是西方在"理解的同情"基础上尊重中国的道路选择、制度选择，尤其是在中国经济实力和综合国力不断增长的情况下，打消其所谓"国强必霸"的逻辑和所谓"中国威胁论"。只有从上述时代背景出发，我们才能深刻理解中国共产党对待传统文化的立场与态度的调整。强调传统文化的"民族性"以增强民族与文化认同、倡导在中国特色社会主义文化建设中弘扬传统文化、推动传统文化"走出去"等等，均是时代使然。

当然，传统文化的出场也和经济发展所提供的物质基础密切相关。综观一些国家的现代化历程，尤其是后发型现代化国家，传统文化在工业化初期被批判被贬低被遗忘的现象似乎比较普遍，而工业化后期或者说现代化基本实现后，传统文化在否定之否定基础上的复归或者传承也比较普遍。"仓廪实而后知荣辱"，是规律；现代化后而重传统，似乎也是规律。中国在进入新世纪后拉开全面建设小康社会的征程，进入中等收入国家行列，在经济实力和综合国力方面的迅速增强，也为中国共产党重新审视并弘扬中华优秀传统文化提供了不可或缺的前提条件，况且，特别重视道德修养的中华传统文化，还具有抵御市场经济条件下容易出现的拜金主义、享乐主义，助力道德与价值重建的独特作用。

第九章　转化发展：服务于民族复兴伟业

在改革开放和现代化建设新时期的三十多年里，中国共产党面临的挑战和考验，在政治上主要是源自西方的"和平演变"图谋和国内的"自由化"思潮，在经济上则主要是愈行愈显的市场经济和日益融入全球化的经济体系，由此，对待传统文化的主要着眼点在于维护中国社会制度稳定和意识形态安全。进入中国特色社会主义新时代后，情况发生了显著的变化，中国正在迎来从富起来到强起来的历史飞跃，中华民族比历史上任何时候都更接近也更有能力和信心实现伟大复兴，中国特色社会主义的成功引发全球关注，中国日益走近世界舞台中央，中国人民的道路自信、理论自信、制度自信、文化自信、历史自信空前增强，在此背景下，中华传统文化的地位与作用得到新审视新评价，中华传统文化精华被创造性转化创新性发展地广泛运用于党和国家治理、推进国际秩序变革的实践中。

一、"最基本的文化基因"与"创造性转化创新性发展"

影响主体对客体认知态度发生变化的一个重要原因，是主体从什么样的视角或以什么样的标准来看待客体，而这一视角和标准又取决于主体所处的客观社会环境和面临的主要任务，于中国共产党认识和对待传统文化而言，亦是如此。在半殖民地半封建社会从事民主革命的中国共产党，无法从中国传统文化中汲取阶级革命和民族革命的直接思想资源，从某种意义上说，正是中国传统文化资源无法为鸦片战争以后中华民族面临的数千年未有之大变局提供有效方案，才促使先进的中国人将目光转向西方，最终"十月革命一声炮响给中国送来了马克思主义列宁主义"。对于革命中的中国共产党人而言，马克思主义提供的阶级分析与阶级斗争理论，是其观察和分析社会历史与现实的最有用最犀利的武器，传统文化也要放在这个显微镜下审视。于是，在显性的表达层面，传统文化就有了封建文化、宗法文化、为历代封建统治阶级服务的总定位。当然，这一定位并不意味着对传统文化的一味否定、全盘否定，而是要"取其精华，去其糟粕"。但是，由阶级分析而来的性质定位，决定了对待传统文化尤其是主体儒学的批判和警惕优先、为主的总立场。

中华人民共和国成立后，中国共产党成为全国执政党，国家建设取代革命成为主要任务。就常理而言，中国传统文化虽然难以为以阶级斗争和暴力革命为核心特征的民主革命服务，但是强调"仁爱"、秩序、"中庸"的传统文化却可以为国家治理和社会稳定服务。但事实上并非如此，中国共产党基本上沿用了革命时期看待传统文化的阶级标准和态度。这一方面是革命思维的惯性作用和表现，另一方面也要看到，尽快摆脱落后的农业国面貌、实现工业化，成为中国共产党领导国家建设的目标追求，而苏联模式成为实现这一目标的不二选择。处于工业化初期的新中国如饥似渴地学习苏联，真诚地甚至全盘照搬苏联经验（这和"全盘西化"截然不同但又在深层上相似甚至相通，其触发点均为贫困落后的现实和加快改变这种现实的渴望），而传统文化无法提供现代化经济建设和新型人民民主制度建设需要的思想资源。至于"文化大革命"时期，对传统文化采取简单的贴阶级标签的方法，甚至对儒家采取的粗暴批判态度，则属于一种非常态的极端行为，不具有代表性。

改革开放后，在新的历史时期，中国共产党的治国理政理念发生了历史性转折，其中最重要的是放弃"以阶级斗争为纲"，把工作重心转移到发展生产力、建设现代化国家上来。就对待传统文化而言，简单的机械的阶级分析方法逐渐退场，传统文化的民族性特质、作为民族血脉和人民精神家园的独特作用逐渐得到肯定，弘扬优秀传统文化、服务于中国特色社会主义文化建设的总方针最终确立。但是，与此同时，发展经济、缩短与发达国家的差距，在相当长的时间内构成压倒一切的优先任务，为此，通过改革开放吸收人类创造的一切先进文明成果尤其是科学技术和管理经验、现代理念和体制机制成为普遍共识。换言之，中国仍然处在现代化的初期阶段，在这个阶段，传统文化能够得到公正看待，发挥其民族凝聚力的纽带作用，已属不易。事实表明，中国共产党在其中发挥了主导作用，否则，传统文化很可能遭遇被弃掷的命运，80年代《河殇》的热播、90年代市场经济席卷千钧、"重估一切价值"的浪潮，说明这并非危言耸听。然而，21世纪的第一个十年过去后或者说党的十八大以后，时代逐步发生了变化，随着中国现代化建设事业的突飞猛进，特定的现代化饥渴期逐渐结束，中国迎来了从富起来到强起来的历史性飞跃、迎来了中国特色社会主义新时代，正是在新时代，中国共产党对待传统文化的态度发生了显著变化，迈上了一个新台阶，达到了一个新高度。

（一）中华民族最基本的文化基因

世界现代化进程表明，后发现代化国家的传统文化境遇很大程度上与该民族国家所处的现代化特定阶段密切相关。诸多迹象表明，一个国家的现代化实现程度与传统文化的境遇成正相关关系，也就是说，现代化程度越低的阶段，传统文化遭遇的质疑与否定往往越强烈；而当现代化发展到较高阶段时，传统文化的境遇会逐步得到改善。中国特色社会主义新时代党对待传统文化态度的明显转进，无疑也和中国现代化进程密切相关。如果把总体上实现小康和全面建设小康视为中国现代化进程的第一阶段，那么，从全面建成小康社会到 2035 年基本实现现代化则可以视为中国现代化进程的第二个阶段，从 2035 年到本世纪中叶建成社会主义现代化强国无疑是第三个阶段，换言之，中国特色社会主义新时代是中国作为后发现代化国家进入现代化追赶的中后期阶段，是中华民族迎来全面建成小康社会并开启现代化强国建设新征程的阶段。正是在这个阶段，中国经济总量于 2022 年超过 120 万元人民币，比 2012 年的 51.9 万亿元翻了一番多，不但稳居世界第二大经济体地位，而且与第一大经济体美国相比，已经是其经济总量的 70% 以上（1978 年中国改革开放启动之际仅为其总量的 6.5%）。不仅如此，中国已经迈入创新型国家行列，科技对经济的贡献率已经超过 60%，中国在高铁、核电、航空航天、卫星、深海探测、互联网、人工智能等高新技术领域已经实现"并跑"甚至"领跑"世界，正在全力以赴向创新型国家前列进军。同样重要的是，中国拥有全球最完整的现代工业制造体系，主要工农业产品产量均位居世界前列，新时代的中华大地"信息畅通，公路成网，铁路密布，高坝矗立，西气东输，南水北调，高铁飞驰，巨轮远航，飞机翱翔，天堑变通途。"[1] 此外，中国城镇化率达到 60% 以上，覆盖城乡居民的社会保障体系基本建立，九年义务教育全面普及，高等教育进入普及化阶段，生态文明建设效果显著，中国人生于斯长于斯的家园越来越美丽。伴随经济发展、国家综合实力增强、民众生活水平提升，中国人的道路自信、理论自信、制度自信、文化自信与日俱增，中华民族复兴有了更主动的精神力量。

中国特色社会主义的成功带来的自信，似涟漪一般荡开、扩展，自然也将历史纳入其中，换言之，现实自信带来了历史自信，而在历史中最具意义和最能传承的是文化。党的十八大以后，习近平不止一次地指出，中国特色社会主义不是从天上掉下来的，而是在改革开放

---

[1] 中共中央党史和文献研究院编：《十九大以来重要文献选编》（上），中央文献出版社 2019 年版，第 725 页。

的伟大实践中、中华人民共和国的持续探索中、对近代以来中华民族发展历程的深刻总结中走出来的，是在对中华民族五千多年的文明传承中走出来的，植根于中华五千年文明沃土。如果没有中华五千年文明，哪里有什么中国特色？如果不是中国特色，哪有我们今天这么成功的中国特色社会主义道路？"只有立足波澜壮阔的中华五千多年文明史，才能真正理解中国道路的历史必然、文化内涵与独特优势。"[①]把中国特色社会主义与中华文明传统直接而明确地关联起来，这在党的历史上是首次，表明了中国特色社会主义新时代的认识特点、认识高度。

与以往相比，习近平对于传统文化的论述和评价具有全方位的特点，并且体现了强烈的现实关怀。

2014年5月4日，习近平在北京大学师生座谈会上发表讲话，从价值观角度以例举方式提出中华文明"独特的价值体系"的六个强调：强调"民惟邦本""天人合一""和而不同"；强调"天行健，君子以自强不息""大道之行也，天下为公"；强调"天下兴亡，匹夫有责"，主张以德治国、以文化人；强调"君子喻于义""君子坦荡荡""君子义以为质"；强调"言必信，行必果""人而无信，不知其可也"；强调"德不孤，必有邻""仁者爱人""与人为善""己所不欲，勿施于人""出入相友，守望相助""老吾老以及人之老，幼吾幼以及人之幼""扶贫济困""不患寡而患不均"等等。指出"像这样的思想和理念，不论过去还是现在，都有其鲜明的民族特色，都有其永不褪色的时代价值"。[②]

同年9月，在纪念孔子诞辰2565周年国际学术研讨会暨国际儒学联合会第五届会员大会开幕会上的讲话中，习近平又对"包括儒家思想在内的中华优秀传统文化中蕴藏着解决当代人类面临的难题的重

① 习近平：《在文化传承发展座谈会上的讲话》，《求是》2023年第17期。
② 习近平：《青年要自觉践行社会主义核心价值观》，《人民日报》2014年5月5日。

要启示"做了 15 个方面的概括，涉及道法自然、天人合一，天下为公、大同世界，自强不息、厚德载物，经世致用、知行合一，仁者爱人、以德立人，等等。①10 月 13 日，第十八届中央政治局就我国历史上的国家治理进行第十八次集体学习，习近平发表讲话指出，在漫长的历史进程中，中华民族创造了独树一帜的灿烂文化，积累了丰富的治国理政经验。我国古代主张民惟邦本、政得其民，礼法合治、德主刑辅，为政之要莫先于得人、治国先治吏，为政以德、正己修身，居安思危、改易更化，等等，这些都能给人们以重要启示。这是从国家治理角度对中华优秀传统文化中蕴含的政治智慧进行的概括。②

党的二十大报告从中华优秀传统文化与科学社会主义价值观主张高度契合的角度，举例式概括了"中华文明的智慧结晶"。2023 年6 月，在文化传统发展座谈会上，习近平再次总结道："中华优秀传统文化有很多重要元素，比如，天下为公、天下大同的社会理想，民为邦本、为政以德的治理思想，九州共贯、多元一体的大一统传统，修齐治平、兴亡有责的家国情怀，厚德载物、明德弘道的精神追求，富民厚生、义利兼顾的经济伦理，天人合一、万物并育的生态理念，实事求是、知行合一的哲学思想，执两用中、守中致和的思维方法，讲信修睦、亲仁善邻的交往之道等，共同塑造出中华文明的突出特性。"③他还多次强调，要深入挖掘和阐发中华优秀传统文化讲仁爱、重民本、守诚信、崇正义、尚和合、求大同的时代价值。

除了总括性的言说外，在有关治党治国治军、内政外交国防的讲话和谈话中，习近平更是经常引用和总结中华优秀传统文化的至

---

① 参见习近平:《在纪念孔子诞辰二千五百六十五周年国际学术研讨会暨国际儒学联合会第五届会员大会开幕会上的讲话》,《人民日报》2014 年 9 月 25 日。
② 参见《习近平在中共中央政治局第十八次集体学习时强调，牢记历史经验历史教训历史警示为国家治理能力现代化提供有益借鉴》,《人民日报》2014 年 10 月 14 日。
③ 习近平:《在文化传承发展座谈会上的讲话》,《求是》2023 年第 17 期。

理名言、思想智慧。可以说，中华优秀传统文化内含的宇宙观、天下观、社会观、道德观，内含的丰富哲学思想、人文精神、教化思想、道德理念等等，均在习近平的视野内、论述中，体现着全覆盖的特征。

不仅如此，习近平还对中华传统文化的特征有着深刻的分析。例如，在纪念孔子诞辰 2565 周年国际学术研讨会暨国际儒学联合会第五届会员大会开幕会上的讲话中，他总结了中华传统文化的三大特点，一是各种学说既对立又统一，既相互竞争又相互借鉴，和而不同。二是与时迁移、应物变化，不断发展更新。三是坚持经世致用原则，注重发挥文以化人的教化功能。[1] 又如，他在文化传承发展座谈会上的讲话，总结了中华文明的五大突出特性：连续性、创新性、统一性、包容性、和平性，实际上，这五大特性也完全可以视为对中华传统文化特征的概括。

更重要的是，习近平对中华优秀传统文化的评价充分体现着新时代的站位。进入新世纪后，传统文化作为民族精神血脉、人民精神家园的意义得到强调，反映了党在传统文化问题上与时俱进的认识。在此基础上，从中华民族复兴伟业进入不可逆转的历史进程和世界百年未有之大变局的时代特征出发，习近平对中华优秀传统文化作出了党的历史上更为全面更具现实关怀因而也更有实质意义的评价，例如，他指出"从历史的角度看，包括儒家思想在内的中国传统思想文化中的优秀成分，对中华文明形成并延续发展几千年而从未中断，对形成和维护中国团结统一的政治局面，对形成和巩固中国多民族和合一体的大家庭，对形成和丰富中华民族精神，对激励中华儿女维护民族独立、反抗外来侵略，对推动中国社会发展进步、促进中国社会利

---

[1] 参见习近平：《在纪念孔子诞辰二千五百六十五周年国际学术研讨会暨国际儒学联合会第五届会员大会开幕会上的讲话》，《人民日报》2014 年 9 月 25 日。

益和社会关系平衡，都发挥了十分重要的作用。"① 又如，他在不同场
合不断提及，中华优秀传统文化是中国立于当今激荡世界的根基，是
中华民族的文化基因、精神血脉，积淀着中华民族最深层的精神追
求，代表着中华民族独特的精神标识，是我们最重要的文化软实力。
他说："中华文化独一无二的理念、智慧、气度、神韵，增添了中国
人民和中华民族内心深处的自信和自豪。"② 显然，这些评价超越了一
般性界说，是一种实质性、特定性很强的评价，这种评价背后是大历
史观的宏阔视野，是对中华优秀传统文化的珍惜、自豪和礼敬。

　　下面，就中华优秀传统文化构成"中华民族最基本的文化基因"
这一命题展开分析。2013 年 12 月，习近平在第十八届中央政治局第
12 次集体学习时发表"建设社会主义文化强国，着力提高国家文化
软实力"的讲话，在指出中华民族在五千多年的文明发展中创造了博
大精深的灿烂文化时，使用了"中华民族最基本的文化基因"一语。
2014 年 5 月，习近平在与北京大学师生座谈会上讲话说，"中华优秀
传统文化已经成为中华民族的基因，植根在中国人内心，潜移默化影
响着中国人的思想方式和行为方式"③。此后，习近平在提及传统文化
的重要地位时，经常使用中华民族的"文化基因"这一界定。

　　"基因"的表述，有着深刻的意义内涵，对此我们可以从生物基
因对于生命的重要意义来理解。首先，"文化基因"意味着中国传统
文化对于中华民族而言，是不可能被割舍和抛弃的。例如，我们的祖
先在几千年前创造的文字至今仍在使用，形成的博大精深的思想体
系或理念至今仍然深深影响着中国人的生活，这正如"基因"之于生

① 习近平：《在纪念孔子诞辰二千五百六十五周年国际学术研讨会暨国际儒学联合
　会第五届会员大会开幕会上的讲话》，《人民日报》2014 年 9 月 25 日。
② 习近平：《在中国文联十大、中国作协九大开幕式上的讲话》，《人民日报》2016
　年 12 月 1 日。
③ 中共中央文献研究室编：《十八大以来重要文献选编》(中)，中央文献出版社
　2016 年版，第 5 页。

物，是一种元素意义上的存在，是生而具有的，储存着生命的血型、孕育、成长等过程的全部信息，是区别于他者的重要根据和凭证，决定着我们是中国人、是中华民族的一分子，而不是其他什么国家的人、其他什么民族的一分子。其次，"文化基因"意味着中国传统文化积淀着中华民族最深沉的精神追求，深刻影响着中华民族现实与未来的发展。这正如"基因"之于生物，决定着生命的基本构造和性能，而且生物的各种性状几乎都是基因相互作用的结果。事实上，进入 21 世纪后，在党的文献中，已经陆续出现了将传统文化视为"民族精神纽带""共有精神家园""民族生命重要组成部分""民族血脉"等评价，这些评价为"民族基因"的新时代定位提供了准备和思想资源。

由于"基因"不能如实体那般做出或取或舍的物理分割，但却可以根据环境的变化进行科学地"转化"与"发展"，如对传统文化中那些至今仍有借鉴价值的内涵和表现形式，可以按照时代特点和要求加以改造，"赋予其新的时代内涵和现代表达形式，激活其生命力"；而对原有内涵，则可以按照时代的新进步新进展，"加以补充、拓展、完善，增强其影响力和感召力"[1]。正是从"基因"的价值定位出发，习近平提出了对优秀传统文化进行"创造性转化、创新性发展"的要求，同时这也是对以往"取其精华、去其糟粕"方针的升华。"取其精华、去其糟粕"对于科学地分析结构复杂的中国传统文化，确定其中的优秀成分因而加以弘扬，摒弃其中落后于时代的成分、批判其中的明显毒素，具有重要意义。在一定程度上讲，它构成了"创造性转化创新性发展"的前提。换言之，我们要创新发展优秀传统文化而非不问良莠、全盘拿来主义；另一方面，由于文化本身结构极为复杂，各要素之间时常扭结在一起，你中有我、我中有你，很

---

① 习近平：《论党的宣传思想工作》，中央文献出版社 2020 年版，第 57 页。

难做到快刀斩乱麻式地舍此留彼，因此，需要警惕机械地区分"精华"和"糟粕"可能带来的"一损俱损、一荣俱荣"的困局，而创造性转化与创新性发展的方针和方法无疑更能破解某些困局。

（二）"创造性转化创新性发展"于治国理政

明确提出对"中华优秀传统文化进行创造性转化、创新性发展"，可以说是中国特色社会主义新时代党中央在如何对待传统文化问题上提出的最具标志意义的思想和方针，也可以说是习近平在论及传统文化时使用最频繁的语汇之一。他经常讲，中华文明既需要薪火相传、代代守护，也需要与时俱进、推陈出新。要加强对中华优秀传统文化的挖掘和阐发，使中华民族最基本的文化基因与当代文化相适应、与现代社会相协调，把跨越时空、超越国界、富有永恒魅力、具有当代价值的文化精神弘扬起来，激活其生命力，让中华文明同世界其他文明一道，为人类前进和发展提供正确的精神指引。①

如果说新时代党在对待传统文化问题上与以往相比有何最大不同，那么，可以肯定地回答，是广泛地运用于治国理政、内政外交。党的十八大以后，中国特色社会主义进入新时代，中华民族站到了新的历史发展起点上，一方面，中国经济快速发展和社会保持长期稳定的两大奇迹令世界瞩目；另一方面，中国发展又面临着一系列需要破解的难题，需要迎接新的挑战和考验。例如，怎样实现经济发展由高速度向高质量转进，调整产业结构，转变发展方式，建设现代化经济体系；怎样在经济发展的同时推进生态文明建设，促进人与自然和谐共生；怎样在经济总量不断增长的同时，加快共同富裕的步伐，让发展成果更普遍地惠及全体人民；怎样在保持思想活跃、开拓创新精神的同时，弘扬和践行核心价值观，以"谋求最大公约数，画出最大同

---

① 参见习近平：《在哲学社会科学工作座谈会上的讲话》，《人民日报》2016 年 5 月 19 日。

心圆"；等等。又如，就国际环境而言，如何在世界百年未遇之大变局中，抓住机遇，乘势而为，尤其是有效应对霸凌主义、贸易保护主义、政治民粹主义、国际恐怖主义等威胁，有效化解"灰犀牛""黑天鹅"等突发事件带来的重大不确定风险，等等。

而无论是内政，还是外交，中国特色社会主义制度决定了党在其中的关键作用、舵手地位。中国共产党的领导是中国特色社会主义最本质的特征，也是中国人民的命运和前途所系，面对前进道路上的艰难险阻，没有中国共产党的决策和领导是不可想象的。没有共产党就没有新中国，没有共产党就不可能有中国特色社会主义，没有共产党的坚强领导中国就不可能用几十年时间走完发达国家几百年的路，取得改革开放和现代化建设的宏伟成就。当然，在进入新时代后，党自身在改革开放以来长期累积起来的一些问题，加之一段时间内管党治党的宽松软，严重影响了党的先进性和纯洁性建设、影响了党的形象、影响了党的号召力和凝聚力。而且由于党的长期执政和全面领导，党自身存在的问题会影响、触发其他社会问题，例如，日益固化的利益藩篱、明显的社会不公、影响创新创造的体制机制，等等。

总之，进入新时代党治国理政面临重大考验，在这一考验面前，党中央作出了全面深化改革的决策，提出了坚持和完善中国特色社会主义制度、推进国家治理体系和治理能力现代化的总目标。实事求是地讲，如何提升社会主义社会的治理能力，在以往的世界社会主义国家中没有解决得很好，苏联东欧剧变就是很好的说明。相反，中国经过改革开放数十年的探索，取得政治稳定、经济发展、社会和谐、民族团结的成果，形成了适应我国国情和发展要求的国家治理体系治理能力。这种体系和能力，不是盲目效仿西方的结果，而是在我国历史传承、文化传统、经济社会发展的基础上长期发展、渐进渐改、内生性演化的结果。这说明一个国家的治理体系和治理能力是与这个国家的历史传承和文化传统密切相关的。解决中国的问题只能在中国大地上探寻适合自己的道路和办法。

近代以来，自中国在中西比较中陷入文化和制度的自卑开始，中国人对自秦朝以降两千余年政体的判断，就陷入到西方二元对立的"民主与集权"的理论框架和话语体系中。由此，中国学者的大量精力和智慧被牵制到"政体问题"的讨论①，并以西方概念来进行自我表达。事实上，当一些学者言必称希腊、对西方民主津津乐道时，却忽视了一个基本事实，即古希腊的上层民主制是建立在下层奴隶制基础上的，而对内的民主制是建立在对外扩张基础上的。因此，脱离奴隶制和殖民扩张来谈民主制，是对产生西方民主制度的独特社会历史背景的严重漠视。

同理，中国历史上的中央集权体制也与国情密切相关。不同于地中海的地理环境的历史传统，广阔的陆地地理空间使中国自王权形成开始，便要面对"央地关系"问题。王朝中央集权的首要政治功能，是确保中央对地方的有效管理，保障国家版图统一，这是百姓安居的前提条件，一旦分裂、陷入内战，就会导致生灵涂炭。因此，对中国而言，以中央集权维持统一具有政治上压倒一切的优先性。如果盲目地用西方民主理论裁判中国"集权体制"的是与非，就忽视了中国自身特殊的国情和历史文化背景。

其实，用西方理论视角审视中国"政体问题"，在旅居中国明朝28年的利玛窦那里就存在了。在他晚年整理自己在中国见闻时所写的《利玛窦中国札记》中，讨论了中国政体问题。首先，他根据中国有皇帝而判断中国是君主政体。随后，又根据中国实际治理者是士大夫而认为中国是贵族政体。最后，他发现与欧洲贵族世袭制不同，中国士大夫通过科举考试获得参政权，因此又判断中国是民主政体。总之，西方的政体理论很难套裁中国特殊的体制，这使利玛窦陷入纠

---

① 曹锦清:《如何研究中国（增订本）》，上海人民出版社 2018 年版，第 447 页。

结，学者曹锦清称之为"利玛窦困惑"。而利玛窦之所以有如此困惑，是因为"政体问题意识"是西方独特历史地理和宗教文化综合作用的产物。古希腊时代，亚里士多德以几百个城邦为样本，根据统治者多寡和施政目的，将政体分为君主、贵族和民主三大类，这种分类方法一直延续影响西方世界。后来，法国启蒙思想家孟德斯鸠，又将政体分为君主、专制、共和三大类，并把整个东方视为"专制主义"，甚至把中国看作东方专制政体的典型。此后，"专制"概念，经由黑格尔、马克思等的著作，以及冷战时期魏特夫《东方专制主义》的鼓吹，成为一个影响中国的重要理论概念和分析框架。而事实上，中国历史上从未对自身是何种政体有过关注、思考和评判。在王朝循环中，中国历史上的统治者和士大夫更专注于如何治国理政以实现国泰民安，中国传统文化也更多是治理经验的总结升华。

由此而言，导源于西方的"政体分类"或"政体问题意识"并不具有普世性。党的十八大以来，习近平多次对这个问题进行阐发。2013年1月，习近平在关于坚持和发展中国特色社会主义的几个问题的讲话中指出，冷战结束后，不少发展中国家被迫采纳了西方模式，结果党争纷起、社会动荡、人民流离失所，至今都难以稳定下来。接着他引用《庄子·秋水》中"邯郸学步，失其故行"的典故来告诫全党，"过去不能搞全盘苏化，现在也不能搞全盘西化或者其他什么化"。"我们就是把马克思主义中国化，就是搞中国特色社会主义"。"我们就是要有这样的道路自信、理论自信、制度自信，真正做到'千磨万击还坚劲，任尔东西南北风'"[①]。2017年10月，党的十九大报告指出，"世界上没有完全相同的政治制度模式，政治制度不能脱离特定社会政治条件和历史文化传统来抽象评判，不能定于一尊，

_____

[①] 中共中央文献研究室编：《十八大以来重要文献选编》（上），中央文献出版社2014年版，第111页。

不能生搬硬套外国政治制度模式"①。党的十九大通过的《十八届中央纪律检查委员会向中国共产党第十九次全国代表大会的工作报告》更明确地指出:"中国特色社会主义道路是中华民族悠久历史的延续。马克思主义中国化的过程,就是同中华传统文化精华相融合、与中国具体实践相结合的过程,文化自信是对'中国特色'的最好诠释"。"中国的未来决不是西化,而是中国特色社会主义现代化,这不是发展阶段的差异,其重要原因在于文化基因的不同"②。

综观习近平在国家政体与国家治理问题上的论述,比较强调的是三个方面:一是,历史文化传统各异,决定了每个国家的发展道路或政治制度不必相同也不可能完全相同;二是,中华民族绵延五千年创造的博大精深的传统文化与马克思主义相结合,决定了中国只能走中国特色社会主义道路、实行中国特色社会主义制度。三是,制度、道路、主义的优劣,或者是否适合一个国家的发展,不能做理论的抽象比较,关键要看其"能否解决这个国家面临的历史性课题"③。换言之,制度的"治理成果"或"治理效能",才是政体、制度、道路、主义合理性、有效性、优越性的试金石。这就将问题从西方设置的"政体议题话语"转变到具有实际意义的"治理议题话语"上来。

那么,如何提升制度治理的绩效呢?"历史是最好的老师"。2014年10月13日,中央政治局专门就我国历史上的国家治理进行集体学习。习近平在学习时强调,要牢记历史经验、历史教训、历史警示,为国家治理能力现代化提供有益借鉴。首先,在漫长的历史进程中,中华民族"积累了丰富的治国理政经验,其中既包括升平之世

---

① 中共中央党史和文献研究院编:《十九大以来重要文献选编》(上),中央文献出版社2019年版,第25页。
② 中共中央党史和文献研究院编:《十九大以来重要文献选编》(上),中央文献出版社2019年版,第76页。
③ 中共中央文献研究室编:《十八大以来重要文献选编》(上),中央文献出版社2014年版,第109页。

社会发展进步的成功经验，也有衰乱之世社会动荡的深刻教训"。比如，我国古代主张"民惟邦本""政得其民"，还有"民为贵，社稷次之，君为轻"等，都体现出朴素的"以民为本"的政治思想理念；再如，中国古代主张"礼法合治""德主刑辅"，也体现出朴素的法治与德治相结合的思想；又如，中国古代主张"为政之要莫先于得人""治国先治吏""为政以德、正己修身"等，表达了"干部"对于国家治理的重要性，并提出了"以德为先"的选人用人标准；另外，中国古人主张的"居安思危""改易更化"等，也蕴含着"破旧革新"的思维，等等。

其次，中国的今天是从中国的昨天和前天发展而来，今天中国遇到的很多事情也可以在历史上找到影子。如人对自然资源的获取，是"竭泽而渔"还是"循序渐进"，不仅是古人的疑问，也是今人需要思考的问题；再如对"祖宗之法"，是"墨守成规"还是"因时而变"，同样既是历史也是现实常常发生的争论；另外，关于"吏治"与"治吏"，更是一个延续几千年不变的话题。总之，历史上发生过的很多事情都可以作为今天的镜鉴，就此习近平指出："要治理好今天的中国，需要对我国历史和传统文化有深入了解，也需要对我国古代治国理政的探索和智慧进行积极总结"①。

一言以蔽之，在中国特色社会主义新时代，中华优秀传统文化可以为党治国理政提供有益的思想资源，或者说可以创造性转化、创新性发展地运用于治国理政。当然，治国理政涉及方方面面，中华优秀传统文化的价值发挥空间和领域也是广阔的，事实上，习近平在治国理政的诸多方面均提出对优秀传统文化的借鉴、吸收、转化和应用，如在依法治国方面，习近平指出，"我国古代法制蕴含着十分丰富的智慧和资源，中华法系在世界几大法系中独树一帜。要注意研究

---

① 佚名:《牢记历史经验历史教训历史警示 为国家治理能力现代化提供有益借鉴》，《人民日报》2014年10月14日。

我国古代法制传统和成败得失，挖掘和传承中华法律文化精华，汲取营养、择善而用"[①]。再如在生态文明建设方面，习近平指出，"中华民族向来尊重自然、热爱自然，绵延五千多年的中华文明孕育着丰富的生态文化"[②]，至今仍有十分重要的现实意义，他曾援引《周易》的"天人合一"思想，孔子的"子钓而不纲，弋不射宿"，孟子的"不违农时，谷不可胜食也；数罟不入洿池，鱼鳖不可胜食也；斧斤以时入山林，材木不可胜用也"等，来阐释新时代生态文明思想。在民族团结和祖国统一方面，强调通过弘扬传统文化铸牢"中华民族共同体意识"；等等。

治国理政当然还包括对时代潮流、世界形势和国际关系的认识与处理。在全球面临治理赤字、发展赤字、和平赤字、信任赤字的背景下，在西方主导的治理模式无法解决全球性矛盾和危机的背景下，中国在日益走近世界舞台中央的过程中必须亮出中国智慧、中国方案，这就是"高举构建人类命运共同体旗帜，秉持共商共建共享的全球治理观，倡导多边主义和国际关系民主化，推动全球经济治理机制变革"。[③] 在此过程中，中华优秀传统文化同样有其用武之地。2014年9月，习近平出席"纪念孔子诞辰2565周年国际学术研讨会暨国际儒学联合会第五届会员大会"，会议主题为"儒学：世界和平与发展"，这是中国共产党最高领导人首次参加孔子纪念大会。习近平在开幕会上发表讲话指出，人类面临着许多突出的难题，而包括儒家思想在内的中华优秀传统文化中蕴藏着解决当代人类面临的难题的重要

---

① 中共中央文献研究室编：《十八大以来重要文献选编》（中），中央文献出版社
　 2016年版，第186页。
② 中共中央党史和文献研究院编：《十九大以来重要文献选编》（上），中央文献出
　 版社2019年版，第443页。
③ 中共中央党史和文献研究院编：《十九大以来重要文献选编》（中），中央文献出
　 版社2021年版，第294—295页。

启示。^①"大道之行也，天下为公"自古以来就构成中国人的价值追求，"世界大同""和而不同""和谐和睦""亲仁善邻"等等一直是深嵌于中国人内心深处的理念，它们毫无疑问有益于世界的和平安宁、有益于人类命运共同体的构建。

总之，中国共产党在中国特色社会主义新时代，创造性转化创新性发展地运用中华优秀传统文化于治国理政，领域众多、内容丰富，下面，我们选取四个言说最集中也最具代表性的领域——弘扬和践行社会主义核心价值观、全面从严治党、构建人类命运共同体、马克思主义与中华优秀传统文化相结合，展开梳理和概括。

二、涵育社会主义核心价值观

一个国家或民族的核心价值观，承载着一个国家、一个民族的精神追求，体现着一个社会评判是非曲直的价值标准。同时，全社会共同认可的核心价值观，对一个民族、一个国家来说是最持久、最深层的力量^②。价值观产生于社会群体共同认识、改造自然和社会的过程之中，由于不同国家、不同民族生产、生活的自然条件和发展历程不同，因而产生了各具特色的核心价值观。党的十八大提出了"富强、民主、文明、和谐，自由、平等、公正、法治，爱国、敬业、诚信、友善"的社会主义核心价值观。社会主义核心价值观深化了对社会主义道德建设规律的认识，既是对社会主义核心价值体系的高度凝练和集中表达，同时也回答了我们要建设什么样的国家、建设什么样的社会、培育什么样的公民的重大问题。党的十八大以后，弘扬和践

---

① 习近平：《在纪念孔子诞辰 2565 周年国际学术研讨会暨国际儒学联合会第五届会员大会开幕会上的讲话》，《人民日报》2014 年 9 月 25 日。
② 中共中央文献研究室编：《十八大以来重要文献选编》（中），中央文献出版社 2016 年版，第 2 页。

行社会主义核心价值观成为新时代思想文化建设的重要任务。

（一）涵养社会主义核心价值观的重要源泉

中华民族在很早就形成了具有农耕特色的传统核心价值观，如"天人合一"的自然观；人心向善的人性观；群体本位、利他主义至上的道德观；崇尚整体主义的政治观[①]。有学者从儒家"仁义"学说扩展，概括出"孝与忠""智而有勇""诚信奉法""廉而明耻""勤俭戒奢"五组价值观的内核[②]。还有学者从历史角度阐释中国传统核心价值观的变迁，认为中华民族在殷周之际形成"自强不息"和"厚德载物"的核心价值观，春秋战国时期孔子、孟子构建起"仁、义、礼、智、中庸"的道德体系，至西汉"罢黜百家、独尊儒术"，儒家学说获得国家与社会承认的正统地位。宋明时，理学将儒释道三者统一，形成"以儒家德性为主干，以道家道心、佛家佛性为两翼或补充的"中国传统核心价值观的三维结构[③]。西方价值观的思想根源可以追溯至古希腊、古罗马时期，其中的"自由、民主、理性、科学、秩序、节制"和"私有财产、法治、权利、公正、共和"等理念，经过文艺复兴、宗教改革和启蒙运动的转化，构成强调"个人价值"的西方核心价值观。

不同价值观影响或规束着人们对问题的思考和行为实践。关于这一点，可以从深受文化价值观影响的绘画艺术表现中看出。由于中国传统价值观强调整体性，注重人与自然的和谐，因此在绘画中往往不突出人物。西方绘画则特别突出人物形象，肖像画在西方绘画中占较大比重。而且中国画讲求"意象"，如《千里江山图》，将春、夏、

---

① 冯霞：《中西方传统价值观比较研究》，《广西社会科学》2009 年第 10 期。
② 张生：《中国传统文化核心价值观念论略》，《光明日报》2017 年 12 月 27 日。
③ 周兴茂：《中国人核心价值观的传统变迁与当代重建》，《东南大学学报（哲社版）》，2010 年第 3 期。

秋、冬四时景色融于一体，如同打开一道时间长廊。但这对于西方油画系统而言却很难理解，因为他们认为绘画一定要画出特定空间和时间点上的对象，因此二十世纪美国著名散文家房龙误以为，"这世界上只有中国人和儿童不知道透视关系，搞不清楚时间有变化"①。

所以，由民族文化滋养、扎根于民族实践的核心价值观，表现的是不同民族群体认识、思考问题的方式不同，其相互间可能存在误解，并不能简单地以优劣、高下论之。但鸦片战争后，西方价值观伴随坚船利炮进入中国，并逐步占据道德和价值论制高点，这一方面为中国重新认识世界，以至为资产阶级革命推翻封建专制统治提供了价值引导；但另一方面，强势的西方资产阶级价值观也在瓦解着中国传统的核心价值观。改革开放以来，以美国为首的西方国家以所谓"普世价值""自由贸易"手段不断向中国输送"个人主义""自由主义""功利主义"价值观，力图瓦解中国已有的价值观，动摇并最终颠覆中国共产党的领导和社会主义制度。

面对西方价值观的强力渗透及其对传统价值观的不断消解，改革开放之初，中国共产党就开始注重精神文明建设特别是社会主义和共产主义道德、价值的普及。1989年之后，特别是进入新世纪以来，党中央开始重视将社会主义道德与中华传统道德相结合，构建中国特色社会主义道德体系。2001年9月，中共中央印发《公民道德建设实施纲要》，提出我国公民基本道德规范：爱国守法，明礼诚信，团结友善，勤俭自强，敬业奉献。2006年3月，党中央提出"八荣八耻"的社会主义荣辱观。10月，中共十六届六中全会第一次明确提出"建设社会主义核心价值体系"的重大命题和战略任务。2011年10月，中共十七届六中全会通过《中共中央关于深化文化体制改革、推动社会主义文化大发展大繁荣若干重大问题的决定》中强调，社会

---

① 曹丽萍主编：《传统文化与现代化》，国家图书馆出版社2010年版，第180页。

主义核心价值体系是兴国之魂。在《决定》征求意见和起草过程中，一些人提出了"对社会主义核心价值体系作概括，提出简明扼要、便于传播践行的社会主义核心价值观"的建议①。在充分讨论和征求意见的基础上，党的十八大对社会主义核心价值观作出明确概括。

总之，中国共产党通过一系列精神文明、价值体系、道德观建设，有效抵御了西方腐朽思想和价值观的侵蚀。但与以美国为首的强大竞争对手相比，"中国精神、中国价值、中国力量"仍处于相对弱势：一是中国尚未完成内部价值观的聚合任务。核心价值观要从社会意识形态以及外来文化价值观中胜出，需要完成话语更新和语法革命的任务，通过这种话语更新和语法革命，以形成一个自洽的价值观体系。二是在与西方价值观竞争中，西方价值观占领了道义制高点和真理定义权，并以普世的名义宣判他者文化的非正当性。西方国家控制了话语规则的制定权，这些规则以所谓"中立""公正"的名义对他者文化进行裁决。相比之下，中国还没有制定话语规则的主动权，从而造成中国在跨文化交流中的被动地位。三是西方国家拥有强大的国际话语议程设置能力，有强大的传播能力作为后盾，可以强力推送他们的文化价值观②。

事实上，西方宣扬的价值观念并非普适的。"价值观念的来源只能是本民族内在的需求和当下实践的需求，价值来源于内部而不来源于外部"③。正如习近平所说，"一个民族、一个国家的核心价值观必须同这个民族、这个国家的历史文化相契合，同这个民族、这个国家的人民正在进行的奋斗相结合，同这个民族、这个国家需要解决的时

---

① 中共中央文献研究室编：《十七大以来重要文献选编》（下），中央文献出版社2013年版，第540页。

② 张涛甫：《再谈核心价值观的构建与传播—兼论对西方文化产业的借鉴》，《东岳论丛》2012年第11期。

③ 曹锦清：《如何研究中国（增订本）》，上海人民出版社2018年版，第147页。

代问题相适应"①。党的十八大以来，以习近平同志为核心的党中央，把中华传统道德文化精华与新时代发展要求相结合，突出强调传统文化对社会主义核心价值观的涵养、培育作用。"不忘本来才能开辟未来，善于继承才能更好创新"，习近平强调，"必须立足中华优秀传统文化"，"对历史文化特别是先人传承下来的价值理念和道德规范，要坚持古为今用、推陈出新，有鉴别地加以对待，有扬弃地予以继承，努力用中华民族创造的一切精神财富来以文化人、以文育人"②。2013年12月中共中央办公厅印发《关于培育和践行社会主义核心价值观的意见》(以下简称《意见》)，《意见》强调，要"发挥优秀传统文化怡情养志、涵育文明的重要作用"，并提出了一系列具体建议③。

在众多群体中，党中央特别关注青少年的价值观培育问题。《关于培育和践行社会主义核心价值观的意见》提出，"把培育和践行社会主义核心价值观融入国民教育全过程"。习近平在全国教育大会上发表的《培养德智体美劳全面发展的社会主义建设者和接班人》的讲话也指出，学校具有集中式、系统化、持续性进行中华优秀传统文化教育的独特优势，要把中华优秀传统文化教育作为固本铸魂的基础工程，贯穿人才培养全过程。要深入挖掘和阐发中华优秀传统文化中讲

---

① 中共中央文献研究室编:《十八大以来重要文献选编》(中)，中央文献出版社2016年版，第5页。
② 习近平:《把培育和弘扬社会主义核心价值观作为凝魂聚气强基固本的基础工程》，《光明日报》2014年2月26日。
③ 如建设优秀传统文化传承体系，加大文物保护和非物质文化遗产保护力度，加强对优秀传统文化思想价值的挖掘，梳理和萃取中华文化中的思想精华，作出通俗易懂的当代表达，赋予新的时代内涵，使之与中国特色社会主义相适应，让优秀传统文化在新的时代条件下不断发扬光大。重视民族传统节日的思想熏陶和文化教育功能，丰富民族传统节日的文化内涵，开展优秀传统文化教育普及活动，培育特色鲜明、气氛浓郁的节日文化。增加国民教育中优秀传统文化课程内容，分阶段有序推进学校优秀传统文化教育。开展移风易俗，创新民俗文化样式，形成与历史文化传统相承接、与时代发展相一致的新民俗等。参见中共中央文献研究室编:《十八大以来重要文献选编》(上)，中央文献出版社2014年版，第585页。

仁爱、重民本、守诚信、崇正义、尚和合、求大同的时代价值，转化为学生价值观教育的丰富营养，积淀学生文化底蕴，提升学生文化素养。要在提炼、转化、融合上下功夫，让收藏在馆所里的文物、陈列在大地上的遗产、书写在古籍里的文字成为教书育人的丰厚资源，让学生在底蕴深厚的课程教材中、在参观名胜古迹的亲身体验中，了解中华文化变迁，触摸中华文化脉络，感受中华文化魅力，汲取中华文化精髓，让中华优秀传统文化基因一代代传承下去[①]。

为贯彻党中央和习近平总书记相关指示，国家及教育相关部门出台了一系列要求和举措。如在教材建设方面，教育部于 2012 年开始统一组织编写义务教育语文、历史、道德与法治教材，2017 年编审完成并开始投入使用。教材在编写过程中专门研制了落实社会主义核心价值观的具体方案和实施图谱，围绕社会主义核心价值观精选相关内容，设计栏目活动[②]。如语文教材中，增加古诗文数量，小学有古诗文 129 篇，初中有 132 篇，从诸子散文到历史散文，从两汉论文到明清小品文，均有呈现；增设专题栏目，安排了楹联、成语、谚语、歇后语、蒙学读物等传统文化内容。历史教材内容涵盖中国古代的思想、文学、艺术、科技等诸多方面，涉及的历史文化名人 40 多位，科技文化著作 30 多部。道德与法治教材介绍传统节日、民歌民谣、传统美德、民族精神、古代辉煌科技成就等内容，培养学生对中华优秀传统文化的亲切感，增强对中华优秀传统文化的理解和认同[③]。另外，整个社会层面，相关部门也颁布文件，如 2016 年 12 月中共中央办公厅、国务院办公厅印发《关于进一步把社会主义核心价

① 中共中央党史和文献研究院编:《十九大以来重要文献选编》(上)，中央文献出版社 2019 年版，第 650 页。
② 靳晓燕:《全国中小学 9 月 1 日启用道德与法治、语文、历史统编教材》，《光明日报》2017 年 8 月 29 日。
③ 靳晓燕:《全国中小学 9 月 1 日启用道德与法治、语文、历史统编教材》，《光明日报》2017 年 8 月 29 日。

值观融入法治建设的指导意见》；2017 年 4 月中央精神文明建设指导委员会印发《关于深化群众性精神文明创建活动的指导意见》；2018 年 5 月中共中央印发《社会主义核心价值观融入法治建设立法修法规划》；2019 年 10 月中共中央、国务院印发《新时代公民道德建设实施纲要》，11 月印发《新时代爱国主义教育实施纲要》；等等，都指出要通过弘扬传统文化提升全体社会成员的思想道德素质。

文化的核心与灵魂是价值观。作为革命家的毛泽东也肯定过孔孟之道中蕴含的真理。他本人传统文化修养很深尤其是诗词书法领域，对经史子集涉猎广且见解精辟，但涉及到道德伦理层面毛泽东是很谨慎的（依据现有资料，毛泽东一生推荐给人阅读的书单里，包罗古今中外，其中也有西方资产阶级学者的著作，没有四书五经等儒学著作，这一现象耐人寻味）。改革开放后，对传统文化的正面评价逐渐多起来，中华传统文化的民族精神纽带作用、中华文化的源泉意义、光大优秀传统文化的现实意义不断被论及，一些重大文化传承和保护项目开始实施，学校教育中的传统文化内容亦在增加。这些言说和活动当然离不开对传统文化内含的价值观和道德伦理的肯定（儒学伦理中心主义本就是其突出特征），但是，这种肯定在党和国家领导人的言谈中尚处在较为笼统、模糊、不确定、顾虑多、偶有提及的状态。党的十八大之后，在习近平这里出现了巨大变化。他论及传统文化，最重视就是其内含的价值观和中华美德，最强调的就是在去粗取精、去伪存真的基础上，采取兼收并蓄的态度，坚持古为今用、推陈出新的方法，有鉴别地加以对待，有扬弃地予以继承。在他看来，中华文明绵延数千年，有其独特价值体系、独特精神世界、独特思想理念，有百姓日用而不觉的价值观。中华民族在长期实践中培育和形成的一整套传统美德规范，不论过去还是现在，都有其永不褪色的价值。在一些讲话中，他时常长篇幅援引中国经典尤其是儒学经典中的名言名句，从"民惟邦本""天人合一""仁者爱人""和而不同"到

"大道之行也，天下为公""修身齐家治国平天下"，再到"君子喻于义""己所不欲，勿施于人"，直至"不患寡而患不均"等等，信手拈来，要求利用好中华优秀传统文化中蕴含的这些宝贵的思想道德资源，增强人们的价值判断力和道德责任感。他经常强调，培育和弘扬社会主义核心价值观必须立足中华优秀传统文化这一中华民族的精神命脉。要让中华优秀传统文化的思想精华和道德精髓成为涵养社会主义核心价值观的重要源泉。

2017 年 1 月，由中共中央办公厅和国务院办公厅颁布的《关于实施中华优秀传统文化传承发展工程的意见》，依据习近平的有关讲话精神对中华优秀传统文化的核心思想理念、中华传统美德、中华人文精神做了系统概括。意见提出，"中华民族和中国人民在修齐治平、尊时守位、知常达变、开物成务、建功立业过程中培育和形成的基本思想理念，如革故鼎新、与时俱进的思想，脚踏实地、实事求是的思想，惠民利民、安民富民的思想，道法自然、天人合一的思想等，可以为人们认识和改造世界提供有益启迪，可以为治国理政提供有益借鉴。传承发展中华优秀传统文化，就要大力弘扬讲仁爱、重民本、守诚信、崇正义、尚和合、求大同等核心思想理念。"意见指出，"中华优秀传统文化蕴含着丰富的道德理念和规范，如天下兴亡、匹夫有责的担当意识，精忠报国、振兴中华的爱国情怀，崇德向善、见贤思齐的社会风尚，孝悌忠信、礼义廉耻的荣辱观念"，"传承发展中华优秀传统文化，就要大力弘扬自强不息、敬业乐群、扶危济困、见义勇为、孝老爱亲等中华传统美德。"意见将中华人文精神概括为"求同存异、和而不同的处世方法，文以载道、以文化人的教化思想，形神兼备、情景交融的美学追求，俭约自守、中和泰和的生活理念等。"指出"传承发展中华优秀传统文化，就要大力弘扬有利于促进社会和谐、鼓励人们向上向善的思想文化内容。"意见对中华传统文化精华的系统概括，在中共党史上是首次，标志着党对传统文化的认识提升到一个新的时代高度。不仅如此，意见还提出，要加强中华文化研究阐释工作，包括讲清中华文化的历史渊源、发展脉络、基本走向，阐明中华优秀传统文化是发展当代中国马克思主义的丰厚滋养，是中华文化的基本构成；要把中华优秀传统文化贯穿国民教育始终，全方位融入思想道德教育、文化知识教育、艺术体育教育、社会实践教育各环节，贯穿于启蒙教育、基础教育、职业教育、高等教育、继续教育各领域；要把中华优秀传统文化内涵融入生产生活各个方面；等等。

2019 年 10 月颁布的《新时代公民道德建设实施纲要》进一步指出，"中华传统美德是中华文化精髓，是道德建设的不竭源泉。要以礼敬自豪的态度对待中华优秀传统文化，充分发掘文化经典、历史遗存、文物古迹承载的丰厚道德资源，弘扬古圣先贤、民族英雄、志士仁人的嘉言懿行，让中华文化基因更好植根于人们的思想意识和道德观念……成为全体人民精神生活、道德实践的鲜明标识。"这充分体现了党在文化建设实践中实现中华优秀传统文化创造性转化与创新性发展的努力。

（二）实施中华优秀传统文化传承发展工程

2013 年 12 月，中共中央办公厅在印发《关于培育和践行社会主义核心价值观的意见》中提出，要"建设优秀传统文化传承体系"。可以说，"中华优秀传统文化传承发展工程"的实施，是培育和践行社会主义核心价值观的重要组成部分。

早在新世纪之初，弘扬传统文化的任务就开始进入国家规划的视野。2001 年颁布的第十个五年计划纲要在"繁荣社会主义文化，提高文化生活质量"一章，提出了"以繁荣社会主义文化为中心，弘扬民族优秀文化"，"加强民族文化遗产保护"等任务。2006 年颁布的第十一个五年规划纲要在"加强社会主义文化建设"一章中指出，要"加强文化自然遗产和民族民间文化保护"，"扩大国际文化交流，积极开拓国际文化市场，推动中华文化走向世界"。同年9月，中共中央办公厅、国务院办公厅印发的我国第一个专门部署文化建设的中长期规划——《国家"十一五"时期文化发展规划纲要》，在"民族文化保护"部分中提出，"编纂出版文化典籍""发挥重要节庆和习俗的积极作用""重视中华优秀传统文化教育和传统经典、技艺的传承""规范和保护国家、民族语言文字""加强重要文化遗产保护""抢救濒危文化遗产"等要求。2011年颁布的第十二个五年规划纲要在有关章节中提出，要"构建传承中华传统美德、符合社会主义精神文明要求、适应社会主义市场经济的道德和行为规范"，"加强文物、历史文化名城名镇名村、非物质文化遗产和自然遗产保护，拓展文化遗产传承利用途径"等要求[1]。2012年2月印发的《国家"十二五"时期文化改革发展规划纲要》，在"加强文化遗产保护传承与利用"部分提出，"提高物质文化遗产保护水平""加强非物质文化遗产保护传承""拓展文化遗产传承利用途径"等具体要求。虽然说，在对待传统文化方面，中国有了国家层面的规划。但通过阅读文件可以看出，相关规划纲要对传统文化的传承与弘扬，多是具体而分散的技术层面的要求，缺乏宏观总括的体系性谋划。

对此，2011年10月中共十七届六中全会提出了"建设优秀传统文化传承体系"的要求。2012年11月，党的十八大再次提出"建设优秀传统文化传承体系，弘扬中华优秀传统文化"的任务。十八大以后，优秀传统文化传承体系建设正式启动。2014年中共中央宣传部会同有关部委进行调研，开始起草制定实施中华优秀传统文化传承发

---

[1] 五年计划/规划纲要，分"篇"、"章"、"节"三级目录。第十个五年计划将"社会主义文化建设"作为一章，从属于"精神文明篇"，没有"节"一级内容。第十一个五年规划将"加强社会主义文化建设"单独成"篇"，下设一"章"、三"节"内容。第十二个五年规划有"传承创新推动文化大发展大繁荣篇"，下设三"章"、七"节"内容。从国家五年规划关于社会主义文化建设的篇章层级和内容设置中，可以看出文化建设在整个国民经济和社会发展中的地位越来越突出。

展工程的意见。2017年1月,《关于实施中华优秀传统文化传承发展工程的意见》(以下简称《意见》)由中共中央办公厅、国务院办公厅联合印发。《意见》指出,"实施中华优秀传统文化传承发展工程,是建设社会主义文化强国的重大战略任务,对于传承中华文脉、全面提升人民群众文化素养、维护国家文化安全、增强国家文化软实力、推进国家治理体系和治理能力现代化,具有重要意义"。

相较于之前针对传统文化保护、利用所制定的技术性分散的相关政策、规定,《意见》的一个重要创新之处在于,将宏观规划与具体项目相统一,既阐明从总体上需要把握的重要问题,又设计实施一系列具有引领性的重点项目。如《意见》从"深入阐发文化精髓""贯穿国民教育始终""保护传承文化遗产""滋养文艺创作""融入生产生活""加大宣传教育力度""推动中外文化交流互鉴"七个重点领域,详细阐述了传承发展传统文化的基本途径、主要措施、重点工作,部署了一系列重点任务。还从"组织领导""政策保障""法治环境""社会参与"方面,提出了传承发展工程的实施方式和条件,即通过党委统一领导、党政群协同推进、有关部门各负其责、全社会参与,共同推动中华优秀传统文化传承发展。这是党的历史上首次以中央文件形式,对中华优秀传统文化传承发展工作作出系统而详细的规划设计。

自党的十八大以来,尤其是《关于实施中华优秀传统文化传承发展工程的意见》发布和工程启动以来,传统文化的传承和弘扬取得显著成就。在工程面向的人群方面,青少年学生是最重要的群体。2014年3月教育部印发经国家教育体制改革领导小组审议同意的《完善中华优秀传统文化教育指导纲要》,《纲要》要求对学生的"中华优秀传统文化教育"做到三个全覆盖:一是学科课程全覆盖,将教育内容体现到德育、语文、历史、体育、艺术等主要课程中去。二是教学环节全覆盖,包括课堂教学、课堂外教学、家庭教育和社会教育。三是教育人群全覆盖，从小学一直到大学，整体贯穿中华优秀传统文化教育。为此，《纲要》还对小学低年级、高年级，初中阶段，高中阶段，大学阶段的学习内容作了要求。以对书法学习的规定为例，要求小学高年级要"熟练书写正楷字，理解汉字的文化含义，体会汉字优美的结构艺术"；初中阶段则要"临摹名家书法，体会书法的美感与意境"。与教育内容相对应，考试内容也要求增加传统文化的内容考核。如 2014 年北京市教委发布《北京市中小学语文学科教学改进意见》指出，中考、高考语文试卷中增大古诗文阅读量，增加优秀传统文化内容的考察。教育部发布的 2017 年高考改革大纲中，也要求语文学科注重考察学生的古代文化常识。

在工程具体项目方面。例如对文物的保护，文物工作被纳入中央全面深化改革整体战略部署，上升为国家战略。2012 年至 2016 年，国务院开展由刘延东副总理领导、15 个部门协同的全国可移动文物普查工作，涉及范围包括境内各级国家机关、事业单位、国有企业和国家控股企业、中国人民解放军和武警部队等。如此高规格、大规模的资源调查，是史无前例的。2017 年 9 月国务院办公厅印发《关于进一步加强文物安全工作的实施意见》，首次提出"将文物安全工作纳入地方政府年度考核评价体系"。2018 年 7 月，中央全面深化改革委员会第三次会议审议通过《关于加强文物保护利用改革的若干意见》，这是新中国成立以来第一份专门针对文物保护利用改革并以中办、国办名义印发的中央政策文件，核心是聚焦文物工作的重点难点和改革发展问题，加强顶层设计、制度创新和精准管理，在保护中发展，在发展中保护，努力走出一条符合中国国情的文物保护利用之路。文物事业的创新发展方面，《国家宝藏》《如果国宝会说话》等节目热播，使"收藏在禁宫里的文物活起来"，走进了寻常百姓视野。

再如在中医药方面。中医是中国传统文化的一块宝藏，是中国先民在古代朴素唯物论和辩证法思想指引下，以中国传统的阴阳五行为理论基础，通过长期摸索和经验积累而总结出的一套不同于西医的医学理论体系，包括运气说、精气说、脏腑说、经脉说等，形成了以《黄帝内经》《神农本草经》《伤寒杂病论》《本草纲目》等为代表的一大批医学典籍。我国中医药学家屠呦呦从中医古典文献中获取灵感，发现青蒿素并开创了疟疾治疗新方法，为解决世界医学难题提供了中国方案，并由此获得了2015年的诺贝尔生理学或医学奖。党的十八大以来，中国加大了对中医相关的扶持力度，如2016年12月国务院发布《中国的中医药》白皮书，这是中国政府首次就中医药发展发表白皮书，彰显了中国政府坚定发展中医药的信心和决心。2016年12月，历经30余年酝酿准备的《中华人民共和国中医药法》由全国人大常委会第二十五次会议审议通过，并经国家主席习近平签署颁布。2017年7月1日，中医药法正式实施。自此，中医药开启了法治化治理进程。2019年10月20日，中共中央、国务院又联合下发《关于促进中医药传承创新发展的意见》。同月，习近平对中医药工作作出重要指示，指出中医药学包含着中华民族几千年的健康养生理念及其实践经验，是中华文明的一个瑰宝，凝聚着中国人民和中华民族的博大智慧；强调要遵循中医药发展规律，传承精华，守正创新，加快推进中医药现代化、产业化，坚持中西医并重，推动中医药和西医药相互补充、协调发展，推动中医药事业和产业高质量发展，推动中医药走向世界，充分发挥中医药防病治病的独特优势和作用，为建设健康中国、实现中华民族伟大复兴的中国梦贡献力量。同月25日，全国中医药大会在北京召开，会议对中医药杰出贡献奖获奖者进行了表彰。总之，十八大以来中国的中医药事业得到了长足发展。2019年12月新冠肺炎疫情爆发后，中医积极参与到抗击疫情当中，在减轻病痛、救治患者过程中发挥了重要作用。

再如在传统文化走出去方面。2016年11月，中央全面深化改革领导小组审议通过了《关于进一步加强和改进中华文化走出去工作

的指导意见》，12 月中央全面深化改革领导小组审议通过《关于加强
"一带一路"软力量建设的指导意见》等，要求更积极主动地把更多
具有中国特色、体现中国精神、蕴藏中国智慧的优秀传统文化展示给
世界。相关数据表明，我国已在全球 162 个国家（地区）设立了 541
所孔子学院和 1170 个孔子学堂①。

又如在传统文化的创新形式方面。故宫博物院坚持"植根于传
统文化，紧扣流行文化元素"的定位，开发了近万余种文创产品；还
有各电视台创制了诸如《中国汉字听写大会》《中国戏曲大会》《典籍
里的中国》《中国诗词大会》《中国成语大会》等节目，受到全民热
捧，等等。以上的举措，都是十八大以来的重要变化，都促进了中华
优秀传统文化的传承和发展。

三、创造性转化运用于全面从严治党

如何转化运用传统文化的价值以服务于党的建设，一直是中国
共产党思考的重要问题。十八大以来，以习近平同志为核心的党中央
在深刻剖析党的建设中存在的问题以及对传统文化的深刻认识和高度
自信基础上，将传统文化创造性转化、创新性发展地运用于党的建
设，成为新时代全面从严治党的一个鲜明亮点。

（一）管党治党需求与文化资源价值匹配

全面从严治党是一项系统性工程，需要科学的理论方法。但如
果在没有对政党组织的本质属性、存在问题等进行深入分析的基础
上，任意或盲目照搬他人理论，必然不能取得预期效果或者即使有效
果也只能是一时的。改革开放后，为解决"文化大革命"所造成的党

---

① 参见孔子学院官网。

员和组织管理中存在的混乱问题，中国共产党重点加强了对西方管理学相关知识的学习借鉴，推进了党的规范化、体系化、制度化建设。但与此同时也带来一个问题，即过分推崇或盲从西方的管理学理论，表现之一就是在党组织的选拔培养工作中"唯票、唯分、唯年龄、唯GDP"的所谓"科学的数字化管理"。而之所以出现这样的问题，某种程度上是因为忽视了中国共产党与西方资产阶级政党的本质不同和运行机制的不同。不同于西方资产阶级政党的"唯选票"，中国共产党是有着坚定的共产主义理想信念、明确的"为人民服务"价值追求的马克思主义政党；不同于西方政党的松散式管理，中国共产党在党员入党、培养、选拔等方面有着特殊和严格的规范、标准。

因此，如果将中国共产党与西方资产阶级政党在本质属性和运行机制上混为一谈，或者照抄照搬西方的政党管理文化，必然导致治理预期与实效的南辕北辙。而且，反观西方的政党治理，虽然各种管理学说层出不穷，但在实际中却普遍地呈现组织弱化、管理混乱、影响式微等反向效果。当然，指出以上问题并不是要否定西方管理学思想和方法的科学有效性，而是要说明"理论在一个国家实现的程度，总是取决于理论满足这个国家的需要的程度"[1]。于中国共产党的全面从严治党而言，就是要认识到，西方的政党管理理论不仅不能恰当契合中国共产党的无产阶级先锋队性质，而且已不能有效满足党在当下的问题治理。而正是这个"治理问题"向中国共产党提出了要寻找一种更适合中国政党特色的治理理念的现实需求。

中华优秀传统文化源远流长、博大精深，代表着中华民族最深沉的精神追求，是中华民族最独特的精神标识和最基本的文化基因，其中所蕴含的道德理念、处世原则、行事规范等经过几千年历史沉淀，已经成为中国人日用而不觉的价值遵循。作为中华民族的先锋

---

① 《马克思恩格斯文集》第 1 卷，人民出版社 2009 年版，第 12 页。

队，中国共产党是中华优秀传统文化的继承者和弘扬者。早在民主革命时期，党就开始在继承的基础上将中华优秀传统文化转化运用于党的建设，如为了保持党的先进性、纯洁性，党特别注重加强对农民和小资产阶级出身党员的思想教育，而资源之一就是中华优秀传统文化，强调自我反省、自我批评，刘少奇《论共产党员的修养》就是很好的证明。改革开放新时期尤其是二十世纪八十年代末以来，在市场经济造就多元思想的影响下，"利己主义、拜金主义、民族虚无主义和历史虚无主义的滋长，严重侵蚀党的肌体，把党内一些人的思想搞得相当混乱"，为此，江泽民指出，"必须把加强思想建设、提高党员的思想政治水平作为一项迫切的任务提到全党面前"[①]，并提出要"把树立马克思主义世界观、人生观同坚持和发扬中华民族优良传统有机地结合起来，讲求共产党员个人的思想品德修养"[②]。

党的十八大以来以习近平同志为核心的党中央，以一种更广阔的视野和胸怀审视传统文化，不仅明确了传统文化所蕴含的思想道德价值，而且给予了传统文化服务治国理政的更高价值肯定。可以说，正是新时代党中央对传统文化治国理政价值的深刻阐发，为传统文化在全面从严治党各领域中的创造性转化、创新性发展提供了广阔的价值展现空间，同时也实现了文化资源与现实需求的恰当匹配。

（二）在全面从严治党中的具体价值展现

新时代全面从严治党的"全面"，表现在党的政治建设、思想建设、组织建设、作风建设、纪律建设以及制度建设和反腐败斗争的全方位。新时代党中央发挥传统文化价值服务党的建设的一个重要表

---

① 《江泽民文选》第 1 卷，人民出版社 2006 年版，第 95 页。
② 中共中央文献研究室编：《十四大以来重要文献选编》（下），人民出版社 1999 年版，第 2280 页。

现，就是突破了以往主要在思想建设方面汲取传统文化资源的局限，开始全面运用于党的建设各个方面。

（1）政治建设。党的政治建设在党的建设中居于统领地位。而要加强党的政治建设，必须首先加强党的政治文化建设。因为党的政治文化建设是党的政治建设的基础条件，为党的政治建设提供丰富精神支撑和正确价值引领。

政治文化，是"一个民族在特定历史时期流行的一套政治态度、信仰和感情"，"是由本民族的历史和社会经济、政治活动进程所形成的"①。西方学者的这个定义，指出了政治文化的民族性、历史性。习近平指出，中国共产党的政治文化是以马克思主义为指导和充分体现中国共产党党性的文化，其中中华优秀传统文化是基础、革命文化是源头、社会主义先进文化是主体②。这不仅指出了中华优秀传统文化、革命文化、社会主义先进文化在党的政治文化建设中的相互关系，而且明确了中华优秀传统文化的"基础性"地位。2019年1月中共中央印发《关于加强党的政治建设的意见》指出，要"推动中华优秀传统文化创造性转化、创新性发展，培养党员干部政治气节、政治风骨"，进一步对传统文化的基础性作用作出了明确定位。

为什么相较于革命文化、社会主义先进文化，党中央特别强调传统文化培养党员干部"政治气节、政治风骨"的"基础性"作用？这是中华优秀传统文化特色使然。所谓"政治气节、政治风骨"就是对政治立场、政治信仰的执着坚守。在中国数千年的历史发展中，涌现出一大批守气节、有风骨的历史人物，既有商亡后不做周臣、不食周粟的伯夷、叔齐；也有牧羊十九载不降匈奴的苏武；还有宁死不屈、写下《正气歌》的文天祥；等等。这些人物都被载入了史册，如

---

① ［美］加布里埃尔·A.阿尔蒙德、西德尼·维巴著，徐湘林等译：《公民文化：五个国家的政治态度和民主制》，东方出版社2008年版，第42页。
② 《党的十九大报告辅导读本》，人民出版社2017年版，第431页。

《伯夷列传》是司马迁《史记》七十列传的首篇,《汉书》《宋史》也有苏武、文天祥的传记,这充分体现出中华民族对气节和风骨的推崇。当然,历史人物身上体现出的风骨和气节在时代内涵上与共产党人的政治气节与政治风骨迥然不同,也不能简单比附。但是,从历史传统上讲,这就形成了代代延续的对风骨气节的崇尚。从这个意义上讲,革命战争年代涌现出的一大批坚守革命气节、民族气节的英雄人物,就是对这种传统精神的传承和发扬。对此,习近平多次运用这些人物、事迹、精神来阐发中国共产党人的政治气节和风骨。如2011年在中央党校秋季学期开学典礼上,习近平引用勾践卧薪尝胆、苏武饮雪吞毡等史例强调党员领导干部要培养坚强刚毅的品格;在2013年中央党校秋季开学典礼的讲话中,又借引"富贵不能淫,贫贱不能移,威武不能屈""人生自古谁无死,留取丹心照汗青"等,要求党员领导干部培养浩然正气;2016年10月在纪念红军长征胜利八十周年大会上的讲话中,借引"石可破也,而不可夺坚;丹可磨也,而不可夺赤"的典句,阐发红军长征钢铁般的意志源自对马克思主义理想信念的无畏坚守。因此,传统文化中的"气节风骨"精神对涵养党员"政治气节、政治风骨"的作用,正是传统文化价值在党的政治建设中的展现。

（2）思想建设。思想建设是党的基础性建设。思想建党从根本上说,就是要加强党员的党性教育,引导党员牢固树立共产主义远大理想和全心全意为人民服务的宗旨。中国共产党一直高度重视传统文化在党的思想建设中的作用。进入新时代以来,习近平和党中央更加重视传统文化在党的思想建设中的价值转化,其中的一个重要创新,就是将共产党人的党性修养化喻为传统文化的"心学",并提出"不忘初心"的重要理论命题。

"心学"是宋明理学中的一个重要学派,其主要代表人物是王阳明，习近平曾经在不同场合数次提及和肯定王阳明及其"心学"①。当然，习近平讲"心学"主要是一种转喻、借喻，是基于对中国王朝兴衰、苏共垮台及新时代党员思想问题的深入思考提出的，并非要把共产党人的修养等同于王阳明的心学。习近平指出，中国王朝衰落的一个重要原因，就是统治集团在王朝繁荣之时"侈心一萌，邪道并进"②；而苏共亡党亡国的一个重要原因也是"理想信念已经荡然无存了"③；同时认为党内存在的政治不纯、组织不纯、作风不纯等突出问题，"从根源上说都是思想上的问题"④。也即是说，习近平认为无论王朝更替、苏共亡党，还是新时代一些党员发生党性弱化问题，某种意义上都是因为"心"病，即在思想意识上忘记甚至背弃"本心""初心"而导致的。"心病还需心药医。"只有在立根固本上下功夫，才能防止歪风邪气近身附体。所以习近平"对症下药"，提出了党性"心学"修养和"不忘初心"的良方。

"心学"的核心要义是"致良知"和"知行合一"，是价值观和方法论的统一。新时代党中央对其核心要义进行了创造性转化、创新性发展。第一，在价值观——"致良知"方面。王阳明认为，"良知"是与生俱来的"知善知恶"之心；于共产党人而言，"良知"就是党员在入党时即已确立的对马克思主义的信仰和对全心全意为人民服务宗旨的坚守，这也正是习近平所提"初心"的指向所在。虽然本心与

---

① 如 2011 年习近平在贵州大学中国文化书院与师生座谈时指出，"王阳明一生真正做到了知行合一，既是伟大的哲学家、思想家，也是一位伟大的政治家、军事家"，"我也很敬仰王守仁先生……，王阳明、陆王心学也影响到东亚、东北亚地区"。2015 年 3 月他与贵州省代表团审议政府工作报告时指出，"王阳明的心学正是中国传统文化中的精华，也是增强中国人文化自信的切入点之一。……要把文化变成一种内生的源泉动力，作为我们的营养，像古代圣贤那样'格物穷理、知行合一、经世致用'"。
② 习近平：《推进党的建设新的伟大工程要一以贯之》，《求是》2019 年第 19 期。
③ 习近平：《推进党的建设新的伟大工程要一以贯之》，《求是》2019 年第 19 期。
④ 习近平：《在"不忘初心、牢记使命"主题教育工作会议上的讲话》，《求是》2019 年第 13 期。

生俱来，但却容易被私欲蒙蔽，"私欲日生，如地上尘，一日不扫，便又有一层"；于共产党人而言，"初心"也容易被迷惑，导致精神懈怠、脱离群众、消极腐败。而且，党员的党性修养、道德水平，并不会随着党龄工龄的增长、职务的升迁而自然提高。所以习近平提出要"把不忘初心、牢记使命作为加强党的建设的永恒课题，作为全体党员、干部的终身课题"①。第二，在方法论"知行合一"方面。王阳明认为"知是行之始，行是知之成"。"知行合一"不仅是主观见之于客观的道德实践活动，而且是客观反映主观的道德判断和选择的意识活动。于共产党人而言，"知行合一"首先是言行合一、心行合一。判断一个党员是否坚守理想信念和宗旨，不仅要看说了什么，更要看是否真的践行。针对一些党员干部在为民服务上不实在、不上心、不尽力，甚至耍两面派、做两面人，习近平指出，开展"不忘初心、牢记使命"教育活动就是要引导党员干部把群众观点、群众路线深深植根于思想中、具体落实到行动上，做到表里如一。其次，是理论与实践相结合。在阐释领导干部读书问题时习近平曾指出，要坚持读书与运用相结合，联系实际，知行合一。2019年3月习近平在中央党校（国家行政学院）培训班上讲话，要求"广大干部特别是年轻干部要在常学常新中加强理论修养，在真学真信中坚定理想信念，在学思践悟中牢记初心使命，在细照笃行中不断修炼自我，在知行合一中主动担当作为"②。这都深刻体现出习近平在党的思想建设中对传统"心学"的时代转化。

（3）组织建设。"政治路线确定之后，干部就是决定的因素"③。党的十八大以来，党中央提出了新时代好干部的标准，即"政治上

---

① 习近平：《牢记初心使命，推进自我革命》，《求是》2019年第15期。

② 张洋、丁林：《在常学常新中加强理论修养 在知行合一中主动担当作为》，《人民日报》2019年3月2日。

③《毛泽东选集》第2卷，人民出版社1991年版，第526页。

靠得住、工作上有本事、作风上过得硬、人民群众信得过等具体要求"①，并尤其突出了"政治上靠得住"这个标准。那么如何培养符合标准以及如何选用符合标准的干部呢？习近平提出，中国历史文化在吏治方面有很多真知灼见，要从中汲取经验。如《墨子》说"国有贤良之士众，则国家之治厚；贤良之士寡，则国家之治薄"，表达了优秀人才对国家治理的重要性。韩非子说"宰相必起于州部，猛将必发于卒伍"，突出了基层锻炼对岗位匹配的重要意义。孟子说"故天将降大任于是人也，必先苦其心志，劳其筋骨，饿其体肤，空乏其身"，阐释了人才成长要历经磨练的思想。诸葛亮说"为人择官者乱，为官择人者治"，揭示了不能"因人设岗"而应"为岗择人"的原则……等等。习近平指出，这些历史经验都体现出优秀领导人才对政党、国家兴衰存亡的重要意义②。对此，习近平重点从"如何选人""如何用人"方面，对传统"吏治"经验进行了阐释和汲取。

关于选人标准。中国古代重视"德才"的选用标准，如古人讲"德薄而位尊，知小而谋大，力小而任重，鲜不及矣"，阐明了德与才的重要性。习近平也强调，组织部门在选人时要"严把德才标准。德才兼备，方堪重任"。但与古人强调的"德"偏重"私德"不同，习近平所强调的"德"是一种兼容"私德"的"公德"或"共产主义道德"，包括政治品德、职业道德、社会公德、家庭美德等。而其中最重要的是政治品德要过硬，即选拔任用干部，首先要看干部政治上清醒不清醒、坚定不坚定。对于德才不匹或能力强、职位高但政治上有问题的人，习近平引用"古昔以来，国之乱臣、家之败子，才有余而德不足，以至于颠覆者多矣"等警言，强调"政治品德不过关，就要

---

① 中共中央文献研究室编：《习近平关于全面从严治党论述摘编》，中央文献出版社2016年版，第122页。
② 习近平：《努力造就一支忠诚干净担当的高素质干部队伍》，《求是》2019年第2期。

一票否决"①。

关于如何用人。习近平指出，历史上那些盛世治世，都同注重立公道、举贤良相关。在借鉴古人"立公道"原则基础上，习近平提出了新时代用人的"公正"原则。与封建社会所推崇的"公"存在必然的历史和阶级局限不同，习近平所强调的"公"表现在三个方面，即"公在公心""公在事业""公在风气"。第一、"公在公心"，就是对党、对人民、对干部的责任心。组织部门选人用人出以公心，就是要公平对待和使用干部，不拿原则做交易，使干部有全身谋事之心而无侧身谋人之虞。第二、"公在事业"，就是为事业而用人，不能凭领导个人亲疏、好恶来取舍，也不能平衡照顾、论资排辈、降格以求，更不能把职务作为私相授受的个人资源。第三、"公在风气"，就是要遏制住选人用人上的不正之风，做到善则赏之、过则匡之、患则救之、失则革之，把政治生态搞清明②。

在借鉴我国传统"吏治"文化的思想和有益做法同时，习近平也提醒人们，党的各级干部是人民公仆，与历史上的官吏有本质区别，干部管理同历史上的吏治也有重大区别。所以要总结分析我国历史上吏治的"得"与"失"，加强和改进对干部的管理工作。

（4）作风建设。党的作风是党的形象，事关人心向背。中国共产党始终高度重视党的作风建设，但不同时期的方式方法不同。改革开放前主要通过周期性的整党整风运动推进作风建设。改革开放后，党中央更注重通过改革和制度创新解决一些干部"不把自己看作是人民的公仆，而把自己看作是人民的主人，搞特权，特殊化"③等脱离群众的问题。但是，改革开放后尤其是新世纪以来在市场经济交易原

---

① 习近平：《努力造就一支忠诚干净担当的高素质干部队伍》，《求是》2019年第2期。
② 习近平：《努力造就一支忠诚干净担当的高素质干部队伍》，《求是》2019年第2期。
③《邓小平文选》第2卷，人民出版社1994年版，第332页。

则和巨大利益的冲击、诱惑下，一些党员干部的思想认识发生变化、不良作风像割韭菜一样割了一茬长一茬。党的十八大以来，以习近平同志为核心的党中央在总结历史经验教训基础上，做出新的理论方法创新，其中之一就是重视优秀传统文化对党的作风建设的涵养作用，指出"抓作风建设要返璞归真、固本培元，在加强党性修养的同时，弘扬中华优秀传统文化"①。应该说，习近平强调"文以化人"对党风建设的"固本培元"价值，抓住了党的作风建设的根本。

开展品德教育、抓好道德建设、养成高尚品德与情操，是习近平论述党风建设和党性修养的重要内容。共产党员是有特定政治理想、政治立场和政治纪律的政治人，同时又是有着高尚道德情操的社会人。这既是中国老百姓心目中期盼的共产党人，也是众多党员干部留给人民的美好形象。德才兼备一直是中国共产党选拔任用干部的标准，进入新世纪后又加上了"以德为先"，表明对德的格外重视，但是，这个德主要是指政治（虽然不能说没有道德品质要求，当然，政治坚定对于党员干部来讲永远是首要的）。另外，在改革开放和市场经济环境下，如何科学理解一些现代理念也许要一个过程，例如私人领域和公共领域的区分。一度颇有人认同的是，党员干部的个人道德属于私人领域，不宜由组织加以约束。认识的模糊加之复杂的国际国内、经济社会因素，导致部分党员干部出现道德滑坡、道德失范等问题，少数党员干部人格扭曲、道德败坏、腐化堕落，带坏了党风和社会风气，这就要求中国共产党必须把加强道德品行教育提到日程上来。中共十五届六中全会作出的关于加强党的作风建设的决定，专节阐述"坚持艰苦奋斗，反对享乐主义"，要求党员干部加强道德修养，"自重、自省、自警、自励"，保持高尚道德情操，"以共产党人的高

---

① 马占成：《坚持全面从严治党依规治党 创新体制机制强化党内监督》，《人民日报》2016年1月13日。

风亮节和人格力量影响和带动群众"。^① 党的十七大提出全党同志特别是领导干部都要讲党性、重品行、作表率。十七届四中全会通过的党的建设决定，要求党员、干部模范学习和践行社会主义核心价值体系，培养高尚道德情操和健康生活情趣。但是，高频率且明晰地要求抓好党员干部的道德建设并将之上升到政党先进性和为政之基的高度还是党的十八大以后，还是习近平总书记。

习近平指出，"保持高尚的道德情操，拥有引领和团结群众奋勇前进的道德力量，是一个政党先进性的重要体现。"^② 特别是领导干部要加强道德修养，带头弘扬社会主义核心价值观，明大德、守公德、严私德，慎独慎初慎微慎欲，做社会公德、职业道德、家庭美德、个人品德的先锋模范。以德修身、以德服众，修身立德是为政之基，等等。从这里可以窥见，中华传统文化尤其是道德中心主义的儒家思想所发挥的作用、得到的创新性弘扬。实际上，习近平的许多讲话都直接表明，他非常重视中华优秀传统文化内含的价值追求和道德精髓对于党员干部修身立德的滋养作用。他指出，中国传统文化博大精深，学习和掌握其中的各种思想精华，对树立正确的世界观、人生观、价值观很有益处。古人所说的"先天下之忧而忧，后天下之乐而乐"的政治抱负，"位卑未敢忘忧国""苟利国家生死以，岂因祸福避趋之"的报国情怀，"富贵不能淫，贫贱不能移，威武不能屈"的浩然正气，"鞠躬尽瘁，死而后已"的献身精神，以及崇尚严谨、崇尚务实，讲良知、守信用的传统美德等等，我们都应该继承和发扬。^③ 他还特

---

① 中共中央文献研究室编:《十五大以来重要文献选编》（下），人民出版社 2003 年版，第 2013、2014 页。

② 习近平:《做好新形势下干部教育培训工作》,《学习时报》2011 年 10 月 25 日。

③ 习近平:《在中央党校建校 80 周年庆祝大会上讲话》,《人民日报》2013 年 3 月 3 日;《时时铭记事事坚持处处上心，以严和实的精神做好各项工作》,《人民日报》2015 年 9 月 13 日;《全面落实党的十八届六中全会精神，增强全面从严治党系统性创造性实效性》,《人民日报》2017 年 1 月 9 日。

别重视通过弘扬中国传统家风文化，从隐微处着手带动和培育优良党风。

在数千年历史发展中，中华民族流传下孟母三迁、岳母刺字、画荻教子等优良家风，形成了以《颜氏家训》《朱子家训》《曾国藩家书》等为代表的家风文化著作。对此，习近平多次提及和肯定，并指出各级领导干部培养良好家风需要继承和弘扬中华优秀传统文化，尤其是其中的家风文化，"做家风建设的表率，把修身、齐家落到实处"①。各地方积极创新形式加以落实，如江西省上饶市婺源县一些村支部成立了"家风家训文化传承挖掘党小组"；浙江省杭州市50多万党员干部参加传统家训文化主题教育活动，涌现出一大批党员干部身边的好家风典型。总之，党的十八大以来，习近平总书记和党中央将传统家风文化转化运用于党的作风建设，推动了党风及社会风气的明显提升。

（5）纪律建设。党要管党、从严治党，要靠严明的纪律。党的十八大以来，党中央不仅在遵规执纪方面更加严格，而且更加重视道德教化的柔性力量在党的纪律建设中的滋养作用，提出了依规治党与以德治党相结合的创新理论。

众所周知，中国传统文化历来重视道德在国家和社会治理中的价值，如《论语·为政》篇曰，"道之以政，齐之以刑，民免而无耻；道之以德，齐之以礼，有耻且格"。阐明了刑名律法的"治标"与道德教化的"治本"之间的关系，最早提出了"德法共治"的思想。世纪之交，中国共产党提出了"依法治国"和"以德治国"相结合的方略，同时"以德治党"的理念也呼之欲出。党的十八大以来，党中央结合新时代从严治党形势，首次明确提出了"以德治党"命题。习近平指出，"全面从严治党，必然要求依规治党与以德治党紧密结

---

① 习近平：《在会见第一届全国文明家庭代表时的讲话》，《人民日报》2016年12月16日。

合"①。坚持依规治党和以德治党相统一，就是要"坚持高标准和守底线相结合，把从严治党实践成果转化为道德规范和纪律要求"②。因此可以说，"以德治党"的提出既是对中华优秀传统文化的创造性转化、创新性发展，同时也标志着党对执政党建设规律的认识进入新境界。

所谓"以德治党"，就是发挥道德的约束和激励作用，引导党员干部遵守党的纪律。"以德治党"的"德"，既包括共产主义和社会主义的道德，也包括中华传统美德。正如时任中纪委书记的王岐山所说，中华民族历史传统中的"规矩"和崇德重礼的德治思想，"是党规党纪的重要源头"，立规修规"要汲取中华优秀文化的精华"③。党的十八大之后党中央新修订的《中国共产党廉洁自律准则》（以下简称《准则》），就深刻体现出对传统文化精华的汲取。相较于2010年实施的《中国共产党党员领导干部廉洁从政若干准则》，新《准则》的一个重要不同，就是明确指出，中国共产党全体党员和各级党员领导干部要"努力弘扬中华民族传统美德"，"坚持公私分明""坚持崇廉拒腐""坚持尚俭戒奢""坚持吃苦在前"，"廉洁从政""廉洁用权""廉洁修身""廉洁齐家"。新《准则》突出了"以德治党"思想，成为"党执政以来第一部坚持正面倡导、面向全体党员的党内法规"④。

（6）制度建设。制度建设是全面从严治党的重要保障。党的十八大以来，传统文化在党的制度建设中的价值展现，主要体现在以下两个方面：

一是制度建设的原则方法，借鉴传统文化的相关思想。习近平

① 中共中央纪律检查委员会、中共中央文献研究室编：《习近平关于严明党的纪律和规矩论述摘编》，中央文献出版社、中国方正出版社2016年版，第65页。
② 习近平：《在第十八届中央纪律检查委员会第六次全体会议上的讲话》，《人民日报》2016年5月3日。
③ 中共中央文献研究室：《十八大以来重要文献选编》（中），中央文献出版社2016年版，第763页。
④ 刘先春、王小鹏：《论依规治党和以德治党相结合》，《探索》2016年第3期。

指出，健全完善制度要"本着于法周延、于事有效的原则，制定新的法规制度，完善已有的法规制度，废止不适应的法规制度，健全党内规则体系"①。所谓"于法周延、于事有效"，就是党内法规制度要根据具体实践"因时而变""因需而变"，不固守成规。而习近平经常提及的"治世不一道，便国不法古""苟利于民，不必法古；苟周于事，不必循旧""法与时转则治，治与世宜则有功"等传统文化精神，当然含有"于法周延、于事有效"的思想内涵。党的十八大至十九大期间，党中央针对历史上法规制度体系中存在的不适应、不协调、不衔接、不一致等问题开展集中清理；同时还出台或修订近80部党内法规②，体现出党中央法规制度建设的审时度势。另外，在修订《党员领导干部廉洁从政若干准则》时，习近平引用内容只有"杀人者死，伤人及盗抵罪"两句话的"约法三章"，对比有8个方面52个不准的《准则》，强调说修订《准则》要"化繁为简、突出重点"③。2015年新《准则》修订通过，将原《准则》简化为8条正向要求，由此可见传统文化为党的制度建设提供的原则和方法启迪。

二是借鉴中国历史上形成的有效治理制度。其中一个重要表现就是将中国古代巡按制度创新性地转化发展为党内监督的"战略性制度安排"。习近平指出，"我们的先人们早就认识到，反腐倡廉的核心是制约和监督权力。我国古代很早就有监察、御史、弹劾、谏官等方面的制度。这些制度有不少在历代反腐倡廉中发挥了重要作用，对我们推进反腐倡廉制度建设具有借鉴意义"。④党的十八大以来，党中

---

① 习近平：《在第十八届中央纪律检查委员会第六次全体会议上的讲话》，《人民日报》2016年5月3日。

② 刘金程：《十八大以来党内法规制度建设成效显著》，人民论坛网，2017年9月8日。http://www.rmlt.com.cn/2017/0908/494477.shtml。

③ 中共中央纪律检查委员会、中共中央文献研究室编：《习近平关于严明党的纪律和规矩论述摘编》，中央文献出版社、中国方正出版社2016年版，第57—58页。

④ 中共中央纪律检查委员会、中共中央文献研究室编：《习近平关于严明党的纪律和规矩论述摘编》，中央文献出版社、中国方正出版社2016年版，第124页。

央借鉴古代巡按制度，充分发挥巡视的"利剑"作用。习近平多次将中央巡视组形象地比作"钦差大臣""八府巡按""尚方宝剑"。同时，党中央还创新巡视形式：以问题为导向开展专项巡视；建立巡视组长库，巡视组长不是"铁帽子"，而是一次一授权；深入推进省区市巡视工作，做到横向全覆盖、纵向全链接、全国一盘棋。

（7）反腐败斗争。腐败与中国共产党的性质宗旨水火不容，反腐败斗争是党的建设的重要任务。十八大以来党中央开展反腐败斗争的一个重要特点，就是战略性一体推进不敢腐、不能腐、不想腐，即加大惩治力度形成"不敢腐"的震慑、完善法规体系扎牢"不能腐"的笼子、锻造坚强党性增强"不想腐"的自觉。尤其对"增强'不想腐'的自觉"的重视，是十八大以来党中央反腐败斗争的一个亮点。那么如何增强"不想腐"的自觉呢？方法及资源之一，就是弘扬优秀传统文化。

新时代党中央高度重视发挥传统文化在党的反腐败斗争中的作用。首先，从"历史周期律"的警示角度，提升对反腐败斗争重要性的认识。早在民主革命时期，毛泽东就对周期律支配问题作出过回应。党的十八大以来，习近平再次论及"历史周期律"问题：为什么中国王朝在开始时民心归附，最终却人亡政息？他总结说，"一个共同的也是极其重要的原因就是统治集团贪图享乐、穷奢极欲，昏庸无道、荒淫无耻，吏治腐败……终致改朝换代"①。在深刻总结历史规律、执政党建设规律的基础上，习近平提出以自我革命精神推进全面从严治党，从而跳出历史周期律的重大命题。他告诫领导干部："腐败问题越演越烈，最终必然会亡党亡国！②"把党风廉政建设和反腐败

---

① 习近平：《推进党的建设新的伟大工程要一以贯之》，《求是》2019 年第 19 期。
② 中共中央纪律检查委员会、中共中央文献研究室编：《习近平关于党风廉政建设和反腐败斗争论述摘编》，中央文献出版社、中国方正出版社 2015 年版，第 3 页。

斗争提升到关系党和国家生死存亡的认识高度。

其次，加强中国传统廉政文化教育，借古警今。2013年4月，中共中央政治局专门就"积极借鉴我国历史上的优秀廉政文化，不断提高拒腐防变和抵御风险能力"进行集体学习。习近平指出，深入推进党风廉政建设和反腐败斗争，不仅需要发扬党在反腐倡廉建设长期实践中积累的成功经验和世界各国反腐倡廉的有益做法，也需要积极借鉴我国历史上反腐倡廉的宝贵遗产。中国历史上形成和留下了大量关于廉政文化的思想遗产，很多观点至今仍有启发意义。如"政者，正也。子帅以正，孰敢不正"，阐释了领导干部的带头表率作用；"克勤于邦，克俭于家"，高扬了"勤"和"俭"的家国美德；"儆戒无虞，罔失法度。罔游于逸，罔淫于乐"，强调个人修养要内心持戒，不越法度、不纵逸乐；"公生明，廉生威"，告诫为官者要公正、廉明；等等。习近平指出，对这些宝贵历史遗产，"我们要坚持古为今用、推陈出新，使之成为新形势下加强反腐倡廉教育和廉政文化建设的重要资源"①。2019年5月，党中央颁布实施《中国共产党党员教育管理工作条例》，在"党员教育基本任务"一章，明确提出要引导党员学习中华优秀传统文化。各地方积极组织落实，如一些地方以《学国学尚廉洁——传统文化与反腐倡廉建设相结合》《弘扬中华优秀传统文化，将反腐倡廉落实在灵魂深处》为主题，开展党员专题培训教育。同时，出版界也出版大量关于传统家训，古代廉政文化、廉政人物的通俗读物，供党员干部学习。总之，党员领导干部的传统文化尤其是廉政文化学习、教育、培训，为党员干部夯实廉洁从政的思想道德基础，筑牢拒腐防变的思想道德防线发挥了重要作用。

纵观党的建设历程，可以说，以习近平同志为核心的党中央是

---

① 中共中央纪律检查委员会、中共中央文献研究室编：《习近平关于党风廉政建设和反腐败斗争论述摘编》，中央文献出版社、中国方正出版社2015年版，第139—140页。

最注重发挥传统文化价值的一代中央领导集体，并体现出鲜明的时代特点。

首先是高度的文化自信。鸦片战争后，中国人逐渐失去对自身固有文化传统的尊崇，并将寻求救国救民道路、治理国家方案的目光转向西方。中国共产党领导人民取得革命建设改革的胜利，逐步改变了这种倾向，尤其是党中央明确提出文化自信之后。习近平指出，坚持道路自信、理论自信、制度自信，"其本质是建立在 5000 多年文明传承基础上的文化自信"①。所以，新时代党中央在党的建设中对传统文化的创造性转化、创新性发展，既是以自豪、礼敬的态度对待传统文化的体现，也是文化自信包括优秀传统文化在内的展示。

其次是强烈的问题导向。问题是理论创新的起点，没有问题就没有理论创新。党的十八大以来，党中央面临的严重问题之一，是党员的党性修养弱化、理想信念缺失。因此，与此前相比，无论在频次还是力度上，习近平都将党性修养、理想信念问题提升到前所未有的认识高度。而这个认识，某种意义上为传统文化在党建中的价值转化提供了重要"问题"基础。因为中国传统文化本质而言是一种"内圣外王"文化，讲求个人心性修养、坚定信念和高尚道德，同时外化于社会实践。正是基于对党建主要问题和传统文化特点的深刻认识，可以看到，党中央在全面从严治党的各个领域，都注重发挥传统文化的道德教化作用。

最后是理论阐释的民族特色。生活在中国土地上的中国共产党人，对中华传统文化有着天然的理解和感知能力。党的十八大以来，党中央管党治党的一个重要特点就是运用传统文化的民族语言形式，表达马克思主义政党的治理要求，如以"六合同风，九州共贯"形容党作为各项事业的领导核心地位，以"知屋漏者在宇下，知政失者在

---

① 正楷、陈振凯、雷龚鸣等：《习近平谈文化自信》，《人民日报（海外版）》2016 年 7 月 13 日。

草野"告诫领导干部牢记群众路线，以"观于明镜，则疵瑕不滞于躯；听于直言，则过行不累乎身"阐释批评与自我批评的重要意义等等，实现了马克思主义与中国传统文化相结合基础上的中国化，因而更易为广大党员所理解、认同和执行。

总之，中国共产党作为拥有九千多万党员的世界第一大马克思主义政党，其自身建设或自我治理既不能教条主义地套用马克思主义经典作家的某些结论和做法，也不能盲目地照搬西方的政党治理理论，而应在马克思主义指导下，立足中国现实、回应中国问题。党的十八大以来，以习近平同志为核心的党中央从中国悠久历史与文化中汲取营养，创造性转化创新性发展地运用中华优秀传统文化于全面从严治党，就是探寻适合中国政党治理方案的生动写照，既促进了全面从严治党取得明显成效，也形成了具有中国特色的政党治理理论方法、中国风格的政党治理话语体系，彰显了中国共产党的政党自信、治理自信。

四、创新性发展于推动构建"人类命运共同体"

随着世界多极化、经济全球化、文化多样化的深入发展，各个国家之间的联系不断加深、合作日趋增强。但同时，"世界面临的不稳定性不确定性突出，世界经济增长动能不足，贫富分化日益严重，地区热点问题此起彼伏，恐怖主义、网络安全、重大传染性疾病、气候变化等非传统安全威胁持续蔓延，人类面临许多共同挑战"。历史和现实证明，在人类的共同挑战面前，没有哪个国家能够独自应对，也没有哪个国家能够退回到自我封闭的孤岛 ①。在此背景下，原有世界治理体系、治理规则、治理主体等均需要重新界定和认识。

---

① 中共中央党史和文献研究院编：《十九大以来重要文献选编》（上），中央文献出版社 2019 年版，第 41 页。

与此同时，中国的国际事务参与度在不断提升。改革开放前，由于对众多国际交往领域不熟悉，中国对国际体系的参与度不高，甚至采取排斥态度。从改革开放至党的十八大之前，中国积极加入国际组织、各类公约或条约，拓展国际生存发展空间。但彼时更多地是尝试融入，在行为上较大程度受制于发达国家。党的十八大以来，中国外交参与的主动性和能动性增强，这得益于中国综合实力的迅速提升。在国际交往各领域，中国的国际存在都越来越明显、影响力越来越大。所以，十八大以来中国外交活动的一个重要变化是更加自信和更加主动，有建设性的理念和举措不断增加。

正是在上述背景下，世界将找寻国际治理危机答案的目光投向中国。而中国作为大一统历史悠久的世界性大国，"有着大空间、大人口规模下，不同人群相互斗争、交融和共同生活的历史经验，这种经验为人类探索在大空间、多元性社会背景下的共同生存秩序提供了可能"[1]，中国成为"为未来世界探索一种良性秩序的主要实践主体"[2]。党的十八大以来以习近平同志为核心的党中央，响应国际呼吁，针对世界治理危机提出了建设"人类命运共同体"的理念。

《辞海》对"共同体"一词的阐释是，"人们在共同的条件、目标下所结成的组织团体"。习近平阐释"人类命运共同体"的含义说，"就是每个民族、每个国家的前途命运都紧紧联系在一起，应该风雨同舟，荣辱与共，努力把生于斯、长于斯的这个星球建成一个和睦的大家庭，把世界各国人民对美好生活的向往变成现实"[3]。在中国，与"共同"含义相关的文化思想源远流长：西周时代就有"共和执政"的美谈；《孟子·梁惠王上》有"古之人，与民偕乐，故乐也"的记

---

① 姜义华、曹锦清、房宁等著：《改革开放与大国治理》，辽宁人民出版社 2019 年版，第 2 页。

② 汪晖、王湘穗、曹锦清等著：《新周期——逆全球化、智能浪潮与大流动时代》，辽宁人民出版社 2017 年版，第 4 页。

③ 习近平：《携手建设更加美好的世界》，《人民日报》2017 年 12 月 2 日。

载，汉代赵岐注释说，"言古之贤君，与民共同其所乐，故能乐之"；《百喻经·二鸽喻》中有"昔有雌雄二鸽，共同一巢"的譬喻故事。由"共同"理念出发，中国古代形成了"大道之行，天下为公""协和万邦""民胞物与"的思想文化传统。这些思想，也都是习近平在国际外交场合最经常提及的。可以说，"人类命运共同体"理念，是十八大以来以习近平同志为核心的党中央对中华民族"和合大同"思想的创造性转化、创新性发展。

但对中国的正义主张，西方总有一些人戴着有色眼镜来看待，认为中国发展起来必然是一种"威胁"。西方国家一直信奉"修昔底德陷阱"，即以二元对立的价值观看待世界体系变化，认为国际格局中一个板块崛起，必然会对另一板块构成威胁，而要保持原有平衡状态，就必须以武力冲突解决问题。这种认识，最终造成了一个相互猜忌、相互防范的国际关系。

中国的历史文化传统与西方截然不同，以确立和深刻影响中华民族文化发展总体方向和基本内容的先秦思想家为例，儒家创始人孔子就反对战争。他的学生子贡向他询问政治问题，他提出国家政治的三个基础："足食、足兵、民信之矣。"子贡问："必不得已而去，于斯三者何先？"孔子说："去兵。"子贡再追问："必不得已而去，于斯二者何先？"孔子曰："去食。自古皆有死，民无信不立。"即使不得已必须有战争，孔子也只承认两类战争的正义性，一是以商汤伐桀、武王伐纣为典型的反抗暴君、改朝换代的征伐战，二是华夏民族反击蛮夷侵略的自卫战。也就是说，在孔子看来，国家军事应该用来御敌，而非进行领土扩张。这一思想，成为儒家论政论战的一个基调[1]。身处战国的孟子，目睹"争地以战，杀人盈野；争城以战，杀人盈城"的兼并战争，更为激烈地反对战争，并提出行"仁政"的政治主张。

---

[1] 曹锦清：《如何研究中国（增订本）》，上海人民出版社2018年版，第42页。

孟子对梁惠王说："王如施仁政于民，省刑罚，薄税敛，深耕易耨。壮者以暇日修其孝悌忠信，入以事其父兄，出以事其长上，可使制梃以挞秦楚之坚甲利兵矣。"也就是说，孟子认为要抵御强敌应施"仁政"，而非"战争"，只有"仁者无敌"，"不嗜杀人者能一之"。

道家创始人老子也对战争持否定态度，老子说："夫兵者，不祥之器也。物或恶之，故有道者不处。"他还说："以道佐人主者，不以兵强天下。其事好还。师之所处，荆棘生焉。大军之后，必有凶年。"在老子看来，战争造成的后果是"荆棘生焉"和"必有凶年"，因此他说"强梁者，皆不得其死"；"乐杀人者，不可得志于天下"。庄子以"逍遥游"的态度蔑视战争，他说："有国于蜗之左角者，曰触氏，有国于蜗之右角者，曰蛮氏，时相与争地而战，伏尸数万，逐北旬有五日而后反。"在他看来，为争夺土地而伏尸百万的战争，好比蜗牛左右角之争，既可笑又可悲。墨子著《兼爱》《非攻》篇，也强烈反对战争，并提出"兼相爱，交相利"的反战主张。即使专事战争的兵家也反对战争，著名兵法著作《司马法》就提出"国虽大，好战必亡"。概言之，在战乱频仍的春秋战国时代，中华民族就已经通过对战争的理性思考，确立了中国反战、和平、互利、相爱的"轴心文化"。"这不是说从此就消除了各种内外战争，而是说轴心文化为以后的一切战争提供了一条具有中华特色的坚固的价值评价尺度"①。

另外，在中国历史更替中，也鲜有以掠夺、征服、奴役为嗜的朝代。强大如汉武帝，其经略西域的目的也主要是清除匈奴的骚扰；全盛如唐朝，更是"四海一家"，唐太宗被共举为"天可汗"；到明朝时，朱元璋对朝臣宣布外交政策："海外蛮夷之国，有为患于中国者，不可不讨；凡不为中国患者，不可辄自兴兵。"并在"皇明祖训"中告诫子孙："四方诸夷，皆限山隔海，僻在一隅，得其地不足以供给，

---

① 曹锦清：《如何研究中国（增订本）》，上海人民出版社 2018 年版，第 50 页。

得其民不足以传令。"在他看来，对邻国进行武力讨伐，劳民伤财、得不偿失，更非上国德政，并明确将正与中国交往的朝鲜、日本、安南、真腊、暹罗等十余海外国家列为"不征之国"，双方通过"朝贡贸易"保持友好往来。明朝郑和七下西洋时，其舰队阵容远比百年后的哥伦布强大，却没有对行经国有屠杀、掠夺、奴役的现象。正如习近平所说，"自古以来，中华民族就积极开展对外交往通商，而不是对外侵略扩张；执着于保家卫国的爱国主义，而不是开疆拓土的殖民主义"①。

虽然不能说一个民族过去什么样，今后也是什么样。但一个民族即使主观上想割断与历史文化的联系，却在客观现实的行为实践中，依然能感受到历史文化的深沉脉动。就像久居中国的西方人利玛窦，曾提出这样一个疑问，为什么幅员辽阔、物产丰富、人口众多、装备精良又很容易征服近邻的中国，"他们的皇上和人民却从未想过要发动侵略战争？"利玛窦在"仔细研究了中国长达四千多年的历史"后得出结论说，东西方这一差别的原因在于不同的民族文化心态，即中国人满足于自己已有的东西，所以没有征服扩张的野心②。这正如习近平所指出的，"我们坚持走和平发展道路，是对几千年来中华民族热爱和平的文化传统的继承和发扬"③。所以，中国共产党对和平与发展的一贯主张、对"人类命运共同体"的提倡，绝不是掩护"崛起"与"扩张"的外交辞令，而是传统文化基因的影响使然。

党的十八大以来，中国共产党将"人类命运共同体"建设作为外交主话语，在各种国际外交场合始终如一地强调，并重点从文明交流互鉴角度，对"人类命运共同体"理念进行了具体阐发。

---

① 习近平：《在中国国际友好大会暨中国人民对外友好协会成立 60 周年纪念活动上的讲话》，《人民日报》2014 年 5 月 16 日。
②《利玛窦中国札记》，中华书局 1983 年版，第 58—59 页。
③ 习近平：《在德国科尔伯基金会的演讲》，《人民日报》2014 年 3 月 30 日。

文明之间交流互鉴，这是二十世纪九十年代以来党和国家领导人在对外交往中一如既往倡导的观点，包括文明是多彩的、文明是平等的、文明是包容的等等内涵。但与此前的一般性谈论不同，习近平在对这些观点进行阐发时，更加深入、细致。总体而言，呈现如下特点：

第一，对历史和文化事件的描述立体而生动。如在阐释中西文明交往历史时，他会用最简洁的语言把最重要的事例列举出来，其中还包括各种重要的史料数据。如汉代张骞出使西域的具体时间和次数，引进的植物——葡萄、苜蓿、石榴、胡麻、芝麻；天竺高僧迦叶摩腾、竺法兰的来华译经过程，译出的《四十二章经》的重要历史地位；中国古代名著《红楼梦》对爪哇的描述；东南亚饮食、音乐、建筑、绘画等对中国民俗的影响；中国传统画、西方油画融合创新形成中国写意油画的特点；等等，透过这些具体而微的数据、史料，可以让对方国家感受到历史文化的实在性、延续性。

第二，对重要的文化和外交理念进行深入解析。以"和而不同"为例，这是我国外交活动中最常使用的概念或成语，但此前大多是点到即止，习近平则从成语发端与具体内涵的角度进行了详细解析。如在某次出国访问中习近平指出，中国人早就懂得了"和而不同"的道理，生活在 2500 年前的中国史学家左丘明在《左传》中记录了齐国上大夫晏子关于"和"的一段话："和如羹焉，水、火、醯、醢、盐、梅，以烹鱼肉。""声亦如味，一气，二体，三类，四物，五声，六律，七音，八风，九歌，以相成也。""若以水济水，谁能食之？若琴瑟之专一，谁能听之？"最后用来阐释了"当今世界，人类生活在不同文化、种族、肤色、宗教和不同社会制度所组成的世界里，各国人民形成了你中有我、我中有你的命运共同体"的观点①，使对方既能理解"和而不同"的理念，又可以真实感受中国传统文化的源远流

---

① 习近平:《在联合国教科文组织总部的演讲》,《人民日报》2014 年 3 月 28 日。

长、博大精深。

第三，达到"共情"效果。此前中国在外交场合阐释中国文化时，主要是希望"对方"理解"我方"。而习近平在外交场合，不仅阐述中国文化，而且还表达了对"对方"文化的理解和尊重。如访俄时谈及对普希金、契诃夫等文学巨匠的认识了解；访法时赞扬"声名远扬的法国思想家为全人类提供了宝贵精神财富"[①]；访印时谈到印度歌舞、天文、历算、文学、建筑、制糖技术等传入中国和对中国的影响；等等。此外，习近平还阐明不同文化之间有"共通"之处，如指出古希腊的人本主义思想同中国儒家坚持的"以民为本"理念有异曲同工之妙；第欧根尼同中国庄子倡导类似的生活理念；中国太极、中医和印度的瑜伽、阿育吠陀有惊人的相似之处；中华民族推崇的"兼爱"和印度人民倡导的"不害"是相通的；等等。

总之，党的十八大以来，习近平在论述文化交流互鉴问题时，与以往有很大不同。如果说，之前对外交往中党和国家领导人重点强调中华传统文化与西方文化相比较的独特性，那么习近平则在此基础上同时注重彰显中国传统文化与交往国文化之间的共通性，因此更能激发与友国之间的文化共鸣与情感共鸣。

此外，中国还通过"一带一路"的建设，具体践行"人类命运共同体"理念。"一带一路"倡议是对古丝绸之路的传承和提升，是中国根据古丝绸之路留下的宝贵启示，着眼于各国人民追求和平与发展的共同梦想，为世界提供的一项充满东方智慧的共同繁荣发展的方案。自"一带一路"倡议提出后，就得到了国际社会高度关注，全球已有100多个国家和国际组织积极支持和参与"一带一路"建设，联合国大会、联合国安理会的重要决议也将"一带一路"纳入其中。

概言之，推动构建"人类命运共同体"，正在成为我国参与全球

---

① 习近平：《在中法建交五十周年纪念大会上的讲话》，《人民日报》2014年3月29日。

开放合作、改善全球治理体系、促进全球共同发展繁荣的中国方案，体现出新时代的中国共产党对中华优秀传统文化的创造性转化、创新性发展。正如习近平所说，推动构建"人类命运共同体"，既"符合中华民族历来秉持的天下大同理念，符合中国人怀柔远人、和谐万邦的天下观，占据了国际道义制高点"，同时"彰显了同舟共济、权责共担的命运共同体意识，为完善全球治理体系变革提供了新思路"①。

五、实现马克思主义与中华优秀传统文化相结合

在庆祝共产党成立一百年大会上的讲话中，习近平提出："坚持把马克思主义基本原理同中国具体实际相结合、同中华优秀传统文化相结合"，强调这是在新的征程上用马克思主义观察时代、把握时代、引领时代，继续发展当代中国马克思主义、二十一世纪马克思主义的时代使命②。2011 年 11 月，中共十九届六中全会讨论通过的《中共中央关于党的百年奋斗重大成就和历史经验的决议》指出："坚持把马克思主义基本原理同中国具体实际相结合、同中华优秀传统文化相结合……及时回答时代之问、人民之问，不断推进马克思主义中国化时代化"是党百年历史经验的重要内容。决议还提出："习近平新时代中国特色社会主义思想是当代中国马克思主义、二十一世纪马克思主义，是中华文化和中国精神的时代精华，实现了马克思主义中国化新的飞跃。③" 2022 年 10 月，党的二十大报告进一步指出："坚持和发展马克思主义，必须同中华优秀传统文化相结合。只有植根本国、本

---

① 赵超、安蓓、黄敬文：《坚持对话协商共建共享合作共赢交流互鉴　推动共建"一带一路"走深走实造福人民》，《人民日报》2018 年 8 月 28 日。
② 习近平：《在庆祝中国共产党成立一百周年大会上的讲话》，《人民日报》2021 年 7 月 2 日。
③《中共中央关于党的百年奋斗重大成就和历史经验的决议》，人民出版社 2021 年，第 26、67 页。

民族历史文化沃土，马克思主义真理之树才能根深叶茂。"要求把马克思主义思想精髓同中华优秀传统文化精华贯通起来，不断赋予科学理论鲜明的中国特色，让马克思主义在中国牢牢扎根①。

在中国共产党成立一百周年之际，党在最郑重的场合、最重要的文献中，清晰表达马克思主义与中华优秀传统文化相结合的立场，无论对于马克思主义来讲，还是对中华传统文化而言，其意义都是重大的，它表明党对于马克思主义和中华传统文化及其关系的认识、对于马克思主义中国化的认识，均达到一个新阶段、进入一种新境界。

回顾党的历史，在新民主主义革命时期、社会主义革命和建设时期，马克思主义与中国传统文化的关系，在很大程度上是一个颇为敏感和微妙的话题，没有人去正面触碰，虽然，在马克思主义与中国实际相结合的过程中，与中华优秀传统文化的结合事实上已经开始了。学界已有研究表明，马克思主义与中国传统文化具有诸多相通之处，中国古代有丰富的大同思想、丰富的唯物主义思想、丰富的辩证法思想等资源，换言之，马克思主义之所以在二十世纪的中国得到广泛传播，之所以被中国共产党尊奉为指导思想，中华优秀传统文化起到了思想介质的重要作用。1938 年 10 月，毛泽东在中共六届六中全会上作《论新阶段》的报告，指出没有抽象的马克思主义，只有具体的马克思主义。"所谓具体的马克思主义，就是通过民族形式的马克思主义，就是把马克思主义应用到中国具体环境的具体斗争中去，而不是抽象地应用它"，从而推进"马克思主义的中国化"②。毛泽东、刘少奇等共产党人在推进马克思主义中国化的过程中，时常从中华优秀传统文化中汲取思想养分，已是不争的事实。当然，特定历史阶

---

① 《中国共产党第二十次全国代表大会文件汇编》，人民出版社 2022 年版，第 15—16 页。

② 中共中央文献研究室、中央档案馆编：《建党以来重要文献选编》第 15 册，中央文献出版社 2011 年版，第 651 页。

段，特定时代使命，党对待传统文化的态度是复杂的、多维的。由于以儒学为主体的传统文化无法解决民族独立、人民解放的历史课题，也无法为工业化现代化提供直接的思想指导，所以，在反帝反封建的民主革命过程中，在社会主义革命和建设过程中，党在确定对传统文化取其精华的过程中，对其阻碍中国革命与进步的消极因素或糟粕亦十分警惕，并作出激烈批判。

改革开放新时期到来后，党开始正视中华优秀传统文化对于社会主义精神文明建设的积极意义，尤其是在经济全球化和全方位对外开放的世情国情下，对于弘扬民族精神、凝聚民族复兴力量的重要意义。在此背景下，学界开始愈来愈热烈地研讨马克思主义中国化理论成果中尤其是毛泽东思想中马克思主义与中国传统文化的结合问题，同时，也面向现实和未来在一般性意义上提出马克思主义与中华传统文化结合的问题。不过，尽管如此，党的领导人并未从正面和宏观上提出马克思主义与中华优秀传统文化相结合的命题。

进入新时代，习近平对中华传统文化之于中华民族的根和魂作用、精神标识作用、文化基因作用等作出充分阐释，提出中国特色社会主义植根于中华五千年文明沃土、中国特色社会主义道路是在对中华文明五千多年的传承发展中走出来的等重大命题。2017 年 10 月，《十八届中央纪律检查委员会向中国共产党第十九次全国代表大会的工作报告》明确论及"中国共产党继承了中华民族的文化根脉和精神追求，中国特色社会主义道路是中华民族悠久历史的延续。马克思主义中国化的过程，就是同中华传统文化精华相融合、与中国具体实践相结合的过程。"[1]2021 年 2 月《在党史学习教育动员大会上的讲话》中，习近平指出："在近代中国最危急的时刻，中国共产党人找到了马克思列宁主义，并坚持把马克思列宁主义同中国实际相结合，用马

---

① 中共中央党史和文献研究院编：《十九大以来重要文献选编》（上），中央文献出版社 2019 年版，第 76 页。

克思主义真理的力量激活了中华民族历经几千年创造的伟大文明，使中华文明再次迸发出强大精神力量。[①]"正是在上述认识的基础上，在中国共产党成立一百周年之际，马克思主义与中华优秀传统文化相结合的命题得到鲜明而充分的揭示。历史的发展进程清楚地表明，在马克思主义与中国具体实际相结合的基础上，提出与中华优秀传统文化相结合即"第二个结合"，是又一次思想解放，打开了新的创新空间，让中国共产党人和中国人民能够在更为广阔的文化空间中，充分运用中华优秀传统文化的宝贵资源，探索面向未来的道路、理论和制度创新。事实上，"第二个结合"让中国特色社会主义道路有了更加宏阔深远的历史纵深，拓展了中国特色社会主义道路的文化根基。"第二个结合"也进一步巩固了当代中国的文化主体性、中华民族现代文明的文化主体性。这一主体性是中国共产党带领中国人民在创造性转化、创新性发展中华优秀传统文化，继承革命文化，发展社会主义先进文化的基础上，借鉴吸收人类一切优秀文明成果的基础上建立起来的。有了文化主体性，就有了文化意义上坚定的自我，文化自信就有了根本依托，中华文明就能立得住、行得远，具有强大的引领力、凝聚力、塑造力、辐射力。

"结合"不是硬性的拼装，"结合"的前提是彼此契合。党的二十大报告总结说，中华优秀传统文化中蕴含的天下为公、民为邦本、为政以德、革故鼎新、任人唯贤、天人合一、自强不息、厚德载物、讲信修睦、亲仁善邻等，"是中国人民在长期生产生活中积累的宇宙观、天下观、社会观、道德观的重要体现，同科学社会主义价值观主张具有高度契合性。"2023 年 6 月 2 日，习近平在文化传承发展座谈会上再次指出，马克思主义和中华优秀传统文化虽然来源不同，但彼此存在高度的契合性。"比如，天下为公、讲信修睦的社会追求

---

① 习近平:《在党史学习教育动员大会上的讲话》,《求是》2022 年第 7 期。

与共产主义、社会主义的理想信念相通，民为邦本、为政以德的治理思想与人民至上的政治观念相融，革故鼎新、自强不息的担当与共产党人的革命精神相合"等等，总之，相互契合才能有机结合。而"结合"的结果是相互成就。就此，习近平指出"结合"不是简单的"物理反应"，而是深刻的"化学反应"，造就了一个有机统一的新的文化生命体。"一方面，马克思主义把先进的思想理论带到中国，以真理之光激活了中华文明的基因，引领中国走进现代世界"，从民本到民主，从九州共贯到中华民族共同体，从万物并育到人与自然和谐共生，从富民厚生到共同富裕，中华文明实现了从传统到现代的跨越；另一方面，"中华优秀传统文化充实了马克思主义的文化生命，推动马克思主义不断实现中国化时代化的新飞跃，显示出日益鲜明的中国风格与中国气派，中国化马克思主义成为中华文化和中国精神的时代精华。'第二个结合'让马克思主义成为中国的，中华优秀传统文化成为现代的，让经由'结合'而形成的新文化成为中国式现代化的文化形态。"① 在这一文化形态中，马克思主义是魂脉，中华优秀传统文化是根脉。坚守好这个魂和根，是新时代文化持续繁荣发展的前提基础提，也是建设中华民族现代文明的前提基础。

实际上，自党的十八大以来，以习近平同志为主要代表的中国共产党人，坚持把马克思主义基本原理同中国具体实际相结合、同中华优秀传统文化相结合，不断推进理论创新创造。人们看到，作为当代中国马克思主义、二十一世纪的马克思主义，习近平新时代中国特色社会主义思想在马克思主义中国化历史上空前广泛而深刻地吸收了中华传统文化智慧，可谓创造性转化创新性发展中华优秀传统文化的典范。在马克思主义与中国具体实际相结合的基础上，明确提出"第二个结合"，意味着党在马克思主义与中国传统文化相结合的历程中，

---

① 习近平：《在文化传承发展座谈会上的讲话》，《求是》2023 年第 17 期。

由日用而不觉到开始郑重省思再到高度自觉自信的思想演进，标志着马克思主义中国化历程中的一大认识飞跃。就此，习近平在文化传承发展座谈会上指出，"第二个结合""是我们党对马克思主义中国化时代化历史经验的深刻总结，是对中华文明发展规律的深刻把握，表明我们党对中国道路、理论、制度的认识达到了新高度，表明我们党的历史自信、文化自信达到了新高度，表明我们党在传承中华优秀传统文化中推进文化创新的自觉性达到了新高度。"[①]

小结

从历史的比较中可以看出，党的十八大以来以习近平同志为核心的党中央对中华优秀传统文化的价值定位和转化运用，达到了前所未有的高度和深度，构成了习近平文化思想的重要组成部分。那么，中国特色社会主义新时代的中国共产党为什么如此高度肯定传统文化的价值？答案在于，以习近平同志为核心的党中央对传统文化与现代化关系的认识，与以往相比，发生了重大变化。

上文曾提到，"中国传统文化"的完整概念最早出现于20世纪二三十年代中国的一场关于"现代化"问题的讨论中。而且，自"中国传统文化"概念一出现，就背负上了与"现代化"相悖反的价值判断。因此，长期以来，国人的主流观点是，中国传统文化阻碍现代化，或认为中国传统文化不适应现代化。即使改革开放后，一些人在反思中国为什么发生一场持续十年的动乱以及中国的经济社会为什么长期不发达而落后于西方时，同样再次把原因诉诸中国传统文化。他们认为中国传统文化作为一种封建文化，内含的专制主义、皇权思想、忠君意识等价值体系，必然要反对现代化发展所要求的政治民

[①] 习近平：《在文化传承发展座谈会上的讲话》，《求是》2023年第17期。

主、尊重科学、思想自由、人格平等、法律至上的文化价值体系[①]。由此，有人提出了与中国传统文化"诀别"的主张，认为如果"不同传统文化主体诀别，我们的改革事业就不可能取得成功，就无法适应世界新技术革命的宏大潮流，四个现代化的早日实现就没有希望"[②]。试想，如果长期秉持这种认识，会重视和肯定中国传统文化的价值吗？

但以上认为中国传统文化阻碍现代化的思想认识，其实是有违马克思主义的社会存在决定社会意识、而不是社会意识决定社会存在原理的。而且，与认为传统文化阻碍现代化观点相反的一个事实是，二战后深受中国传统文化影响的日本、韩国、新加坡、香港、台湾等国家和地区的经济社会快速发展，尤其是改革开放后中国共产党推动中国传统文化融入和服务中国现代化建设，取得了举世瞩目的成就。这些历史和现实都证明，中国传统文化并不会阻碍现代化！

党的十八大以来，以习近平同志为核心的党中央在深刻总结中华文明发展特点和中国现代化探索历程的基础上，提出了"中国式现代化深深植根于中华优秀传统文化"的科学论断。这一论述具有三重理论意蕴：一、中华优秀传统文化与现代化不是矛盾对立的；二、中华优秀传统文化赋予中国式现代化鲜明的中国特色；三、中华优秀传统文化有助于推进中国式现代化建设。正是基于对传统文化与现代化关系认识的深刻转变和判断，所以新时代以来以习近平同志为核心的党中央才高度重视中华优秀传统文化，把中华优秀传统文化提升到"中华民族最基本的文化基因"的价值高度，并推动中华优秀传统文化创造性转化、创新性发展地运用于治国理政，以提升中国特色社会主义治理体系和治理能力的现代化！

---

① 佳佳：《"对'文革'的历史反思"讨论会综述》，《社会科学研究》1986 年第 5 期。
② 董崇山：《同传统文化主体诀别》，《社会学研究》1987 年第 1 期。

结语：对待传统文化的百年历史经验

从中共一大到二十大，一百余年间党在如何对待传统文化问题上积累了宝贵经验，这些经验既具有重要的历史意义，又具有映照现实、远观未来的实践意义。毛泽东曾经通俗而形象地讲过，共产党是靠经验吃饭的。邓小平指出，"历史上成功的经验是宝贵财富，错误的经验、失败的经验也是宝贵财富"①。习近平同样重视历史经验的总结并就此作出系统论述，指出"我们党一步步走过来，很重要的一条就是不断总结经验、提高本领，不断提高应对风险、迎接挑战、化险为夷的能力水平"②。他提醒人们，党的经验不是从天上掉下来的，也不是从书本上抄来的，而是我们党在历经艰辛、饱经风雨的长期摸索中积累下来的，饱含着成败和得失，凝结着鲜血和汗水，充满着智慧和勇毅，必须倍加珍惜、发扬光大；只有善于总结历史经验，把握历史规律，才能增强历史自觉和历史主动精神。党的领袖尤其是习近平总书记关于历史经验的重要论述，无疑也适用于转化和弘扬中华优秀传统文化问题域。历史经验总结，角度不同，方法不同，问题意识不同，可以有多维度阐释，下面，我们尝试从宏观性、整体性、贯通性、基本性入手，作出几个方面的分析和概括。

---

① 《邓小平文选》第3卷，人民出版社1993年版，第234—235页。
② 习近平：《在党史学习教育动员大会上的讲话》，《求是》2021年第7期。

一、围绕时代任务，与时俱进，转化和弘扬优秀传统文化

为中国人民谋幸福、为中华民族谋复兴，是中国共产党的初心和使命。在践行这一初心和使命的过程中，党历经革命建设改革的磨砺，不同时代，任务不同，但调动一切资源为中心任务服务则一以贯之。中华传统文化作为重要的文化资源，要发挥助力民族复兴伟业的作用，党必须对时代特点、使命任务和传统文化的关系有清醒而深刻的认识，有符合时代、国情和实践要求的举措。

新民主主义革命时期，党放眼西方工业化进程及其影响，放眼十月革命开启的人类历史新趋势，放眼殖民地半殖民地民族解放浪潮，深刻研判自鸦片战争以来中华民族的迫切愿望，笃定民族独立与人民解放，是时代赋予中国共产党的历史使命。由此出发，党清醒地认识到，单靠以儒学为主体的民族传统文化无法解决民族独立、人民解放和国家工业化的时代任务。中国共产党人一方面承认传统文化的历史作用和民族塑造意义，另一方面，也深刻认识到其时代局限性；一方面承认传统文化中一些思想要素的传承和转化，另一方面也从整体上对其保持批判和警惕态度；一方面对作为统治阶级意识形态的儒学持鲜明否定立场，另一方面又对传统文化中蕴含的唯物观、辩证观、知行观、民本观、道德观给予充分肯定并努力加以现代转化；一方面高扬"五四"以来的新文化旗帜，另一方面又适应农村根据地实际，充分运用民间文化形式宣传动员民众，并努力在新民主主义内容和民族形式的结合中创造民族新文化；一方面旗帜鲜明地批判和清除以"三纲五常"为核心的传统伦理，宣传自主自由、阶级解放、民族解放等现代理念，另一方面也注重弘扬自强不息、舍生取义、勤劳勇毅、艰苦朴素等民族精神。以后见之明看，在战争与革命的时代主题

下，在农村革命环境中，就服务于民族独立、人民解放的时代任务而言，中国共产党对待传统文化的立场、态度和举措总体上是成功的。

新中国成立后，带领全国人民走上社会主义道路，实现工业化、现代化成为中国共产党的时代新任务。服务于人民当家作主和经济建设的时代要求，党充分彰显中国传统文化中劳动人民的智慧结晶，彰显与生产力发展有关的发明创造，彰显传统文化中有利于增强民族自豪感、增强爱国主义的元素。当然，必须承认，中国传统文化与社会主义文化是两个文化系统、两种文化类型，存在矛盾或龃龉是必然的，也是正常的。清醒地认识时代不同、文化性质不同，警惕文化复古主义，没有错；提醒人们传统文化中有糟粕和精华之分，取其精华、去其糟粕，也没有错。关键的问题是不能走极端，中华传统文化智慧之一是持其两端守其中，把握一种微妙的平衡、汇通。要认识到文化系统中的某些要素是可分离的，某些要素是可融合的。不能机械地理解文化系统的整体性、文化类型的相异性、文化元素的特定性。遗憾的是，党由于受长期革命带来的惯性思维和行为的影响，由于对社会主义革命与建设、文化转型与重建缺乏经验，在新中国成立后的一段时期内，传统文化遭冷遇甚至粗暴对待，留下沉痛的教训。

改革开放新时期到来后，在清醒地研判和平与发展已经成为时代主题，摆脱贫困、实现富强已经成为中国人民最热切期盼的基础上，在市场化改革狂飙突进、全方位对外开放不断拓展、中国社会结构迅速多元与复杂化的国情下，在经济全球化、社会信息化、世界多极化、科技革命日新月异的世情下，中国共产党深刻认识到传统文化对于中华民族生命力凝聚力创造力的意义，对于中国屹立于世界民族之林的标识意义，深刻认识到传统向现代的转化不仅必要而且可能，正因为如此，弘扬民族文化的旗帜逐步高扬，方向愈来愈明，举措愈来愈实。在执政党的思想引领和政策导引下，中华传统文化宝藏得到愈来愈广、愈来愈深的发掘，也得到愈来愈公正的高度评价。传统文化作为人民精神家园的作用日趋突出，作为民族之根之魂的意义得到愈来愈广泛、愈来愈深刻的认同，改革开放初期一度出现的民族文化虚无主义思潮偃旗息鼓，文化自尊心自信心日渐增长，爱国主义精神日益高扬，从而为社会主义现代化事业提供了澎湃的精神动力。

党的十八大以来，以习近平同志为核心的党中央，立足于中华民族终于迎来从站起来、富起来到强起来的历史性飞跃，立足于中华民族比历史上任何时期都更接近也更有能力和信心实现伟大复兴的新时代，统筹中华民族伟大复兴全局和世界百年未遇之大变局，提出对中华优秀传统文化进行创造性转化创新性发展的方针。这一方针既是对近代以来尤其是中国共产党成立以来在如何对待传统文化问题上所积累的丰富经验教训的总结，更是深刻洞察时代特点、世界潮流、中国国情和发展阶段、党的时代使命的结果。这一方针体现着中国特色社会主义新时代站位和问题意识，体现着对中华传统文化这一源远流长、博大精深体系所蕴含的哲学思想、人文精神、价值理念、道德伦理、文学艺术等等的全面而深刻的认识，内含着对优秀传统文化的礼敬、自豪和兼收并蓄胸怀，内含着对优秀传统文化中超越时代、跨越国度、永不褪色的价值光芒的高度肯定，内含着中华民族伟大复兴包括中华文化伟大复兴的愿景。

揆诸历史，一个世界强国，首先是经济强国，然后是军事强国，最后必然是文化强国，否则这个强国就不是完全的真正的强国。在很多时候很多情况下，文化所具备的"软实力"更持久更深沉，对世界的影响更大，这也是西方学界政界对国家"软实力"极为重视的原因所在。在中国特色社会主义新时代，我们看到中华优秀传统文化得到全社会的尊重和弘扬，在增强中国人的自信心和自豪感，增强做中国人的骨气、底气、志气等方面发挥着极为重要的作用。中华民族伟大复兴既需要强大的精神力量，也需要强大的精神力量。历史表明，中华优秀传统文化是这一精神力量的重要源泉。

二、坚持以马克思主义审视传统文化，并实现二者结合

　　中国共产党以马克思主义为指导思想，用马克思主义立场、观点和方法看待世界、分析问题、解决问题，从而赢得中国革命建设改革的胜利，迎来中华民族伟大复兴的光明前景。在对待传统文化问题上也是如此。当然，马克思主义并非是专门的文化理论，但是它为中国共产党看待文化包括认识和处理传统文化问题提供了科学指南和理论基础，这特别表现在马克思、恩格斯对文化的本质、地位与功能的揭示方面。其一，经济基础制约着整个上层建筑包括纯粹的精神活动。用马克思本人的话讲，即"物质生活的生产方式制约着整个社会生活、政治生活和精神生活的过程。""随着经济基础的变更，全部庞大的上层建筑也或慢或快地发生变革。"[①] 其二，文化对经济基础及上层建筑的其他部分具有反作用。恩格斯指出："政治、法、哲学、宗教、文学、艺术等等的发展是以经济发展为基础的。但是，它们又都互相作用并对经济基础发生作用。"[②] 其三，阶级社会文化有阶级性，并且"统治阶级的思想在每一个时代都是占统治地位的思想。这就是说，一个阶级是社会上占统治地位的物质力量，同时也是社会上占统治地位的精神力量"[③]。概言之，马克思主义在文化问题上提出的决定论、能动论、阶级论，构成了中国共产党人看待文化包括传统文化的理论基础。此外，列宁关于文化是整部民主革命机器上的"齿轮和螺丝钉"的定位，关于每个民族都有两种民族文化的命题——既有体现地主资产阶级的利益和愿望的民族文化，也有源自被剥削劳动群众的

---

① 《马克思恩格斯选集》第 2 卷，人民出版社 1995 年版，第 32、33 页。
② 《马克思恩格斯选集》第 4 卷，人民出版社 1995 年版，第 732 页。
③ 《马克思恩格斯选集》第 1 卷，人民出版社 1995 年版，第 98 页。

一些民主主义和社会主义的文化成分①，也对中国共产党认识和处理传统文化问题提供了指南，如果考虑到十月革命这一特殊因素，即马列主义中的列宁主义对于中国革命与建设事业的直接指导，那么，列宁的相关思想对于中国共产党的影响则更大更具体。事实上，正是从马克思主义包括列宁主义提供的对待文化的立场、观点和方法出发，党才对中国传统文化的性质、历史地位有了清晰的界定，才有了对待传统文化的历史唯物主义和辩证唯物主义的科学态度，才有了对传统文化中精华与糟粕的基本区分标准，才有了调动和转化传统文化中的优秀成分服务于革命建设改革事业、服务于民族复兴伟业的自觉意识和主动作为，才能够超越崇西贬中的"全盘西化"和隆中抑西的"儒学复兴"，走出一条创造性转化创新性发展传统文化的新路。

历史表明，以马克思主义为思想武器认识和处理传统文化，需要警惕和反对两种错误倾向，一是简单地机械地把马克思主义与传统文化对立起来，并且夸大甚至绝对化其不同；二是无视或低估其不同，机械比附，牵强附会其联系或汇通。也要警惕儒化马克思主义的倾向，更要反对以"新儒学"取代马克思主义指导思想地位的企图。在中国共产党成立初期和土地革命战争时期，党一度过于机械地夸大马克思主义及其引领下的革命文化与传统文化尤其是儒家的对立、冲突和斗争，"文化大革命"时期更是在"破旧立新"旗号下追求你死我活的结局。历史表明这种立场和做法必须坚决摒弃。改革开放以来尤其是进入新世纪后，随着中国经济实力和综合国力的增强，随着"儒家文化圈"东亚地区现代化的成功推进，出现了把马克思主义与传统文化进行机械比附和"汇通"的现象，出现了有意无意地欲儒化马克思主义的倾向，甚至海外有华人放言以"新儒学"取代马克思主义。对此，必须旗帜鲜明地加以反对。在中国共产党和中华人民共和

---

① 《列宁全集》第 24 卷，人民出版社 1995 年版，第 125—126 页。

国的文化谱系里，马克思主义居于指导思想地位，是其他文化不能企及的。指导思想决不搞多元化这是中国共产党自成立以来从未动摇过的立场。对于古今中外文化的评判和取舍源于马克思主义的分析和标准，而不是相反。以孔子取代马克思，以儒学取代马克思主义的指导地位是不可能的，也是不允许的。

充分认识马克思主义的指导思想地位，反对儒化马克思主义甚至以"新儒学"取代马克思主义，并非要简单地在马克思主义和中国传统文化之间分出高低、评出优劣，这是典型的机械论、形而上学，而不是辩证的科学的态度。历史表明，马克思主义与中国传统文化有各自的问题域、作用空间、特长特色，完全可以结合，而且也一直在结合，只不过存在显性与隐性、自觉和无意识之别罢了。党的二十大报告指出："坚持和发展马克思主义，必须同中华优秀传统文化相结合。只有植根本国、本民族历史文化沃土，马克思主义真理之树才能根深叶茂。"[①] 信哉斯言！揆诸历史，马克思主义之所以在中国广泛传播，并很快为先进知识分子所信奉、被中国共产党人确立为指导思想，原因之一是它和中国传统文化有诸多相通之处。一个源于西方的思想体系如果和本土文化、思想无任何相通之处，是不可能得到传播和尊奉的。换言之，中国传统文化起着马克思主义在中国得以广泛传播并本土化的介质作用。中国传统文化中朴素的唯物论、辩证法思想、民本思想、大同理想等等，均构成中国人理解和阐释马克思主义的中介或桥梁。中国共产党是以改造中国、复兴民族、最后实现共产主义为使命的政党，马克思主义对其而言不是书斋里的学问，而是行动的指南，中华传统文化里"蕴含的天下为公、民为邦本、为政以德、革故鼎新、任人唯贤、天人合一、自强不息、厚德载物、讲信修睦、亲仁善邻等，是中国人民在长期生产生活中积累的宇宙观、天下

---

① 《中国共产党第二十次全国代表大会文件汇编》，人民出版社2022年版，第15页。

观、社会观、道德观的重要体现，同科学社会主义价值观主张具有高度契合性"①。于是，我们看到，中国共产党自成立以来，无论是作为革命者还是执政者，始终坚定马克思主义信仰不动摇，咬定社会主义、共产主义目标不放松，其中，马克思主义的真理性科学性是决定性因素，而中华优秀传统文化则是深厚土壤或基础。

当然，中国共产党对于中华优秀传统文化与马克思主义的关系，经历了从日用而不觉到高度自觉的过程，既有显性层面上的结合，也有隐性意义上的潜在影响。受五四新文化运动的影响，党在接受马克思主义之际并没意识到传统文化的潜在介质作用，相反还会运用马克思主义批判传统文化（这种批判在很多时候很多问题上是合理的也是深刻的），凸显两种文化系统的性质不同、诸种对立。延安时期，毛泽东提出"马克思主义中国化"任务，从而为马克思主义与中华优秀传统文化相结合提供了"许可证"。马克思主义中国化主要指向中国革命实际，强调的是"民族形式"意义上的中国风格、中国气派，简言之，即马克思主义内容、中国形式。这个民族形式即是中国人喜闻乐见的语言话语、表达方式、思维习惯等。尽管如此，"中国化"一旦提出便不可能仅仅停留在形式上。事实上，作为马克思主义中国化第一大理论成果的毛泽东思想，充满中国传统智慧，开启了马克思主义与中华优秀传统文化相结合的进程，尤其在哲学思想、党建思想、军事思想等方面，对此，学界已有充分研究，此处不赘。改革开放后，中国共产党对马克思主义与中国传统文化的结合问题持开放态度，鼓励学界就此开展深入而广泛的探讨。基于长期的历史经验和学界的有益探索，进入中国特色社会主义新时代，习近平明确提出马克思主义与中华优秀传统文化相结合的命题，这无论对于马克思主义而言，还是对中华传统文化而言，意义都是空前的。有学者指出："一

---

① 《中国共产党第二十次全国代表大会文件汇编》，人民出版社 2022 年版，第 15 页。

种外来的文明倘若仅仅停留在富强、救世的工具主义之'好'，其依然是外在的、异己之'好'，意味着尚未在民族文化的土壤里扎根，随时有被清除的可能。一旦其融入了民族的历史传统、成为中国人的内在生命所在，那么它就从外在的客体转变为内在的主体，成为'我们的'身心不可分离的一部分，那么，外来的普世文明便转化为民族的自身文化，具有了家园感、根源感和归属感。"[①] 党的二十大报告提出，"我们必须坚定历史自信、文化自信，坚持古为今用、推陈出新，把马克思主义思想精髓同中华优秀传统文化精华贯通起来、同人民群众日用而不觉的共同价值观念融通起来，不断赋予科学理论鲜明的中国特色，不断夯实马克思主义中国化时代化的历史基础和群众基础，让马克思主义在中国牢牢扎根。"[②] 换言之，中华优秀传统文化在创新发展当代中国马克思主义、二十一世纪马克思主义的时代使命中，将焕发新的生命力、闪烁新的价值光芒。

2023 年 6 月 30 日，习近平在二十届中央政治局第六次集体学习时发表讲话指出："我们必须坚持马克思主义这个立党立国、兴党兴国之本不动摇，坚持植根本国、本民族历史文化沃土发展马克思主义不停步，坚定历史自信、文化自信，坚持古为今用、推陈出新，以马克思主义为指导对中华 5000 多年文明宝库进行全面挖掘，用马克思主义激活中华优秀传统文化中富有生命力的优秀因子并赋予新的时代内涵，将中华民族的伟大精神和丰富智慧更深层次地注入马克思主义，有效把马克思主义思想精髓同中华优秀传统文化精华贯通起来，聚变为新的理论优势，不断攀登新的思想高峰。"[③] 可以说，这段话是新时代中国共产党人在"第二个结合"问题上的宣言书、原则立场。

---

① 许纪霖：《脉动中国》，上海三联书店 2021 年版，第 8 页
②《中国共产党第二十次全国代表大会文件汇编》，人民出版社 2022 年版，第 15 页。
③ 习近平：《开辟马克思主义中国化时代化新境界》，《求是》2023 年第 20 期。

三、政学互动，传承和弘扬中华优秀传统文化

中华传统文化历史悠久、博大精深、结构复杂。要与时俱进地科学对传统文化，仅靠中国共产党是不够的，在这里，知识界学术界理论界起着重要作用，党学互动或政学互动至关重要。回顾历史，五四新文化运动中，知识分子对儒家伦理道德的批判、对墨家学说的高评、对中国传统文化性质与历史地位的分析等等，在很大程度上构成中国共产党看待传统文化的基本价值趋向和出发点。全民族抗战爆发前，有共产党人参与的部分知识分子发起的新启蒙运动，在继承五四启蒙精神的基础上，有一个动向是调整五四新文化运动时期对待传统文化尤其是儒学的激烈否定态度，主张更客观地评价和对待传统文化。实际上，即使是在五四新文化运动中，对待传统文化也不是笼统而言的全盘否定。对待儒家，批判锋芒主要指向束缚人性的、以效忠封建王朝和君主、维护封建宗法秩序为旨归的三纲五常、忠孝节义等礼教纲常，对于仁、诚等基本价值理念少有简单否定者。就是陈独秀、李大钊等五四新文化运动的旗手，虽然语词激烈，但也承认中华传统文化的历史作用，承认传统文化中存在依然具有现代价值的因素，只不过为了尽快造就"青春之中华"，当下的任务主要是批判而非颂扬而已。

与此同时，在五四新文化一脉之外，还有对中国传统文化的颂扬和赞赏、同情的理解和评判、努力在传统和现代之间进行转化的学人。无论是夹杂了政治考量的评价，还是纯学理的探讨，实际上都正向或者逆向地程度不同地影响着中国共产党的认知。1939年《解放》周刊连续登载的陈伯达评价儒墨道法等诸家学说的文章，虽然带有鲜明的政治立场，但主要还是从学理上进行的探讨，陈伯达表现出的首先是学问而非立场，首先是知识分子然后才是党的理论家，其他不同

程度地参与讨论的党员知识分子范文澜、何干之、郭化若等也是这样。史料表明，毛泽东等中央领导人很关注陈伯达等人的观点，且基本持赞成态度。

新中国成立后，"双百"方针提出和贯彻期间，学界一度对中华传统文化的继承问题进行过初步探讨。著名学者冯友兰曾在1957年1月《光明日报》上发表文章，谈中国哲学遗产的继承问题，认为近几年来我们对中国古代哲学否定过多，应加校正。他提出，"在中国哲学史中，有些哲学命题，如果作全面了解，应该注意到这些命题的两方面的意义：一是抽象的意义，一是具体的意义。"他解释道，"什么是命题的抽象意义和具体意义呢？比如：'论语'中所说的'学而时习之，不亦说乎。'从这句话的具体意义看，孔子叫人学的是诗、书、礼、乐等传统的东西。从这方面去了解。这句话对于现在就没有多大用处，不需要继承它，因为我们现在所学的不是这些东西。但是，如果从这句话的抽象意义看，这句话就是说：无论学什么东西，学了之后，都要及时的、经常的温习和实习，这就是很快乐的事。这样的了解，这句话到现在还是正确的，对我们现在还是有用的。"由此而言，中国哲学史中"可以继承的思想还是很不少的"。[1] 同一时期，任继愈、张岱年等学者也表达了类似的观点。国民经济调整时期，学界又对传统文化中蕴含的唯物主义、辩证法思想，蕴含的人民性、科学性成分进行过探讨，尤其是对传统文化中与物质生产物质生活直接相关的发明创造、建筑、医疗等进行了系统全面的整理，这些对于中国共产党认识和处理传统文化问题无疑是大有裨益的。

改革开放后，中国共产党愈来愈积极主动地支持和引导学界对于中华传统文化展开研究。先是准许学界为孔子去污名化，还其教育家、思想家的历史地位，允许学界对儒家思想展开研究并做出客观

---

① 冯友兰：《关于中国哲学遗产的继承问题》，《光明日报》1957年1月8日。

评析，接着在"文化热"中，不干预弘扬传统文化的学术研究、学术机构，允许各种有关传统文化的学术观点自由争鸣。之后，从民族精神纽带、民族的根和魂、民族凝聚力出发，愈来愈自觉地支持和引导传统文化的研究与弘扬。正是在这一导向和氛围下，学界对传统文化的研究涉及范围之广、发掘程度之深，均达到前所未有的程度。实际上，海外汉学界华人学者提出的对传统文化尤其是儒学价值观进行"创造性转化"的见解，在改革开放后不久即传入中国并赢得愈来愈多学者的赞赏和讨论，尤其是在马克思主义中国化的理论成果与中国传统文化的关系上进行的探讨更具象征和开拓意义，关于毛泽东思想中内涵的中华传统文化智慧，关于中国特色社会主义理论体系中所汲取或能够汲取的传统文化养分，等等，所有这些对于中国共产党全面而深刻地认识传统文化，并积极转化和发展其优秀成分，均产生了积极影响。

历史表明，在传统文化问题域中，政学良性互动不仅必要而且十分重要。如果无视学界的观点，甚至在政治上压制、行政上干预学术自由争鸣，则很容易导致堕入误区，"文化大革命"时期对待传统文化的后果便足以说明问题。高水平的传统文化研究，需要高质量的人才队伍，也需要党和国家的大力支持。进入新世纪以来实施的马克思主义理论研究与建设工程就是一个成功案例，通过这一工程，马克思主义理论研究水平得到巨大提升、人才队伍得到迅速壮大。未来中华传统文化要得到与时俱进的创造性转化创新性发展，可以参照马克思主义理论研究和建设工程，由党和政府作出长远规划，造就一批学贯中西、学贯中马的人才，产生一批具有独创性体现时代性的学术成果，从而为党和国家进一步弘扬优秀传统文化、创新中华文化提供足够丰厚的学理支撑。

四、深刻认识文化的时代性与民族性，坚持"古为今用、洋为中用"

中国共产党诞生之际，正是中西文化孰优孰劣论争日趋热烈之时。无论是全盘西化派，还是东方文化复兴派，他们在传统文化与现代西方文化、农业文明与工业文明问题上所表达的观点，都会在一定程度上促使中国共产党思考传统文化与现代文化、民族文化与外来文化的关系问题，而马克思主义尤其是历史唯物主义和辩证唯物主义所提供的立场和方法，更为这种思考提供了思想武器。

综观中国共产党的一百余年，前五十年左右，在认识和对待传统文化问题上突出的是时代性、历史性，当然，对民族性、传承性也不是没有认识，但无论言说篇幅，还是重视程度，均处于弱势。改革开放后，主要自二十世纪八十、九十年代之交始，在已有认识基础上，逐步突出传统文化的民族性、传承性，逐步突破传统与现代的机械二分，并在新时代明确了创造性转化创新性发展的方针。概言之，在对待传统文化问题上，如何认识其时代性与民族性，如何处理传统与现代（其中核心是中西文化）的关系，始终是中国共产党领导革命文化、社会主义文化建设的重大课题。

文化是时代产物，又是地域和民族产物。渔猎时代、农耕时代、工业时代、信息时代会产生不同类型的文化，相同时代人们思考的问题、给出的答案会有共同共鸣之处，表现出普遍性的一面；与此同时，生存于不同的地理环境，一起长期生产与生活的群体，会形成富有地域特色的价值观念、审美情趣和表达方式，从而形成多彩的民族文化。历经长期磨洗和沉淀的民族文化不但具有时代性特征，而且具有超时代特征，具有与民族共存亡的延续性。时代性与民族性、传统与现代、延续与变革是一个结构复杂的共同体，切忌简单化机械化认识和处理。

中国共产党成立后，受近代以来强劲的进化论思潮的影响，从历史唯物主义基本原理（特别是经济基础决定上层建筑理论，人类由原始社会经历奴隶社会、封建社会、资本主义社会最终走向共产主义社会的发展规律学说）出发，表达了对待传统文化的鲜明态度，即中国"固有文化"或"旧文化"，是农业文明的产物，是为封建统治阶级服务的，是维护封建宗法社会的工具，因而必须批判和改造。虽然，随着实践的发展，传统文化在历史上的作用、对于凝聚民族精神或爱国主义精神的现实价值得到越来越多的肯定，但是，对其时代性阶级性的认识始终是主要的、主导的。改革开放以后，情况逐渐发生变化，传统文化跨越时代、超越阶级的民族性意义开始受到重视并得到愈来愈深刻的阐释，民族文化对于中华民族的形成、繁衍、统一、稳定和自立于世界民族之林的巨大作用得到执政党和民众愈来愈广泛的认同。学界越来越自觉地认识到，不能机械地理解传统与现代的关系，人为地画出界河、竖起屏障，而是既要看到区别，也要看到转化与延续。政界则越来越明显、越来越多、越来越有创造性地运用中华传统文化精华于治国理政实践中。

弘扬优秀传统文化，辩证地看待传统与现代，"古为今用"，必然涉及如何看待外来文化特别是西方文化问题。在很长时期内很大程度上，文化领域的传统与现代问题实际上可以归约为中西文化问题，古今与中西是一个问题的两个方面。近代以来欧风美雨的长期持续，造成了西方文化等于现代文化的根深蒂固的认识。虽然，两次世界大战暴露了资本主义文明的弊端，促使一些知识分子将拯救人类的目光投向东方、投向以儒学为主体的中国传统文化，但大多数知识分子则依然笃信西方以自由主义为灵魂的文化，笃定西方文明能够自我修复，中国的出路依然在"西化"。就中国共产党而言，其对西方文化的态度也是比较鲜明的，即西方文化是工业文明的产物，是催生和维护资本主义制度的思想学说。这种文化在资本主义制度处于上升时期曾起到积极作用，而且其自由主义、民主主义、人道主义等思想比起中国封建旧文化具有先进性，但是，总体而言，社会主义文化代表着历史的未来，是最先进最值得中国人民拥抱的文化。

新中国成立后，革命时期形成的对待古今中西文化的态度基本上延续下来。当然，由于文化转型与重建的迫切需要，加上西方对新中国的敌对政策，因而一段时间内，存在把西方文化简单地视为帝国主义、资产阶级的文化而加以拒斥的偏向。社会主义制度基本建立后，毛泽东与中共中央意识到这个问题并做出校正。1956 年 8 月，毛泽东在同音乐工作者的谈话集中讲了如何正确处理外来文化与民族文化的关系问题。他强调，外国的一切科学原理和长处都要学，但学习的目的是"创造出中国自己的、有独特的民族风格的东西"。[①]

改革开放后，中国共产党对待古今中外文化的态度日趋科学。改革开放的目的是加快社会主义现代化建设，开放的重要内容是引进发达国家的资金、先进技术和管理经验，在此背景下，学习、吸收人类文明一切先进成果的认识重新得到强调。然而，时代不同了，同样的语汇所表达的内涵也不同了。毛泽东等论此，重点指向苏联指向社会主义国家；而改革开放到来后，其重点是发达国家。而发达国家主要是资本主义国家，于是现代化与西方或西方化就有了纠缠不清的关系，反映到文化上就更为复杂，西方文化等于现代文化在很大程度上成为社会一般认知。中共中央领导人还是明确现代化不等于西方化，反对"西化"是重要的政治任务和意识形态任务。但是，文化成果本身结构极为复杂，意识形态与知识探索、政治倾向与学术创新、审美偏好，在很多时候很多问题上纠结在一起，难以简单处理，改革开放前文化过度政治化的教训又十分深刻，这一切导致中国共产党只能在

---

① 《毛泽东文集》第 7 卷，人民出版社 1999 年版，第 78、82—83 页。

该问题上表明原则立场，不可能有更具体的论述。于是，西方文化与学术成果在八十年代的"文化热"中成为主角，文化现代化在很多知识分子看来就是拥抱、吸纳西方文化。虽然，进入九十年代以后党对民族传统文化日益重视，但伴随全方位对外开放，"西学东输"依然是"长江滚滚来"。不能否认，"西学东输"对于当代中国文化跟上时代、走向世界的意义。但同样不能否认的是，对源自西方的理论、概念、方法存在照抄照搬甚至趋之若鹜的倾向。西方文化才是文化潮流的引领者，西方流行的概念和方法才是学术前沿，得到西方文化评价体系认可的作品才是有价值的作品等观念颇有市场，而立足于中国文化传统，立足于中国实践的创作与研究常常得不到重视和尊重。

进入新时代后，习近平在论及当代中国文化发展问题时，突出强调文化自信，强调中国本位。他指出："对人类创造的有益的理论观点和学术成果，我们应该吸收借鉴，但不能把一种理论观点和学术成果当成'唯一准则'，不能企图用一种模式来改造整个世界，否则就容易滑入机械论的泥坑。一些理论观点和学术成果可以用来说明一些国家和民族的发展历程，在一定地域和历史文化中具有合理性，但如果硬要把它们套在各国各民族头上、用它们来对人类生活进行格式化，并以此为裁判，那就是荒谬的了。"邯郸学步、东施效颦没有出路。① 由此，他反复重申，立足本来、吸收外来、面向未来的文化建设方针，强调要构建自主的知识体系，构建具有中国特色、中国风格、中国气派的哲学社会科学学科体系、学术体系、话语体系；努力创作同我们这个文明古国、我们这个蓬勃发展的国家相匹配的优秀文艺作品，等等。② 总之，吸收、借鉴外来文化尤其是西方现代文化的

---

① 习近平：《在哲学社会科学工作座谈会上的讲话》，《人民日报》2016年5月19日。
② 参见中共中央文献研究室编：《习近平关于社会主义文化建设论述摘编》，中央文献出版社2017年版，第101页；习近平：《在哲学社会科学工作座谈会上的讲话》，《人民日报》2016年5月19日；《在中国文联十大、中国作协九大开幕式上的讲话》，《人民日报》2016年12月1日。

目的不是用它来取代本民族的文化，而是"洋为中用"，丰富和发展我国的民族文化。著名学者张岱年等提出："辩证的综合创造，才是中华民族文化复兴的坦途。"进一步言之，"抛弃中西对立、体用二元的僵化思维模式，排除盲目的'华夏中心论'与'欧洲中心论'的干扰，在马克思主义普遍真理的指导下和社会主义原则的基础上，以开放的胸襟、兼容的态度，对古今中外的文化系统的组成要素及结构形式进行科学的分析和审慎的筛选，根据中国社会主义现代化建设的需要，发扬民族的主题意识，经过辩证的综合，创造出一种既有民族特色，又充分体现时代精神的高度发达的社会主义新中国文化。"① 经过长期努力，中国共产党和中国人民迈入中国特色社会主义新时代，"我们比以往任何一个时代都更有条件破解'古今中西之争'，也比以往任何一个时代都更迫切需要一批熔铸古今、汇通中西的文化成果"②。

回顾历史，还有一个问题值得探究，那就是关于文明与文化的概念认知问题。钱穆先生曾提出，文明与文化"此二语应有别"，他认为"文明偏在外，属物质方面。文化偏在内，属精神方面。故文明可以向外传播与接受，文化则必由其群体内部精神累积而产生。即如近代一切工业机械，全由欧美人发明，此正表现了欧美人之文明，亦即其文化精神。但此等机械，一经发明，便到处可以使用……但此只可说欧美近代的工业文明已经传播到各地，或说各地均已接受了欧美近代的工业文明，却不能说欧美近代文化，已经在各地传播或接受。当知产生此项机械者是文化，应用此项机械而造成人生的形形色色是文明。文化可以产出文明来，文明却不一定产生出文化来。"③ 这里实际上强调了文化的地域性民族性特质。许纪霖也提出文明与文化的区

① 张岱年、程宜山：《中国文化精神》，北京大学出版社 2015 年版，第 306—307 页。
② 习近平：《在文化传承发展座谈会上的讲话》，《求是》2023 年第 19 期。
③ 钱穆：《中国文化史导论（修订本）》，商务印书馆 1994 年版，第 1 页。

分问题，他说："文明与文化各自所回应的问题是不一样的，文明回应的是什么？是人类普遍之'好'。而文化回答的是什么？是'我们的特殊偏好'。"他认为，新文化运动百年以来，"尚未真正解决的问题有两个：其一，如果将'好的'文明内化为中国人能够认同的'我们的'文化？其二，如何将'我们的'文化提升为全人类普世的文明？"把许与钱的观点放在一起，会发现异曲同工之妙，不过许更关注价值追求的普遍性与特殊性问题，着眼于未来如何做，而钱聚焦的是中国文化的独特性，着眼于说清楚这种独特性何以生成。不过，他们提出的观点，对于我们反思和总结中国共产党百年来对待传统文化的经验教训，对于我们更深刻地认识传统文化的时代性与民族性、普世性与特殊性，更好地转化发展传统文化、坚守中国文化主体性、创造创新中华文化，是有启发意义的。

五、立足大历史观，从民族复兴伟业和创造人类文明新形态的高度，对待传统文化

2021年2月，在党史学习教育动员大会上的讲话中，习近平提出："要教育引导全党胸怀中华民族伟大复兴战略全局和世界百年未有之大变局，树立大历史观，从历史长河、时代大潮、全球风云中分析演变机理、探究历史规律，提出因应的战略策略，增强工作的系统性、预见性、创造性。"[①] 从他的有关讲话看，大历史观就是强调从历史长程或曰"历史长时段"、从经济政治文化社会的广覆盖、从人类文明进步与制度竞争的宽视野，评价历史事件、历史进程，聚焦历史演进的宏观轨迹和发展趋势、发展规律，总结历史经验、以史鉴今。大历史观作为方法论原则，对于我们深刻认识传统文化的价值，总结

① 习近平:《在党史学习教育动员大会上的讲话》,《求是》2021年第7期。

481

对待传统文化问题上的历史经验，同样具有重要指导和启发意义。

由大历史观之，中华文化曾经灿烂辉煌，为世界文明进步作出过重要贡献。德国哲学家雅斯贝尔斯在 1949 年出版的《历史的起源与目标》一书中提出，公元前 800 年至公元前 200 年是人类文明的"轴心时代"，是人类精神的重大突破时期。所谓突破或曰"轴心突破"，从思想特征上讲，就是超越意识的出现，即"在现实世界之外有一个终极的真实，后者不一定意味否定现实世界的真实，但至少代表在价值上有一凌驾其上的领域"[1]。在这一突破时期，古代希腊、古代中国、古代印度等文明都产生了伟大的思想家，他们提出的思想原则塑造了不同文化传统，至今仍支配着各大文化中人的思想和感情。需要指出的是，"关于古代世界几个主要文明（或文化）在公元前一千年之内都经过了一次精神的觉醒或跳跃，学界早已有此共识，并不是雅斯贝斯个人的新发现。他的真正贡献毋宁是把问题提的更尖锐、更集中。"而且"更不可视为西方学人的独特观察"[2]。闻一多早在 1943 年所写《文学的历史动向》一文中便写道："人类在进化的程途中蹒跚了多少万年，忽然这对近世文明影响最大最深的四个古老民族——中国、印度、以色列、希腊——都在差不多同时猛抬头，迈开了大步。约当纪元前一千年左右，在这四个国度里，人都歌唱起来，并将他们的歌记录在文字里，给留传到后代。"[3] 闻一多在这里描述的正是雅斯贝尔斯所谓轴心时代的文化突破现象，不过从文学方面着眼而已。

由人类文明演进的大历史看，古中国与古希腊、古印度以及古犹太文明等"轴心文明"构成人类文明展开的枢轴，尽管古希腊、古

---

① 张灏：《转型时代与幽暗意识》，上海人民出版社 2018 年版，第 9 页。
② 余英时：《现代儒学的回顾与展望》，生活·读书·新知三联书店 2004 年版，第 393、395 页。
③ 转引自余英时：《现代儒学的回顾与展望》，生活·读书·新知三联书店 2004 年版，第 393、395 页。

印度和古犹太文明都曾有过辉煌的创造，但最终仍湮没在历史的风尘中，唯有中华文明延存下来。从先秦子学、两汉经学、魏晋玄学，到隋唐佛学、儒释道合流、宋明理学，经历了数个学术思想繁荣时期。在漫漫历史长河中，中华民族产生了儒、释、道、墨、名、法、阴阳、农、杂、兵等各家学说，产生了诗经、楚辞、汉赋、唐诗、宋词、元曲、散文、小说、绘画等绚丽多彩的文艺形式，留下了浩如烟海的文化遗产。不仅如此，更有"四大发明"极大推动了人类文明的进步。西方著名科技史学家李约瑟也高度赞誉古代中华文明取得的重要成就，认为"在文艺复兴之前和期间，中国人在技术方面占据着非常支配的地位"，"古代和中世纪那些默默无闻的中国工匠对世界的贡献远比亚历山大里亚的力学家和能说会道的理论家多得多"。①一言以蔽之，中华传统文化数千年间一直立于世界文明之潮头之巅峰，"为古人认识世界、改造世界提供了重要依据，也为中华文明提供了重要内容，为人类文明作出了重大贡献"②。

然而，1840年鸦片战争后，曾经居于世界文明前列的中华民族，在工业革命狂飙突进之时，却由于封建统治者的顽固自大、闭关锁国，依旧蹒跚于农业文明的黄土大道上。在西方列强的坚船利炮下，中国逐步成为半殖民地半封建社会，西方思想文化和科学知识随之涌入。自那以后，中华传统思想文化经历了剧烈变革的阵痛。从"师夷长技以制夷"到"中体西用"，从洋务运动到新文化运动，从马克思主义传入中国到成为思想文化主导，传统文化在中国革命建设改革的洪流中、在中华文化的重生与再造中，经风雨历磨难，但从未退出历史舞台。

从近代以来包括中国共产党百年历史的显性进程看，似乎传统

---

① ［英］李约瑟著，张卜天译：《文明的滴定——东西方的科学与社会》，商务印书馆2020年版，第47页。

② 习近平：《在哲学社会科学工作座谈会上的讲话》，《人民日报》2016年5月19日。

文化并未起到什么重要作用，甚至一度相反，成为被清算被批判的对象。但是，以大历史观之，实际情况则复杂得多。诚然，中国革命建设改革的成功首先得益马克思主义指导、革命文化激励、现代文化滋养，然而，从深层文化结构上看，中国共产党与中国人民在精神底蕴、思维方式、价值追求等诸多方面均延续和弘扬着中华优秀传统文化，即使是在表层结构上激烈反传统时期也是如此，只不过日用而不觉而已。对此学界多有探讨，例如有学者指出，"中国在'轴心时代'产生的德性伦理，特别是透过儒家思想的传承，对传统的道德文化所发生的深远影响，是尽人皆知的事实。即使在近现代，儒家道德体系受到极大的冲击，但受到震荡最深的是儒家以礼为代表的仪范伦理。而儒家的德性伦理，虽然就特定的圣贤君子的人格理想的实质而言，影响已减弱许多，但追求一个理想的人格与社会的精神动力似乎并未动摇。百年来，革命这条思想道路，所展现的志士精神与烈士精神以及乌托邦埋想，就含有不少德性伦理追求终极与完美的精神酵素"①。

伴随历史的脚步，中国共产党对于中华优秀传统文化的认识日趋深刻，传承和弘扬优秀传统文化的自觉性日益提高。《在庆祝改革开放 40 周年大会上的讲话》中，习近平提出："中华民族充满变革和开放精神"，指出几千年前中华民族的先民们就秉持"周虽旧邦，其命维新"的精神，开启了缔造中华文明的伟大实践。自古以来，中国大地上发生了无数变法变革图强运动，留下了"治世不一道，便国不法古"等豪迈宣言。自古以来，中华民族就以"天下大同""协和万邦"的宽广胸怀，自信而又大度地开展同域外民族交往和文化交流，曾经谱写了万里驼铃万里波的浩浩丝路长歌，也曾经创造了万国衣冠会长安的盛唐气象。正是这种"天行健，君子以自强不息，地势坤，君子以厚德载物"的变革和开放精神，使中华文明成为人类历史上唯

---

① 张灏:《转型时代与幽暗意识》，上海人民出版社 2018 年版，第 9、14 页。

——个绵延 5000 多年至今未曾中断的灿烂文明。"以数千年大历史观之，变革和开放总体上是中国的历史常态。中华民族以改革开放的姿态继续走向未来，有着深远的历史渊源、深厚的文化根基。"[①] 这一论述为我们提供了认识民族传统的新视野新结论。过去很长一段时间内，我们审视中国历史传统，往往关注"法先王"、恪守"祖宗成法"的保守、惰性因素，突出孔子"祖述尧舜，宪章文武"的倾向，突出中华典籍对夏商周三代、对尧舜禹汤文王周公的理想化，总之，"向后看"构成重要的文化传统。而当今，习近平立足新时代，从大历史观出发告诉人们，中华民族的历史传统或文化传统是立体的多维的，其中还有许多更重要更值得赞美和弘扬的宝藏。

时代不同，历史与传统常说常新，这里的关键是时代站位，时代的构成要件是民族国家的生存和发展状况，即现实如何。在为摆脱半殖民地半封建社会而斗争之时、在为改变落后的农业国以实现工业化而奋斗之际、在启动改革开放以赶上时代发展之时，我们对传统文化的审视不可能和中国特色社会主义高度自信的今天一样，有意无意地人们会把现实状况与历史传统的某些负面关联起来，以警醒和鼓励人们做出改变和努力。在民主革命过程中，先进的中国知识分子和革命者，往往警惕中国历史上的宗法制度、皇权专制、小农经济、儒家正统思想对于人民解放和中国走向现代化的阻碍作用。新中国建立后，为了尽快摆脱落后的农业国状况，人们往往强调社会主义作为人类历史上的崭新制度与过去的告别和决裂意义、学习苏联工业化现代化道路的意义。在改革开放初期，当放眼世界、痛感中国落后于发达国家二三十年，因而打开国门对外开放，强调吸收人类创造的一切先进文明成果的时候，人们看重的是反思中国封建社会长期停滞的原因，感兴趣的是解析中国封建社会的所谓"超稳定"结构，一些人甚

[①] 中共中央党史和文献研究院编：《十九大以来重要文献选编》（上），中央文献出版社 2019 年版，第 737—738 页。

至提出告别"黄土文明"拥抱"蓝色文明""海洋文明"的极端化主张。随着改革开放和现代化事业的成功推进，学界政界国际国内对中国历史与传统的看法逐步发生变化，越来越公正地看待中国中古与近古时期一直处于世界发展前列的历史成就及其对人类的贡献，越来越理性地看待中华传统文化对于现代市场经济和工业文明的人文价值，校正简单化的诸如传统与现代的截然二分的认识和评价，等等。当历史的脚步迈入中国特色社会主义新时代，中华民族经过长期奋斗终于迎来从富起来到强起来的历史飞跃，中国人可以更加从容地看待民族历史和传统，也更能发现过去看不到或者没有充分认识的珍贵文化遗产。

正是立足于大历史观，党的十八大以来，习近平发表一系列重要讲话，阐释中华传统文化博大精深的内容，指出中华优秀传统文化中很多思想理念和道德规范，不论过去还是现在，都有其永不褪色的价值，强调创造性转化创新性发展中华文化，等等。在中华民族伟大复兴比历史上任何时期都更清晰的新时代，传统文化在中国特色社会主义文化自信中地位和作用、在中华文化复兴中的地位与作用是不言而喻的。中华民族伟大复兴固然要首先立足于本民族的历史发展，但从根本上说是一个国际视阈下的目标追求，没有国际比较，其在很大程度上就失去了意义。中华民族伟大复兴的重要坐标，是中国重新立于世界先进行列，发挥影响和引领人类文明进步的作用。

习近平指出："我们坚持和发展中国特色社会主义，推动物质文明、政治文明、精神文明、社会文明、生态文明协调发展，创造了中国式现代化新道路，创造了人类文明新形态。"[1] 开创"人类文明新形态"的伟大实践，不仅是我国历史上最为广泛而深刻的社会变革，也是"人类历史上最为宏大而独特的实践创新"[2]；不仅标志着古老的中

---

[1]《习近平谈治国理政》第 4 卷，外文出版社 2022 年版，第 10 页。
[2]《习近平谈治国理政》第 4 卷，外文出版社 2022 年版，第 30 页。

华文明在历经近代的痛苦转型后，终于以现代化的姿态实现了中华文明的传承延续，而且为广大发展中国家走向现代化拓展了道路，提供了中国经验、中国方案，并深刻回答了人类文明向何处去的时代之问。中国式现代化、人类文明新形态既是当代中国的伟大实践，又是源远流长的中华文明、中华文化的传承与创新。中国传统文化中自强不息、厚德载物的基本精神，仁爱诚信、以民为本、天人合一、和谐持中、天下为公、协和万邦的价值理念等等，构成人类文明新形态的文化底蕴，体现于经济、政治、文化、社会建设等方方面面，体现于制度文明、精神文明、生态文明等各个领域，体现于内政外交、治党治国治军的宏阔实践中。从某种意义上讲，没有中华优秀传统文化的继承与弘扬、转化与创新，中国式现代化与人类文明新形态便会黯然失色、失去滋养源泉、失去文化标识。历史表明，越是民族的越是世界的。

习近平指出："历史是一面镜子，从历史中，我们能够更好看清世界、参透生活、认识自己；历史也是一位智者，同历史对话，我们能够更好认识过去、把握当下、面向未来。"①回首一百年来中国共产党认识和对待传统文化的历程，我们可以得出结论，中华民族伟大复兴离不开中华文化复兴，我们要坚持不忘本来、吸收外来、面向未来的总方针，"加强对中华优秀传统文化的挖掘和阐发，使中华民族最基本的文化基因同当代中国文化相适应、同现代社会相协调，把跨越时空、超越国界、富有永恒魅力、具有当代价值的文化精神弘扬起来，激活其内在的强大生命力，让中华文化同各国人民创造的多彩文化一道，为人类提供正确精神指引"②。

---

① 习近平：《在中国文联十大、中国作协九大开幕式上的讲话》，《人民日报》2016年12月1日。
② 习近平：《在中国文联十大、中国作协九大开幕式上的讲话》，《人民日报》2016年12月1日。

余论：关于"传统"与"现代"的认识史

"传统"与"现代"或者说"传统文化"与"现代化"的关系，贯穿于近代以来中国落后挨打、奋起反抗、革命建设、改革发展、民族复兴的始终，既给中华民族带来困惑，也考验着中华民族的智慧。

"中国传统文化"概念诞生于二十世纪二三十年代中西文化比较尤其是有关中国"现代化"出路的讨论语境中。改革开放后当中国重启现代化事业，"传统"与"现代"的关系再次成为社会热门话题。而且，二三十年代的一些思路和观点被八十年代继承了下来。

首先，在"现代化"出路问题上，都期望通过文化层面的改造"毕其功于一役"。1934年陈序经就提出"中国的问题，根本就是整个文化的问题。想着把中国的政治，经济，教育等等改革，根本要从文化着手"[1]。八十年代中国学界在讨论现代化问题时，在很大程度上依然从文化尤其是如何对待传统文化的角度切入。

其次，在"传统文化"性质认识上，二十世纪二三十年代形成的中国传统文化是"封建文化"的定性，至八十年代依然延续。如丁守和在界定传统文化时说，"所谓中国传统文化，主要是指封建社会的文化"[2]。即使时至今日，仍有学者在阐释"传统文化"时指出，传统文化是相对于现代文化而言的，"它产生于农业时代，主要指封建

---

[1] 陈序经：《中国文化之出路（节录）——民廿二年十二月廿九日晚在中大礼堂讲词撮略》，《民国日报》1934年1月15日。

[2] 丁守和：《中国传统文化试论》，《求索》1987年第4期。

社会的文化”①。

再次，在“传统文化”与“现代化”关系问题上，都认为传统文化阻碍现代化的发展。二十世纪四十年代，学者们在审视中国历史文化时，自觉或不自觉地将中国传统思想文化置于现代化的对立面而加以批判。如孙毓棠将中国几千年积累的传统概括为士大夫社会、君主专制政体、农业经济以及一套复杂沉重的人生观、道德观、社会观、天下观、宇宙观，称为造成今日中国“非现代”的主要原因②。周宪文也指出，中国的传统思想“完全是农业生产的反映”，“无一不具封建的性质”，因此“与现代文明是不相容的”，对中国的现代化也“实在是个障碍”③。八十年代，丁守和在评价儒家时说，儒家学说对中国社会发展“有严重的迟滞作用”④。还有学者系统概括了中国传统文化与现代化存在着十个方面的冲突⑤。

最后，在处理中西文化关系的方法上，也基本相同。如八十年代中期，李泽厚因为不赞成“中体西用”论，“为造成一种语言上的对立感”⑥而提出“西体中用”的观点。但事实上，这种观点在三十年代就已出现。1935 年，熊梦飞发表文章说，中国的现代化，无疑

---

① 曾凡英、王红：《中国传统文化与文化传统的现代化》，吉林大学出版社 2018 年版，第 3 页。
② 孙毓棠：《新中国与旧传统》，《自由论坛》第 3 卷第 5 期，1945 年 3 月。
③ 周宪文：《“中国传统思想”与“现代化”（节录）》，《新中华》复刊 6 卷 9 期，1948 年 5 月。
④ 丁守和：《中国传统文化试论》，《求索》1987 年第 4 期。
⑤ 1、建立网络型社会结构的要求同传统文化中大一统观念的冲突；2、贯穿于网络型社会结构之中的平等原则同中国传统文化中贵贱等级原则的冲突；3、法治要求和人治传统的冲突；4、现代民主制度与家长宗法观念的冲突；5、个性的全面发展与共性至上的群体原则的冲突；6、创造需求和保持心理的冲突；7、开放和封闭的矛盾冲突；8、竞争与中庸信条的矛盾和冲突；9、物质利益原则与伦理中心原则的矛盾和冲突；10、社会消费需要和文化传统中崇俭反奢原则的冲突。参见张士楚：《近年来我国东西方文化比较研究概述》，《中国社会科学》1985 年第 3 期。
⑥ 费孝通：《传统文化与现代化》，《群言》1986 年第 11 期。

地为吸取所谓西洋文化，原则就是"西学为体，中学为用"①。

从以上回顾可以看出，虽然时代发生变化，但八十年代学界关于如何认识和对待传统文化的讨论，并没有突破或超越二三十年代的相关见解。而且，两个时代在讨论过程中存在的问题也有共性之处。首先，是理论准备不足，比如学者们对什么是"现代化"、有哪些判断标准等，都没有深入研究；对什么是"中国式的现代化道路"、传统与现代之间有哪些"结合点"、如何"结合"等问题，也是提而未答。其次，是研究的感情色彩浓厚。学者们出于对中国落后现实的痛惜，往往从结果出发推导原因，导致研究很难做到客观理性。而新儒家为了维护"道统"，则积极从儒学中寻找"民主"因素，作为传统文化与现代化的结合点。但这些研究"大多是偏重在哲学思辨方面，而且是单因素或单线因果分析法"②。

至九十年代，学界才逐渐超脱"研究中国传统哲学思想体系或传统文化对中国历史发展的作用的一般性泛泛评价"③，最知名的代表人物是罗荣渠。首先，他认为现代化作为历史大变革是各种内外因素交互作用的产物，其中生态、人口、社会、经济、技术、政治、文化、国际交往为八种主要因素。而且在现代化的不同阶段各因素的重要性与占先性不同。"在现代化启动阶段，非经济因素特别是政治因素具有占先性；在转变阶段则是经济与技术因素具有占先性；而在现代化后期特别是社会整合阶段，则是文化因素、生态因素等上升到重要地位。决不能千篇一律，把极复杂的大转变进程简单化、公式化"④。也

---

① 熊梦飞：《谈"中国本位文化建设"之闲天》，《文化建设月刊》第1卷第9期1935年6月。

② 罗荣渠：《现代化新论——世界与中国的现代化进程（增订版）》，商务印书馆2004年版，第236页。

③ 罗荣渠：《现代化新论——世界与中国的现代化进程（增订版）》，商务印书馆2004年版，第527—528页。

④ 罗荣渠：《现代化新论——世界与中国的现代化进程（增订版）》，商务印书馆2004年版，第528页。

即是说，罗荣渠认为文化只是影响现代化进程的因素之一，而且就阶段性而言其作用也并不那么突出，这完全不同于以往学界对现代化成败与文化尤其是中国传统文化关系的看法。

其次，对中国现代化起步阶段所采用的"中体西用"方式进行具体地历史分析。自新文化运动以来就有一种流行观点，认为中国早期现代化运动之所以失败，原因是采用了"中学为体，西学为用"的方针，尤其是以"中学"为"体"。换言之，时人认为由于"中体"没有变化，所以导致"现代化"起步的失败；而中国现代化要想取得成功，必须从根本上即从固有文化层面进行改造（这是此后中西文化比较和"现代化"问题讨论中否定中国传统文化的一个重要认识根源）。与以往学者不同，罗荣渠认为，"现代化启动的成败的关键首先应从制度与政治层面上去寻找"。他以日本作对比指出，"'和魂洋才'在日本取得成功，而'中体西用'在中国却遭到失败，主要应归结为中国的中央皇权的衰落与无能，晚清官僚政治的腐败，官办经济体制的缺乏效率，而民办企业又缺乏制度性保障"[1]。而且就整个社会发展趋势而言，"日本在德川时期已出现商业兴旺与中央集权局面，这一上升发展趋势形成一个有利于变革的客观条件，在外力冲击下，内外两种因素结合形成双向互动。中国在清王朝中叶以后人口激增，经济停滞，吏治腐败，这一下降趋势不可能为社会变革准备条件，根本不存在内部启动的原动力"[2]。这个分析实质上颠覆了此前人们将传统文化作为中国现代化起步失败最重要原因的固化认识。

最后，对传统文化与现代化关系的辩证认识。罗荣渠提出，在初始现代化阶段，传统文化确实一定程度上妨碍现代化的起步，因此要冲破传统的束缚。但当现代化出现发展性危机时，就需要重新对西

---

① 罗荣渠：《现代化新论——世界与中国的现代化进程（增订版）》，商务印书馆
2004 年版，第 536—537 页。

② 罗荣渠：《现代化新论——世界与中国的现代化进程（增订版）》，商务印书馆
2004 年版，第 533 页。

方文明中的现代性与本国的传统进行重估。一方面，西方的高速和过度发展已经引起经济、政治、社会、思想等各方面的严重失调、失衡、失控。另一方面，此前传统文化中受到制度与结构压抑的许多合理性因素，可以在新环境下变成促进变革的有利条件，如中国传统文化中人文价值与道德规范的丰富内涵，就可以为全球性多元化的社会新整合作出贡献。因此，罗荣渠提出，"任何国家都不可能走完全抛弃民族文化传统的全盘西化道路，但如不敢突破传统也不可能跟上时代前进的步伐，更不可能创新"。因此，"反传统在现代化的启动阶段是完全必要的"，"但作为思想遗产的传统文化决不能在现代化进程中加以抛弃"[①]。

以上是学界对传统文化与现代化关系的认识。但归根结底，传统与现代的关系是个现实问题，尤其在面对"四人帮"对传统文化的破坏性后果时，是继续延续对传统文化的彻底否定，还是拨乱反正、有所更张？可以说，从"文化大革命"一结束，如何处理传统与现代的关系就成为亟需解决的紧迫问题。

与学界不同的是，中国共产党自改革开放重启现代化道路，就没有在"传统"与"现代"的关系上陷入争论，而是智慧地以"为人民服务、为社会主义服务"的方针对传统文化作了价值功能的范围限定。也即是说，在中国共产党的意识中，传统文化与现代化的关系，不是一个对立与否的理论问题，而是一个如何开发传统文化价值以服务社会主义现代化建设的实践问题。因此，"文化大革命"甫一结束，中国共产党就开始加强对文物的立法保护、古籍的整理出版、名胜古迹的旅游开发等，但总体而言主要还是停留在社会价值的开发运用方面。至1989年政治风波后，中国现代化道路遇到资产阶级自由化在国际国内的双重阻力。在此情况下，中国共产党一方面在国际交往中

---

① 罗荣渠：《现代化新论——世界与中国的现代化进程（增订版）》，商务印书馆2004年版，第541页。

强调一个国家的文化传统对于该国社会制度、外交政策选择的重要影响，试图增强西方世界对中国历史与现实的理解，进而拓展国际生存活动空间。另一方面，中国共产党在国内加强传统文化的爱国主义价值的转化运用。也即是说，传统文化所蕴含的反自由化的价值，使之成为维护中国特色社会主义现代化道路的重要思想武器。

党的十八大以来，以习近平同志为核心的党中央在继续深化传统文化原有价值转化的基础上，还科学回答了现代化指导思想——马克思主义或中国特色社会主义与中国传统文化关系的重大理论问题。应该说，如何认识传统文化（尤其是孔子代表的儒家学说）与马克思主义、社会主义的关系，是影响中国共产党在实践中如何对待传统文化的最重要因素。一段时期内，中国共产党认为传统文化是与马克思主义相对立的。如民主革命时期，戴季陶在《孙文主义之哲学的基础》中将孙中山思想阐释为"继承尧舜以至孔孟而中绝的仁义道德的思想"。蒋介石曾宣称要"用'仁'字为中心的三民主义打倒共匪不仁的邪说异端"[1]。毛泽东则针锋相对地指出，"他们靠孔夫子，我们靠马克思，要划清界限，旗帜鲜明"。当然，毛泽东也承认孔子、儒学中有积极的东西，但这"只能当作历史遗产批判地加以继承和发扬。对当前革命运动来说，它是属于第二位的东西，第一位的用以指导革命运动的是马克思主义理论"[2]。也即是说，在国共对立、国民党尊孔的情况下，毛泽东事实上是从两个层面来认识孔子，第一是意识形态层面，即认为国民党所奉行的是"孔子主义"[3]，在这个意义上是

---

[1] 转引自许全兴：《毛泽东与孔夫子》，人民出版社 2003 年版，第 46 页。

[2] 匡亚明：《孔子评传》，南京大学出版社 1990 年版，第 492 页。

[3] 李大钊较早地使用了"孔子主义"这个概念，如他在《由经济上解释中国近代思想变动的原因》中说，"我们可以晓得孔子主义（就是中国人所谓纲常名教）并不是永久不变的真理"。在此，李大钊将"纲常名教"等同于"孔子主义"。虽然毛泽东在此并没有明确使用"孔子主义"的概念，但从语境中可知，他所提到的孔子，实质上是一种在"主义"层面与"马克思主义"相对立的"孔子主义"。

与马克思主义相斥或对立的；第二是具体文化学说层面，在这一层面要对孔子和儒学取其精华、去其糟粕。但两个层次相比较，显然意识形态层面的认识居于指导地位。直至改革开放后才逐步改变这种认识，并开始转化运用其价值。但是，关于孔子、儒学及以之为代表的传统文化与改革开放开启的中国特色社会主义之间的关系，却一直没有得到明确。一方面因为对中国特色社会主义的认识是一个不断深化的过程；另一方面则是因为中国社会对传统文化的认识受近百年批判思维的影响极深，不易转变。2011 年 1 月中国历史博物馆前曾树起一座孔子塑像，但此后在人民网强国论坛发起的"孔子雕像放在天安门广场是否合适"的辩论中，只有 43 票赞成，却有 3048 票反对[①]，不久孔子像被移至室内，就是一个鲜活例证。

党的十八大之后，以习近平同志为核心的党中央不仅关注传统文化对社会主义现代化的"建设和服务"意义，而且更进一步从中国特色社会主义来源的角度阐释其价值，即中国特色社会主义不仅是在改革开放 40 年、新中国成立 70 年、中国共产党成立 100 年、近代以来 180 年的奋斗实践中走出来的，也"是对中华文明 5000 多年的传承发展中得来的"[②]。这个对中国特色社会主义与传统文化关系的定位，在党的历史上是首次。换言之，自改革开放以来，中国共产党对传统文化与中国特色社会主义现代化关系的认识，大体经历了以"二为"方针限定传统文化的正向价值运用范围，到中国特色社会主义现代化道路来源于中国五千年文化这样一个认识转变。这个转变的重要意义在于，回答了困扰中国一百多年的传统与现代的关系问题，为传统文化在当代社会存续发展提供了根本上的政治合法性。正是在中国特色社会主义来源于五千年文明传承的大历史观视野下，以习近平同

---

① 闫帅:《中国语境与儒家命运——1949 年以来国家政权建设的视角》,《武汉大学学报（哲学社会科学版）》2012 年第 3 期。
②《一以贯之坚持和发展中国特色社会主义》,《人民日报》2018 年 1 月 6 日。

志为核心的党中央给予了中华优秀传统文化是中华民族最基本的文化基因的价值定位，并以更自信、从容的胸怀心态将传统文化的转化运用，提升到了推动国家治理体系和治理能力现代化的高度。

后 记

摆在读者面前的这本书，是历经数年集体研究的成果。就我本人而言，对中国共产党与传统文化之间关系的关注主要是在进入新时代之后，其触发因素当然是党和国家尤其是习近平总书记对待传统文化的立场和态度。曾经声势浩大的"批林批孔""评法批儒"运动，给正在上小学的我留下极为深刻的印象，一些流行口号，现在依然记忆犹新、张口就来。改革开放初期的"文化热"尤其是中西文化的对撞，对于正在上大学和研究生的我，影响又更深一层。加之，自入人学教职后，相当长一段时间，我的研究聚焦于中国共产党的知识分子政策、文化理论和文化政策，诸种因素加在一起，促成我对中国共产党在传统文化问题上态度变化的敏感和问题意识。当然，后来发现，我的敏感度弱于很多学者，甚至应算作迟钝一类。事实上，在世纪之交已经有人开始研究中国共产党对待传统文化的历程了。好在一个重要问题，不可能被一下子解决。研究早，有奠基之功，研究晚有拓展、深化甚至别开生面之效。

2014年我发表了一篇文章，就中国共产党对待传统文化的历程进行宏观梳理，产生了较大反响。《新华文摘》作为封面文章转载，还获得张静如中共党史研究基金年度优秀论文奖。当然，文章中的一些观点也引起讨论和争议。我觉得这是好事，说明人们在看在思考，而不是只有作者和编辑看，且四平八稳、处处正确。学术研究正需如此，这也促使我进一步关注和思考该方面的问题。很幸运的是，2017年我得到国家社科基金的重点资助，研究"中国共产党认识和对待传统文化的历程与经验"。从 2017 年组织研究团队开始攻关，到 2023 年春天结项，历经近七年，成就了这部专著，这里面包括了系列论文的观点和一篇博士论文的主体内容。应该说功夫是下了，当然还远不够，加之水平和时间所限，有些地方处理得并不理想。例如，延安时期《解放》周刊对于传统文化的讨论，是很有价值的一段思想史。但是，对于这段历史的概括，虽然几经斟酌和修改，仍显原文引征多，而深入分析少。其中一个重要原因，是作者缺乏对博大精深的传统文化的学术体认或曰研究积累。再如，对于社会主义革命和建设时期相关问题的处理颇为粗略。按照原来设想，作为有三十年跨度的时期，独立成篇、分三章进行概括和分析。但是，一旦写下来，发现负面内容较多，敏感问题较多，只能改变设想，主要写正面的，同时，宜粗不宜细。我想，这样的处理方式读者是能够理解的。总之，或者因为主观原因，或者因为客观原因，书稿中的不尽如人意处在所难免，好在文责自负。

　　中国共产党与传统文化是一个大问题，也是当前的热点问题。从研究无止境的角度讲，随着实践的推进、材料的丰富、视角的转换，必然会有新评价新结论，例如，从当今热议的中国式现代化视角出发，就会发现在世界现代化进程中，后发现代化国家的传统文化境遇很大程度上与该民族国家所处的现代化特定阶段密切相关，起码在东亚地区是如此。诸多迹象表明，一个国家的现代化实现程度与传统文化的境遇成正相关关系，也就是说，现代化越初步传统文化遭遇的质疑和批判越强烈，而现代化越高阶传统文化得到的肯定、继承和弘扬越显著。中国共产党在逐梦现代化历程中对待传统文化的立场和态度，一方面植根于中华大地、具有中国特色，另一方面也反映着后发现代化国家的一般特征。回顾中国共产党在领导中国现代化建设历程中对待中华传统文化的立场和态度，我们可以看到，既有作为中华民族子孙和先进分子一以贯之的理性认知和浓厚情感，又有依据时代特点和现代化不同阶段的主要任务，与时变化、有所侧重、不断扬弃的调整，既有高度自觉意义上的鲜明态度，又有日用而不知的潜在承继。不管怎样，历史表明，中华优秀传统文化对于中国式现代化而言始终在场，人类文明新形态的创造，过去是、现在是、将来也必然是，离不开中华优秀传统文化。

书稿付梓之际，编辑嘱我写个后记。于是，拉拉杂杂，说些未尽之言，随想式，不成体系，是为后记。

杨凤城

2025 年 1 月于西山美墅馆

参考文献

（一）文献和资料

1.《毛泽东选集》（第 1—4 卷），人民出版社 1991 年版。

2.《毛泽东文集》（第 1—2 卷），人民出版社 1993 年版。

3.《毛泽东文集》（第 3—5 卷），人民出版社 1996 年版。

4.《毛泽东文集》（第 6—8 卷），人民出版社 1999 年版。

5.《毛泽东年谱（1949—1976）》（第 1—6 卷），中央文献出版社 2013 年版。

6.《邓小平文选》（第 1—2 卷），人民出版社 1994 年版。

7.《邓小平文选》（第 3 卷），人民出版社 1993 年版。

8.《邓小平年谱（1975—1997）》（上下），中央文献出版社 2004 年版。

9.《邓小平思想年编（1975—1997）》，中央文献出版社 2011 年版。

10.《陈云同志关于评弹的谈话和通信（增订本）》，中央文献出版社 1997 年版。

11.《江泽民文选》（第 1—3 卷），人民出版社 2006 年版。

12.《江泽民思想年编（1989—2008）》，中央文献出版社 2010 年版。

13.《胡锦涛文选》（第 1—3 卷），人民出版社 2016 年版。

14.《习近平谈治国理政》（第 1—4 卷），外文出版社 2014 年、

2017 年、2020 年、2022 年版。

15.《习近平关于全面从严治党论述摘编》，中央文献出版社 2016 年版。

16.《习近平关于社会主义文化建设论述摘编》，中央文献出版社 2017 年版。

17. 习近平《论中国共产党历史》，中央文献出版社 2021 年版。

18.《习近平新时代中国特色社会主义思想专题摘编》，党建读物出版社、中央文献出版社 2023 年版。

19.《习近平著作选读》（第 1、2 卷），人民出版社 2023 年版。

20.《三中全会以来重要文献选编》（上、下），人民出版社 1982 年版。

21.《十二大以来重要文献选编》（上、中），人民出版社 1986 年版。

22.《十二大以来重要文献选编》（下），人民出版社 1988 年版。

23.《十三大以来重要文献选编》（上、中），人民出版社 1991 年版。

24.《十三大以来重要文献选编》（下），人民出版社 1993 年版。

25.《十四大以来重要文献选编》（上），人民出版社 1996 年版。

26.《十四大以来重要文献选编》（中），人民出版社 1997 年版。

27.《十四大以来重要文献选编》（下），人民出版社 1999 年版。

28.《十五大以来重要文献选编》（上），人民出版社 2000 年版。

29.《十五大以来重要文献选编》（中），人民出版社 2001 年版。

30.《十五大以来重要文献选编》（下），人民出版社 2003 年版。

31.《十六大以来重要文献选编》（上），中央文献出版社 2005 年版。

32.《十六大以来重要文献选编》（中），中央文献出版社 2006 年版。

33.《十六大以来重要文献选编》（下），中央文献出版社 2008 年版。

34.《十七大以来重要文献选编》（上），中央文献出版社 2009 年版。

35.《十七大以来重要文献选编》（中），中央文献出版社 2011 年版。

36.《十七大以来重要文献选编》（下），中央文献出版社 2013 年版。

37.《十八大以来重要文献选编》（上），中央文献出版社 2014 年版。

38.《十八大以来重要文献选编》（中），中央文献出版社 2016 年版。

39.《十八大以来重要文献选编》（下），中央文献出版社 2018 年版。

40.《十九大以来重要文献选编》（上），中央文献出版社 2019 年版。

41.《十九大以来重要文献选编》（中），中央文献出版社 2021 年版。

42.《十九大以来重要文献选编》（下），中央文献出版社 2023 年版。

43.《中国共产党第二十次全国代表大会文件汇编》，人民出版社 2022 年版。

44.《建党以来重要文献选编》（第 1—26 册），中央文献出版社 2011 年版。

45.《中共中央文件选集》（第 1—50 册），人民出版社 2013 年版。

46.《胡乔木文集》（第 1—3 卷），人民出版社 2012 年版。

47.《胡乔木谈中国共产党党史（修订本）》，人民出版社 2015 年版。

48.《邓力群文集》(第 1—3 卷），当代中国出版社 1998 年版。

49.《王任重文集》（上、下），中央文献出版社 1999 年版。

50.《王忍之文集》，红旗出版社 2016 年版。

51. 李长春：《文化强国之路：文化体制改革的探索与实践》（上、下），人民出版社 2013 年版。

52. 刘光主编：《新中国高等教育大事记（1949—1987）》，东北师范大学出版社 1990 年版。

53. 段永林主编：《中华人民共和国大事典（1949—1989）》，吉林人民出版社 1991 年版。

54. 山东省曲阜市地方史志编纂委员会：《曲阜市志》，齐鲁书社 1993 年版。

55. 中国共产党曲阜市委党史研究室：《中国共产党曲阜市历史大事记（1919.5—1996.12）》，中央党史出版社 1998 年版。

56. 国家文物局党史办公室编：《中华人民共和国文物博物馆事业纪事（1949—1999）》（上、下），文物出版社 2002 年版。

57. 国家文物局编：《中国文化遗产事业法规文件汇编（1949—2009）》（上、下），文物出版社 2009 年版。

58. 王学典主编：《二十世纪中国史学编年（1950—2000）》（上、下），商务印书馆 2014 年版。

59. 罗荣渠主编：《从"西化"到现代化——五四以来有关中国的文化趋向和发展道路论争文选》（上、中、下），黄山书社 2008 年版。

60. 高军编：《中国社会性质问题论战（资料选辑）》，人民出版社 1984 年版。

（二）研究著作

1. 杨超：《毛泽东哲学思想研究》，四川人民出版社 1980 年版。

2. 中国毛泽东思想研究会筹备组常设小组编：《全国毛泽东哲学思想讨论会论文选》，广西人民出版社 1982 年版。

3. 北京大学哲学系毛泽东哲学思想教研室编：《毛泽东哲学思想概论》，北京大学出版社 1982 年版。

4. 汪澍白、张慎恒：《毛泽东早期哲学思想探源》，中国社会科学出版社、湖南人民出版社 1983 年版。

5. 樊瑞平：《毛泽东哲学思想简论》，甘肃人民出版社 1984 年版。

6. 宋一秀等编著：《毛泽东哲学思想史纲》，甘肃人民出版社 1984 年版。

7. 杨瑞森等编著：《毛泽东哲学思想概论》，中国人民大学出版社 1985 年版。

8. 林毓生：《中国意识的危机："五四"时期激烈的反传统主义》，贵州人民出版社 1986 年版。

9. 汪澍白：《毛泽东思想与中国文化传统》，厦门大学出版社 1987 年版。

10.《复旦学报》（社会科学版）编辑部：《断裂与继承——青年学者论传统文化与现代化》，上海人民出版社 1987 年版。

11. 姜义华、吴根梁、马学新：《港台及海外学者论近代中国文化》，重庆出版社 1987 年版。

12. 姜义华、吴根梁、马学新：《港台及海外学者论传统文化与现代化》，重庆出版社 1988 年版。

13. 林毓生：《中国传统的创造性转化》，生活·读书·新知三联书店 1988 年版。

14. 张岱年：《文化哲学》，教育科学出版社 1988 年版。

15. 吴修艺：《中国文化热》，上海人民出版社 1988 年版。

16. 林毓生：《五四：多元的反思》，香港三联书店 1989 年版。

17. 龚书铎、刘桂生、王俊义编：《民族文化虚无主义评析》，中国人民大学出版社 1990 年版。

18. 匡亚明：《孔子评传》，南京大学出版社 1990 年版。

19. 徐志祥、李金山：《孔子研究四十年》，巴蜀书社 1990 年版。

20. 王元化：《传统与反传统》，上海文艺出版社 1990 年版。

21. 徐志祥、李金山主编：《孔子研究四十年》，巴蜀书社 1990 年版。

22. 李侃：《近代传统与思想文化》，文化艺术出版社 1990 年版。

23. 陈晋：《毛泽东的文化性格》，中国青年出版社 1991 年版。

24. 郑师渠、史革新：《近代中西文化论争的反思》，高等教育出版社 1991 年版。

25. 王戎笙：《马克思主义历史观与中华文明》，重庆出版社 1991 年版。

26. 聂耀东：《毛泽东与中国传统文化》，福建人民出版社 1992 年版。

27. 陈晋：《毛泽东与文艺传统》，中央文献出版社 1992 年版。

28. 钟文主编：《反"和平演变"干部导读》，延边大学出版社 1992 年版。

29. 王凤贤主编：《毛泽东与中国传统文化》，安徽人民出版社 1993 年版。

30. 汪澍白：《毛泽东思想的双重渊源》，厦门大学出版社 1993 年版。

31. 罗荣渠：《各国现代化比较研究》，陕西人民出版社 1993 年版。

32. 龚书铎：《近代中国与文化抉择》，北京师范大学出版社 1993

年版。

33.李玉秀、鲁谆主编:《毛泽东与中国传统文化》,武汉出版社1994年版。

34.欧阳哲生:《新文化的源流与趋向》,湖南出版社1994年版。

35.李泽厚:《中国现代思想史论》,安徽文艺出版社1994年版。

36.张岱年、季羡林、周一良、汤一介等著,李中华、王守常编:《文化的回顾与展望》,北京大学出版社1994年版。

37.张孝评:《毛泽东文艺思想与中国传统文化》,西安出版社1995年版。

38.朱维铮:《音调未定的传统》,辽宁教育出版社1995年版。

39.汪澍白:《传统下的毛泽东》,中国青年出版社1996年版。

40.崔龙水、马振铎:《马克思主义与儒学》,当代中国出版社1996年版。

41.方克立:《现代新儒学与中国现代化》,天津人民出版社1997年版。

42.金耀基:《从传统到现代》,中国人民大学出版社1999年版。

43.吴健、周文琪:《美国对华战略演变史研究》,中共中央党校出版社1999年版。

44.郑谦:《被"革命"的教育——"文化大革命"中的"教育革命"》,中国青年出版社1999年版。

45.张腾霄、张宪中:《马克思主义与儒学》,中国人民大学出版社2000年版。

46.刘述先:《儒家思想开拓的尝试》,中国社会科学出版社2001年版。

47.许全兴:《毛泽东与孔夫子——马克思主义中国化个案研究》,人民出版社2003年版。

48.徐庆全:《批判与继承——二十世纪后半期的中国孔子研究》,

山东人民出版社 2004 年版。

49. 李方祥:《中国共产党与民族文化传统研究》,当代中国出版社 2004 年版。

50. 罗荣渠:《现代化新论——世界与中国的现代化进程(增订版)》,商务印书馆 2004 年版。

51. 庞朴:《庞朴文集》(第 3 卷),山东大学出版社 2005 年版。

52. 李明辉:《儒家视野下的政治思想》,北京大学出版社 2005 年版。

53. 夏光:《东亚现代性与西方现代性——从文化的角度看》,生活·读书·新知三联书店 2005 年版。

54. 中国民主同盟中央委员会、中华炎黄文化研究会编:《费孝通论文化与文化自觉》,群言出版社 2005 年版。

55. 都培炎:《"思接千载"和"与时俱进"——中共对中国传统文化认识的历史考察》,华东师范大学出版社 2007 年版。

56. 刘辉:《中国共产党人的文化自觉——新民主主义文化思想再研究》,中共党史出版社 2008 年版。

57. 李方祥:《中国共产党的传统文化观研究》,中共党史出版社 2008 年版。

58. 李泽厚:《中国近代思想史论》,生活·读书·新知三联书店 2008 年版。

59. 李泽厚:《中国现代思想史论》,生活·读书·新知三联书店 2008 年版。

60. 刘向信、刘志扬、韩书堂:《马克思主义与中国传统文化》,社会科学文献出版社 2009 年版。

61. 冯天瑜:《中国文化近代转型管窥》,商务印书馆 2010 年版。

62. 曹丽萍主编:《传统文化与现代化》,国家图书馆出版社 2010 年版。

63. 王学典:《思想史上的新启蒙时代——黎澍及其探索的问题》,河南人民出版社 2010 年版。

64. 李宗桂:《传统与现代之间:中国文化现代化的哲学省思》,北京师范大学出版社 2011 年版。

65. 贾陆英:《马克思主义与儒学的融合——中华文化百年走势探析》,山西人民出版社 2012 年版。

66. 金忠严:《马克思主义与中国传统文化融合论》,河北人民出版社 2012 年版。

67. 杨凤城:《中国共产党与当代中国文化发展研究》,中共党史出版社 2013 年版。

68. 陈方刘:《马克思主义与中国传统文化相结合研究》,上海人民出版社 2014 年版。

69. 黄延敏:《黄土与红旗:延安时期中国共产党与传统文化研究》,学习出版社 2014 年版。

70. 刘志扬:《马克思主义与儒家文化——当代中国文化的传统与展望》,山东人民出版社 2015 年版。

71. 张岱年、程宜山:《中国文化精神》,北京大学出版社 2015 年版。

72. 张允熠:《中国文化与马克思主义》,人民教育出版社 2015 年版。

73. 王学典:《怀念八十年代》,广东人民出版社 2015 年版。

74. 董爱玲:《儒学与马克思主义文化的会通与融合研究》,人民出版社 2017 年版。

75. 冯天瑜、黄长义主编:《中国文化近代转型的内因与外力》,中国社会科学出版社 2017 年版。

76. 谢辰生口述、姚远撰写:《谢辰生口述——新中国文物事业重大决策纪事》,生活·读书·新知三联书店 2018 年版。

77. 陈越光:《八十年代的中国文化书院》, 生活·读书·新知三联书店 2018 年版。

78. 曹锦清:《如何研究中国（增订本）》, 上海人民出版社 2018 年版。

79. ［美］费正清著, 孙瑞芹、孙泽宪译:《美国与中国》, 商务印书馆 1971 年版。

80. ［美］加布里埃尔·A. 阿尔蒙德、西德尼·维巴著, 徐湘林等译:《公民文化: 五个国家的政治态度和民主制》, 东方出版社 2008 年版。

81. ［美］约瑟夫·列文森著, 郑大华、任菁译:《儒教中国及其现代命运》, 广西师范大学出版社 2009 年版。

82. ［美］李怀印著, 岁有生、王传奇译:《重构近代中国——中国历史写作中的想象与真实》, 中华书局 2013 年版。

83. ［美］爱德华·希尔斯著, 傅铿、吕乐译:《论传统》, 上海人民出版社 2014 年版。